1900年以來的英語民族史

A History of the English-Speaking Peoples Since 1900

下

安德魯·羅伯茨 Andrew Roberts
黎曉東 譯

目次

第十章

從諾曼第到長崎

一九四四至一九四五年

我們有榮幸為自由而出擊，並將歷史留名。在美好的未來，人們會為我們所做的事感到驕傲。我們的目標是偉大而正確的。

——蒙哥馬利元帥在「大君主行動」（Operation Overlord）前所言

我們這一代已成功盜取諸神的火焰，註定要與尾隨在成就之後的恐怖共存。

——季辛吉，《美國對外政策》（*American Foreign Policy*）

大君主行動

一九四四年五月十五日星期一，英美軍方高層全員聚在漢默史密斯（Hammersmith）的聖保羅學校，聽取大家期待已久的同盟國進攻納粹歐占區計畫，跨過英倫海峽登陸諾曼第（該校師生已暫時移轉到波克郡的威靈頓學院）。英王喬治六世、邱吉爾、布萊德利、巴頓、史末資、各參謀長、戰時內閣成員，以及英國、美國、加拿大軍方凡是有點重要性的人，全都到場聆聽盟軍最高統帥艾森豪將軍和蒙哥馬利將軍，詳述這項任務和三週後諾曼第會發生的情況。簡報後，艾森豪對勝利的自信感染了在場眾人。他以一個笑話結束了會議：「再過半小時，希特勒就要錯失用一顆精準炸彈就炸光整個盟軍最高司令部的大好機會。」

一九四四年六月六日星期二，D日的諾曼第登陸，乃是史上最大規模的兩棲登陸作戰，也是英語民族史上最偉大的軍事行動。這次進攻歐陸共動用了六千九百三十九艘艦艇（其中一千二百艘是戰艦，四千艘是十噸木製登陸艇，時速可高達九節）、一萬一千五百架飛機和二百萬人。光是在D日那一天，就有十五萬六千人經由海上和空中登陸。[1]「我祈求上帝讓我知道我在幹麼。」艾森豪將軍在展開行動前夕對幕僚說。幸好，他真的知道。進攻規模龐大是成功的重要因素，除了訓練最精良、最久經沙場的德國部隊之外，其餘德軍一覺醒來，看到海上和天空都覆滿了船艦和飛機無不被震懾。

盟軍設計了精細的欺敵作為，讓德國人誤以為進攻地點不在諾曼第，而是在最接近英國海岸的法國加萊（Calais）地區。「保鏢行動」（Operation Bodyguard）故意洩露訊息，讓德國人以為是進攻目標加萊，還運用了被策反的德國特務加西亞（Juan Pujol García，他的代號是GARBO）。英國情報機關在整場戰爭中，共策反了二十多名德國特務，成績非常好。「北方堡壘行動」成功把三十七萬二千名德軍困在挪威東南方，「南方堡壘行動」則把五十萬德軍一直困在加萊地區直到六月二十六日。史達林也幫忙欺敵，佯攻羅馬尼亞的黑海海岸，而史學家也相信，對挪威北部的佯攻騙走了多達二十個德國師前去防守。[2]

與此同時，巴頓中將受命指揮一個其實不存在的美國第一軍團（FUSAG），故意擺在與加萊地區隔海峽相望的地方，還安排英王喬治六世去造訪。在進攻發動前，蒙哥馬利故意跑去直布羅陀，在布洛涅附近丟下假人傘兵，還運用佯攻和無線電訊號，讓德軍以為進攻地點絕不會是那五個預定的海灘。而在加萊地區，切希爾（Leonard Cheshire）率領的六一七中隊一路空投代號為「窗戶」（Window）的錫鐵條，讓德國雷達人員誤以為有海軍艦艇以九節的穩定速度在跨越海峽。

由於這些精細的欺敵作為，德國第十五軍錯誤地部署在距離戰況最激烈處一百英里之外。德國人不確定進攻地點到底是在諾曼第還是加萊，或者兩者皆是。為了不洩露機密，所有在英格蘭南部的基地一個月不准放假，所有外交通訊和文書傳遞從四月十八日起暫停。因為這樣的全面封鎖，七百四十九名美國士兵和水手的死亡得以不被外界所知。他們於四月二十八日在南部海岸的斯拉普頓海灘（Slapton Sands）為D日做訓練，意外遭到七艘德國魚雷艇攻擊。（斯莫爾〔Ken Small〕在其《被遺忘的死亡：九百四十六名美軍為何在一九四四年死於德文海岸》〔*The Forgotten*

Dead: Why 946 American Servicemen Died off the Coast of Devon in 1944〕中認為死亡人數其實更多，但此說有爭議。）[3]

為了保密而嚴格遵守「只讓需要知道的人知道」，戴高樂將軍直到登陸前一天才被告知大君主行動。過去一些讓「自由法國」參與的行動都有嚴重消息走漏，例如一九四〇年九月突襲達卡（Dakar），雖然這不是戴高樂本人的問題。邱吉爾在普茲茅斯車站的火車車廂上接見戴高樂，讓疑心病很重的戴高樂覺得「滿奇怪的」。[4]在簡報過大君主行動後（戴高樂當然樂見），話題轉到政治，他的副官畢索阿將軍（Emile Béthouart）後來回憶道：「我覺得戴高樂情緒緊繃，深感受傷，因為他是在最後一刻才被邀來做壁上觀，而之前也沒有討論過法國解放後該如何治理的重大問題。」

邱吉爾勸戴高樂要和小羅斯福修補關係，戴高樂勃然大怒說：「你憑什麼覺得我要拜託羅斯福讓我成為治理法國的人選？法國政府已經存在了。我對美國沒什麼好拜託的，對英國也一樣。」他還抱怨說，部隊「領的是法國政府根本不承認的法國貨幣」，其實是他自己不承認。戴高樂還批評英國和美國想把法國給艾森豪去管，「這樣你還期待我們會合作？」

但邱吉爾可不會被唬住。「那你自己呢？」他怒回戴高樂。

> 你怎能期待我們英國人要採取和美國不同的立場？我們能解放歐洲，完全是因為有美國人幫忙。讓我把話講白了，若要我們選擇要在歐陸還是在海上作戰，我們一定會選擇海上。而若要我選擇你還是羅斯福，我一定會選擇羅斯福。[5]

這番話把一九〇〇年以來的英語民族親善關係說得再明白不過，這番話也在戴高樂心中迴盪多年，導致他在一九六三年一月否決英國加入歐洲經濟共同體（ＥＥＣ）。

兩人接下來又爭論了幾個小時，一直到Ｄ日當天凌晨四點鐘。邱吉爾和戴高樂爭執法國流亡政府要不要派聯絡代表團和盟軍部隊一起到諾曼第，因為戴高樂威脅說，他不要和「占領」法國扯上關係。戴高樂還一度拒絕用廣播呼籲法國人民要挺身支持，因為這等於「認同艾森豪要講的，但我並不贊同的東西。」戴高樂的傳記作者認為，若不是艾登和「自由法國」駐倫敦大使維諾（Pierre Viénnot）及時趕到，邱吉爾和戴高樂可能真的會打起來。[6] 趁戴高樂不在時，邱吉爾告訴維諾說，戴高樂等於是「在戰爭最激烈時搞背叛」，他還說戴高樂「完全不明白英國和美國年輕人要為法國犧牲生命」，「這些犧牲你們毫不感激」。這些話他至少說了十次。

在一九四四年六月六日的廣播中，戴高樂對法國人民說：

> 大戰即將開始。這是在法國打仗，也是為法國打仗。法國將拚命作戰，全力施為。凡是法國子民，不管你身在何處，身分為何，皆有明確而神聖的義務用各種手段與敵人戰鬥。法國政府和法國領導人所下的命令必須嚴格遵守。我們在敵人後方的行動必須嚴格配合盟軍和法軍的行動。[7]

戴高樂講了六次法國和法國人之後才提到盟軍，而且是和法軍並提。只不過在Ｄ日當天，「自由法國」只死了十九名士兵，相較之下，美國死了二千五百人，英國一千六百四十一人，加拿大三百五十九人，澳洲十二人，紐西蘭二人，挪威三十七人，比利時一人。[8]所以在一九四四年六月六日那天，盟軍死亡總數的百分之九十八點四是英語民族。戴高樂在D日後八天（即六月十四日）抵達法國，但因為法國占領區嚴格禁止他的照片，所以沒有多少人認得他。

雖然英語民族的軍力龐大，到了一九四四年七月一日，登陸法國的人數已超過一百萬，但戰局依然難料。此前在加里波利和迪耶普的兩棲登陸皆傷亡慘重，而且和這兩個海灘不同，在一九四二年時，德國已動員超過二百萬名奴工、花了兩年時間打造出「大西洋壁壘」。光是從利哈佛（Le Havre）到聖馬洛（St Malo）這一段，就有一千八百萬噸的混凝土和二百萬噸的鋼鐵在保衛「要塞歐洲」。[9]

「如果德國人有把全部兵力都放在灘頭上，」邱吉爾的傳記作者吉爾伯特爵士（Sir Martin Gilbert）說，「盟軍可能在海岸就被殲滅。」最近一本艾森豪傳的作者德斯特（Carlo D'Este）也同意這個看法。「失敗是不可想像的，」他寫道，「但卻完全是有可能的。」德國人當時正在研發一噸重的火箭彈頭、可以在海上補充油料的潛艇、新型的磁性地雷等等。如果在諾曼第獲勝，德軍就可以把駐法三分之一的兵力調到東線戰場去打紅軍。

在行動開始之前，艾森豪寫好一封信，一旦失敗就要負起全部責任。他寫道：

> 我們在瑟堡（Cherbourg）到利哈佛的登陸行動沒有拿下滿意的立足點，我已下令撤退。我決定在此時發動進攻是根據所有可以得到的訊息。陸軍、空軍和海軍都英勇盡職。如果有任何錯誤該被責怪，那都是我一個人的錯。[10]

他把信塞進襯衫口袋後就忘了這回事，他的海軍副官布徹（Harry Butcher）在隔月發現了這封信，方得留存後世。

德軍在一九四〇年只用了六個月就擊潰法國，但四年後，德軍已不再是高效率的戰爭機器，且內部矛盾重重。從一九四四年二月開始，西線戰場總司令倫德施泰特元帥和陸軍B軍團總司令隆美爾的指揮權重疊，而兩個人都無法指揮德國海軍或空軍。雖然隆美爾手下有三個裝甲師，倫德施泰特手下有六個，但都要希特勒下令才能動用。

雪上加霜的是，在D日那天，隆美爾正在德國為他太太慶生，他是在進攻展開三個小時後才得知消息。與此同時，瑟堡砲台的指揮官正在放假，第二十一裝甲師師長也和一位模特兒跑去巴黎，部屬都不知道他的行蹤。最荒謬的是，希特勒也沒有收到被攻擊的消息，還去出席匈牙利的國是訪問，後來才知道帝國西線遭受致命一擊。

相較之下，英國從一九四〇年六月敦克爾克大撤退那個月開始，就一直在計畫要重返歐陸，這也展現出邱吉爾的極度樂觀主義。早在一九四二年四月，美國和英國就直接討論到這次行動，經過幾番激烈討論後（美國人想要早一點，英國人想要晚一點），小羅斯福和邱吉爾在一九四三年一月的卡薩布蘭加會議上達成共識，決定在一九四四年夏初重返歐陸。一九四三年三月，摩根中將（Frederick Morgan）搬進聖詹姆斯廣場諾福克宮（Norfolk House）的辦公室草擬進攻計畫，剛搬進去時地板上只有一枝鉛筆。他原來想動用的部隊比最後實際行動時小得多，進攻地點也比較少。隨著規劃進行，大家意識到唯有大規模行動才能成功。「嗯，做出來了，」布魯克看到摩根的原始規劃時說，「這行不通，但你最好得給我想辦法讓他行得通。」

一九四四年六月的後勤補給工作相當浩大。在那個月，英國南部有五千七百萬平方英尺的地方用來存放戰備用品，包括四十五萬噸的彈藥。訓練也很嚴格，據推估在D日之前，美國第二十九步兵師已經行軍三千英里，幾乎能走回到美國。

一九四四年四月七日，邱吉爾告訴軍方將領說：「要記往，我們這是要進攻，不是要建立灘頭堡。」進攻地點是諾曼第沿岸的五個海灘，由西到東的代號依序為「猶他」（Utah，美軍）、「奧馬哈」（Omaha，美軍）、「黃金」（Gold，英軍）、「朱諾」（Juno，加拿大軍）、「寶劍」（Sword，英軍）。本來還有一個代號為「班德」（Band）的海灘，但因為其後方完全被隆美爾用大水淹沒，所以改為進攻「猶他」海灘。

D日凌晨，一萬八千名傘兵降落在「寶劍」和「猶他」海灘後方，其中有英國第六空降師和美國第八十二和第一〇一空降師。在D日那天，總共有二萬三千四百名盟軍部隊，以跳傘和滑翔機登陸。這個「最長的一日」始於六月六日零點十六分，一架霍莎滑翔機（Horsa glider）降落在距離康城運河（Caen Canal）的飛馬橋（Pegasus Bridge）四十七碼處，一分鐘後又有一架降落，再一分鐘又有一架。這些滑翔機在完全黑暗中飛行了三英里，只靠馬錶和小電筒導航。牛津與白金漢輕步兵團第二營D連的一百八十名士兵離開飛機後，不到十分鐘就奇襲拿下大橋，粉碎了德國人本想炸掉大橋不落入敵手的計畫。第一特別旅旅長勞瓦德勳爵和第四突擊營一起登陸「寶劍」海灘，他抱歉說自己晚到了三分鐘，但盟軍得以增援降落在東邊高地的第六空降師。

飛馬橋是增援第六空降師一萬二千名士兵的唯一路徑，而第六空降師將面對德軍第二十一裝甲師和從「寶劍」海灘趕來的其他部隊的砲火，要在他們尚未建立灘頭堡時把他們趕回海裡。接下來就是連續七十四天不斷的戰鬥，這是英軍在兩次大戰中為時最長的一場戰役。[11]總共有三分之一的部隊戰死、受傷或被俘，但他們成功把德軍趕出可控制「寶劍」和「朱諾」海灘的東邊高地。

有些人批評英軍在D日當天及隨後數日只往內陸推進少許，但這種批評是錯誤的。英軍第六空降師擋住兩個月的德軍砲火，才讓盟軍得以往西推進。在這場戰役中，第六空降師的排長平均只能存活七天，只有一戰壕溝戰期間的三分之一。

第六空降師的第九傘兵營奪取了德軍梅維爾砲台（Merville Battery），該砲台有口徑一百公釐的巨砲可以打到「寶劍」和「朱諾」海灘。雖然在七百五十名降落的傘兵中只有一百五十人生還，他們手上也沒有強力剪可以剪開砲台周遭的鐵絲網，但奧特華中校（Terence Otway）做出悲壯但正確的決定，率領手下穿過德軍地雷區奪下戰略價值極高的砲台。該砲台被成功拿下，四座巨砲被繳械，而在戰鬥結束時，英軍只有六十九人生還。儘管死傷慘重，第九傘兵營成功保護了海灘上的兄弟不被砲台轟炸。

在二十世紀的英語民族史上，空中優勢至關重要。但D日之前，皇家空軍和美國空軍每天要進行高達七十次的空中偵察任務，並先一步炸掉了許多德軍雷達站和無線電攔截站。而在D日當天，盟軍飛機出動了一萬三千六百八十八架次，德軍只出動了三百一十九架次。即使如此，盟軍在D日當天還是損失了一百二十七架飛機。在六月六日之前的十六個星期內，盟軍出動了二萬二千架次的轟炸機，投下六萬六千噸炸彈，轟炸諾曼第周遭的軍事設施、鐵路、維修站等。從一九四四年四月一日到六月五日，同盟國空軍損失了一萬二千名軍官和二千架飛機，而諾曼第戰役結束後，總共損失二萬八千名空軍人員。

先期轟炸不可避免地殺害了幾千名法國百姓，光是康城就死了三千人。邱吉爾寫信給小羅斯福，表達英國戰時內閣對法國平民死傷的不安，但小羅斯福這位英語民族的領袖回之以必要的冷酷無情。「不論生命的喪失有多麼令人遺憾，」小羅斯福寫道，「但只要主責指揮官認為這會妨礙到大君主行動，或讓盟軍進攻部隊多做犧牲，我就不會從千里之外對軍事行動妄加限制。」[12]

法國將被解放，但無辜老百姓也將死傷慘重。歷史學家對整個諾曼第戰役中法國平民死亡人數的估算有很大差異，從一萬六千人到六萬人都有。美軍總死亡人數超過三萬人，英國和加拿大加起來超過二萬六千人。德軍死亡人數很難估算，但光是在拉康布（La Cambe）的公墓就埋了二十噸重的德軍屍體。

這場海灘登陸戰是英語民族在二十世紀所歷經最艱難的戰鬥。在「猶他」海灘，因為能見度太低，三百六十架美國空軍轟炸機中有六十七架無法轟炸目標，但幸運的是，出現一股強浪把登陸部隊沖到距離目標兩英里以南、防守比較虛弱的海灘，美軍得以上岸二萬三千人，只損失二百人，包括海軍和輔助人員在內。第八十二和第一〇一空降師此時正在後方和德軍作戰，受到登陸部隊的及時增援與補給。

因為盟軍錯失空降地區（這不是駕駛員的錯，他們進行的是不可能的任務），雖然德國情報機構估算有十萬名傘兵降落，但實際上只有五分之一左右。[13]由於隆美爾把大部分戰場都用大水淹沒，第八十二和第一〇一空降師有三百名傘兵淹死。每個傘兵要帶一百五十磅重的裝備，傘具也要兩隻手才能解開，掉進水裡就幾乎沒有機會生還。

四點五英里長的「奧馬哈」海灘的情況和「猶他」海灘非常不同。那裡有很高的峭壁和斷崖，而且海岸呈往內彎的曲線，非常適合德軍開火。水裡有沙洲隆起，登陸艦艇很容易誤認成是海灘。第一波登陸部隊所需要的重裝備很多都掉進深水裡消失了。登陸部隊有四萬人，守軍只有四百人，但二千碼外還有一支九千人的德軍第三五二步兵師，他們士氣高昂、殺氣騰騰。（布萊切利園有警告過這支部隊離「奧馬哈」海灘很近，但這個風險值得嘗試。）

登陸部隊是在距離「奧馬哈」海灘十一英里外從艦艇登上登陸艇，其原因為何歷史學家還在爭辯。有十艘登陸艇沉沒。這些登陸艇沒有破浪的船首，前方只有一個登陸斜板，航行四個小時簡直是暈船的惡夢。更糟的是，士兵制服浸漬的抗芥子毒氣化合物與海水混在一起，散發出雞蛋腐敗的氣味。在「奧馬哈」海灘東邊的三十二輛戰車中有二十七輛沒入水底，二十門大砲傾覆，在灘頭上蹣跚而行的士兵們（他們既暈船，又背著七十磅重的裝備）沒有重型武器可以打破德軍的防線。此外，海灘水面上下滿是陷阱，包括接觸式地雷、被稱為「四腳獸」（tetrapod）的混凝土三角石塊、巨大而無法通過的「比利時之門」（Belgian Gate）、地雷、鐵絲網、「刺猬」（hedgehog），以及帶有鋸齒能撕裂登陸艇並附有地雷的圓木。

在D日當天，有八百人死在「奧馬哈」海灘上，許多人是因為帶著重裝備從登陸艇跳進水中淹死的。還有五千五百人受傷。有些部隊耗損了百分之九十的軍官。有多達三十對兄弟檔被葬在海灘上方的美軍公墓。在D日登陸「奧馬哈」海灘的第二十九師第一一六團A連名冊上的二百一十二人中，沒有人能活到歐戰勝利日那天。紀錄顯示，即使到了D日後十三天（六月十九日），海灘的浪頂仍然被屍體的鮮血染紅。[14]

登陸「朱諾」海灘的加拿大部隊向內陸推進得最遠，當天結束時共推進七英里。加拿大里加納步兵團（The Regina Rifles）和女王親衛步兵團（Queen's Own Rifles of Canada）是從登陸點推進最遠的部隊，是唯二有達成D日所有目標的部隊。第一波進攻「奧馬哈」海灘的士兵，平均年齡是二十點六歲，進攻「黃金」和「寶劍」海灘的是二十四歲，進攻「朱諾」海灘的是二十九歲，而年齡和經驗確實有差。一萬四千五百名加拿大士兵進攻四點五英里長的「朱諾」海灘，庫爾瑟萊港（Courseulles）位於其中，拿下它就可以避免「朱諾」海灘和「寶劍」海灘中間空隙太大。加拿大部隊在濱海的貝爾尼埃村（Bernières-sur-Mer）前方遭遇激戰，因為步兵登陸後，戰車還沒有跟上，而十英尺高的混凝土防波堤也妨礙了部隊移動。

例如，溫尼伯皇家來福槍兵團（Royal Winnipeg Rifles）的B連就在庫爾瑟萊港西側損失了八成五的兵力。在加拿大女王親衛步兵團的八百人中，有一百四十三人在D日當天陣亡或受傷。在接下來的戰役中，又有一千人傷亡，陣亡者四百六十二人，以至於到了一九四五年五月時，兵團中每一個成員都被替換了兩次。艾森豪甚至贊許說（當然是不公開的），以單兵對單兵而論，加拿大人是他麾下最好的士兵。（基本上符合史實的電影《最長的一日》居然沒有描寫任何一位加拿大人，此乃一大汙辱。）

有六千名英國部隊在「黃金」海灘登陸，他們面對的是所有區域中最嚴重的五級強風，造成一些兩棲戰車和三艘登陸艇沉沒。在黃金海灘的「國王段」，三十二歲來自約克郡的連隊上士霍利斯（Stan Hollis）衝進兩個德國碉堡，並親自俘虜二十五名德國人，贏得了當天唯一的維多利亞十字勳章。[15]

獲頒維多利亞十字勳章的人並不多，但這個勳章在二十世紀本來就頒得比十九世紀要少。事實上，在整個二次大戰期間只頒出了一百八十一枚勳章，比印度起義戰爭時還要少一枚。[16]美國頒發英勇獎章也很吝嗇。拉菲耶爾橋（La Fière Bridge）爭奪戰是美國陸軍史上死傷最慘重的小部隊戰鬥。為了爭奪這座具有戰略價值的勒梅德雷特河（Le Merderet River）上的小橋，美軍激戰了三天，戰死五百人。第八十二空降師第三二五滑翔機步兵團C連的一級上兵德格洛普（Charles DeGlopper），在撤退時保護弟兄英勇戰死，於六月九日獲頒國會榮譽獎章。

德格洛普出身紐約大島（Grand Island），身高六英尺七英寸，體重二百四十五磅，①是該師塊頭最大的人。他在一九四二年三月加入美國陸軍，一九四三年和一九四四年在西西里和義大利作戰。德格洛普在六月七日降落在萊弗日（Les Forges）附近。在優勢敵軍包圍下，他吸引敵方砲火掩護排上弟兄撤退，左手被炸斷後還繼續射擊他的白朗寧自動步槍，共射殺德軍二十五人。當他的屍體被找到時，身上有六十六個彈孔。

在三輛德軍戰車逼近時，守護拉菲耶爾橋的是A連的四個士兵，其中三個人十七歲，一個人十八歲。（其中一位是瑞典人皮特森，他在一九四二年才到美國，自願加入美軍，在拉菲耶爾橋一役獲頒傑出服務十字勳章。他在戰後因為移民文件不齊備被遣送出境。）G連駐守在俯瞰梅德雷特河的第三十號丘陵上，共有二百一十二名士兵，當該部隊於八月返回英國時，只有六人被列為仍可作戰。

---

①編按：約莫二百公分、一百一十一公斤。

六月六日傍晚，盟軍已控制濱海城市阿羅芒什（Arromanches）。這裡將建設一座代號「桑樹」（Mulberry）的巨大人造港口，其部分遺跡到今天還可以看到。從一九一七年開始，就有人想到可以把浮動港口拖到海邊。一九二〇年代曾把一個碼頭從倫敦拖到一萬英里外的新加坡。阿羅芒什外海的港口面積有二平方英里，用了六十萬噸的混凝土和一百萬碼的鋼鐵，動員了十萬人以九個月的時間建造，二萬人參與營造，還動員一百五十艘拖船把各個部件從英國各地拖往阿羅芒什。這是一項浩大的工程。總算下來，它的吞吐量相當於整個多佛港。

桑樹港有一百二十個沉箱，每一個都有足球場大小，有六層樓高，重量介於三千噸到五千噸。一旦組裝好，這個港口可以二十四小時在各種天氣下運作。從D日到歐戰勝利日這段期間，總共有二百五十萬人、五十萬部車輛、四百萬噸補給從這裡上岸。即使在拿下瑟堡港之後，阿羅芒什的桑樹港還是主要的裝卸港口，只需要一百五十門防空火砲護衛。這座港口基本上起到保險的作用，以防瑟堡港因天氣惡劣關閉，在德軍反擊時阻斷遠征軍的補給。一九四四年夏天天氣很好，但這只是意外之喜，並不減損該港的必要性。再一次，英語民族又打造出二十世紀的世界工程奇蹟。

英語民族在二十世紀的霸權有很大一部分來自其創造性，這一點在一九四四年六月六日展露無遺。曾在一九三四年指揮過英國第一戰車旅的霍巴特少將（Percy Hobart）說，這次戰役總共用上了七大新發明。霍巴特的軍旅生涯本來在一九四〇年被降為國民軍下士時就該終止了，但邱吉爾卻突然在一九四三年派他指揮第七十九裝甲師。[17]在D日派上用場的新發明有：綽號「唐老鴨」的水上「雙驅動」戰車；綽號「鱷魚」的噴火戰車；能在前進時引爆地雷的巨型連枷；「巴賓」（Bobbin）戰車，可以鋪設長達一百一十碼的席子；「皮塔」（Petard）裝甲車，可以發射名為「飛行垃圾筒」的爆裂物，足以炸毀最強固的德軍碉堡。軍事科技的偉大創新向來是英語民族作戰的特色。

為了給軍隊供應燃料，英國和諾曼第之間鋪設了巨大油管。這條「冥王星」油管總長七十英里，在戰爭結束時共輸送一億七千二百萬加侖的油（建造油管的工廠設在懷特島，偽裝成冰淇淋工廠而未遭德軍轟炸）。

雖然大君主行動總括而言非常成功，是英語民族的驚人成就，但所有大規模軍事行動都不可能一切照計畫進行。傘兵空投的區域太過分散，很少能降落在預定降落區。加拿大第一空降營的一百人和美國第八十二空降師的一百五十人，就分別降落在預定降落區以東三十五英里和以南二十五英里處。康城也是到七月九日才拿下（只有《倫敦晚報》報導說第一天就拿下康城）。還有很多「友軍誤擊」事件。美國的麥克奈爾將軍（Lesley McNair）就是被美國空軍炸中，「身體被炸飛上六十英尺高空，只能從他領子上的三星勳章辨識出他。」[18]

對盟軍幸運的是，德軍第二十一裝甲師分成三個隊伍移動，而且是在進攻後十一個小時才開始移動，移動方向也錯誤。假如它在進攻當天上午八點鐘就向飛馬橋發動反擊，勞瓦德勳爵的輕裝甲旅根本無法抵擋，而一旦德軍拿下飛馬橋，第六空降師就無法獲得增援。德軍第一波十二輛戰車只用三個小時就抵達「寶劍」海灘和「朱諾」海灘中間的濱海利翁（Lion-sur-Mer），就在此時，英國第六空降師的一百五十六架滑翔機剛好飛過，於是德軍戰車又調頭去追擊。這些陰錯陽差幫了盟軍大忙。

諾曼第濃密的灌木叢（很多是維京人在十五個世紀前栽種的）不同於英國或美國。這些灌木叢高可達十五英尺，寬可達五英尺，只有開戰車才能穿越。它們為德軍的戰術撤退提供了很好的保護。[19]

戴高樂將軍脾氣很大，但他的同胞確實為自身的解放做了很多貢獻。大約三千名法國反抗軍截斷了九百五十條鐵路和公路，大大延遲了德軍裝甲部隊從法國西南部趕來增援。英國特別行動執行處負責協助法反抗軍，犧牲也很慘重：二戰期間在法國占領區活動的三百九十三名特務中，有一百一十九名遭德國人殺害殉職。

葬在諾曼第戰爭公墓的盟軍士兵不分階級、宗教和單位，墓碑上寫的日期是屍體被發現的日期，不是死亡日期。奧馬哈海灘上方的科萊維爾濱海聖洛朗軍人公墓（Colleville St Laurent-sur-Mer cemetery）由美國戰爭紀念委員會管理，總共有九千三百八十六名士兵、水手和飛官，其中三百零七人身分不明。墓碑按照隨機排列，這是為了強調來自各地和各部隊的人都在諾曼第共同作戰。以下是H區第十三排的前七個墓，每塊墓碑都面西朝向美國：

上等兵瓊斯，第二師第三十八步兵營，奧克拉荷馬州，一九四四年六月二十五日

上等兵唐納文，第二師第九步兵營，麻州，一九四四年六月十六日

二等兵普蘭特，第二十九師第一一六步兵營，賓州，一九四四年六月二十九日

上等兵諾伯，第四三〇防空砲自動武器營，紐澤西州，一九四四年八月五日

少尉邁爾斯，第二十四騎兵偵察中隊，賓州，一九四四年七月二十九日

此處葬著一位光榮的同袍，唯上帝方知其名

中士法洛，第二裝甲師第十七裝甲工兵營，喬治亞州，一九四四年六月十五日

接下來五位是來自德州的艾瑟里奇、來自堪薩斯州的羅斯、來自奧勒岡州的芬舍、來自加州的普洛克、來自西維吉尼亞州的拉布里特。他們的十字架排列得井然有序（諾伯是用猶太人的「大衛之星」），沉默而莊嚴地見證了英語民族剷除納粹暴行的決心。

在回顧六十年前這段重大歷史事件時，很容易會忽略掉個人的犧牲奉獻，以及納粹野心所造成的巨大人道悲劇。只要去諾曼第的戰爭公墓看一看就會知道，每一位埋骨此處的人都是為人子弟。諾曼第巴贊維爾（Bazenville）的萊斯（Ryes）公墓比較小，由大英國協戰爭公墓委員會負責維護，這裡葬著六百三十名英國人、二十一名加拿大人、澳洲人和波蘭人，還有三百二十六名德國人。家屬在墓碑上鐫刻的文字令人動容。以下是其中幾段文字：

二等兵柯恩，戈登高地步兵團，一九四四年七月二十一日，三十一歲，「我們之間的那條線已不在。我們沒有一天不思念你」

工兵湯瑪斯，皇家工兵營，一九四四年六月十日，二十八歲，「此人是我的摯愛」

工兵羅賓森，皇家工兵營，一九四四年六月十日，二十八歲，「每一天都在我腦海中，親愛的喬治。媽媽」

准衛艾伍德，澳洲皇家空軍，一九四五年五月三十一日，二十歲，「永懷讓我們驕傲的

> 摯愛，約翰」
>
> 中士道登，加拿大皇家砲兵團，一九四四年六月九日，二十五歲，「他為我們犧牲生命，媽媽、爸爸和全家人深情永懷」

這個公墓也記載了多支不同的加拿大部隊。加拿大在一九四四年有許多戰鬥和補給部隊，其中有好幾支部隊已不再存在，或被併入其他部隊而消失。然而，這些部隊的名稱還是能喚起一些懷舊之情。萊斯公墓有卡加利高地步兵團、北新斯科舍高地步兵團、南艾伯塔兵團、加拿大皇家陸軍團、英國哥倫比亞兵團、加拿大蘇格蘭兵團、加拿大皇家步兵團、第五十九（紐芬蘭）皇家重砲兵團、皇家里加納步兵團、肖迪耶爾兵團、第一輕騎兵團與加拿大皇家砲兵團。

六月七日，有三十七名戰俘（多數來自北新斯科舍兵團）在歐蒂（Authie）放下武器後，被德軍第十二黨衛軍裝甲兵團處死。總計有二百名加拿大戰俘在登陸後一個星期內被處死。黨衛軍指揮官邁爾（Kurt Mayer）在一九四五年被捕，一九四六年受審。他原本被判死刑，後減為十四年徒刑，但在一九五四年就出獄（他在戰後搖身一變為成功的啤酒經銷商，毫無懺悔之意，甚至在一九五七年還回諾曼第舊地重遊）。

傑出軍事史家黑斯廷斯爵士在其研究一九四四至一九四五年德法之戰的近作《世界末日》（*Armageddon*）中，總結了大西洋同盟國家和極權國家在道德上的差異：

> 在極大程度上，美軍和英軍在戰場上還是維持住價值和正派，遵守他們社會的文明規

> 範。……而德國人和俄國人……雖然是比較強悍的戰士，卻是比較差勁的人類。這不是出於文化自負，而是根本的道德事實，唯有如此才能了解在戰場上發生的事。[20]

當然，黑斯廷斯也承認，假如英軍和美軍也要像蘇聯人一樣打肉搏戰才能捍衛祖國、驅逐入侵者，那未必也能堅持大西洋的文明價值。

加拿大對勝利的貢獻

以一千一百萬的人口數來說，加拿大對二戰勝利有巨大貢獻。在一九三九年春天，加拿大軍隊只有一萬人，但到了戰爭結束時，軍隊人數已超過一百萬。此外，用迪爾克斯教授（David Dilks）的話來說，加拿大軍隊「在一九四〇年夏天和秋天的危急時刻，是英格蘭南部唯一有良好組織、訓練和裝備的軍事力量。」加拿大軍隊在一九四一年聖誕節於香港參與作戰，指揮官戰死；也參加過迪耶普、西西里、義大利、法國和低地國家的戰役。加拿大皇家海軍在一九四三年有五百艘船，一度是全球第三大海軍。大英國協有多達十二萬五千名空軍軍官在加拿大受訓。在一九四四年，英國皇家空軍的四百八十七個中隊中有多達一百個中隊來自各自治領（這還沒有算進自願加入英軍部隊的個別王室子民）。

在財政上，加拿大也援助英國甚多。一九四一年十二月三十日，邱吉爾在加拿大國會兩院聯席會發表演說後，到渥太華勞瑞爾公館用晚餐，總理金恩告訴邱吉爾說，加拿大將立刻援助英國十億英鎊，然後又把七億英鎊的借款改為無息貸款。接下來還有各種不同形式的援助，例如直接捐贈二十八億英鎊。迪爾克斯教授推估，加拿大援助的金額相當於英國在《租借法案》用款總額的四分之一，但加拿大的人口只有美國的百分之九不到。每個加拿大納稅人的負擔幾乎是美國人的四倍。大西洋的海水雖深，卻難敵血濃於水。

英美僵持

儘管英語民族的最高將領們在一九四四年六月六日合作打了勝仗，但接下來一個月不到，大家就對大君主行動如何在歐洲南部和西部繼續推進產生嚴重分歧。美國總參謀部想發動「鐵砧行動」（Operation Anvil）拿下土倫，進攻法國南部，再進逼隆河河谷（Rhône Valley）。但英國總參謀部（不包括抱病在家的布魯克）卻要亞歷山大將軍（Harold Alexander）能在義大利里米尼（Rimini）到比薩（Pisa）此線以南繼續進攻，摧毀德軍。美國人想在八月十五日進攻法國南部，英國人卻想在九月跨過波河進軍的里雅斯特（Trieste），再推進到巴爾幹半島。同時進行是不可能的，英美兩方僵持不下，哪一方都不肯退讓。

兩邊不斷向對方提出備忘錄，但雙方都不妥協。六月二十四日，美國有一份備忘錄表示：「將地中海的資源投入到北義和巴爾幹的大規模行動，對美國總參謀來說是不可接受的。」[21]兩天後，英國總參謀部回覆說：「從義大利撤軍去投入八月十五日的鐵砧行動是不可接受的。」第二天，六月二十七日，馬歇爾打電報給支持鐵砧行動的艾森豪說：

> 英國人提出要放棄鐵砧行動，把所有兵力投入到義大利，這是不可接受的……在此刻不容緩之際，英國和美國還在爭執非常可悲。英國關於義大利的說法不合理，也不符合戰爭的初期目標……沒有必要再討論下去，這只會延誤必要的決策。

第二天，英國總參謀部打電報給華府說，他們非常遺憾美國總參謀部的立場，「值此戰爭的關鍵時刻，還在耐心討論要不要走出錯誤的一步是不可想像的。」[22]然後他們繼續闡述其巴幹爾戰略的觀點，最後堅定地說：「我們對此事的意見強烈，在目前，我們無法在軍事上建議英國女王陛下的政府採取違背我們原來提議的方案。」接到這封電報後，李海上將（William Leahy）撰寫備忘錄給小羅斯福，請小羅斯福「發出如下訊息給首相」：「我認為在此時此刻，聯合參謀部對未來的行動僵持不下是再糟糕不過的。你我應該阻止這種事，我們應該支持盟軍最高指揮部的看法。」小羅斯福把電報發出，沒有更動一字。

邱吉爾立即回覆說：「我們難以接受這種要求……我誠心請求你仔細檢視這件事。我認為美國總參謀部的說法過於獨斷，我也看不出就目前的路線有達成協議的可能。那麼會發生什麼？」當天晚上，邱吉爾打了一封十二頁長的電報給小羅斯福，力主進攻巴爾幹的優點，不像進攻土倫必須長途跋涉才能和德軍主力交鋒，結論是：「我們不必為了贏得一場偉大的戰役而破壞另一場偉大的戰役。兩場都可以贏。」

即便布魯克說自己虛弱地像隻貓，也想起床視事，但馬歇爾為此請求「無論如何都不要讓元帥煩心」。馬歇爾認為「首相在這件事情上扮演重要角色」，但戰時內閣辦公室的霍利斯上校

（Hollis）立即斷然否認。第二天六月二十九日，小羅斯福以十三段文字回覆邱吉爾：「我要再次敦促必須發出美國總參謀部的指令……立刻要發。」還有四個月就要總統大選，小羅斯福從個人交情和選舉考量做出請求，他說：

> 如果我們因為議而不決而浪費時間和生命，歷史絕不會原諒我們。我親愛的朋友，我拜託你讓我們按計畫行事。最後，純粹從政治考量，如果我們把大部分兵力轉到巴爾幹半島而讓大君主行動遭到任何挫敗，那我就很難勝選。[23]

小羅斯福比邱吉爾還要邱吉爾，他成功了。七月一日，首相打電話給總統表示退讓。一九四四年八月十五日（拿破崙誕生一百七十五週年），鐵砧行動開始，七萬七千人和一萬二千輛車從海上登陸法國南部沿岸，外加九千名傘兵。行動代號改為「龍騎兵行動」（Operation Dragoon），用這個神話名稱，是因為邱吉爾覺得自己被哄騙而不得不做。雖然早就很明顯，但這次行動算是確立了美國是西方同盟的領袖。指揮棒已經換手，英國雖然不情願，但也不是被強行奪走。邱吉爾成為最後一位領導自由世界的英國領袖。

文學評論家麥卡錫（Desmond MacCarthy）曾把法國人的民族性格總結為：「吝嗇、盲目報復、專斷獨行」，而戴高樂於一九四四年八月二十五日在巴黎市政廳的演說把這幾點表露無遺。他在演說中表示，巴黎「是被自己的人民解放的，這其中有法國軍隊的幫助，也有整個法國的幫助，我指的是繼續抗戰的法國，也是真正的法國、永恆的法國。」他完全不提同盟國的貢獻，開始製造神話。

參加諾曼第戰役的有三十一個師，只有一個是法國師，也就是勒克萊爾將軍（Philippe Leclerc de Hauteclocque）指揮的第二裝甲師。該師作戰英勇，在諾曼第法萊斯（Falaise）包圍德軍，但這場戰役就算沒有他們也能取勝。

在一九四三年十一月三日第五十一號元首令中，希特勒預測說，雖然東線戰場可能被俄軍奪去大片領土，但是「更大的危險將出現在西線：盎格魯—撒克遜人登陸！」希特勒講的是正確的，這場登陸開啟了解放法國的進程，而主要部隊都是英語民族。

戴高樂將軍

在D日前夕，盟軍最高統帥艾森豪將軍的最大憂慮之一就是戴高樂將軍，他比英倫海峽難測的天氣還令人擔心。在過去四年中，戴高樂一直給盟軍決策者找麻煩，堅持要像英王喬治六世和小羅斯福總統那樣，以國家元首地位相待，雖然他完全不是什麼國家元首。

戴高樂在六月十四日踏上法國之後，他先造訪貝葉（Bayeux），然後前往阿爾及利亞，直到八月二十日才再回到法國境內。與此同時，巴頓將軍的第三軍在七月底突破阿夫朗什（Avranches）往不列塔尼（Brittany）進軍。獨立於戴高樂「自由法國」的「法國反抗軍」為盟軍提供了英勇而重要的支援，尤其是阻滯德國裝甲部隊反攻，而戴高樂在北非什麼都沒做。

同時間，在巴黎，德軍指揮官柯爾提茲將軍（Dietrich von Choltitz）背著部隊做出了具有歷史意義和符合人道主義的決定，不把巴黎毀掉。元首曾經要求他：「巴黎必須從頭到腳徹底毀滅，不要留下任何一座教堂或紀念碑。」德軍最高司令部列出特別要摧毀的七十座橋、工廠和地標建築物，包括艾菲爾鐵塔、凱旋門和聖母院。希特勒後來不斷質問他的參謀首長：「巴黎燒掉了沒？」

柯爾提茲刻意不遵守這些野蠻的指令，德軍也沒有像在華沙一樣打滅絕戰。華沙一役死了二十萬波蘭人，把這座古老城市的市中心完全摧毀。當同盟國正規軍抵達時，柯爾提茲就體面地投降了。他對前來談判的瑞典外交官說，他不想在歷史上留下「巴黎摧毀者」的惡名。

在巴黎解放戰役中，勒克萊爾將軍只損失七十六名士兵，不過有一千六百名巴黎市民在起義時被殺，其中有六百人是非戰鬥人員。今日，巴黎到處都有個別士兵和反抗軍被殺地點的標識。艾森豪之所以會派勒克萊爾去解放巴黎，是因為艾森豪認為英國、美國和加拿大軍隊在法國北部和南部剿滅德軍的大戰中用不著法國第二裝甲師。出於政治和威信的考量，戴高樂拜託艾森豪一定要讓法軍率先進入首都，而艾森豪也信守承諾。艾森豪自己直到八月二十七日才進入巴黎，因為他不想搶走戴高樂的風采。

盟軍並沒有把巴黎當成主要軍事目標，而是當成政治目標，這麼做是對的。奧斯比（Ian Ousby）寫到巴黎被占領的歷史時說：「巴黎的人口和文化古蹟太過集中，不可能對它進行轟炸和砲擊。硬要拿下這座城市只會消耗更多時間和生命。此外，拿下巴黎並無戰術上的必要。」布萊德利將軍在其回憶錄中認為這只是「地圖上的筆墨工作」。

下令勒克萊爾立刻進入首都的是艾森豪而不是戴高樂。他本來也可以動用美軍第四師，但他想把榮耀送給法國人。戴高樂對勒克萊爾說他一定要比美國部隊先抵達。勒克萊爾的美製雪曼戰車在八月二十九日早上九點三十分抵達里沃利路（Rue de Rivoli）。勒克萊爾和柯爾提茲在當天下午簽署了降書，但其中完全沒提到英國和美國。

第二天早上，一九四四年八月二十六日，戴高樂率遊行群眾從凱旋門沿著香榭麗舍大道（Avenue des Champs-Élysées）到聖母院參加感恩節禮拜。反抗軍領袖和他並肩而行，但他作勢要他們往後退遠一些。掌聲只能由他獨享。他受到熱烈歡呼，但戰爭時的群眾是善變的：當貝當元帥在三個月前來到巴黎時，一樣也有幾十萬法國人高呼「元帥萬歲」。法國人急需一個英雄式自我解放的神話，而這正是戴高樂在一九四四年八月二十五日給予他們的東西，他們也相信了。

正是邱吉爾這位骨子裡的親法派，闡明了法國如何在一九四〇年投降後，還扯同盟國後腿。一九四一年十二月三十日，他在加拿大國會發表了試圖振奮人心的演說，他說回顧過往這一年：

> 法國政府曾莊嚴地約束自己不單獨議和。前往北非本該是他們的職責，也符合他們的利益，因為他們可以在那裡領導法蘭西帝國。在非洲，有了我們的幫助，他們本可以擁有壓倒性的海上力量。他們本可以得到美國的承認，並動用他們長期存放在海外的黃金。但是那些在波爾多和維琪的人們，卻拜伏在征服者腳下。

戴高樂當然不是丟臉的叛國者。他拒絕投降、飛往倫敦的英勇舉動應在歷史留名。但他在倫敦除了出席典禮、堅持他對「自由法國」的領導權，以及突襲西非達卡這種沒什麼軍事重要性的行動之外，幾乎做不了什麼。但這也不是他的錯，因為站在維琪政府那邊的法國人遠比站在他這邊的人要多。

戴高樂主義就是把驕傲和任性當成政治綱領，不顧地緣政治的現實為何。當戴高樂在一九四〇年創立「自由法國」時，他的國家已經被毀掉了，但五年後，在沒有打過任何重大勝仗之下，法國又重回強國地位，在德國占領了一塊地，並成為聯合國常任理事國之一。義大利在一九四三年轉向同盟國陣營，但義大利是被同盟國監管，而受貝當統治到一九四四年的法國卻被允許自治。正是戴高樂用不斷的忘恩負義、堅不妥協、「凶猛的諷刺」和「火山爆發式的輕蔑」，單槍匹馬地做到了這一點。

戴高樂承認他對法國「驕傲到心焦」，他對這個幾乎被兩次大戰毀掉的國家也同樣心焦。他認為法國必須偉大才能成為「永恆的法國」，所以他就堅持法國真的非常偉大，不顧經濟、政治和軍事現實。英國外交官傑布（Gladwyn Jebb）曾說：「（戴高樂）將軍的最大錯誤，就是把他的國家捧得遠超過其實力。」但這招確實有效。他的祕訣之一就是「找盎格魯—撒克遜人麻煩」，在大君主行動前一天就是如此。

戴高樂對接納他的主人忘恩負義是出了名的。「你以為我在乎英國打贏戰爭。」他對英國聯絡官史皮爾斯將軍（Edward Spears）說，「我不在乎。我只在乎法國的勝利。」史皮爾斯給了一個很合理的回答：「這兩件事是同一件事。」但戴高樂說：「完全不是。在我看來完全不是。」為了證明他那永恆的法國還有牙齒，所以他要咬餵養他的那隻手。

B-29「超級堡壘」轟炸機在一九四四年六月D日初次登場，此乃當時軍事科技的奇蹟。在美國參戰之前，美國陸軍航空兵團的阿諾德將軍（Hap Arnold）就在打造一支不只能支援地面部隊的空中武力。他的構想是一支「多重角色的空中武力，能夠戰略轟炸，能夠大規模空中運輸，能夠防空和戰術防空。」[24]美國這個萊特兄弟的祖國一直居於航空工程的領先地位，擁有空中堡壘轟炸機、解放者轟炸機、洛克希德閃電戰鬥轟炸機、野馬式戰鬥機和雷霆式戰鬥機。在不列顛空戰、韓戰、蘇伊士運河、越戰、福克蘭戰爭、波灣戰爭、阿富汗戰爭、伊拉克戰爭，制空權都讓英語民族大占優勢。

在D日一個月後，華沙的波蘭地下軍試圖從德軍手上奪回華沙。他們以為在維斯瓦河（Vistula River）對岸的紅軍會出手相助，但喜歡損人利己的史達林在一九四四年八月和九月下令紅軍坐山觀虎鬥，等納粹黨衛軍摧毀反抗軍和大半個城市後再出手。他還拒絕皇家空軍和美國空軍降落蘇軍占領區，妨礙他們空投補給和食物給波蘭人。黨衛軍把起義完全鎮壓後撤出華沙，接著紅軍才渡河，接管這座殘破的城市。

與此同時，美軍、英軍、加拿大軍和法軍正在努力解放法國。一九四四年九月，英國軍事情報局犯下一個大錯。綽號「男孩」（Boy）的布朗寧將軍（Frederick Browning）完全無視他的情報官厄克特少校（Brian Urquhart）交給他的空中偵察照片，該照片顯示德國黨衛軍裝甲師在阿納姆附近重新集結。布朗寧認為厄克特「因為壓力和過勞而心理出問題」，命令他請假休養。接著英軍第一空降師降落在當地，造成盟軍在二戰中最大災難。最近有一份對軍事情報局所犯錯誤的研究結論說：「驕傲自大的布朗寧拒絕承認情報官員給他的正確資訊，英國和波蘭的空降旅為此付出可怕代價。」[25]

一九四四年九月三日，英國和法國對德宣戰五週年，英軍選在這一天進入比利時首都布魯塞爾。大批比利時百姓群聚街頭，慶祝終結獨裁、重獲自由。隨著盟軍部隊在西歐解放一座又一座城市，巴黎和布魯塞爾的景象一再上演。美軍在九月十日解放盧森堡，加拿大軍在二十八日解放加萊，英軍在十月十四日解放雅典，如此等等。

但人們是健忘的。二〇〇三年三月，許多國家（荷蘭、法國、丹麥、希臘、奧地利和比利時）發生群眾示威，抗議美國領導的多國部隊入侵伊拉克，以民主取代獨裁，而這些國家都是被美國領導的盟軍在一九四四至一九四五年解放的國家。在二〇〇三年時，很多人認為中東地區因為其特殊的宗教和社會傳統，既不適合也沒有準備好實行民主。在一九三〇年代和一九四〇年代，「法蘭西運動」（Action Française）的反民主知識分子如莫拉斯（Charles Maurras），以及歐洲親法西斯分子奎斯林（Vidkun Quisling）等人，也是用這種言論在講荷蘭、法國、丹麥、希臘、奧地利和比利時。歐洲很幸運，美國領導的盟軍在一九四四年沒有理會那些反民主的知識分子，二〇〇三年也不理會那些反戰示威者。（有派兵到伊拉克的歐洲國家，例如西班牙和波蘭，都是沒有被美國聯軍解放過的國家，而且到一九七〇年代和一九八〇年代才民主化。歷經二十年法西斯統治的義大利也有派兵到伊拉克。這可能不是巧合。）

比例協議

一九四四年十月九日，邱吉爾和史達林在莫斯科會面，兩人搞起極度自私自利的現實政治，史稱《比例協議》。邱吉爾說他不想用「劃分勢力範圍」這種說法，以免嚇到美國人，然後就精細地劃分東歐。邱吉爾說，只要他和史達林達成默契，他就有辦法說服美國人。[26]那些批評小羅斯福在雅爾達會議對史達林過於天真，以及不欣賞邱吉爾的人，可以來思考一下這項協議。

邱吉爾提出一份他稱為「淘氣的文件」（a naughty document），其中列出五個國家，並列出俄羅斯和英國在戰後於每個國家該享有多少的「利益比例」。假如這項協議當時洩露出去，美國國務院必然會群情激憤，但它對西方來說確實是個好交易。[27]俄羅斯在羅尼馬亞占百分之九十，英國占百分之十，希臘（德國占領者已經逃離）的比例則相反。當時的羅馬尼亞從地理上和軍事上本來就會落入俄羅斯的勢力範圍，而希臘這個世界上最古老的民主國家則在內戰中逐漸往共產主義傾斜。在南斯拉夫和匈牙利，英俄各占百分之五十，保加利亞則有百分之七十五屬於俄羅斯，百分之二十五屬於「其他國家」。史達林拿起藍色鉛筆，在文件右上角打勾。

雖然邱吉爾很快就對《比例協議》的粗暴感到悔意，但它卻是很成功的談判手段，讓希臘免於落入蘇聯支持的民族解放陣線／民族解放軍之手。當時的法國、義大利和希臘的反抗運動都是由共產黨主導，只要史達林下令就會轉頭對付盟軍。「如果我們如此隨意處理這些對數百萬人如此重要的問題，難道不會被認為太過自私嗎？」邱吉爾問史達林說，「我們把文件燒了吧。」但史達林說「不」，他已經很習慣隨意處理幾百萬人的性命。「你留著吧！」這份文件今日還保留在基尤（Kew）的國家檔案館。

雷伊泰灣海戰

一九四四年十月二十日，麥克阿瑟將軍實現他在一九四二年被日軍趕走時所做的承諾，重返菲律賓。維薩亞斯群島（Visayan Islands）東面的雷伊泰灣戰役（介於呂宋島和民答那峨島中間）是一場苦戰，一直打到隔年二月。一個月後，美軍奪下馬尼拉。美軍共戰死三千五百人，一萬二千人受傷。日軍戰死五萬五千人，只有三百八十九人願意投降。

一九四四年十月二十二日到二十七日的雷伊泰灣海戰是史上規模最大的海戰。盟軍二百一十八艘艦艇和一千二百八十架飛機對上日軍六十四艘艦艇和七百一十六架飛機。在六天的海戰中，日軍艦艇被擊沉二十六艘，其中包括四艘日軍航空母艦和十四艘驅逐艦，美軍則被擊沉六艘。這是美軍一次重大勝利，美國的龐大戰爭產能終於揚眉吐氣。

雖然美國在一九四〇年代已經是全球最富有的國家，但美國有些地區相對落後。在一九四五年，加州、康乃狄克州、德拉瓦州、伊利諾州、華盛頓州、麻州、紐澤西州、紐約州的人均所得都超過一千三百美元（其中以紐約州的一千五百九十五美元最高），阿拉巴馬州、阿肯色州、喬治亞州、肯塔基州、路易斯安納州、北卡羅來納州、南卡羅來納州、密西西比州則低於八百美元（其中以密西西比的五百五十六美元最低）。在美國內戰四分之三個世紀以後，貧富區域的分布也沒有改變。從學校的每學生平均校產來看，在一九四二年，德拉瓦州、伊利諾州、麻州、紐澤西州、羅德島州和紐約州都超過五百美元（其中以紐約州的六百七十美元最高），而阿肯色州、喬治亞州、密西西比州、南卡羅來納州、田納西州和阿拉巴馬州則低於一百五十美元（其中以阿拉巴馬州的一百零三美元最低）[28]

凡是以棉花為主要作物的州，就會有比較高的人口比例沒有地方圖書館（阿拉巴馬州為百分之四十八、南卡羅來納州為百分之四十七、阿肯色州為百分之五十六、路易斯安納州為百分之四十四），每千人擁有電話和汽車的人數也比較少。在一九四〇年，阿拉巴馬州有七萬八千五百六十二戶、密西西比州有六萬五千八百八十六戶、田納西州有五萬六千九百五十六戶家中沒有廁所。

從一八八二到一九四四年這段期間，阿拉巴馬州有三百四十六名黑人被私刑處死，喬治亞州有五百二十一人，德州有四百八十九人，密西西比州有五百七十三人。[29]雖然小羅斯福在四次總統大選中都贏下阿拉巴馬州、阿肯色州、喬治亞州、路易斯安納州、密西西比州、北卡羅來納州、南卡羅來納州、田納西州、維吉尼亞州、西維吉尼亞州和德州，但這些州的生活條件是美國最艱困的，對白人和黑人都一樣，但對黑人尤甚。

但活在南方也有一項幸運之處。美國各州在二戰中的死亡率基本上差不多，有三十五個州失去了以下數字的人口（0.204%-0.283%）。只有兩個州的死亡率比較高，分別是蒙大拿州（0.334%）和北達科他州（0.308%），但這兩州各只有五十萬人，在統計上並不顯著。但南方有些州一開始並不想招募黑人士兵，這些州失去的人口比較少，例如佛羅里達州（0.150%）、路易斯安納州（0.156%）、密西西比州（0.163%）、喬治亞州（0.177%）、南卡羅來納州（0.178%）和阿拉巴馬州（0.182%）[30]

小羅斯福最後一次就職演說

一九四五年一月二十日星期二，小羅斯福發表第四次也是最後一次就職演說，請求美國人要繼續參與全球事務。這場演說和華盛頓請求美國人要遺世獨立的告別演說一樣影響深遠。「在今天，」小羅斯福說，「在一九四五年的這場戰爭中，我們已經學到教訓，雖然犧牲巨大，但我們受益良多。我們已經學習到我們不能獨自過和平的生活；我們的福祉有賴於遠方其他國家的福祉。我們學習到我們必須像個人一樣活著，而不是像隻鴕鳥，更不能像條槽中之犬。[②]我們學習到要成為世界的公民，人類社群的一分子。」這正是威爾遜在一戰後所追求過但失敗的反對孤立主義路線，也是小羅斯福在一九二八年《外交事務》季刊中發表的看法。小羅斯福的國際主義藍圖是透過一九四四年末到一九四五年初的一系列會議所建構出來的，尤其頓巴敦橡樹園會議（討論國際合作）、布列敦森林會議（討論全融、貿易和開發）、溫泉會議（討論糧食和農業）、芝加哥會議（討論民用航空）和說服俄國人加入聯合國的雅爾達會議。傑出美國史學家小亞瑟・史列辛格（Arthur Schlesinger Jr.）認為：「羅斯福對外政策的最大挑戰是如何從孤立主義轉向國際主義。」[31]小羅斯福是成功的，自他死後，美國除了在一九七〇年代晚期被國會帶往孤立主義一段時間，一直都奉行國際主義。

雅爾達協議

在一九四五年二月四日到十一日的雅爾達會議期間，如果邱吉爾或小羅斯福想看看蘇聯暴行的史蹟（雖然他們沒有），只要到里瓦幾亞宮（Livadia Palace）的二樓就可以看得到。沙皇尼古拉二世在一九一一年建造這座義大利文藝復興風格的夏宮，坐落於黑海港口以西兩英里處，以白色石灰岩打造，裡頭滿是羅曼諾夫皇室的生活點滴。尼古拉二世的父親亞歷山大三世，於一八九四年在此處的舊宮殿中去世。在大門門廊的白色大理石柱上，刻著尼古拉、亞歷山大、阿列克謝、奧爾嘉、塔提雅娜、瑪麗亞、安娜塔西亞等皇室一家人的姓名縮寫，他們全家在一九一八年被布爾什維克黨人殘酷謀殺。

宮中最大的房間是二百一十八平方碼③的白廳，雅爾達會議的全體會議就在這裡的大圓桌上舉行，沙皇大女兒奧爾嘉公主的十六歲生日宴會也曾辦在這裡。小羅斯福的書房是沙皇用來接待國賓的地方，他的臥室則是沙皇的書房。在二月十一日簽署《雅爾達協議》的英式撞球間有一個火爐，上面刻著末代沙皇的姓名縮寫。著名的三巨頭照片就是在這間栗色鑲板房間外頭的義式花

---

② 編按：槽中之犬（Dogs in the manger），典出《伊索寓言》。在故事中，有一條狗躺在牛的飼料槽裡，阻止牛靠近吃飼料。儘管狗自己不吃飼料，卻也不願意讓牛吃飼料。這句成語用來形容那些明明不需要某樣東西或資源的人，卻也不讓他人使用或享用。

③ 編按：約等於一百八十二平方公尺、五十五坪。

園拍攝的。史達林選擇這個宮殿的理由，是為了讓小羅斯福能住一樓的房間方便輪椅進出，但沒有任何地方比此處更能見證布爾什維克的殘忍和霸道。

然而，里瓦幾亞宮樓上的房間更令人辛酸，房間內所住的溫良和善的一家人於二十五年前在西伯利亞小鎮被屠殺。這裡有舒適的紫杉鑲板的家庭餐廳、沙皇和皇后的臥室、皇后亞歷山德拉與女兒進行二重奏的閨房、孩子們簡單樸素的教室，而這些皇室成員都在一九一八年死於葉卡捷琳堡（Ekaterinburg）尤索波夫公館（Yusopov House）的地下室（一名布爾什維克黨人甚至在皇后的屍體被丟入豎井前性侵了她的屍體）。如果史達林的目的，是讓英語民族的領袖見識十月革命的完全勝利（他知道邱吉爾曾力主盟軍要介入俄國內戰），此處確實是絕佳場所。

雅爾達會議是「三巨頭」的第二次會議，直到今日仍有高度爭議。這場會議的討論和結論決定了一九八九年柏林圍牆倒塌之前東歐一整代人的命運，長期以來被視為是自私操弄和背叛英勇人民的代名詞。然而，這種看法是否能禁得起邱吉爾所說的對歷史的「嚴峻考察」呢？

經過五年半的總體戰，第三帝國當時正在做垂死掙扎。此時的局面和十四個月前，「三巨頭」於一九四三年十一月在德黑蘭規劃戰爭進程時已截然不同。德黑蘭會議主要討論軍事，雅爾達會議則是討論政治。這場英美代號為「阿爾戈」（Argonaut）的會議，本來只是要對歐洲問題取得初步的暫時性協議，但實際上卻為未來四十四年的歐洲藍圖下了定論。

史達林飛往德黑蘭是很勉強的，他堅稱他的醫生不准他離開蘇聯，所以身體比他更不好的小羅斯福和邱吉爾不得不同意在塞瓦堡（Sevastapol）東南三十英里處的蘇聯度假勝地舉行會議。他們抵達後發現，史達林對很多重大世界議題非常固執，他的談判立場也毫不動搖。

在短短七天中，雅爾達會議決定了戰後德國的命運，以及波蘭、捷克斯洛伐克、匈牙利、保加利亞、羅馬尼亞、南斯拉夫和希臘的未來。此外還決定了即將取代國際聯盟的聯合國的性質，決定如何處理納粹戰犯，還有俄羅斯何時參與對日戰爭（俄羅斯此前一直對日本保持距離）。二十世紀沒有任何一場高峰會處理的議題比此更重大和更具爭議性。總而言之，小羅斯福和邱吉爾達到了他們前來的所有目的，除了波蘭和東歐國家的民主，但這本來就是達不到的目標，因為在一九四五年二月時，紅軍只距離柏林四十四英里。

英國人曾在一九三九年九月為維護波蘭主權而宣戰，對史達林想在波蘭建立傀儡政權（所謂盧布林委員會〔Lublin Committee〕）非常不滿，但波蘭境內有二百萬紅軍正在和德軍交戰，戰後對他們根本無計可施。

蘇聯這四年來都是戰爭主力。同盟國當時把史達林宣傳為「喬大叔」，把紅軍宣傳為解放歐洲的主力，事實也是如此。英勇的蘇聯士兵和平民在對抗第三帝國的「偉大衛國戰爭」中死傷慘烈（可能死了二千四百萬人），對兩位西方領袖來說，要對俄羅斯採取軍事行動在政治上是不可想像的。一位史學家說，俄羅斯人民在戰爭中犧牲之慘重，在英國催生了「上千個委員和社團為蘇聯宣傳，鼓吹兩國交好。」蘇聯把逮捕的波蘭和捷克民主人士一律冠上「反動分子」標籤，誣指他們具有法西斯背景，但強大的「英蘇工會委員會」（Anglo-Soviet Trades Union Committee）和左翼知識分子的「英蘇公共關係委員會」（Anglo-Soviet Public Relations Committee）都美化史達林在東歐的作為。

邱吉爾明白俄羅斯是想要再次併吞和分割波蘭，正如俄羅斯幾個世紀來所做過的，但他根本無力阻止。雖然史達林承諾在趕走納粹後會舉行「自由」選舉，卻完全不告訴英美何時舉行、如何監督及怎麼進行。不消說，當選舉舉行時，完全是由蘇聯一手操控。史達林的承諾只是他搶奪權力和土地的計謀，無人能夠阻止。

雅爾達會議決議把德國分成四個占領區，分別由俄、美、英和法等四國控制。位於東邊俄占區中的柏林也一樣分成四個區。會議還決議了俄羅斯何時參與對日戰爭，史達林承諾在德國投降後三個月就出兵（但到了那個時候，距離美國投下原子彈只剩一個星期）。

雖然雅爾達會議被批評為過於馬基維利主義，過於權謀不擇手段，汙辱了英勇的波蘭人和捷克人，讓他們在對抗一個極權政權後又落入另一個極權政權之手，但雅爾達已是小羅斯福和邱吉爾在當時情勢下所能談判出的最好結果。雖然俄羅斯對民主的承諾一文不值，但至少劃定了紅軍可以向西歐進軍的邊線。此外，希臘和奧地利也免於落入蘇聯勢力範圍。

會議第一天，邱吉爾和史達林及小羅斯福會面後說：「我們掌握了全世界的命運」，「二千五百萬海陸大軍聽我們的號令。而看來我們是朋友。」但在會議期間，他對史達林寸步不讓為之氣結。邱吉爾的女兒莎拉和他同行，她回憶邱吉爾一度看著波光粼粼的海面，說這裡是「冥王黑帝斯的海濱勝地」。他已經預見到歐洲不可避免的發展方向，看到他在一年後稱為把歐洲和蘇聯集團隔離的「鐵幕」（Iron Curtain）。

但不論多有先見之明的政治家，都無法改變俄羅斯在這些爭議地區有幾百萬地面部隊的事實。雅爾達有許多正面成果，例如創立聯合國、把德國社會非納粹化、審判戰犯，以及許多重要的戰後政策，但把這麼多東歐人交給蘇聯共產統治如此之久，「雅爾達」這個名詞在歷史上就永留臭名，而美國和英國根本只能接受史達林的既成事實。自一九〇〇年來，西方政治家的決定沒有比雅爾達更重要、更影響深遠、更難以接受和更不可避免。

邱吉爾和小羅斯福是否有在雅爾達犯下更大的錯誤，這樣的辯論還在持續。美國當時確實不太批評蘇聯，小羅斯福甚至向史達林抱怨邱吉爾，而當時的美國自由派和進步人士更關注大英帝國在印度的統治，遠勝於俄羅斯即將在東歐建立的帝國。一九四五年四月九日，伯林在英國駐華府大使館寫信給朋友斯特雷特夫人（Lady Daphne Straight）就指出，小羅斯福政府普遍懷疑和討厭大英帝國。關於戰後殖民託管的問題，他告訴夫人說：

> 我們普遍被認為反對解放殖民地和託管制度，這也許沒有錯……美國人認為託管制度是正確的方向，而我們儘管說了很多要設立地區委員會，但我們給人的印象就是在反對。外交部想要併入許多環礁，而國務院想要交給國際託管，雙方正鬧得不可開交。32

「我來自美國。」小羅斯福在二月六日告訴邱吉爾和史達林說，他「不太熟悉波蘭問題，雖說美國有五百萬到六百萬波蘭移民，但大多數是二代移民。」這種說法確實不積極，不冷不熱，但就算小羅斯福很想為波蘭人爭取自由，除非動用還沒測試成功的原子彈來對付這個西方盟友之外，他對史達林無計可施，而這在政治上是不可想像的。西方民意根本無法理解，更別說接受為什麼要在戰爭這個階段對史達林強硬。西方人也害怕蘇聯可能會像一九三九年八月那樣和德國人做交易。

一九四二年三月，小羅斯福警告邱吉爾說：「史達林很討厭你們這些高高在上的人。史達林比較喜歡我，我希望他能繼續下去。」但事實上，史達林誰都不喜歡。不過小羅斯福在一九四五年四月四日打給史達林的電報也顯示，他並不是蘇聯的「囊中物」。「我很驚訝收到你四月三日的來電說，陸軍元帥亞歷山大（Harold Alexander）和凱塞林（Albert Kesselring）已在伯恩（Berne）達成協議，『允許英美軍隊向東推進，並以此作為英美會讓德國人更寬鬆議和的交換條件』。」小羅斯福挑明說此事未經談判，要求對方無條件投降的政策沒有改變，並下結論說：「坦白說我對你的消息來源感到非常不滿，不管消息來源是誰，這完全是在惡意扭曲我們的行動和我所信任的下屬。」[33]

有些人說戰勝德國沒什麼意義，只是讓波蘭這些國家多受極權統治五十多年，但這種說法是不對的。光是除掉希特勒這種邪惡危險的怪物，犧牲就是值得的。假如是希特勒戰勝，他將完成其「生存空間」政策和「最終解決方案」，並在一九四〇年代末擁有核武，這些都遠比波蘭在戰後的悲劇更嚴重。萬湖會議擬定的「最終解決方案」將擴及到所有「次等人類」，那麼到了一九四〇年代末，大部分波蘭人都會被滅絕，剩下的人則被奴役。不管波蘭人在共產統治下有多不好過，都沒有這麼恐怖。

德勒斯登大轟炸

除了決議把德國和柏林分給四個盟國占領（法國莫名其妙也從英國和美國那裡分到一塊，至於蘇聯則沒有讓出一磚一瓦），小羅斯福和邱吉爾還在雅爾達向史達林承諾將繼續轟炸德國城市。當邱吉爾啟程前往克里米亞時，副首相艾德禮請求他批准轟炸德勒斯登，因為從恩尼格馬機器的破譯電文顯示，德軍「正從西線、德國境內、義大利和挪威調來大量菁英部隊，準備對西里西亞（Silesia）的蘇聯部隊發動反攻」，而其中一些部隊將通過德勒斯登。[34]德勒斯登是德國最大的要塞城市之一，根據一九四四年的《德國陸軍武器手冊》（*Handbook of the German Army Weapons Command*）記載，它有一百二十七間工廠在生產軍事設備、武器和彈藥（這指的是大型工廠，不包括小型供應商和作坊）。

雅爾達會議結束兩天後，英國皇家空軍轟炸機司令部第五集團軍，在一九四五年二月十三日星期二執行轟炸。指令很明確：「燒掉和毀掉敵人的工業中心。」目標是德國第七大城市，只比曼徹斯特略小。有一份報導說，它是「目前德國境內未受轟炸過的最大城市」。德勒斯登不只是一座城市，它本身就是一件藝術品，一個建築瑰寶，它的美麗是薩克森公國五百年來的驕傲。它的漫長歷史被一千架轟炸機造成的巨焰終結，大火延燒了四十八小時，吞噬了整個市中心和二萬五千到四萬人。[35]從轟炸前後的照片可看出摧毀程度之巨大。

雖然德勒斯登大轟炸經常被批評是戰爭罪行，但在總體戰中，這座城市確實是有正當性的轟炸目標。死亡人數那麼高並不是盟軍刻意造成的，而是因為一連串意外，也沒有戈培爾和歷史學家艾文所宣稱的高達六位數。「就實際而言，」泰勒（Frederick Taylor）在關於這次轟炸的權威論著中說，「德勒斯登是一系列大轟炸中的一次大轟炸，但由於許多不可預見的因素，包括風向、天氣、缺乏防衛，以及老百姓完全沒有防空設施可躲，它成為最嚴重的一次轟炸。」[36]

德勒斯登的納粹長官（gauleiter）穆切曼（Martin Mutschmann）在一九四五年落在盟軍手裡，他立刻就承認「並沒有為整個城市建造防空設施的計畫」，因為「我一直希望德勒斯登不會有事」（但他卻為自己和家人及高級官員建造了防空洞）。在整場戰爭中，德國被丟了九十五萬五千噸炸彈，其中有一半落在人口稠密區。皇家空軍元帥哈里斯認為，讓德國工人無家可歸能夠大大減損德國的戰爭生產能力，但這一點並沒有明確證據說對或不對。[37]

同樣地，穆切曼也沒有理由認為在德國大城市中唯獨德勒斯登可以免於盟軍轟炸，畢竟德勒斯登是鐵路匯集之地，城內外還有龐大的軍工產業聚落，尤其是在光學、電子和通訊領域。德勒斯登是納粹主義高漲的城市，希特勒在一九四四年七月遭暗殺未遂，德勒斯登有大批民眾自發性遊行力挺，但當蘭卡斯特轟炸機造成巨大毀滅後，許多德勒斯登市民和德國人的政治觀點也隨之改變。備受尊崇的記者貝根德（Götz Bergander）認為，雖然在德勒斯登大轟炸之前，德國老百姓根本不可能接受無條件投降，但是「德勒斯登的衝擊從根本上改變了人心」。[38]

在那個可怕的夜晚和早上到底有多少人死亡，這個問題依然有高度爭議，比較普遍接受的數字是二萬五千人到四萬人之間。[39]這比漢堡大轟炸的死亡人數要少，以人口比例來說也低於佛茨海姆（Pforzheim）和烏茲堡（Würzberg）大轟炸。這顯然不是什麼「德國廣島」。無論如何，轟炸德勒斯登只是「例行工作」。當初是俄羅斯要求要轟炸這座城市，但後來蘇共領導人布里茲涅夫（Leonid Brezhnev）卻在轟炸四十週年時譴責西方犯下戰爭罪行。

一九六七年，世人發現了一封艾森豪寫給其情報首長史壯少將（Kenneth Strong）談及德勒斯登的信，「我清楚記得你的建議是，它不是個有益的目標，但我記得（我的記憶可能有誤）是斯帕茨（Carl Spaatz，歐戰區美國戰略空軍司令）或其他空軍人員堅持這是個好目標，應該要攻擊。」[40]德勒斯登大轟炸的主要罪過被怪在空軍元帥哈里斯頭上，但盟軍最高指揮部應該還有很多人參與其中。

無人能否認這座曾經美麗的城市在一九四五年二月十三日晚上面臨的恐怖，皇家空軍在一萬英尺高空都可以感受到一千度高溫的火球。但我們還是要對英勇的轟炸機司令部致上敬意，例如皇家空軍的崔普（Mike Tripp）和威利（Bruce Wyllie），以及美國空軍的瑞格比（Alden Rigby），他們日復一日勇敢執行任務，許多人一去不回。皇家空軍轟炸機司令部每一百人出任務，就有超過五十人戰死，只有四分之一的人能執行三十次任務。[41]令人遺憾的是，轟炸機司令部的地勤人員除非是被派駐海外，否則無法獲頒戰鬥獎章，邱吉爾在一九四五年五月十三日的勝利演說中也沒有好好感謝他們。泰勒認為，德勒斯登是「敵方陣營在一九四五年二月時的前線行政、工業和通訊中心。」轟炸機司令部確實做了該做的事。

V型火箭

一九四五年三月二十九日星期四，薩福克（Suffolk）的防空砲部隊打下最後一枚射到英國的V-1「飛行炸彈」。德國人稱此武器為「復仇武器一號」（Vergeltsungswaffe-Ein），英國人則叫它「蟻獅彈」（Doodlebugs）或「嗡嗡彈」（Buzz-bombs）。

一九四三年聖誕夜，希特勒興高采烈地宣布動用V-1火箭。V-1火箭確實是很可怕的武器。它是以脈衝噴氣發動，使用燃油和壓縮空氣，長二十五英尺四英寸，翼長十六英尺，重四千七百五十磅。它的彈頭是一千八百七十四磅的阿馬托炸藥（Amatol explosive），由TNT和硝酸銨混合而成。它部署在法國占領區瓦頓（Watten）到霍普維爾（Houpeville）之間，用長度一百二十五英尺的水泥發射台發射，時速三百六十英里。由於速度較慢，它的表面爆炸威力以彈頭比例來說要比V-2火箭更大。

V-1火箭的最大射程是一百三十英里，以倫敦和英格蘭東南部為主要目標。它以設定的羅盤自動導航，鼻尖的螺旋槳設有飛行里程記錄器。一旦飛抵正確距離，機翼中的升降舵就會完全偏轉並俯衝，同時切斷引擎。V-1火箭的恐怖之處在於，它的螺旋槳聲音會在設定的時間突然停止，然後就往下俯衝。如果聲音沒斷，那就表示V-1會繼續飛越上空，但一旦聲音中斷，那很快就會發生爆炸。據推估，百分之八十的V-1火箭會落在目標半徑八英里內。

從一九四四年六月十三日（D日後一個禮拜）到一九四五年三月二十九日，總共有一萬三千枚V-1火箭射向英國。它的飛行高度在三千五百到四千英尺之間，這對高射砲來說太低，很難打到，但對輕型機砲來說又太高打不到，所以通常要靠皇家空軍來處理這種新型態的威脅。雷達導航的戰鬥機或著嘗試把它打下來，或著輕觸其機翼讓它轉向。要貼近這種超過一噸的飛行爆炸物需要很大的勇氣，但只能這樣處理。此外也可使用防空氣球。

「我是在十一歲或十二歲時第一次遇到蟻獅彈攻擊。」史密斯（Thomas Smith）回憶說，他在戰爭最後兩年與母親和八個兄弟姐妹住在倫敦羅素花園（Russell Gardens）。「當時是一九四四年十月十三日星期五早上六點三十分。我們都還在床上，聽到飛行炸彈來的聲音。我們聽到它飛越我們房子上空，可能掉在任何地點。我們嚇壞了。我和四個兄弟躺在床上，躲在棉被底下發抖。」史密斯的父親隨英國陸軍在海外服役，當時正在法國北部進攻和掃蕩V-1火箭發射基地。「飛彈沒擊中房子，」史密斯回憶說，「掉在一百二十碼外的羅素花園。炸彈的威力讓我們房子的屋頂和天花板都掉下來，窗戶都被震破。雖然有炸彈來襲，我媽還是送我去學校。」元首的「祕密武器」總共造成二萬四千人死傷，其中有五千四百七十五人死亡。

攻擊是全天候的，不讓人喘息。德國轟炸機向來只在夜間進襲，以夜色來躲避皇家空軍，但無人駕駛的飛彈不分晝夜。在一九四四年七月和八月的第一波攻擊中，每天有多達一萬間房子被毀。到了八月底，總計有一百五十萬名兒童撤離英國東南部。

一枚V-1火箭的爆炸範圍有四分之一平方英里，約二十七個足球場大，所以V-1火箭是非常危險的武器，但很快就被防衛方適應。例如在一九四四年六月到九月間，多達三千九百一十二枚V-1火箭被防空砲火、皇家空軍戰鬥機和防空氣球打下來。德軍最高司令部原本期待V-1火箭可以摧毀英國的士氣，迫使英國政府求和，但很快就失望了。

英國國家檔案館在二〇〇五年二月公布的機密文件顯示，英國政府曾因情報不足而對V-1火箭的姐妹型武器V-2火箭產生過分恐慌。白廳的國內安全部設立一個緊急委員會，該委員會的報告預測，在V-2火箭攻擊第一個月內，將造成十萬名倫敦人死亡，大約同樣人數受傷。

一九四三年初，軍情六處認為倫敦不分晝夜，每小時都會遭到一枚十噸的彈頭攻擊（相當於每七個星期就有一顆廣島原子彈在倫敦爆炸）。[42]本土防衛部大臣史都華爵士（Sir Samuel Findlater Stewart）警告邱吉爾說：「總數約一萬二千枚飛彈，假設其爆炸範圍沒有互相重疊的話，可以把倫敦炸成廢墟。」相較之下，倫敦大轟炸最嚴重的一次是一九四一年四月十六日，造成一千七百五十人死亡，另一次是一九四一年五月十日，一千四百五十人死亡。史都華警告說，急難救助隊「在第二天就會忙不過來」，一個星期內就會有五十萬名倫敦人無家可歸。

但事實上，V-2火箭的彈頭只有一噸。從一九四四年九月八日到一九四五年三月二十九日這二百零二天中，總共有一千一百一十五枚V-2火箭射向英國，只有五百一十七枚落在倫敦，平均每天二點五枚，只有預測值的十分之一。二千七百五十名英國人死亡，六千五百二十三人嚴重受傷，死傷雖然慘重，但這個數字只是委員會預測的十六萬七千二百五十人的零頭。[43]

V-1和V-2火箭直到一九四五年三月還在向英國發射（法國北部發射站被摧毀後，V-1火箭改由漢克爾轟炸機搭載發射），這顯示納粹到戰爭最後階段還在痴心妄想。當時的希特勒只剩下五個星期可活，紅軍正逼近柏林，但德國人還在妄想摧毀英國人的戰鬥意志。那些批評盟軍轟炸德國城市過於猛烈的人應該想想V-1和V-2火箭轟炸了倫敦多久，即使大多數有理性的德國人都明知戰爭已經輸了，V-1和V-2火箭還在發射。如果沒有D日，沒有英語民族解放歐洲，V-1和V-2火箭一定會繼續轟炸英國，老百姓會死傷更多。

勝利日

野心勃勃的日本先是在中途島和瓜達卡納島受挫，繼而在雷伊泰灣遭遇大敗，一九四五年二月十九日到三月二十六日，更在小小的火山島硫磺島遭到逆轉。日本在這座距日本最南端不到一千英里的八平方英里火山島上建了兩座機場，可以攔截飛往日本本土的美軍B-29轟炸機。美軍戰略家意識到不能把硫磺島留給日軍，要在島上建立美軍基地以供戰鬥機補給，也要用來作為B-29轟炸機二千八百英里來回航程的中繼站。44

一九四五年二月十九日早上九點零二分，施密特少將（Harry Schmidt）的第五兩棲軍會同第四和第五海軍陸戰師（第三師作為預備部隊）對島上發動進攻。硫磺島從一九四四年十二月八日開始就每天受到轟炸，此乃「二戰中為時最長的轟炸行動」。但日軍多數設施都毫髮無損，二萬五千名日軍戰到最後一兵一卒。雖然美軍有十萬部隊，但防禦固守的日軍占有優勢。

硫磺島如其名。島上有十六英里長的隧道連接一千五百個「房間」，陸戰隊登陸的西部海岸布滿固若金湯的砲台，而日軍有為天皇和國家戰死的狂熱精神。陸戰隊連續推進了三十六天，直到奪下最後一個日軍掩體。雖然島上大部分地方已在三月二十六日拿下，但美軍轟炸機仍持續轟炸直到五月初，有些日軍一直撐到五月底。海軍陸戰隊戰死五千九百三十一人，一萬七千三百七十二人受傷，日軍只有幾百人被俘。尼米茲上將談到這場戰爭時說：「在硫磺島，原本不平凡的勇氣成為很平常的美德。」盟軍決策者心中浮現一個問題：如果日軍連這樣一個小島都可以狂熱堅守這麼久，那拿下東京要付出多少代價？

一九四五年四月十二日，小羅斯福總統在喬治亞州溫泉鎮（Warm Springs）去世。用他的權威傳記作者布萊克（Conrad Black）話來說，小羅斯福的死讓世界失去一位戰勝大蕭條、為美國政府注入「決心和樂觀主義」，並且「戰勝所有外敵」的偉人。因為他「帶領美國拯救和保衛了文明世界，羅斯福應與華盛頓及林肯同樣位列萬神殿。」他也是二十世紀最主要的政治工程師，其國際遺產遺留至今。

小羅斯福和希特勒都是在一九三三年初上台，相隔不過幾星期，也都在一九四五年四月相繼離世。小羅斯福很早就看出納粹的本質及其對文明的威脅。雖然他無法扭轉美國人對於到國外參戰的反對情緒，但他用各種手段挑起軸心國家對美國宣戰，讓它們自尋死路。小羅斯福有對抗坦慕尼協會（Tammany Hall）、華爾街、「美國優先」組織和軸心國的政治勇氣，一如他有勇氣對抗小兒麻痺所造成的殘疾。

我們並沒有充分證據可以證明小羅斯福和他私人祕書瑪格麗特・勒翰德（Marguerite LeHand）有婚外情。但在一九二五到一九二八年這段期間，小羅斯福在二百零八個星期中有一百一十六個星期不在家，他的悍妻愛蓮娜只陪同他四個星期，而美麗、認真、年僅二十五歲的祕書卻和他在一起一百一十個星期，其中多數時間都在他的拉洛科號（Larooco）遊艇上。「真相永遠不為人知，過度猜測是不合適的。」但許多人都希望這位偉人可以從他美麗的祕書，還有他的情婦露西・拉瑟弗德（Lucy Mercer Rutherfurd）身上找到些許快樂。

小羅斯福的繼任者是杜魯門（Harry S. Truman，中間名的S是這位堪薩斯城破產男服店店主為了抬高身分而自己捏造的），他後來成為最偉大的美國總統之一，讓其同時代人感到不可思議。杜魯門在一九二二年當上密蘇里東區傑克森縣的法官，一九三四年五十歲時選上參議員。他在一九四〇年連任，又當上調查國防開支特別委員會的主席，為美國納稅人節省十億美元而在全國名聲鵲起。小羅斯福在一九四四年提名他為副總統搭檔。

一九四五年四月三十日星期一，希特勒在柏林自盡，瓦勒拉不待消息獲得官方證實就立即接見德國駐都柏林大使亨佩爾，對元首過世致哀。布亨瓦德（Buchenwald）集中營當時已被解放，納粹政權搞種族屠殺的本質已被鐵錚錚事實證明。而在十八天前小羅斯福過世的時候，瓦勒拉並沒有到美國大使館致哀。這位愛爾蘭總理告訴他的外交部長說，不必回應國際上對他這種行為的批評，因為「解釋只會被認為是在找藉口，表示我們自認不對。我做的是對的，而且很有智慧。」[45]同盟國的媒體群起撻伐，但在愛爾蘭嚴格的新聞審查下都沒有被報導。

兩週後，邱吉爾對所謂的「愛爾蘭中立」表示憤慨，他提到皇家海軍在一九四〇年時被拒絕使用南愛爾蘭的「條約」港口和機場，造成通往英國西部港口的航線被敵方飛機和潛艇威脅，「如果不是有北愛爾蘭的忠誠和友誼，我們可能不得不對瓦勒拉先生動手，不然就得在地球上滅亡。」出於「歷史上罕見」的自制，雖然英國政府完全可以「快速用武力得到想要的東西」，卻「任由瓦勒拉先生和德國人調情，又和日本代表暗通款曲」。[46]

一九四五年五月八日歐戰勝利日，邱吉爾向英國人民和全世界做歷史性的廣播。倫敦市中心豎起許多巨型喇叭，讓聚集在街上的上百萬人聽到他的聲音。邱吉爾對他們說，德國的約德爾將軍已在前一天簽署無條件投降，自午夜零點一分起結束敵對狀態，「對德戰爭正式結束」。特拉法加廣場和國會廣場歡聲雷動，連人在唐寧街內閣會議室的邱吉爾都聽得到。

首相簡單對戰爭做了總結。他說，自從俄羅斯和美國在一九四一年參戰後，「幾乎全世界都聯合起來對抗奸邪，而這些人現在正跪倒在我們面前。」當時人在國會廣場的日記作家尼科爾森寫道，這句話讓「群眾發出讚嘆」。而由於人們早已習慣苦難和犧牲，他們慢慢才意識到這一刻有多麼重要（此時離最後一枚V型火箭攻擊只有三個月）。

邱吉爾繼續說道：「我們可以稍微開心一陣子，但千萬不要忘記前方還有苦難。背信棄義和貪婪的日本還沒有屈服。」他下結論說：「前進吧，大不列顛！自由萬歲！天佑吾王！」英國人民開始狂歡，比任何一場加冕典禮或登基典禮都要歡天喜地，連波爾戰爭解除梅富根之圍時都比不上。「在我國漫長的歷史上，」邱吉爾在歐戰勝利日那天對英國人民說，「沒有任何一天比今天更偉大。」因為邱吉爾素來被公認為是歷史學家，所以英國人民就按照他的話歌舞到天明。

邱吉爾接著到國會演說，出席西敏寺聖瑪格麗特教堂的感恩節禮拜，在一名小男孩的簽名簿上寫下「永遠銘記光榮的一天」，然後在白廳衛生部陽台上對擁擠的群眾發表演說，妙語如珠地要大家回想從一九四〇年六月敦克爾克大撤退到一九四一年六月希特勒入侵俄羅斯，這十二個月的情況，「當時我們孤立無援。有人想過要投降嗎？」群眾大喊：「沒有！」「我們有氣餒嗎？」群眾大喊：「沒有！」

阿斯特莉（Joan Bright Astley）曾在邱吉爾的軍事助理伊斯梅將軍（Hastings Ismay）手下工作。她回憶在歐戰勝利日那天，首相邀請了總參謀委員會來「和他一道慶祝德國戰敗的一手消息，並親手為大家奉上酒杯慶祝。」但在這歷史性的時刻，居然沒有人向這位歷來最偉大的英國領袖敬酒，恭賀他的最終勝利。阿斯特莉寫道：

> 不管是帝國參謀總長、第一海務大臣或空軍參謀長，都不懂察言觀色，沒有人向他敬酒。而伊斯梅將軍向來持重，有這些人在場他也不會這麼做。邱吉爾先生向大家敬酒，一個接一個。他們可能是因為害羞，而他們當然是英國人，他們可能是一個沒有自主性的集體，

都在等別人採取主動。不論原因為何，這位締造勝利的「偉大老人」沒有受到他三位最親近的顧問祝賀。[47]

邱吉爾很快就遭受選民更嚴重的打擊。

「這次大選就快要結束了，」副首相艾德禮在一九四五年七月三日寫信給他弟弟說，「我覺得我們的對手支持度不高……溫斯頓還在困獸猶鬥……但我不覺得他有辦法贏過我。」[48]邱吉爾確實沒辦法。選舉結果對保守黨來說是災難性的，比工黨少了一百八十個席次。史達林曾在雅爾達嘲笑說：「我不認為艾德禮先生是能拿到政權的人。」但艾德禮在一九四五年七月二十七日星期五那天真的辦到了。

一九四一年八月，艾德禮陪同邱吉爾在普拉森西亞灣和小羅斯福開會，他寫信給弟弟說：「我上星期代替首相來檢討戰局，要跟上這位藝術家的腳步真的不容易。我不敢賣弄文采，只能平鋪直敘。想拉開尤利西斯的弓是沒用的。」[49]而艾德禮現在當上首相，擔子落在他身上，他第一個任務就是要建構長遠的和平方案。（此時在牛排俱樂部，溫伯恩勳爵〔Lord Wimborne〕曾和毛德〔John Maude〕對賭五十畿尼，賭「在一九七四年之前，英格蘭將再度和德國開戰」。）

「我必須承認，我覺得星期四的事真的很怪。」邱吉爾在大選後寫信給他最好的朋友塞西爾勳爵說，「有些東西英國人民忍耐了二十年，需要發洩。就像是一九〇六年重演。」大選結果勝負懸殊，席次分布是工黨三百九十三席，保守黨二百一十三席，自由黨十二席，這讓一整個世代的保守黨人以為英國選民已經「布爾什維克化」，有人還分析說：「三十年來的英國政治已經被凱因斯的學說搞慘了。」[50]

上一次大選是在十年前，保守黨在一九三五年大選中大幅勝出。保守黨當時因為綏靖政策被責怪，但既然張伯倫已死，議題焦點也隨之改變。工黨這次的得票率為百分之四十七點八，保守黨得票率百分之三十九點八，這並不算無可挽救。然而保守黨驚慌失措，集體性地認為選民只能接受凱因斯的福利國家路線，用更高的稅收來負擔更高的支出。直到三十年後柴契爾夫人當上保守黨領袖，這種想法才受到嚴重質疑。

廣島

一九四五年八月六日星期一晚上八點十六分，世界突然改變，而且一去不復返。美國空軍B-29轟炸機艾諾拉．蓋伊號（Enola Gay，以其駕駛員提貝茲上校〔Paul Tibbets〕的母親為名）對日本南端的廣島市，投下一顆四噸重的同位素鈾二三五核分裂炸彈。四十三秒鐘後，炸彈在太田川橋上空一千九百英尺爆炸，相當於二萬噸黃色炸藥的威力，瞬間把下方溫度升高到攝氏四千度。[51]巨大的蕈狀雲在城市上空升起。

廣島市約有百分之六十在爆炸和大火中被摧毀，四點四平方英里被夷為平地，七萬日本人死亡，另有七萬人受傷和患有長期輻射線後遺症。三天後，八月九日，另一顆鈽原子彈投在長崎，造成三萬五千到四萬人死亡，受傷人數約略相當。[52]雖然三月東京大轟炸的死亡人數要多於廣島或長崎，但這種可怕的新武器讓日本突然想求和。八月十四日，日本宣布投降。「我完成了工作，」提貝茲上校說，「你無法了解投彈成功後我鬆了多大一口氣。」

自從萊特兄弟發明飛機後，空中武力就在英語民族的歷史上扮演主角。假如日本人當時能打下艾諾拉·蓋伊號，一九四五年八月的戰略形勢就會截然不同。日本雖然有一些防空高射砲，卻沒有足夠的戰鬥機能保衛日本人口最稠密的其中一個城市。

文學史家福塞爾（Paul Fussell）本來被派去要進攻日本，他回憶起聽到日本投降消息的情景：

> 我們驚訝地聽說我們幾個月後將不必進攻東京附近的海灘，面對機槍、迫擊砲和大砲。我們堅強鎮定的外表頓時崩潰，放鬆而欣喜地哭泣。我們可以活下去了。

同盟國部隊每個人都有相同感受，動用原子彈受到廣泛支持。但疑慮很快就浮現，歷史學家和很多人開始提出各式各樣的說法，指控對廣島和長崎丟下原子彈是英語民族所犯下最大的戰爭罪行。例如，在投彈五週年時，華府的史密森尼學會（Smithsonian Institution）舉辦了一次展覽，以《華爾街日報》的話來說，其所呈現的圖像是「急於求和的日本趴在毫不留情的凶殘敵人美國的腳下」。

許多修正派史學家、反美宣傳家和新聞記者認為，杜魯門總統根本就不是為了盡量減少盟軍傷亡才丟下原子彈（但他的動機確實是如此）。批評杜魯門此一決定的著作汗牛充棟，例如阿佩羅維茲（Gar Alperovitz）的《核子外交》（*Atomic Diplomacy*）、還有考辛斯（Norman Cousins）、萊克特（P.M.S. Blacket）、馬扎尼（Carl Marzani）、弗萊明（Denna Frank Fleming）、舍溫

（Martin Jay Sherwin）、伯恩斯坦（Barton J. Bernstein）等眾多人士。主要的批評出現在一九六〇代，當其時，盟軍部隊的傷亡已被淡忘，而由於越戰的關係，美國在冷戰中的動機和行為處處受到懷疑。直到今天，《金融時報》日本分部主任皮林（David Pilling）還是認定：「對日本平民扔下原子彈乃是一群人類對另一群人類所做出最邪惡的事。」[53]歷史學者伯克（Joanna Bourke）也稱之為「殘暴的侵略」。[54]（《牛津簡明字典》對「侵略」的定義是「發動進攻」，她應該把這個詞用在珍珠港，而不是廣島。）

杜魯門做出決策後幾個月，冷戰就爆發，所以有的作家就說：「投下原子彈主要不是為了日本，而是為了蘇聯。第一，要在蘇聯在遠東參戰前逼日本投降；第二，要在戰爭中展示原子彈的威力。只有這樣才有威嚇效果。」[55]杜魯門也被批評說是逆轉了小羅斯福與蘇聯保持親善的政策、拒絕日本求和、堅持要日本無條件投降，因為這樣才能真正測試出原子彈的威力。這些說法都只有間接證據，而杜魯門單純就是要逼日本投降的直接證據倒是非常多，但這些說法的擁護者依然堅信不疑。

也有非常多史學家在辯論杜魯門的決策是否在道德上是正確的，以及是否非這樣才能打敗日本。這個問題取決於進攻日本本土到底要犧牲多少美國人的生命。批評杜魯門的人認為，這個數字沒有高到可以合理化投下原子彈。[56]杜魯門在其回憶錄《決策歲月》（*Year of Decisions*）中說，他相信進攻日本會戰死五十萬名美軍，但戰爭部長史汀生和國務卿伯恩斯都認為這個數字過於保守，兩人在回憶錄中都估算會死掉一百萬人。（史汀生讓京都免受原子彈攻擊，原因可能不是官方所說「它是日本藝術文化的聖殿」，而是因為史汀生曾在一九二六年到京都度蜜月，「在那裡有很美好的回憶」。）[57]

修正派史學家認為數字根本沒有這麼高，但當時的確有相當多證據顯示如此。美國參謀首長聯席會議在一九四四年八月估算，進攻日本將「犧牲五十萬美軍，傷者更不計其數」。胡佛在一九四五年五月寫給杜魯門的備忘錄也認為，跟日本和談可以「拯救五十萬到一百萬人的性命」。[58]六月中，馬歇爾將軍問麥克阿瑟將軍進攻九州（奧林匹克行動）的預期傷亡人數是多少，麥克阿瑟的回答是，在行動開始後九十天內，美軍將傷亡十萬五千五百人，再加上一萬二千五百名美軍非戰鬥人員。

情報顯示日本空軍有一萬架飛機在防衛本土。此外，除了神風特攻隊之外，日本還有很多自殺性武器，包括飛彈、自殺魚雷、自殺艦艇、迷你自殺潛艇、海軍人體自殺水雷，這些都部署在沖繩和菲律賓，對美軍殺傷力很大。

最適合和進攻日本本土做類比的，是一九四五年四月一日復活節展開的沖繩戰役（冰山行動）。美軍第十軍進攻這座六十英里長、二到十八英里寬的島嶼，打了將近三個月。日軍瘋狂抵抗，牛島滿將軍和參謀長長勇將軍於六月二十一日在洞穴碉堡中切腹自殺，美軍地面部隊死亡七千三百四十三人，三萬一千八百零七人受傷，二百三十九人失蹤，相當於全軍的百分之三十五。此外還有三十六艘艦艇被擊沉，三百六十八艘損毀，七百六十三架飛機被擊落，四千九百零七名海軍死亡，四千八百七十四人受傷。[59]日軍則有十萬七千五百三十九人死亡。

冰山行動的耗損率如此之高，進攻「神聖的」日本本土一定更可怕。進攻菲律賓群島中最大和最北方的呂宋島以及小笠原群島的硫磺島也都死傷慘重。在太平洋戰爭中，敵人被打敗不等於接受被打敗。

準備進攻日本九州的部隊有七十六萬六千七百人，就算會勝利，耗損率百分之三十五就表示將戰死超過二十五萬人。九州在日本列島最南端，不是大阪和東京所在的本州，如果日本堅持打下去，盟軍的犧牲還遠沒有看到盡頭。美國總參謀部原本設想日軍只有八個師在防守九州，不到三十萬人。但到了七月底，截獲的電文顯示日軍已增加到了五十二萬五千人，然後很快又增加到六十八萬人。七月三十一日，軍醫部門推估美軍戰鬥和非戰鬥人員受傷人數約為四十萬人，這麼高的數字還不包括死亡人數。杜魯門、史汀生、伯恩斯、馬歇爾等美國決策者，完全有理由相信九州將是另一個沖繩，傷亡程度會高到難以接受。

有人說日本本來就要投降，完全沒必要投下原子彈，這是錯誤的。修正派史學家認為日本已有求和動作，是盟軍無理要求無條件投降才拖長了戰爭。但當時的日本雖然處境悽慘，卻仍想獲得一場戰術上的勝利，逼盟軍上談判桌。有些將領甚至認為「寧可戰死，不可投降認輸而苟活」。六月八日，日本政府在昭和天皇御前誓言「全國將戰至最後一草一木」，首相鈴木貫太郎盛讚軍方繼續作戰的計畫乃是「武士和愛國之道」。

日本外交官雖然透過蘇聯做出求和動作，但根本現實是，掌握大權的是日本軍方，不是文官，而軍方根本無意投降。杜魯門也不可能撤回同盟國對日本無條件投降的要求，何況這是前任小羅斯福總統的誓言。「所有德國人都不承認他們在上次大戰有投降過。」小羅斯福曾說，「但這一次，他們將很清楚。日本人也一樣。」這個要求在美國廣受支持，而且是所有同盟國都同意的。此外，沒有跡象顯示日軍最高司令部有在意是「有條件」投降還是「無條件」投降。

主張日本急於結束戰爭的人必須解釋，為什麼日本在廣島被毀之後還是拒絕投降。美國已講明廣島是被一種新武器毀掉的，而且還會再動用一次，但日本軍方還是拒絕承認戰敗。蘇聯在八月八日對日宣戰並立刻進兵滿洲也沒有產生影響。陸軍大臣阿南惟幾甚至否認廣島是被原子彈毀掉的。[60]更有政府官員說美國已經沒有更多炸彈，而且世界輿論會阻止美國再丟一顆。

這兩種看法都錯了。八月九日，一點八平方英里的長崎市中心被第二顆原子彈炸毀。這讓阿南惟幾誤以為「美國人好像有一百顆原子彈……他們可以每三天就丟一顆。下一個目標可能是東京。」但即便如此，陸軍總參謀長海津美治郎還是認為日本「有能力給予敵人重擊」，「毫無理由無條件投降」，而這也成為八月九日晚上天皇御前會議的結論。海軍總參謀長也表示，「我們不相信我們會戰敗」。但原子彈和蘇聯進兵已讓首相鈴木貫太郎等文官認為不得不投降，只好請求天皇聖斷，終於在八月十日凌晨兩點做出決定。

從日軍抵抗之凶猛來看，很難想像光用封鎖和傳統轟炸的方式就能像修正派學者所說的，逼日本投降。當時有陸軍軍官發動政變，在阿南惟幾拒絕支持下失敗，但阿南惟幾隨後自盡。日軍中國戰區司令在八月十五日致電東京說：「讓幾百萬部隊不戰而降，此乃世界軍事史上未見之奇恥大辱，也根本不可能讓百萬精兵就這樣毫髮無傷地無條件投降。」堅持打下去的人還不少。

昭和天皇在一九四五年八月十四日的詔書，明確指出原子彈是日本投降的關鍵因素。他向人民解釋說：

> 敵新使用殘虐爆彈，頻殺傷無辜，慘害所及，真至不可測。而尚繼續交戰，終不僅招來

我民族之滅亡，延而可破卻人類文明。如斯，朕何以保億兆赤子，謝皇祖皇宗之神靈哉？是朕所以使帝國政府應於共同宣言也。[61]

昭和天皇身為國家元首，必須對南京大屠殺、上海大轟炸、巴丹死亡行軍、集中斬首、北碧府死亡營、樟宜監獄、泰緬鐵路、七三一部隊對戰俘的生化戰實驗、朝鮮的慰安婦，還有許許多多組織性的罪行負責，從他口中說出「殺傷無辜」實在是偽善，但詔書這段文字至少證明了修正派學者貶低原子彈的作用是錯誤的。

如同作家麥西（Allan Massie）所言，從日本戰俘留下的日記中，「你可以看到日本集中營就像納粹死亡營一樣，完全就是人們想像中的地獄在地表上的實現。」[62]有一個統計數據可以總結日本人的殘暴：在德國集中營的盟軍戰俘死亡率為百分之四，但日本集中營的英國、澳洲、美國、荷蘭戰俘死亡率高達百分之二十七。雖然在被德國俘獲的英國和大英國協國家戰俘，也有發生被殘虐事件，例如朗登（Sean Longden）的近作《希特勒的英國奴隸》（*Hitler's British Slaves*）所記載的，但在日本發生的事要可怕百倍。

有些人批評杜魯門不該把原子彈投在城市，應該在無人沙漠中向日本人展示威力就好。但這種做法的問題是，美國當時只有兩顆原子彈，不像阿南惟幾所害怕的那樣，再生產還要好幾個月。如果把一顆用來展示卻沒有讓日本投降，那就只剩下一顆，而既然日本人在廣島之後決定要再打下去，那就還需要另一顆。「展示」理論完全沒有考慮到日本帝國重要決策人士在一九四五年夏天的心態。就算有再多科學家和觀察家在展示中看到原子彈的威力，也無法動搖日軍總參謀

部的意志。事實證明，要讓這些政治人物和天皇心服口服，就非毀掉兩個城市不可

還有批評者認為核子武器本身就有特殊的邪惡性，根本就不應該用來對付日本。這種說法似乎是把核分裂看成和黃色炸藥絕對不同的東西，拿來當武器是絕對不道德，而且廣島一天內死掉和傷殘的人數實在太多，絕對不可接受。但這種偏見禁不起事實考驗。一九四五年三月九日，李梅少將（Curtis LeMay）第二十一轟炸機司令部的三百架B－29轟炸機，以低空對東京投下燃燒彈和凝固汽油彈，二十六萬七千一百七十一間房屋被毀，約等於東京市四分一的建築物。超過八萬三千人死亡（比廣島更多），超過四萬人受傷，超過一百萬人無家可歸。名古屋、神戶、大阪、橫濱、川崎也同樣受到轟炸，炸毀面積超過二百五十七點二平方英里。總計六千架次的B－29轟炸機投下超過四萬一千五百九十二噸炸彈，美國空軍損失了一百三十六架飛機。[63]這就是日本自一九三一年入侵滿洲以來所招致的代價，而原子彈就是在這個脈絡下才被動用。

此外，如同前耶魯大學史學家卡根（Robert Kagan）所指出：「日本人已經決定要在戰事接近集中營的時候殺光盟軍戰俘，所以原子彈所導致的快速投降救了更多美國人的性命。」至於官方對進攻本州的預期死傷人數，一位作家寫道：「只有知識分子才敢說十九萬三千五百人的預期死傷人數不是很高，不該讓杜魯門動用原子彈。」[64]所幸，英語民族是由專業軍人在民選政治人物指導下進行戰爭，戰爭打贏之後才有知識分子的事，而知識分子總愛用後見之明和道德制高點來做批評。

人們經常忽略，原子彈不只救了很多盟軍性命，也救了幾十萬日本人的性命。卡根中肯地說：

> 根據呂宋、硫磺島、沖繩的經驗顯示，（日本人）傷亡數將比美國人多出好幾倍，進不進攻都是一樣的。美軍飛機可以如同轟炸東京般轟炸更多日本城市，也可以不斷對首都進行轟炸。美國海軍也可以繼續封鎖，有更多平民會死於饑荒。總之，死亡總數將比原子彈所造成的高出很多。[65]

日本醫療協會（Japanese Medical Association）前主席很有勇氣地說過：「當考慮到如果沒有原子彈，日本軍方將會犧牲整個民族，那這顆原子彈可說是拯救了日本。」自廣島之後，日本一直是和平、反戰、斯文有禮、民主、守法的國家，一點也沒有想要復仇，主要就是因為在一九四五年八月六日和九日發生的事。除此之外，這兩天的恐怖威力也讓整個冷戰時期，都沒有人敢對核子戰爭抱有幻想。從這個角度來說，轟炸廣島和長崎不但不是英語民族最大的戰爭罪行，反而促成過去六十年的世界和平。

有人說若換成小羅斯福就不會動用原子彈，但下令發展原子彈並投下巨資的正是小羅斯福本人。這個計畫太過重要，他直接下令不准有任何洩露。它和恩尼格馬解密並列為二戰時的兩大機密，連副總統和太平洋區盟軍最高指揮官都被蒙在鼓裡。小羅斯福一再批准對德國轟炸，這顯示他為了勝利願意犧牲很多平民的性命。小羅斯福所回覆邱吉爾關於法國平民在大君主行動中死傷慘重的電報，證明他對日本投下原子彈絕不會比杜魯門遲疑。

一旦日本決定投降後，幾百萬軍人就奉命而行，沒有人切腹自盡。「許多人卑躬屈膝，」麥西指出，「他們甚至向自己虐待過的骨瘦如柴的戰俘鞠躬。」[66]他們四年來都看不起這些在一九四一年沒有戰死方休的戰俘，但他們自己在一九四五年也沒有這麼做。他們很幸運，因為英語民族奉行的是不一樣的戰爭規範。

在B－29轟炸機飛往長崎途中，無線電中士柯瑞（Ralph Curry）問記者勞倫斯（William Laurence）說：「你認為這顆原子彈能結束戰爭嗎？」勞倫斯曾在新墨西哥州阿拉莫戈多靶場（Alamogordo Bombing Range）見識過原爆測試，他說他覺得也許可以，但若這一顆沒辦法，「那下一顆或兩顆一定可以。它的威力沒有任何國家可以抵抗。」後來在回憶這段對話時，勞倫斯自問：「有人會為這些快死的可憐魔鬼感到難過或同情嗎？只要想到珍珠港和巴丹死亡行軍就不會了。」[67]這些話在現代人聽來很殘酷，但這種反應完全能夠理解，而這也確實是當時英語民族絕大多數人的看法。「我從來沒有為這次行動失眠過一天。」提貝茲在過世前接受訪問時說，「以後也永遠不會。」

一九四五年投在日本的兩顆原子彈是最早的兩顆，也是最後兩顆。如果原子彈的恐怖只在實驗環境中看到，那麼從一九四五年到現在，肯定會有非常多世界領袖想要用原子彈來結束戰爭，一九六二年的中印戰爭也肯定會有不一樣的結局。

最後可以再提一下美國戰爭部長史汀生的看法。他在一次大戰時當過中校，對於地毯式轟炸德國相當不以為然。但談到廣島，史汀生在其一九四九年的回憶錄《和平與戰爭中的戎馬生涯》（*On Active Service in Peace and War*）寫道：

> 我的主要目標就是以勝利結束戰爭，最小程度犧牲我帶的這些士兵。在公正評比各種選

項之後，我相信以我們的職位和我們所負的責任來說，沒有人會手握能達成這項目的和拯救生命的武器卻不使用，事後還有臉去面對同胞。

第十一章

第三波攻擊：蘇聯共產主義

一九四五至一九四九年

任何人要傷害大英帝國我都能救，唯獨英國人除外。

——邱吉爾[1]

要親近法國人，但要智勝俄國人。

——納爾遜將軍

希特勒主義的人命與金錢損失

「這是我最深切的願望，」麥克阿瑟將軍在一九四五年九月，於東京灣密蘇里號戰艦上接受日本投降時說，「也是全人類的願望，在這個莊嚴的時刻，一個更美好的世界將從過去的鮮血和屠殺中誕生——一個致力於人類尊嚴、實現人類對自由、寬容和正義的最深切期盼的世界。」二次大戰確實充滿血腥和屠殺，雖然英語民族只有海峽群島被敵人入侵，但死傷程度僅次於一次大戰。英國共死亡二十四萬四千七百二十三人，受傷二十七萬七千零九十人；大英國協其他國家死亡十萬九千九百二十九人，受傷十九萬七千九百零八人。美國死亡二十三萬零一百七十三人，受傷六十一萬三千六百一十一人。德國軍民共死亡三百萬人，受傷一百萬人。德軍入侵則造成蘇聯死亡超過二千萬人。

英國商船損失最大，總計損失一千一百三十八萬噸，德國損失八百三十二萬噸，美國損失三百三十一萬噸，其餘同盟國家損失五百零三萬噸。海軍的損失也很驚人：皇家海軍損失八艘航母、五艘戰列艦、二十六艘巡洋艦、七十七艘潛艇、一百二十八艘驅逐艦。美國海軍損失五艘航母、兩艘戰列艦、十六艘巡洋艦、五十二艘潛艇、七十一艘驅逐艦。德國損失七艘戰列艦、七艘巡洋艦、二十五艘驅逐艦、九百七十四艘潛艇。日本海軍損失最大，損失十五艘航母、四艘護衛航母、十二艘戰列艦、三十六艘巡洋艦、一百二十五艘潛艇、一百二十六艘驅逐艦。[2]

一般都認為，因為有學到凡爾賽會議的教訓，同盟國在一九四五年戰勝後對戰敗的軸心國家

（尤其是德國）比較寬厚，讓它們在二十世紀下半葉轉變成自由、和平的民主國家。這種看法也強化了凱因斯認為《凡爾賽和約》「可惡又可恨」的迷思。但真是如此嗎？

一九四五年之後，同盟國把德國分裂成兩個國家，把其首都一分為四，維持了超過半個世紀。同盟國在一九四六年處死了一批德國軍人、外交官和記者，但在一次大戰後，德國最高法院在一九二一年只審判了很少的案件，其中多數都無罪釋放。此外，同盟國在德國派駐了幾十萬軍隊超過四十年（英軍在萊茵區一直駐紮到一九九二年），但在一次大戰後並沒有。雖然戰爭賠款不算太高，但蘇軍在一九四五年把大量東德工廠設備運送到俄羅斯，這是在一九一九年不可能發生的事。德國的軍事重整在一九一九年是重要討論議題，但在一九四五年完全不用討論。無論如何，雖然一九四五年給德國的條件，絕對比凱因斯強烈批評的一九一九年要嚴苛許多，卻造就了西歐自中古黑暗時代以來最長的和平時期。雅爾達和波茨坦給德國的嚴苛條件證明凱因斯是錯的，他對《凡爾賽和約》的批評完全誇大其詞。據說有人向美國克拉克將軍（Mark Clark）說，絕不可再把「迦太基式和平」強加於德國，克拉克回答說：「嗯，所以今天沒有迦太基人在抱怨。」

布魯克曾在一九四四年七月表示，處理德國的最好方式是「扶植它，逐漸強化它，再把它拉進西歐聯邦。」但扶植德國的前提，是要先確保新德國沒有能力再對歐洲和平造成在二十世紀的第三次威脅。把西德、奧地利、義大利、日本重新拉入民主世界，乃是英語民族對二十世紀人類文明的最大貢獻。他們不知道納粹會不會死灰復燃，也不知道日本敢不敢給予婦女投票權，但他們堅持這些國家在政權轉移後要採取民主憲政體制，也很快就生根鞏固。

誠如一位作家最近所指出：「共產統治下的匈牙利或北韓無法和西方民主制度下的日本相比。」[3]把英語民族的民主模式強加給日本和德國的結果，是造成其經濟和社會欣欣向榮，任何人若在一九四五年（所謂「零年」〔Year Zero〕）去過這兩個國家幾乎被夷平的城市，都會感到不可思議。假如任由蘇聯去統治這兩個國家，西德和日本絕不可能在這麼短時間就晉身為經濟強國。

在整個戰後時期，這兩個國家都是和平民主的模範國家，經濟上更是驚人成功。以GDP來說，日本和西德幾十年來都是世界排名第二和第三位，僅次於美國，超越英國和法國。把這兩個死敵拉拔到這種地步，完全是因為英語民族寬厚大度，不像史達林要把兩國掠奪殆盡，就像他對東德工廠的做法。

紐倫堡大審

對納粹戰犯的審判和處刑是英語民族的重大創舉，確立了國際法的幾項重大原則。二次大戰的主要弔詭之處是，為了要打敗第三帝國這些病態殺人狂，文明世界不得不求助於從一九一七年掌權以來，同樣濫殺無辜的史達林和布爾什維克政權。雖然蘇聯及其盟友根本就沒有資格去審判別人搞種族屠殺，但紐倫堡大審向全世界闡明了發動侵略戰爭的後果，而米洛塞維奇（Slobodan Miloševi）和海珊（Saddam Hussein）等人就是不把那後果當回事，才有如此下場。

從一九四五年夏天被捕到該年十一月二十日走上法庭，同盟國對整個德國政府、外交部、軍方高層和集中營管理機構的菁英進行了幾千次審訊。根據奧弗里（Richard Overy）的《審訊：盟軍手中的納粹菁英》（*Interrogation: The Nazi Elite in Allied Hands*）一書，這些被告的反應有各式各樣。有人輕蔑不從（戈林）、有人「歇斯底里的失憶」（赫斯）、有人誠心道歉（史佩爾〔Albert Speer〕）、有人自殺（萊伊〔Robert Ley〕）、有人維持官僚式的冷漠（奧斯威辛集中營指揮官霍斯）、有人心理崩潰（里賓特洛甫）、有人後悔（波蘭長官法蘭克〔Hans Frank〕）、有人恐懼（馮克〔Walther Funk〕），還有很多人試圖推卸責任。

審訊的證詞經常令人作嘔。奧斯威辛守衛莫爾（Otto Moll）講到，母親們要把嬰兒放在毒氣室外的衣服堆裡，「當屍體移出後，囚犯就要進去清理毒氣室，然後再抓起嬰兒丟進毒氣室中。」他被問到齊克隆B毒氣要多久開始生效：「毒氣從一個開口灌進去。灌進去大約一分半左右。當然這只是我的估算，我們沒有用馬錶測過，也沒人有興趣，但無論如何，大概一分半以後就沒聽到什麼聲音了。」訊問者再問：「你們聽到的是什麼聲音？」他回答說：「人在哭泣和尖叫的聲音。」

除了面對面審訊之外，同盟國還偷錄德國人私下交談的內容，連在廁所交談的都有，但其實不用這樣大費周章，因為幾乎沒有人拒絕回答問題，就算自知必死者亦然。在一九四五年十月萊伊自殺後，每間囚室外都派警衛駐守，每分鐘查看有沒有囚犯試圖一死了之。

即使德國人經歷戰敗、國家被毀和自卑自憐，但階級意識似乎不曾消滅。在紐倫堡大審時，貴族出身的前外交部長諾伊拉特（Konstantin von Neurath），很鄙視極端反猶的煽動家施特萊徹（Julius Streicher），說他出身低下、人格卑劣。即使在戰後，歷經過「諸神的黃昏」、種族屠殺和「零年」，人性的勢利依舊不變。

英國律師暨政治家蕭克羅斯（Hartley Shawcross）代表文明世界，把納粹領導人送上國際軍事法庭，歷經七個月審判後，他要求把這些人處以死刑。少有人像他有辦法蒐集足以起訴這些納粹分子的大量證據，並以最有力的方式呈現。蕭克羅斯是法學天才，在律師考試獲得第一名，獲頒榮譽證書。他在一九二五年開始執業並擔任法學講師，一九四〇年擔任「外敵法庭」（Enemy Aliens Tribunal）庭長。在一九四二到一九四五年間，他被任命為地區長官，負責管理英格蘭西北部。

工黨在一九四五年七月大勝後，蕭克羅斯成為聖海倫斯（St Helens）選區的工黨國會議員。艾德禮知道他的法學才華，立刻任命他為總檢察官，一九五一年又短暫擔任貿易局主席。身為國會資深法律官員，蕭克羅斯負責國有化和創建福利國家的諸多法律細節，但他深知自己的後世評價完全要看他如何對付戈林和其他納粹戰犯。

英國法律團隊在紐倫堡非常認真專業，他們甚至幫法國人和俄國人撰寫訴狀。而美國的律師團隊雖然比其他三國加起來還多，但蕭克羅斯認為他們表現得不夠好。早在審判開始前，蕭克羅斯就向新任英國外長貝文抱怨美國首席檢察官傑克森（Robert H. Jackson）在紐倫堡經常不見人影。美國團隊的主要任務是要證明「這些囚犯合謀發動侵略戰爭」，這在整場訴訟中至為關鍵，蕭克羅斯害怕到時會無法成立。

美國政府漫不經心，蕭克羅斯不得不親自從比利時開車載三名醫師到紐倫堡，去檢查赫斯的心理狀態。當時雨雪交加又有濃霧，他的車子還沒有雨刷。在審判開始之前，傑克森想換掉一名克虜伯家族（Krupp）成員，因為他老邁多病，但蕭克羅斯立刻嚴詞拒絕：「這裡是法庭，又不是在打球，球員生病可以換人。」

蕭克羅斯高大、英俊又傑出，說話很有權威感，他代表英國起訴表現亮眼。一位美國檢察官後來回憶說：「他在講台上從容自若，講話收放有度，他提出的文件有條有理，簡潔有力。」一如蕭克羅斯所害怕的，傑克森檢察官只會在被告被定罪後發表慷慨激昂的演說，大談國際法的未來發展方向，而蕭克羅斯只集中主張納粹違反了既有的國際法，列舉了從《國際聯盟公約》到一九二八年《巴黎非戰公約》（德國也是簽署國）等一系列國際條約。如同一位研究紐倫堡大審的史學家最近所評論：「他的演說結構優美，讓人印象深刻。他的風格、說話儀態和知識取向與傑克森截然不同。他是第一流的執業律師，他的本能就是要打贏官司。」[4]

蕭克羅斯一開場就強調舉行審判的重要性，他說：

> 有人說這些該死的人根本不用審判，用個「行政行動」處置他們就好，但這不是英國政府的立場。這樣做無法在國際上提升和加強法治，這樣做無法讓大家意識到發動侵略戰爭不但是危險的行為，更是犯罪的行為。

他的慷慨陳詞結束後，被告席上的納粹們明顯感到震驚。

大多數交叉詰問是由另一位政治人物兼律師麥斯威爾—法伊夫（David Maxwell-Fyfe）來負責，包括擊潰戈林那一次，而蕭克羅斯代表英國政府在一九四六年七月做一天半的結辯。他一個一個走過被告面前，聲稱「這些被告每一個都在法律上有罪」，證明這些納粹是如何未經宣戰就入侵他國。「這些人每一個都默許這種手法，心裡完全清楚會奪走多少人命。哪一個人敢說他不是此等集體殘虐謀殺的一分子？」

戈林這樣評價這場演說：「和蕭克羅斯相比，傑克森簡直像個騎士般高尚有禮。」里賓特洛甫也同意道：「和他相比，就連傑克森都是個迷人的傢伙了。」法蘭克大聲咒罵「那個英國混蛋」。只有史佩爾表示，他「聽完自己辯護律師的白痴鬼扯後」，還「滿喜歡」蕭克羅斯的。（蕭克羅斯在紐倫堡大審期間並不總是謹言慎行。一九四六年四月二日，具高度爭議性的《勞動爭議和工會法案》三讀時，他表示：「我們此刻是主人，而且不僅僅是此刻，未來還有很長一段時間是主人。」這段話被人掐頭去尾引用為「我們現在就是主人！」被保守黨痛批是社會主義勝利的傲慢，並被全國各地的保守黨譴責多年。）

冷戰規劃

冷戰只有冷在英語民族沒有直接和蘇聯開戰。對納米比亞、阿富汗、韓國、越南、莫三比克或馬來西亞來說一點都不冷，對無數因為共產黨人在長達四十年間，在全球顛覆資本主義制度而受害的人來說，也並不冷。如同最近一位評論者所言，冷戰完全稱得上是「第三次世界大戰」，「有幾十萬人甚至數百萬人因而死亡」，但兩大主要敵國卻從未直接交戰，除了透過代理人。[5]

根據歐洲理事會（Council of Europe）在二〇〇六年一月公布的文件，從一九一七年到當時，共產主義造成了九千四百五十萬人死亡，而這還是保守估計。其中六千五百萬人死在毛澤東及其繼任者手上；二千萬人死於蘇聯的黨內清洗、大規模屠殺、流放、一九三〇年代的烏克蘭饑荒政策和戰爭時期的報復；北韓死了二百萬人；柬埔寨死了二百萬人；非洲一百七十萬人；阿富汗一百五十萬人；越南一百萬人；東歐一百萬人；拉丁美洲十五萬人。[6]

儘管馬列主義在二十世紀造成近一億人死亡，還是有人主張冷戰是源於西方，尤其是英語民族反應過度，對蘇聯集團的野心和力量過於恐慌。但就算真是如此，這種恐慌也是西歐國家、日本、南非、拉丁美洲所共有的，有時連中共領導人都是如此。「如果蘇聯威脅只是一場騙局，」史學家林德（Michael Lind）指出，「那也要各大洲不同民族的無數人，共同合作五十年才能有這場騙局。」雖然蘇聯無法用武力征服全世界，但若以煽動顛覆手段贏得冷戰，就可以主導全世界，遂行其對於外交、貿易、民主人權、戰爭規範、財產權的主張。

雖然美國人在戰後普遍認為大英帝國是世界走向理性和民主的障礙，必須讓英國吐出其過分擴張的領土，但這種看法隨著國際情勢而發生轉變。對杜魯門政府來說，讓英國放棄殖民地從來不如遏制蘇聯野心重要。最好的例子是，一九四六年二月九日，史達林在莫斯科大劇院（Bolshoi Theatre）發表演說譴責西方：「世界資本主義的發展並不是走平順進步的道路，而是經由危機和戰爭浩劫。」

演說發表後，人在華府的伯林立刻察覺到美國對大英帝國的看法開始軟化，尤其是李普曼（Walter Lippmann）、史文（Raymond Gram Swing）和夏伊勒（William Shirer）等專欄作家及廣播評論員。他告訴外交部的羅伯茨（Frank Roberts）說，這些人「之前都還在談調解，卻又因我們肆無忌憚的帝國主義而挑釁我們」，但「現在則抱怨俄羅斯破壞了他們的希望，也許和英國人聯手保衛西方世界是不可避免的……他們還是不想『為大英帝國背書』，不想跟著我們亦步亦趨，但如果他們能了解到，比方說土耳其和中國的局勢會危害到他們的利益，他們就會做出真正有益的反應。」[7]

肯楠的「長電報」

事實上，史達林演說最重要的影響，不是讓美國評論家改變對大英帝國的看法，而是徹底改變了美國政府對史達林武力恫嚇的評估。國務卿伯恩斯請時任美國駐莫斯科領事的克里姆林宮專家肯楠（George F. Kennan）來總結蘇聯的意圖。二月二十二日，他收到一份史稱「長電報」（Long Telegram）的八千字報告，報告主張和蘇聯「不可能永遠和平共處」。這是杜魯門政府關於冷戰現實的首次重大警告。這場衝突不是美國想要的，但卻無可迴避，更不能輸。

一九四七年七月，肯楠以假名「X先生」在極具影響力的美國《外交事務》季刊發表文章。他指出蘇聯與美國的敵對不是因為雙方有什麼誤解，而是出於俄羅斯根深柢固的敵意。肯楠相信克里姆林宮需要和西方敵對才有存在的藉口，因為「除了獨裁，他們不知如何統治；他們沒有什麼殘忍的事做不出來；他們非得要人民犧牲奉獻。」

「除非變成共產國家，美國做什麼都無法讓克里姆林宮信任。」一位當代評論者準確總結了肯楠的論點，「蘇聯無法安撫，只能圍堵。」[8]飽受困惑的美國人終於能解釋史達林的行為。世界陷入冷戰不是美國人的錯，而是史達林刻意為之。自從蘇聯「改革開放」後，我們看到的舊檔案愈多，就愈證明這種看法的準確性。

從一九三五年到史達林於一九五三年去世為止，蘇聯的海軍戰略和造船計畫顯示，這不只是為了防衛蘇聯本土而已。最近有一份研究指出，在這段期間，史達林執著於「建造可與皇家海軍或美國海軍比肩的遠洋艦隊，這以俄羅斯的歷史和地理來說是毫無道理的。」[9]但若從史達林想和資本主義打一場全球性冷戰的企圖來說，卻又完全合理，而他隨時能將冷戰變成熱戰。

早在一九三五年，史達林就支持蘇聯最高司令部的「大海軍、大艦隊」一派，這一派主張要當世界強國就要有強大的海軍和艦隊，而不是只把海軍當成「紅軍的近海沿伸」。俄羅斯有四條海岸線，分別是波羅的海、黑海、太平洋和北極海，其中只有太平洋可以對外聯通（但在冬天會結冰），史達林追求大海軍是他在戰後向全世界擴張共產主義的雄圖的一部分。[10]

為了因應蘇聯的擴張主義和挑釁，英國決定在戰後儲備神經毒氣，以報復俄羅斯任何的化學攻擊。「神經毒氣是現代化學戰的強大武器，」總參謀部祕書普萊斯准將（Cedric Price）在一九五〇年九月致函工黨外長欣韋爾（Emmanuel Shinwell）說：「既有實驗數據已證明其對付部隊和戰車的巨大威力。」[11]在當時，英國從德國擄獲了七萬顆裝載塔崩神經毒氣（Tabun）的一百一十磅炸彈、五十萬顆廢棄的芥子毒氣彈（mustard gas shell）、三萬三千顆五百磅巨型光氣彈（phosgene bomb），這些東西都在戶外堆放，撐不過三年就會失效。

一九五三年，波頓唐（Porton Down）化武研究中心用沙林毒氣（Sarin）對軍人做人體測試，造成空軍軍官麥迪遜（Ronald Maddison）死亡。康瓦爾南塞庫克（Nancekuke）的皇家空軍基地蓋了一座神經毒氣工廠，但從未大規模生產，而英國也在一九五六年宣布放棄製造化學武器。出於冷戰的需求，美國繼續生產，還雇用了有測試和實驗經驗的英國專家。二〇〇四年的調查判定麥迪遜死於非法行為，算是沉冤得雪。

一九四六年四月十三日，戰爭技術聯合委員會（Joint Technical Warfare Committee）收到一份報告，報告人是空軍部科學顧問赫爾姆博士（Henry Rainsford Hulme）。戰爭技術聯合委員會是總參謀部在一九四三年十一月設立的機密專門委員會，負責「協調和指導執行計畫和問題的技術研究」。[12]赫爾姆這份二十頁的報告標題為「初步說明」，首次正式預測和量化了英國與蘇聯核子戰爭的結果，讓人讀來不寒而慄。

雖然邱吉爾在一九四六年三月的「鐵幕演說」廣受英國和美國政治人物批評，尤其是工黨和民主黨，但白廳內部早有一個小組在研究他所預言和警告的事情。儘管仍然懷抱希望，但英國政府已經在為最壞的劇碼做準備。面對蘇聯，這樣做才是最明智的。

赫爾姆提出一個「可行的簡單模型」來「初步推估十年後的局勢」。他假設雙方都擁有高空載人轟炸機，可以在戰鬥機護航下以時速五百英里飛行二千英里；在雷達警示範圍的二百英里之外，雙方都沒有足以防衛的武器；英國可以部署一百八十架夜間戰鬥機，蘇聯有五百四十架。在這種情況下，他推估要發動二十六次攻擊轟炸六十七座蘇聯主要城市，這些城市包含蘇聯百分之八十八的城市人口。為了讓英國皇家空軍留在蘇聯領空的時間降到最少，赫爾姆計畫從英格蘭出發攻擊十二個目標，從賽普勒斯出發攻擊十三個目標，從白夏瓦（Peshawar）出發攻擊一個目標。①[13]

赫爾姆預估至少要投放三百七十枚炸彈，才能確保二百四十二枚炸彈有擊中目標，並附上地圖和目標城市的名單。莫斯科和列寧格勒（擁有百分之二十八的蘇聯人口）將被從倫敦起飛的轟炸機完全夷平。赫爾姆也仔細分析了蘇聯對英國轟炸的結果，被摧毀的區域遠比蘇聯為小，但人口密度遠比蘇聯為高。

以廣島和長崎轟炸為基礎，赫爾姆計算出來的結果是：

> 一顆原子彈投到英國城市將永遠摧毀一塊三平方英里的區域。如果有一半的人在室內，三分之一在防空洞，六分之一在戶外，平均將在一個十萬人口的城市造成一萬人死亡，七萬人無家可歸。但若爆炸發生在市中心，總數將乘以二點五倍。[14]

被攻擊的可怕結果只能得出一個結論：英國要盡快擁有可信的核嚇阻能力。

在此之前，美國已經為英國提供核子「保護傘」。一九六三年七月，坎特伯里大主教拉姆齊（Michael Ramsey）因為在佈道時批評核子武器，收到首相麥克米倫（Harold Macmillan）來信。首相提醒主教說，在艾德禮於一九四七年下令英國自己要製造原子彈之前，歐洲只有蘇聯有核武，而「在當時，如果不是美國的核優勢，自由世界肯定會受共產主義浪潮嚴重威脅。」[15]原子彈「讓英國能在世界上位居前列，為西方同盟增添政治和軍事實力。嚇阻是用實力說話。這不是攻擊性的武器，不是用來開戰的，而是防禦性的武器。」此外，「人們所不知道的是，我們和美

---

①編按：位在巴基斯坦與阿富汗邊境。

國有協議，除非先問過英國的意見，他們不會在世界任何地方動用核武，不管是否在歐洲。」

聯合國

一九四五年十月十日星期三，七千人聚集在倫敦肯辛頓的皇家阿爾伯特音樂廳（Royal Albert Hall），聆聽艾德禮首相、美國國務卿斯特蒂紐斯、影子內閣外長艾登、切爾伍德勳爵塞西爾（Lord Cecil of Chelwood）、梅根．勞合．喬治（Megan Lloyd George）②和其他演講者宣傳聯合國的好處。高齡八十歲的塞西爾自一九二三年以來擔任國際聯盟主席，在一九三七年獲頒諾貝爾和平獎。他慷慨激昂地說：

> 別聽人胡說原子彈沒有害處或有助和平。除非它不存在，否則我們一定會用它……就算處理了這個問題，更新的殺人的武器還是會出現。我們若不團結起來建立穩定持久的和平，就會面臨無可挽回的災難。若不團結，只有毀滅。16

但事實上，過去六十年的歷史會讓這位可敬的長者感到驚訝。自塞西爾說這番話以來，原子彈從未被動用過，西方擁有原子彈有助和平，因為它嚇阻了蘇聯及其衛星國家不敢發動傳統武器攻擊。要防止我們自我毀滅，我們無須團結所有國家，只要製造原子彈就好。

下一位演講者是艾德禮，他指出：

> 讓聯合國成功是國王陛下的政府對外政策的堅定目標。《聯合國憲章》是我們第一道防線。英國是它的奠基者之一，裡面有我們許多觀念和傳統灌注其中。它並不完美，但人類創造的東西從來就不完美。只有一個方法可以改進它，那就是利用它，把它用到極致。

艾登展現跨黨派的支持，補充說聯合國是「世界最後的機會」，它「對現代世界的和平秩序不可或缺」，沒有它，世界「絕對會自我毀滅」。

有這樣的支持，為什麼聯合國在一九五三年韓戰結束以後會如此失敗？聯合國一開始確實深受英語國家支持。美國決心不再重蹈一九一九年不加入國際聯盟的覆轍，英國和其他英語國家都加入為創始會員國。但隨著事態演變，尤其是聯合國的權威受到嚴重威脅後，原來高遠的理想就被冷戰局勢的權力政治現實逐漸抹殺。

自從英國及其他二十八個國家在一九四五年十月二十四日批准《聯合國憲章》後，英語民族與聯合國的關係就很不錯。在冷戰時代，東歐集團和第三世界偶爾會以多數票通過一些侮辱英國的決議，例如在一九六八年通過決議要結束在直布羅陀的「殖民統治」，或嘲弄英國沒能推翻羅德西亞政府。但每當面臨軍事危機時，英國在聯合國總是運氣很好。

---

②編按：前首相勞合・喬治的女兒。

凱因斯貸款

在一九三九到一九四五年間，美國的GNP增加了三分之二，達到二千一百五十億美元。[17]它是史上最富裕的國家，但它需要國外市場，而大部分市場都在六年總體戰後處於破產邊緣，不管是盟友還是敵人。

凱因斯在一九四四年因為心臟病已在垂死邊緣，但他沒去養病，反而在一九四五年八月接下英國在二十世紀最重要的財政大任。他除了有自己那公認的天才頭腦，以及艾德禮政府時而猶疑不定的支持之外，並沒有正式職務，但他去華府向美國借到三十七點五億美元貸款，讓英國不致於因為戰爭支出而破產。

一九四五年八月，日本投降後兩天，杜魯門突然終止了《租借法案》。此時的英美特殊關係在經濟上可說毫不存在。美國人認為大英帝國的帝國特惠制度和英鎊區體系，是國際自由放任經濟的重大障礙，急於將其打破，故要求除了百分之二的貸款利息之外，還要簽署許多自由貿易協定。「你們為什麼要這樣整我們？」凱因斯一度向美國首席談判代表說，「你們不能把一個偉大的國家當成破產公司對待。」但美國就是這麼幹，不過英國至少因此避免了大規模饑荒。（四個月的艱苦周旋讓凱因斯變得極度反美，他曾輕蔑地告訴薇爾莉特．卡特夫人說，美國人是「一種很奇怪的美洲種族，他們的語言完全是南蠻鴃舌。」）[18]

當時在華府的英國人很有知識優越感。大使館有許多出身萬靈學院的學者，包括英國大使哈利法斯勳爵本人。大使館在一九四五年流傳一則軼聞，哈利法斯勳爵在華府偷偷對凱因斯勳爵說：「他們有錢，但我們有腦。」

但在談判貸款時，錢和腦哪一個重要是不用說的。英國不得不接受條件，實際上拆除了英鎊區體系，為美國在戰後的全球貿易霸權鋪平道路。這場戰爭主要是靠美國的大規模貸款、納稅人的支出和軍事生產能力才打贏的，要是以為美國人會容許帝國特惠制度繼續存在，繼續讓美國人在全球市場處於不利地位，那是很荒謬的。

一位研究美國戰時對外援助的史學家指出：「在一九四一年三月時，英國經濟已無法應付德國和義大利的軍事威脅，也沒有足夠的美元向美國買東西。在一九四五年九月時，英國經濟已無法支應民生所需，依然沒有足夠的美元向美國買東西。」[19]在這種情況下，再加上邱吉爾已在一九四一年八月的《大西洋憲章》和一九四二年二月的《互相援助協定》（Mutual Aid Agreement）中同意要和美國合作追求世界經濟自由化，戰後不論哪一黨主政的美國政府，都把拆除帝國特惠制度和英鎊區體系當成目標。

為了取得凱因斯的貸款，英國必須批准《布列敦森林協議》（Bretton Woods Agreement），加入國際貨幣基金（International Monetary Fund），同意進一步消除貿易障礙，取消帝國特惠制度，並承諾在一九四七年後讓英鎊可以自由兌換，以及其他讓步。英國別無選擇。

大英國協造出原子彈

英國製造原子彈是由一個代號「七十五將軍」（General 75）的臨時委員會做出的決策，委員會由六名資深部長組成。其他內閣成員和國會議員都沒有參與決策過程，相關檔案至今仍未解密。[20]除了艾德禮和貝文，「七十五將軍」的其他成員是克里普斯、莫里森、格林伍德、道爾頓，後來又加入供應大臣威爾默特（John Wilmot）。在一九四五年十月三日的第三次委員會議中，貝文堅持首相對原子能的各項事務有最終權力，並「隨時和主要同僚諮商」，他指的是他自己和克里普斯及莫里森。就是這幾個人決定英國要有自己的核武。

一九四五年十月，「七十五將軍」在哈維爾（Harwell）設立原子能研究機構，領導者是傑出物理學家考克羅夫。這個階段還未決定是否真要製造原子彈，直到一九四六年元旦那天，總參謀部告訴艾德禮說唯有以報復相脅才能防止被攻擊，英國一定要自己擁有原子彈。[2]

一九四六年八月一日是關鍵的一天，美國眾議院通過《麥克馬洪法案》（MacMahon Act），法案規定「在相關領域的基本科學資訊可以自由釋出，但技術資訊將由原子能資訊委員會掌控。唯有不具國防價值的資訊才可以釋出。」[22]考克羅夫此前經常拜訪美國原子能機構，一夕之間就被禁止。貝文的回應直接了當：「我們一定要擁有這個東西，不計代價……我們一定要把米字旗貼在上面。」但一直要到一九四七年一月，也就是十五個月以後，「七十五將軍」才決定要製造原子彈，這次還是沒有和任何人討論。

彭尼爵士（Sir William Penney）於戰爭期間在美國參與製造原子彈，他腦袋裝著核子方程式回到英國，從一九五〇年四月一日開始在伯克郡艾德麥斯頓（Aldermaston）的前空軍基地展開工作。不到三年，第一顆測試裝置就在澳洲外海蒙提貝羅群島（Monte Bello Islands）試爆成功。此後不久，皇家空軍首次投下英國第一顆原子彈。許多英語國家也參與了製造原子彈的行列，尤其是澳洲，此外還有南非、紐西蘭和羅德西亞，但當然不包括愛爾蘭。

此事被委婉地稱為「聯合計畫」，計畫結束後很久依然維持高度機密。如同澳洲孟席斯爵士研究中心（Sir Robert Menzies Centre）的布里奇（Carl Bridge）最近所寫道：

> 來到新南威爾斯大雪山（Snowy Mountains）水力發電站參觀的人，會對深入地下的發電站感到驚嘆，介紹手冊上說它為城市供應便宜的電力，為乾旱的內陸平原供水。手冊上沒有說的是，它的主要功能是發電以供澳洲製造自己的原子彈。

澳洲的合作項目包括在澳洲中央和北部開採鈾礦，在蒙提貝羅群島和馬拉林加沙漠（Maralinga）進行原子彈試爆，在南澳的伍麥拉（Woomera）進行火箭發射實驗。[23]此外，奇夫利（Ben Chifley）的工黨政府和孟席斯的自由黨政府都高度參與該計畫超過十年，提供澳洲內陸大片土地做研發和試爆。

到了一九五〇年代末，因為美國害怕被蘇聯拉近飛彈差距，艾森豪才同意提供核彈給英國，也承諾澳洲一旦開戰同樣提供。「聯合計畫」就此告終，澳洲不再參與發展核武。英國在一九五〇年成功測試氫彈，一九五八年更進行一系列「格鬥行動」（Operation Grapple）試爆，美國在當年七月和英國簽下兩國核武合作協議，成為世界安全的礎石。該協議讓英國人得以進入內華達州地下核子試爆場，直到一九九一年結束試爆為止。

英國是在美國反對和不鼓勵的情況下成為核武國家。《麥克馬洪法案》是英美特殊關係的最低點。美國人短視地認為他們能永遠壟斷核武，但他們不想和他人分享能釋放「上帝力量」的能力也是情有可原，即使對象是戰時的盟友和夥伴。

英語民族的航空史並非一帆風順，也不是不斷有技術突破。這一路以來有不幸、有死巷、有失誤、有悲劇。成功的代價是無止境的昂貴實驗，但他們願意付出龐大的金錢和努力，去研發最大、最快和最好的飛機，自二十世紀初就屢有斬獲。

休斯（Howard Hughes）的「飛船」（又名「H4海克力斯」或「雲杉之鵝」）是最昂貴的失敗項目之一。它在當時和此後幾十年都是最大的飛機，有八部引擎，翼長三百二十英尺，雖然以樺木製造仍重達二百噸。機身分為兩層，可運載七十九名人員，原初構想是要運送部隊飛越滿布德國潛艇的海洋。總經費二千五百萬美元，其中一千八百萬由政府出資，七百萬由休斯承擔。休斯在眾議院聽證會上說：「我把名聲投注於此，我也說過好幾次，如果它失敗了，我可能會永遠離開這個國家。我說到做到。」

一九四七年十一月二日，休斯在加州長灘港（Long Beach Harbor）親自駕駛這架飛機，時速最高達到八十英里，距離水面七十英尺，在不到一分鐘內滑行一英里完美降落。然而，「飛船」被認定為失敗之作，被拖到終端島（Terminal Island）上的乾船塢保存到一九八〇年。（它現在放在奧勒岡州麥克明維爾〔McMinnville〕的長榮航空博物館。）

談到自己的工作方式和建造「飛船」失敗的各種原因，休斯說：「我天生就是完美主義者，沒辦法允許任何東西處於半完美狀態。如果我有錯，那是錯在我工作太認真，太愛親自動手。」但正是因為勇於嘗試和夢想高遠，英語民族才能自萊特兄弟以來不斷在技術上有驚人突破，保證了他們現在的世界地位。

馬歇爾計畫

「歐洲現在成了什麼？」邱吉爾在一九四七年問道，「一個廢墟，一個亂葬崗，滋生著瘟疫和仇恨。」[24]邱吉爾是對的。一九四七年稍晚，接替伯恩斯擔任美國國務卿的馬歇爾將軍在接受哈佛榮譽學位時發表戰後最重要的官方聲明後，情況開始改變。「我們的政策不是針對任何國家或主義，」他在一九四七年六月五日說，「而是針對貧窮、絕望和混亂。」

當時在華府的記者和英國大使館都沒有認識到馬歇爾這番話的重要性，只有英國廣播公司首任駐華府特派員（一九四五至一九五三年）米爾（Leonard Miall）曾聽過艾奇遜（Dean Acheson）國務卿的簡報，道出了馬歇爾這番話的含意。在聽過米爾的《美國評論》（*American Commentary*）節目後，英國外長貝文也立即做出了回應。馬歇爾的「歐洲復興計畫」（一般稱為「馬歇爾計畫」），目的是投資於歐洲的重建，藉此抵抗共產主義。如同美國駐巴黎大使加菲利（Jefferson Caffery）私下坦率指出，如果共產黨進入法國政府，法國就不要妄想「能借到一塊美元」。

在接下來五年中，美國援助了十八個歐洲國家超過一百三十億美元，以二〇〇五年的幣值來說約為二千億美元。[25]美國船艦曾經以每天一百五十艘的數量抵達歐洲，規模之大僅次於D日當天的行動。從一九四九到一九五一年間，歐洲小麥有五分之四從美元區國家進口。在馬歇爾計畫進行的第一年，奧地利有百分之十四的國民所得都是美援。無怪乎馬歇爾在一九五三年獲頒諾貝爾和平獎。

伯林描寫歐洲人的態度是「高傲且要求苛刻的乞丐向一位戰戰兢兢的富翁乞討」，但當美國人同意把法國的一百億法郎貸款一筆勾銷時，歐洲人才明白此舉實在史無前例。史達林譴責馬歇爾計畫是「試圖奴役歐洲的計畫」，拒絕讓蘇聯集團國家接受援助，甚至想阻撓計畫進行。莫洛托夫說了一句「No.K.」（他以為這是O.K.的反義）就離開巴黎會談。

尖酸刻薄之徒和反美人士編造出一套說法來詆毀馬歇爾計畫，說它完全出於自私自利。他們說，美國振興歐洲是為了阻擋共產主義，為出口找市場，並把壟斷型資本主義的觀念灌輸給這個不聽話的大陸。貝佛布魯克勳爵等人認為該計畫是為了傾銷過剩的美國商品。更有高達四成七的法國人認為它主要是為了拓展美國的出口市場。然而，真正的理由是抵擋共產主義和不讓歐洲法西斯再度興起，而這兩個理由都是高貴且正當的。

到了一九五〇年下半年，西歐國家的產值已達戰前水準的百分之三十五。馬歇爾計畫達成了杜魯門主義的戰略目標，建立自信而安全的西歐。巴尼特（Correlli Barnett）在一九九五年的巨著《失去的勝利》（*The Lost Victory*）中指出，英國實際上把很多錢拿去亂花，但這無損於美國人的正派、慷慨和遠見。

當艾德禮在一九四五年七月當上首相時（夾在歐戰勝利日和對日勝利日之間），英國最大的危機是它可能浪費機遇，讓英國難以再起。過去六年的戰爭已消耗掉英國半數財富，急需馬歇爾計畫的龐大援助來重建工業和運輸等基礎設施，讓經濟恢復競爭力。但艾德禮沒有這麼做，而是把錢用來建設當時社會主義者稱為「新耶路撒冷」的烏托邦社會。英國是拿馬歇爾援助最多的歐洲國家，比德國多三分之一，但艾德禮沒有仿效德國，把馬歇爾援助用來搞基礎建設和工業現代化，而是把大部分都花在建立福利國家。

大英帝國在印度的終結

一九〇四年，十六歲的哈羅公學學生尼赫魯（Jawaharlal Nehru）前往埃普索姆（Epsom）看賽馬，他在途中讀到對馬海戰的消息，對於東方國家居然能羞辱一個令人生畏的帝國大為興奮。超過四十年後，日本在一九四一至一九四三年間在東南亞羞辱了大英帝國，歐洲各帝國在整個地區名譽掃地，尼赫魯也成為印度自治政府總理。在英語民族史上，如此自動放棄統治是破天荒第一次，但不幸的是，艾德禮指派的印度總督蒙巴頓勳爵把政權移轉過程搞得一團亂。

印度的分割和政權移轉，導致旁遮普省和西北邊境的大屠殺，造成七十五萬到一百萬印度人死亡。[26]這是英語民族在二十世紀最恥辱的一刻，但工黨政府卻還一直吹噓政權移轉是偉大成就。這有部分原因是蒙巴頓勳爵太會搞公關，把死亡數字說得很低。他在一九四七年十一月對倫敦的聽眾說：「只有幾萬人死亡，也只有一小部分地區受到影響。」「只有」這個詞讓人想到史達林曾說「死一個人是悲劇，死一百萬就只是統計數字。」尼赫魯說獨立是「與命運有約」，但對許多人來說，它只是「與死亡有約」。

當英國於一九四七年八月一日撤退時，負責維持秩序的旁遮普邊防軍（Punjab Boundary Force）有一萬五千人，管轄著三萬八千平方英里的一萬七千個村莊。史學家法蘭區（Patrick French）指出，這支軍隊「裝備和武器低落，完全不足以應付眼前的任務。」在一百萬人死亡和一千七百萬人無家可歸之後，緊接著「天理難容的恐怖」。在拉合爾（Lahore）一個難民營中，啄食屍體的禿鷹吃得太飽，居然連飛都飛不起來。

「我剛接見蒙巴頓的私人祕書，他描述了政權交接時的盛況。」艾德禮在一九四七年八月十八日寫信給他弟弟說，「蒙巴頓被二十五萬印度人狂熱圍繞。他顯然很對印度人的胃口。印度領導人對行政管理一無所知，我不知道事情是否會順利。但至少我們是光榮地離開，不是恥辱地被趕走，讓整個國家陷入混亂。」[27] 艾德禮寫這封信是在印度獨立大典四天之後，但正是在這時候，整個蒙巴頓方案一塌糊塗，印度北部陷入部落屠殺血流成河。③

這件事當然要怪那些犯下暴行的錫克教徒、印度教徒和穆斯林惡棍，但也要怪堅持英軍要在一九四七年八月完全撤出的印度國大黨（Congress Party），要怪接受蒙巴頓倉促方案的英國工黨政府，也要怪在最後一刻更改印巴邊界的雷德克利夫爵士（Cyril Radcliffe）。當然，蒙巴頓是要負最終責任之人，他在南亞次大陸獨立那天把它分為兩半，沒有先逮捕那些部落頭目，也沒有足夠的兵力在旁遮普省維持秩序，甚至不讓人知道新的邊界劃在哪裡。還有許多人都要為這場悲劇負責。

喀什米爾（Kashmir）是蒙巴頓分割政策留下的未解難題，在六十年後依然是一筆爛帳。尼赫魯曾經承諾要在他家鄉這片土地舉行公投，但從未實現，聯合國的決議也從未履行。德里害怕喀什米爾的多數穆斯林族群不會投票留在印度，尤其是歷經一場嚴重侵犯人權的長期戰爭之後。

英國一向支持強者，站在贏家這一邊，但英國對喀什米爾有特殊責任。艾哈邁德教授（Akbar Ahmed）在其《真納、巴基斯坦與伊斯蘭認同》（*Jinnah, Pakistan and Islamic Identity*）一書中指出：「一九四七年，當英國人倉促打包離開時，英國總督把喀什米爾問題留給印度和巴基斯坦懸而未決。」印度大作家喬杜里（Nirad Chaudhuri）在《您的手，大無政府者！》（*Thy Hand, Great Anarch!*）一書中說：「如果用歷史對蒙巴頓的偏愛來作為評價將軍的標準，那拿破崙最偉大的成就應該是下令從莫斯科撤退。」

「無論如何，唯有自知（self-knowledge）方能走向自治（self-rule），」麥考萊勳爵在其著名的一八三五年《印度教育備忘錄》中曾寫道，「而那將是英國歷史上最驕傲的一天。」這也許是英國政府首度宣告其在印度的任務。在印、巴獨立五十週年慶典那天的午夜時分，「最驕傲的一

③ 譯注：一九四七年六月四日，印度總督蒙巴頓聲明將在八月十五日通過將英屬印度分為印度和巴基斯坦兩個國家，並劃定印度和巴基斯坦邊界。由於從宣布到通過只有兩個月的時間，引起了當地居民的恐慌。居住在印度教徒地區的穆斯林逃往伊斯蘭教地區，而伊斯蘭教地區的印度教徒和錫克教徒則逃往印度教地區。這番遷移中有不少都是強制遷移，引發了大混亂，特別是在旁遮普地區，兩教徒之間發生了難以計數的衝突、暴動、屠殺和報復。

天」被許多人大肆渲染。然而，把英國失去印度的那天視為「最驕傲的一天」，無疑是非常荒謬的。征服和維持一個龐大的帝國值得驕傲，但因為缺乏人手、資源、士氣、金錢和意志，甚至是為了政治意識形態而把帝國還給別人，只會令人慨嘆。事後宣稱勝利只是為了合理化甚至掩飾帝國榮光的終結，這不過是拒絕承認現實，絕非麥考萊所說的「自知」。事實上，一九一一年十二月十二日星期二的德里加冕大典才是英國最驕傲的一天，④不思運用權力而改為放棄權力，正顯示國運已衰。

當英國放棄印度時，他們留下的偉大建築遠勝法國和德國在非洲，葡萄牙人和荷蘭在亞洲，或者西班牙人在拉丁美洲所留下的東西。天才建築師魯琴斯爵士（Sir Edwin Lutyens）和技術專家貝克（Herbert Baker）在規劃新德里時曾說，他們要讓「這座新城市的主要建物在幾世紀後就像附近的老建築同樣吸引人。」[28]他們完全做到了。

在舊帝國遺跡上出現的是兩大「非正式的帝國」，按照貿易和安全體制來劃分一個國家是處於西方資本主義還是東方共產主義的勢力範圍。如同德國經濟學家波恩（Moritz Julius Bonn）在一九四七年所言：「美國既是反對現代帝國主義的搖籃，同時也建立了強大的帝國。」

以色列建國

一九四五年十二月，艾德禮在切克斯莊園寫信給弟弟湯姆，談到外長貝文從美國打來的關於巴勒斯坦問題的報告。「所謂猶太復國主義好像是一個猶太人向另一個猶太人募款，為了把另一個猶太人送到巴勒斯坦。我猜，募款者應該從中拿到不少好處。」[29]他嘲弄的口氣，展現出英國政府在撤出巴勒斯坦託管區讓以色列建國前，對中東猶太人的態度。英國政府撤出巴勒斯坦的主要動機是財政困難，想盡快解編愈多軍人愈好。艾德禮當時收到很多聖誕卡，上面都寫著：「今年聖誕節過得很好，但若不解編，明年就慘了。」

以色列建國很快就獲得杜魯門政府的承認和歡迎，但這件事必須放在從《貝爾福宣言》⑤到巴勒斯坦託管終止這三十年間的帝國主義脈絡下來理解。「我認為貝爾福當時是假定中東將由某個外來勢力統治，不管是鄂圖曼帝國還是英國。」歷史學家崔佛—羅珀指出。

就某方面來說，以色列及其面臨的威脅，都是西方和鄂圖曼帝國主義在中東地區終結後的產物。歷史上的大帝國都是弱小族群的保護者。當一個大帝國戰敗，弱小民族就遭殃。強盛的大帝國是弱小民族的保護傘，因為帝國的敵人是民族主義，民族主義與帝國的民族多元性相互對立。

雖然亞美尼亞人在鄂圖曼帝國中處境悲慘，但鄂圖曼帝國對猶太人並不壞，除了某些個案之外，而這些個案通常不是由君士坦丁堡下令的。

---

④ 編按：這裡指的是喬治五世加冕為印度皇帝的典禮。

⑤ 譯注：一九一七年十一月二日，英國外長貝爾福致函英國猶太人領袖羅斯柴爾德的一封信，信中宣布英國內閣在同年十月三十一日的會議上通過的決議：支持猶太復國主義者在巴勒斯坦建立猶太人「民族之家」，條件是不傷害當地已有民族的權利，但是政治權利除外。當時巴勒斯坦仍然是鄂圖曼帝國領土，猶太人只是當地的少數民族。

在一塊已經有其他民族居住的地方建立猶太人國家，是很複雜困難的問題，但身為託管國的英國有很大的責任，而且英國在一九一七年的《貝爾福宣言》就做出莊嚴承諾。當以色列剛建國時，英國沒有在當地維持大量駐軍，而是在一九四八年五月十四日一夕之間撤軍，於是埃及人在第二天就發動攻擊。英國在幾個鐘頭前才離開，就有多達五個阿拉伯國家進攻新誕生的以色列國，其中一國的軍隊還是由前英國軍官格魯布·帕夏（Glubb Pasha）指揮。不到四年前，英國還一個師一個師地進軍諾曼第，現在的工黨政府則奉行「分割後再逃跑」（Partition and flee）的政策，其後果到今天還困擾著喀什米爾和中東。

帝國是撤退了，但英國沒有拿到任何「和平紅利」。英國還是花很多錢在國防，一九五〇年時的國防預算高達GNP的百分之八。為了維持和俄羅斯及美國平起平坐的假象，艾德禮花了很多錢在不必要的項目，例如國內民航產業。德國在一九四五年五月投降，柏林的公車在十四天後就重新營運，而同一天，倫敦的公車卻在罷工。艾德禮、邱吉爾、艾登、麥克米倫及其後各屆政府遇到工會就怯懦，這種狀況一直持續到一九七九年，這也讓一九四〇年代限制產業發展的做法變成長期慣例，並美其名為「產業共識」。

艾德禮只看到一九三〇年代的失業問題，看不到一九五〇年代和一九六〇年代生產力低落、貿易赤字擴大、英國的競爭力與對手相較愈來愈低等問題。「充分就業」是貝佛里奇和「新耶路撒冷」社會改革派（尤其是艾德禮）的信仰，他們太執著這個目標，無視對經濟的扭曲和弱化。這就自然導致勞動市場僵固、工資上漲導致通膨、技術轉型緩慢等現象。

巴尼特曾指出，當時的英國是「被戰火摧殘殆盡的二流經濟體」，艾德禮卻雪上加霜大搞國有化。煤礦、鐵路、瓦斯、電力、民航、道路運輸、鋼鐵、電視、廣播，還有英格蘭銀行，全部都被收歸國有，讓這些關鍵產業的管理階層不再擔心會因為無效率或無能而丟掉飯碗。

無法察知新市場是國有化的第一個毛病，但更糟糕的還在後面。國有化企業都變成跛鴨，接下來幾十年都以出售長期國債的方式靠納稅人補貼。直到二〇〇二年，布朗（Gordon Brown）才還完艾德禮的貸款，英國納稅人終於在二十一世紀擺脫艾德禮在半世紀前搞「新耶路撒冷」造成的重擔。

當然，當時的歐洲各國也都建立全面性的國民健保，而且幾乎都比英國的健保還要好。然而，這些國家在搞健保時已經在經濟上有明顯優勢。艾德禮政府在一九五〇年投資了百分之九的GNP在產業和基礎設施，德國則投資了百分之十九。德國一旦在經濟上領先，就可以建立一個更好的健保制度，因為它支付得起。相較之下，巴尼特指出，艾德禮卻是「在慘烈的戰爭剛結束就靠外援建立奢侈、昂貴的福利國家，同時還在未經現代化的工業體系上花費龐大的國防支出。」

柏林空投

一九四八年五月二十五日，軍情五處交給艾德禮一份關於弗農少校（Wilfred Vernon）的機密報告。弗農在一九四五年大選中，代表工黨在倫敦坎伯韋爾（Camberwell）杜維奇（Dulwich）分區當選國會議員。艾德禮寫道，他「被報告內容嚇到」，「完全出乎意料」。弗農是電機和航空工程專家，一九二五到一九三七年間在航空部擔任技術官員，但他居然是蘇聯間諜。他的國會議員身分讓他豁免被起訴，等到一九五一年大選他失去國會席位後，國安部門才有機會審訊他，審問結果也只是「強化了他們（軍情五處）對蘇聯情報運作歷史的了解」。[30]（弗農死於一九七五年，沒有被起訴。）

軍情五處雖然查出弗農，卻不讓聯邦調查局知情，這是為了保護英美特殊關係。軍情五處不但沒有起訴這位蘇聯間諜，還極力不讓美國盟友得知內情。軍情五處反情報主管里德爾上尉（Guy Liddell）寫了兩份報告，一份供「內部參閱」，一份給聯邦調查局，刪掉了弗農是國會議員這件大事。「請不要告訴聯邦調查局，本報告中的弗農是杜維奇分區的國會議員。」一名軍情五處長官在檔案中寫道。聯邦調查局和後來的中央情報局都認為，英國國安單位對顛覆活動若非無能就是不夠強硬，從這件不光彩的弗農事件可以看出端倪，評斷也算是公允。

弗農少校所效忠的國家正在步步進逼。一九四八年六月中，蘇聯當局以「車輛瑕疵」為由，拒絕讓運煤火車從西德進入到有二百萬居民的西柏林。早在一九四八年三月二十日，蘇聯代表就退出四國占領區委員會；史達林的手現在進一步勒緊。載人火車以「車站擁擠」為由被趕回去。穿越一百一十英里蘇聯占領區的高速公路以「緊急修復」為由被封閉。[31]六月二十四日，所有陸上交通都被封閉，西柏林的電力供應也被切斷，西方盟國的決心面臨重大考驗。西柏林只有三十六天的儲糧，三十六天之後，飢餓的西柏林人可能會乞求要加入蘇聯集團。

美國占領區軍事長官克萊將軍（Lucius Clay）想派一個武裝縱隊進入西柏林，他相信紅軍會退讓。還有人提議要禁止俄羅斯人通過巴拿馬運河，或封鎖符拉迪沃斯托克。在整場危機中，英國及大英國協都和美國站在一起，英語民族絕不能把柏林人放棄給蘇聯。「我們要留在柏林，就這樣。」杜魯門告訴內閣說，但有些內閣成員，如國防部長福萊斯特有些猶豫。六十架B-29轟炸機被部署到英國，並刻意對外放出消息。

六月三十日，國務次卿洛維特（Robert Lovett）提出方案。他在戰爭期間曾從緬甸空運七萬二千噸軍事物資到中國，必須飛越喜馬拉雅山。[32]（相較之下，柏林只有一百一十英里。）洛維特和兩位執行過「緬甸駝峰」（Burma Hump）的將領，美國空軍司令李梅將軍和魏德邁將軍（Albert Wedemeyer）初步討論後，想要搞一個「柏林駝峰」（Berlin Hump）來補給二百萬柏林居民。在軍方來不及就細節提出反對之前，杜魯門總統就批准了這個方案，西方同盟就此進行大規模和成本極高的任務，用空運解救西柏林。「食物可以空運，煤炭很難空運。」洛維特在日記中寫道。如果史達林是在冬天而不是在夏天發動「絞索政策」，局勢發展可能不同，但最後還是空運了很多煤炭過去。

在空運最高峰時，每三分四十三秒就有一班飛機降落在柏林的滕珀爾霍夫機場（Tempelhof Airport），每天運送四千噸食物和其他必要物資。二萬名西柏林人幾乎「徒手」蓋起第三座機場。情況確實艱困，但西方最終證明史達林無法用飢餓讓西柏林人投降。空運一直持續到九月三十日。最後一架飛機是第二十七萬六千九百二十六架次，駕駛員是伊梅爾上尉（Perry Immel）。三百二十一天的行動總計運送了二十二萬七千六百五十五人進出柏林，運送物資二百三十二萬三千零六十七噸（大多是食物和煤炭），美國支出了三億四千五百萬美元，英國支出了一千七百萬英鎊，德國支出了一億五千萬馬克。美國和英國在這場行動中喪生了七十五人。[33]這場危機讓美國了解到蘇聯的想法和圖謀，開始大規模擴建核武。一九四七年，美國只有十三顆原子彈，一九四八年增加為五十顆，一九四九年多達二百五十顆。

麥卡錫主義

蘇聯在一九四八年夏天對西柏林的行為，讓美國人對共產主義深感恐懼，這也沒什麼好奇怪的。一九四八年八月三日星期二到二十五日星期三，眾議院「非美活動委員會」（House Un-American Activities Committee）在國會山莊最大的一間歲入委員會（Ways and Means Committee）會議室召開公開聽證會，前布爾什維克間諜、《時代》雜誌專欄作家、政治叛逃者錢伯斯（Whittaker Chambers）作證講述他的精采故事。他說他多年來協助農業部一位叫威爾（Harold Ware）的官員經營共產黨祕密網絡，這個網絡深入到好幾個政府部門和「新政」單位。錢伯斯點名維特（Nathan Witt）、亞伯特（John Abt）、布雷斯曼（Lee Pressman）、佩洛（Victor Perlo）、阿爾傑・希斯（Alger Hiss）和他弟弟唐納・希斯（Donald Hiss）、克萊默（Charles Kramer）、科林斯（Henry Hill Collins）都是威爾組織的成員。[34]這個組織透過美國共產黨官員彼得（Jozsef Peter）和蘇聯情報機關聯繫。錢伯斯說他在一九三七年離開莫斯科前曾為彼得工作了十年。

錢伯斯所稱的共黨組織滲透到農業調整署（促進政府涉入產業的重要新政機關）、國家振興署、物價管制局、財政部、全國勞工關係局、戰略情報局、農業安全署，還透過希斯和一名叫沃德利（Julian Wadleigh）的國務院官員滲透進最重要的國務院。錢伯斯聲稱，希斯、沃德利和助理財政部長懷特（Harry Dexter White）竊取政府機密文件轉給他和另一名蘇聯特務赫爾曼（John Herrmann）。[35]

因為害怕被滅口，作證前一晚，錢伯斯在其「藏身處」幾乎睡不著，第二天早上面對媒體時神態委靡。「錢伯斯坐在證人席，閃光燈和攝影燈光線四射。」最近一位傳記作者寫道，「他最多只睡了三個小時。在第二天早上的照片中，他看來像是剛從地底下爬出來，衣服皺巴巴，表情陰鬱，雙眼避開相機鏡頭，彷佛在逃避罪惡感。」

和錢伯斯不同，希斯英俊、有魅力、聰明、人脈廣闊，而且年少得志。他畢業於約翰霍普金斯大學和哈佛大學，擔任過好幾個重要職務，然後在一九三六年九月進入國務院當政府事務辦公室主任。他參加過雅爾達會議，接觸過很多國務院重要文件，一九四五年四月短暫當過聯合國首任祕書長。「他年方四十一歲，身材苗條，輪廓鮮明，」歷史學家赫爾曼寫道，「正要成為美國明星外交官。」[36]（假如小羅斯福早死六個月，接任總統的就會是當時的副總統華萊士，希斯很可能成為國務次卿，蘇聯內務人民委員部〔NKVD〕間諜杜根〔Laurence Duggan〕可能成為國務卿，懷特可能成為財政部長。）

一九四七年，希斯離開國務院去當富有盛名的卡內基國際和平基金會主席。對於錢伯斯的公開指控，希斯說這是「一個自承的騙子、間諜和叛國者」具有政治圖謀的謊言。懷特也在非美活動委員會上自辯，但他在會議結束後就死於心臟病，這讓希斯獲得更多同情。許多美國自由派菁英為希斯擔保他的人格，包括法蘭克福法官、史蒂文森（Adlai Stevenson）、愛蓮娜·羅斯福，以及參議院多數黨和少數黨領袖，約翰霍普金斯大學校長鮑曼（Isaiah Bowman）和哥倫比亞大學教授傑賽普。就連艾森豪、艾奇遜、杜勒斯都加入聲援。

與此同時，錢伯斯被自由派媒體猛烈抨擊，影射他精神有問題和「自承的騙子、間諜和叛國者」。還有人說他是同性戀、嫉妒希斯等等。這些說法也許都有一點事實，但都無關宏旨。非美活動委員會手握一項自由派政治人物和媒體菁英所否認的東西，那就是事實。希斯等人確實叛國，為蘇聯當間諜。如果不是那位長得像牛頭犬的惠提爾雜貨店店主之子、頑固的加州共和黨菜鳥眾議員尼克森（Richard M. Nixon），希斯可能逃過一劫。

錢伯斯把超過六十份文件的底片藏在馬里蘭的農場。由於這批文件藏在挖空的南瓜裡面，史稱「南瓜文件」（Pumpkin Papers）。這批祕密文件來自國務院和海軍部，由希斯和他太太在一九三八年以伍茲塔克打字機（Woodstock 230099）謄錄，交給錢伯斯轉給蘇聯。就是因為這批文件，在經過兩次引起轟動的審判後，二十四名陪審員中有二十名相信錢伯斯的說詞，希斯在一九五〇年被判偽證罪，監禁二十四個月。他辯稱一九三八年那台打字機不是他的，但被接手那台打字機的人推翻，錢伯斯明顯說的是事實。希斯還說他從沒見過錢伯斯，這一點在交叉詰問時被尼克森拆穿。希斯之所以是以偽證罪而不是以叛國罪被判刑，是因為美國對叛國罪有追訴期，這對一個偉大的國家來說確實滿怪異的。

即使在希斯被定罪後，許多美國左派人士還是堅信希斯的行為情有可原，並非罪大惡極。由於希斯一直堅稱無辜，許多不看證據說話的人就寧可信其為真。《新基準》（*New Criterion*）雜誌的編輯克萊默（Hilton Kramer）寫過這個弔詭的問題：

希斯雖然因為被公認為蘇聯間諜的罪行被送進監獄，卻被堅奉為政治烈士。由於同樣的原因，錢伯斯拚著犧牲工作和生命的危險，揭發了躲在華府官僚系統核心的蘇聯間諜網，卻被指責是變節分子和惡棍。在自由派輿論的法庭中，揭發同謀要比當共產黨間諜幫外國偷取政府文件更罪不可赦。以本案的瘋狂邏輯來說，希斯雖然被定罪為騙子、小偷和叛國者，但縱然有罪還是被認定無辜。而錢伯斯雖然自承叛國犯行，但縱然說實話還是被認定有罪。[37]

錢伯斯敢出來作證是很勇敢的。他的朋友、前俄共黨員克里維茨基（Walter Krivitsky）本來要到非美活動委員會作證，卻在一九四一年二月十日被人發現倒在華府的貝勒維飯店（Bellevue Hotel），鬢角有彈孔，手上拿著點三八手槍。克里維茨基的三份遺書被懷疑是偽造，槍上的指紋被他的血給清洗掉了。他的太太說他從來沒有手槍，既沒有憂鬱症也沒有財務危機，但他曾向非美活動委員會表示他害怕被謀殺。[38]

直到柏林圍牆倒塌、前共產黨檔案開放後，人們才發現希斯確實一直為史達林工作。一九九五年和一九九六年，國家安全局公布美國反情報機構截獲和解碼的「維諾娜」（Venona）祕密檔案，其中有二千份一九四〇年代在美蘇聯間諜和莫斯科往來的電報，其中就有懷特、佩洛、杜根和希斯。[39]

美國人對叛國和共產主義的恐懼是完全有道理的，卻不幸被右派過分濫用。一九五一年六月，威斯康辛州參議員麥卡錫（Joseph McCarthy）對美國人民表示，喜歡討好共產主義的自由派菁英將會削弱美國，「這個國家，連同這個文明，將會像過去那些偉大帝國一樣從地表消失，因為其軟弱的領袖只會容忍貪腐、背叛和虛偽。」這當然有點誇大其詞，而麥卡錫和非美活動委員會把調查範圍擴大到美國人生活的各個領域，這也的確太超過界線。美國國務院裡面確實有同情共產黨的人士必須被調查和揭發，但當美國軍方和好萊塢都被指控從事非美活動時，麥卡錫主義就明顯搞過頭了。一九五四年十二月九日，參議院以六十六票對二十二票通過譴責麥卡錫，他的權力隨之消散。

很多人同情那些在麥卡錫主義時期失去工作，或被迫離開美國以保有藝術自由的人，但我們也要思考一下，假若共產黨在美國得勢的話，美國會變成什麼模樣。劇作家米勒把麥卡錫主義與塞勒姆的女巫審判相提並論，⑥但兩者有一重大不同：世界上並沒有女巫，但美國政府裡面確實有蘇聯間諜。麥卡錫的指控確實隱藏著階級意涵，其意在譴責東部菁英階層不愛國。但儘管如此，一九五四年夏天的一份民調顯示，只有不到百分之一的人表示他們擔心美國的自由因此被侵害。[40]

聯邦調查局局長胡佛（J. Edgar Hoover）動用聯邦調查局大量人力、金錢和資源來監控德國知名反法西斯流亡作家，例如布萊希特（Bertolt Brecht）、西格斯（Anna Seghers）、亨利希・曼（Heinrich Mann）、福伊希特萬格（Leon Feuchtwanger）等，讓幾個世代的歷史學者都瞧不起他，尤其是胡佛超愛講「共產納粹分子」和「紅色法西斯分子」。聯邦調查局對付黑手黨沒什麼作為，卻蒐集了關於柯里（Lachlan Currie）、杜根、懷特、希斯和羅森堡兄弟的大量材料。這些人確實都是蘇聯內務人民委員部的間諜，但沒有一個人是被麥卡錫查到的，事實上他連一個共產黨都沒有查到。[41]

在所謂麥卡錫「恐怖」時期，沒有任何人被送到古拉格集中營，或被強迫到阿拉斯加去耕種永久凍土，更沒有流放、酷刑、拘留或取消外來移民的美國人身分。親史達林的布萊希特是「自由德國運動」的知名人士，胡佛準確地看出「這個組織的目的，就是要建立一個親蘇聯的戰後德國政府」，但也沒人對布萊希特怎麼樣。[42]有些人被禁止從事工作，有些人被威脅要為意識形態坐牢，他們的確被扼殺了事業，許多人被迫遠走海外。但這通常是出自如好萊塢媒體大亨的私人作為，和政府無關。麥卡錫時期是美國歷史上令人難堪的一段時期，但我們必須從不同的角度審視。有些人宣稱麥卡錫時代的美國和鐵幕國家沒什麼兩樣，這是完全沒看到在同一時期貝利亞（Lavrenti Beria）和國家安全委員會（ＫＧＢ）對人權的殘酷迫害。

北約成立

在國際局勢艱困時，美國老百姓本能會支持最高統帥，所以杜魯門才能在一九四八年十一月總統大選中擊敗杜威（Thomas E. Dewey），讓預測共和黨會贏的蓋洛普民調臉上無光。在國會選舉中，民主黨在參議院以五十四席對四十二席獲得多數，在眾議院是二百六十二席對一百七十一席。杜魯門任內歷經多次重大事件，諸如投下原子彈、布列敦森林會議、馬歇爾計畫、杜魯門主義、柏林空投、韓戰、開除麥克阿瑟，但他都能高明處理。他對外營造「一介美國平民」的形

---

⑥編按：指發生在一六九二至一六九三年期間，北美麻薩諸塞殖民地塞勒姆（Salem）的女巫審判案。

象，但他其實是英語民族在困頓危難之時的卓越領袖。

除了造就民主、和平的日本之外，杜魯門影響後世最大的遺產，也許是北大西洋公約組織（NATO）。一九四九年四月四日星期一，十二個創始會員國代表，齊聚華府憲法大道的國務院大樓禮堂，在桃花木長桌上簽署《北大西洋公約》（North Atlantic Treaty）。美軍陸戰隊樂團演奏了蓋希文（George Gershwin）的曲子，包括《貝絲，你現在是我的女人》（*Bess, You Is My Woman Now*），獻給坐在觀眾席第一排的第一夫人杜魯門太太。

創立北約是為了回應蘇聯駐紮在東歐的大軍，以及自一九四八年六月以來對柏林的經濟封鎖。條約共有十四條，其中第五條最重要，也就是「對歐洲或北美任何簽署國的攻擊，應被視為對所有國家的攻擊」。除了美國、英國和加拿大等英語國家，其他簽署國還有荷比盧三國、丹麥、義大利、挪威、冰島、葡萄牙和法國（雖然法國在一九六六年實質退出）。

經濟學家暨政治思想家李奇爵士（Sir Rodney Leach）曾準確指出：「是北約組織讓美國在二次大戰後的五十年中成為歐洲國家」，也是因為如此，「美國的出現讓歐洲得以免於在政治上和軍事上臣服於蘇聯。」[43]這是偉大的成就，其榮耀應歸於馬歇爾和貝文等創立者。在希臘和土耳其於一九五二年、西德於一九五五年加入後，北約組織成為歷史上最成功的軍事同盟，嚇阻蘇聯不敢攻擊任何一個成員國長達半世紀，並最終導致蘇聯共產體制的崩潰和滅亡。一九九九年，波蘭、匈牙利和捷克共和國也加入了北約。

愛爾蘭一如既往，在一九四九年二月八日宣布，因為尚處於分裂狀態故不加入北約，再次不參加文明世界對抗集體主義威脅的行列。兩個月後，愛爾蘭又退出大英國協。如果愛爾蘭是想藉此凸顯自己的不同，那它是失敗的。一九五三年有一份關於大英國協經濟體的報告說：「大英國協成員國與愛爾蘭共和國之間的和諧關係與貿易總量，以及相互貿易的便利程度，讓人感受不到愛爾蘭在一九四九年四月之後的真正地位為何。」[44]

當然，總會有人指責美國搞單邊主義和盛氣凌人，正如永遠會有人看世界最強大的國家不順眼。一九四九年，一群知名文學家和藝術家齊聚在華爾道夫酒店，包括作曲家科普蘭（Aaron Coplan）和蕭士塔高維奇（Dmitri Shostakovich），劇作家米勒、奧德茲（Clifford Odets）、海爾曼（Lillian Hellman），小說家梅勒（Norman Mailer），他們同聲譴責「美國對蘇聯的好戰行為」，以及華府「一小撮仇恨販子」把美國變成「聖戰恐怖國家」。[45]奧德茲表示杜魯門政府是「人類公敵」的組合，科普蘭則表示杜魯門的政策「絕對會導致第三次世界大戰」。而此時距離柏林空投才不過幾個月。這些極端反美的言論變不出什麼新把戲，民主黨或共和黨的總統都是他們聲討的對象，且喊得最大聲的通常都是美國人。

第十二章

冷戰之殤

一九五〇年代

在所有美國人中，唯有喬治．華盛頓能像他一樣，是戰爭時期的第一人，和平時期的第一人，也是他同胞心目中的第一人

——尼克森追禱艾森豪，一九六九年三月

英格蘭是唯一一個其知識分子會以自己國籍為恥的偉大國家

——歐威爾（George Orwell），《獅子與獨角獸》（*The Lion and the Unicorn*）

韓戰

一九四七年三月十二日，杜魯門總統宣布一項計畫，史稱「杜魯門主義」（Truman Doctrine）。他要援助身陷共黨暴亂的希臘，以及深受蘇聯脅迫的土耳其。杜魯門主義宣布，凡是受到共產主義威脅的國家都可以獲得美國援助，這比甘迺迪「不計任何代價和負擔」的承諾早了十六年。因為有杜魯門主義，才會用空運拯救柏林。

一九五〇年六月二十五日星期天清晨，共產北韓軍隊突破北緯三十八度邊境線入侵南韓，以最快速度向南推進。兩天後，杜魯門就依杜魯門主義下令美軍在亞洲部隊抵抗入侵，並增派援軍去協助危如累卵的南韓。但第二天，南韓首都漢城就落入敵手。

由於蘇聯暫時抵制，[1]聯合國安理會得以通過決議譴責北韓，並承諾要「提供必要協助對抗武裝攻擊」。整場戰爭是以聯合國名義而戰，這讓艾德禮和工黨外長欣韋爾得以說服黨內的國際主義者。一般都認為韓戰是史達林最大的外交失誤，但也為西方立下危險的先例。它讓今日的自由派國際主義者認為，凡是沒有得到聯合國同意的軍事行動都是不合法的。在這種信條之下，英語民族似乎失去了可以不顧聯合國安理會其他成員國意見，為自身利益而戰的權利。

一九五〇年七月一日，第一支聯合國部隊登陸朝鮮半島南部的釜山。一週後，麥克阿瑟將軍受任指揮官。英語民族堅決不讓朝鮮半島落入共產黨之手，再次挺身保衛弱小國家不受強鄰威脅或入侵。在一八九九年的開普殖民地、一九一四年的比利時、一九三九年的波蘭，英語民族皆曾展現此等意志，後來還有一九六四年的南越、一九八〇年代的福克蘭群島和貝里斯、一九九〇年的科威特。

麥克阿瑟於一八八〇年出生在阿肯色州小岩城（Little Rock），畢業於西點軍校，在一九〇三年進入工兵團服役。他在一九〇五年陪同父親亞瑟．麥克阿瑟將軍到東京觀察日俄戰爭，從此開始接觸遠東事務（他和他父親是唯一一對獲頒國會榮譽勳章的父子檔）。在一次大戰期間，麥克阿瑟被授勳十三次，還有七次受到英勇表揚，並於一九一八年十一月在法國當上最年輕的師長。隔年，他當上最年輕的西點軍校校長，一九三〇年晉升為將軍，出任美國陸軍參謀長。

五年後，麥克阿瑟獲派駐菲律賓美軍司令，與遠東再度結緣，一九四一年又出任美軍在整個遠東戰區的最高指揮官。身為西南太平洋地區的總司令，麥克阿瑟在澳洲總部制定「跳島」戰略，從日本人手上拿回菲律賓，在一九四五年七月將其完全解放。他代表同盟國接受日本投降，全權統治日本，並制定日本新憲法，以英語民族的良善經驗改造日本。（但他錯在對日本戰犯過於寬大。）

當麥克阿瑟被任命去指揮在朝鮮的聯合國部隊時，美國的威信就和他的個人成敗緊密相連。聯合國部隊來自十七個國家（另有七個國家派出非戰鬥人員），但以英語國家為主力。他們要保衛南韓，不讓南韓落入北韓那種恐怖命運。

---

① 譯注：一九五〇年一月，蘇聯向聯合國提出由中華人民共和國取代中華民國在聯合國的席位，此提案被否決，蘇聯代表便抵制數月不出席。

九月十五日，麥克阿瑟部隊在仁川奇襲登陸，迫使北韓後撤。漢城在九月二十六日解放，五天後，聯合國和南韓部隊跨過三十八度線進入北韓，十月二十日拿下北韓首都平壤。十一月二十四日，聯合國部隊對朝鮮半島東北部發動進攻，但紅色中國在兩天後參戰，迫使聯合國部隊往南撤退。

當時有一個捏造的傳聞說，杜魯門總統本來要授權麥克阿瑟對中國軍隊動用原子彈，但被艾德禮緊急飛往華府勸阻。這個傳聞直到二〇〇一年十月還被英國左派政治人物班恩（Tony Benn）引用，他說布萊爾應該依此前例去勸阻九一一事件後的小布希。[1]事實上，參謀首長聯席會議早在一九五〇年十月就否決動用核武，也從未向總統提出這種建議。只是美軍當時被中國進逼，所以在一九五〇年十一月三十日的記者會上，杜魯門總統沒有排除這個可能性。

當天下午四點十九分，英國外交部接到消息說，杜魯門在回答記者詢問動用原子彈一事時說：「一直有在積極考慮中」，並表示他希望不必動用，至於會不會用來攻擊大城市則沒有回答。杜魯門還說要交給戰場指揮官來負責。他的傳記作者唐納文（Robert J. Donovan）認為，杜魯門回答問題的方式讓人誤以為他真的要在朝鮮動用原子彈，而且是交給麥克阿瑟來決定。[2]但杜魯門的含糊其詞在戰略上是極為合理的：為什麼要讓敵人知道他要不要動用？（事實上，一九四六年的原子能法已經規定只有總統可以下令動用核武。）

艾德禮的私人祕書認為，這些提問不太像是杜魯門政府刻意設計的，「從他回答的口吻看來，他更在意的是如何安撫共和黨，減輕要艾奇遜下台的壓力，而不是朝鮮的真實情況。」[3]（艾奇遜在一九四九年一月接替馬歇爾擔任國務卿，但一些參議員認為他對共產主義太軟弱。）

這種解讀被英國駐華府大使法蘭克斯（Oliver Franks）在當天稍晚回報的消息進一步佐證。白宮向法蘭克斯保證：「必須強調，法律規定只有總統能授權動用原子彈……今天記者會的回答並不代表情況有任何改變。」[4]唐納文認為，由於三大新聞通訊社在白宮激烈競爭，報導出來的消息不免過於誇大。

但工黨的新進議員都被報導嚇壞了，許多人連署致函艾德禮，要求只有經聯合國同意才能動用原子彈，因為這場戰爭用的是聯合國的名義（雖然只是名義上）。議員把這封信洩露給媒體後，艾德禮決定親自到華府走一趟。他馬上就清楚杜魯門完全掌握這場戰爭的方向。他根本不用向杜魯門提起原子彈，這個問題是在會議結束撰寫公報時才被提及。但有些人還是盛讚艾德禮，說是他阻止了美國好戰分子殘殺無辜百姓。

一九五〇年十二月二十七日，中國拒絕聯合國的停火呼籲。一九五一年元旦，中國軍隊突破三十八度線的聯合國部隊，並在三天後再度拿下漢城。美國、英國、澳洲、紐西蘭、加拿大（沒有愛爾蘭）現在是遠渡重洋在和人民解放軍打一場代理人戰爭。美國承擔最主要的戰鬥任務（除了南韓以外），但在一九五一年四月二十二日到二十五日，英軍第二十九旅，包括格洛斯特兵團第一營，以及皇家澳洲兵團第三營也都加入作戰，在臨津江沿岸抵擋共軍大規模進攻。這是這場戰爭中最激烈的戰役之一。總計下來，英軍共陣亡一千零七十八人，澳洲陣亡三百四十人，陣亡數算是很低。美軍陣亡數要高得多，多達五萬四千二百四十六人，其中三萬六千五百七十四人是戰鬥人員，受傷者有十萬三千二百八十四人。

在中國和北韓手上的盟軍戰俘被殘酷對待，兩國都是在戰後才在一九五六年和一九五七年簽署《日內瓦公約》（Geneva Convention）。這些人的遭遇讓人想起一九四一到一九四五年在日軍手上的戰俘。「這些折磨手段都很平常，包括營養不良、居住環境惡劣、毆打、腳氣病蔓延。」一位研究戰俘的歷史學者寫道，「再加上一個新東西，那就是洗腦。」[5]例如，戰俘被要求回答「列寧所謂資本主義五大矛盾為何？」答錯會被處以二十一天單獨監禁。金恩（Derek Kinne）在一九五五年的《木箱》（*The Wooden Boxes*）一書有寫到，第一集中營的警衛會把犯人關在長寬高分別為三、二、五英尺大小的木箱中忍受酷熱。②而在極冷的天氣時，戰俘被要求在零下二十度光腳走到鴨綠江，然後站在冰上，用水倒在他們腳上，讓他們「反省自己的罪行」。[6]有一名在一九五一年八月二十四日被俘的士兵，直到一九五三年六月四日都沒有得到治療。有幾名格洛斯特兵團士兵，從上午九點被毆打到下午三點，還被逼要保持清醒。據統計，有一千六百名聯合國士兵在一九五一年一月到八月間死在獄中。

在這場戰爭中，共軍總共俘虜了八萬名南韓人、一萬名美國人、二千五百名其他聯合國士兵。聯合國俘虜了十五萬名北韓人和二萬名中國人，其中有二萬三千人不願回國，後來被送往南韓和台灣。相較之下，只有二十一名美國人和一名皇家陸戰隊隊員在戰爭結束後不願回國。這些人可能都有心理問題：其中有十五人不到二十一歲，十六人無親無友，十人在兒時就失去母親，十九人和父親或繼父相處不好，只有兩人有結婚。[7]

一九五二年三月四日，中國政府指控美軍動用生化戰，這本來是個謊言，但卻受到訪問南韓的澳洲記者伯切特（Wilfred Burchett）和英國生化學家李約瑟（Joseph Needham）的背書。李約瑟同時也是漢學家和語言學家，很願意幫北京說話。他組成一個國際科學調查委員會，沒到現場查證就發表了六百六十九頁的報告，完全支持北京的說法。這份報告被證明完全不實，但當李約瑟於一九九〇年在北京慶祝九十歲大壽時（他同時也是劍橋大學一個學院的選任院士），他還是重申這個指控。

這份報告指出，美軍曾用飛機空投感染了炭疽、霍亂、腦炎、鼠疫、腦膜炎的蒼蠅、跳蚤和蜘蛛的「生化炸彈」，但後來證實，美軍空投的只是一般美國文宣品。一九九八年一月，俄羅斯總統檔案館的文件證明這項指控完全是捏造的，是北韓和中國因為國內疫情爆發而故意怪罪給美國。[8]（但李約瑟和伯切特在當時已經作古。）

種種宣傳不僅於此。英國《每日工人報》（*Daily Worker*）的溫寧頓（Alan Winnington）和夏皮羅（Michael Shapiro）等激烈反美的記者相信，共軍手上的戰俘過得很舒服，而「聯合國手上的共軍戰俘……非常悲慘」。夏皮羅甚至說美軍會把戰俘立刻處死，伯切特也做過類似報導。

共黨同路人從來不願了解真相。倫敦律師蓋斯特（Jack Gaster）和費爾頓（Monica Felton）等人都為共產黨犧牲奉獻。費爾頓獲頒「史達林和平獎章」（Stalin Peace Prize），但丟掉了在史帝文治開發公司（Stevenage Development Corporation）的工作（英國麥卡錫主義最嚴重也僅止於此）。而這也顯示，從一九三〇年代直到越戰以後，共黨宣傳家和鼓動家向來有辦法在英語民族內部找到支持者，尤其是那些反美的左翼陣營。

一九五三年三月，史達林去世幾天後，格林伍德（Powys Greenwood）在布魯克斯俱樂部和

② 編按：約莫九十一公分、六十公分、一百五十二公分。

歷史學者維勒—貝奈特（John Wheeler-Bennett）打賭五英鎊，賭的是「美國和俄羅斯會在七月底之前開戰」。這個賭局對所有會員開放，有五人下注一百英鎊。然而國際局勢緩和下來，一九五三年七月二十七日，聯合國、北韓、中國在三百萬人死亡後於板門店簽署停戰協定，雙方劃立橫跨朝鮮半島的二點五英里寬非軍事區，直到今天未變。

澳洲對韓戰的貢獻比記者伯切特更能代表澳洲精神。澳洲提供了兩個步兵營、一個戰鬥機中隊、一個運輸機中隊、一艘航空母艦、兩艘驅逐艦和一艘護衛艦。紐西蘭提供了一個砲兵團和兩艘護衛艦，加拿大則提供了一個步兵旅、一個砲兵團和一個裝甲師。這些國家延續了一九〇〇年以來積極參與英語國家戰爭的傳統，不論距離有多遠。

一九五三年一月，加拿大加入英國和美國分享澳洲鈾礦的《放射性資源協議》（Radioactive Resources Agreement），第二年又宣布要與美國共同在加拿大北極沿海建立早期預警系統。這些措施促成在一九五八年設立北美防空司令部（North American Air Defense Command），總部設在多倫多溫泉市。到了一九六三年，美國核子飛彈以共同控制協議的形式部署在加拿大領土，直到杜魯道（Pierre Trudeau）政府在一九七二年將其終止。

人權

一九五一年三月八日，艾德禮政府剛贏得大選，但只多出四席，而下一場大選又要逼近，遂急忙批准了《歐洲人權公約》（European Convention on Human Rights）。英國是第一個簽署該公約的國家，比挪威早十個月，比法國早二十三年。英國律師界極力反對批准公約，尤其是大法官喬伊特（William Jowitt），他堅信該公約完全不符合英國法律傳統。[9]這是有道理的，因為這項公約實在管得太寬：

大多數（英國）律師都討厭它，因為他們不喜歡外國人干預，因為他們認為人權在英國本就無虞（因為人權就是在英國發明的），因為他們認為人權是不能明確下定義的（英國法官光靠直覺就知道什麼是人權），因為他們認為如果給人權下定義，就會被「共產黨、騙徒和壞分子」拿去濫用。[10]

更有甚者，由於英國在一九五一年還是一個帝國，而反帝國主義者認為帝國本身就是違反人權的，此後英國將面臨數不盡的司法訴訟。情況確實如此，第一個案子就是一九五六年希臘就賽普勒斯問題發起行動。

英國很自豪各個殖民地對個人自由和少數族裔權利的保障。一九四六年，外交部把殖民地的個人自由列為英國「對文明的重大貢獻」，除了在國家緊急狀態之外，個人權利完全受到保障。外交部之所以代替殖民地事務部發言，主要是希望大家注意到蘇聯境內發生的大規模迫害人權事件，這個動機無可厚非。外交部也希望藉此削弱反殖民運動，不過這種想法過於天真。後來當英國各殖民地取得獨立時，人權公約通常會寫進這些新國家的憲法中，雖然多數為時不長。到了今天，人權公約也被納為英國的國內法，但正如一九五一年就預料到的那樣，「共產黨、騙徒和壞分子」開始控告政府，說他們的人權被侵害。（二〇〇五年就有一名人犯控告獄政司，說他在牢裡不能看色情片是違反他的人權。）

《相遇》雜誌

杜魯門總統決定退出一九五二年十一月的總統大選，要到密蘇里州獨立鎮（Independence）享受退休生活。艾森豪接受共和黨提名，在一九五二年十一月的大選中，壓倒性勝過民主黨的史蒂文森，並以二百二十一席對二百一十一席贏得眾議院，以四十八席對四十七席贏得參議院。

一九五三年十月，一份名為《相遇》（*Encounter*）的月刊在英國和美國上市，小標是「文學、藝術、政治」。第一期的作者有吳爾芙（Virginia Woolf）、卡繆（Albert Camus）、伊薛伍德（Christopher Isherwood）、高伯瑞（John Kenneth Galbraith）、西特維爾（Edith Sitwell）、克里斯托（Irving Kristol）、劉易斯（Cecil Day Lewis）。六個月後，又有葉慈、庫斯勒、奧登（W.H. Auden）、麥考萊（Rose Macaulay）、洛威爾（Robert Lowell）、赫胥黎（Aldous Huxley）、薩克維爾—韋斯特（Vita Sackville-West）、羅素、倫納德·吳爾芙（Leonard Woolf）、[3]泰南（Kenneth Tynan）、狄蘭·湯瑪斯（Dylan Thomas）、雷蒙·阿隆（Raymond Aron）、威治伍德（C.V. Wedgwood）和盧西安·佛洛伊德（Lucian Freud），幾乎等於一九五〇年代英語高等文化圈的名人錄。但如果這些文化名人知道這本月刊的出版者「文化自由會議」（Congress for Cultural Freedom）是中情局的外圍組織，應該很少人會寫稿。

《相遇》並不隱瞞其堅定反共立場。創刊第一頁的社論就直接慶祝史達林去世，希望「摧毀馬列主義教條」，還說「也許現在，語言將再度有其意義，我們將不再聽到所謂獨裁可以加強更高形式的自由、謀殺是最高人道主義的詭辯。」年輕的文學評論家費德勒（Leslie A. Fiedler）寫了一篇〈羅森堡案後記〉的政治性文章，分析左派是如何把原子彈間諜羅森堡夫婦（Julius and Ethel Rosenberg）捧成英雄（他們在該年六月於紐約第五監獄被處死）。沙特（Jean-Paul Sartre）在羅森堡夫婦被電死後大罵美國人是「瘋狗」，呼籲法國要「斬斷我們和美國的一切聯繫」。（今天很少有人會爭論羅森堡夫婦是否有罪。）

《相遇》是高水準的知識性刊物，半個世紀後依然值得一讀，而其作者群被伯林等人瞞在鼓裡，不知道其資金何來。此刊的文編史班德（Stephen Spender）和柯莫德（Frank Kermode）經常提出質疑，但他們相信總編輯拉斯基（Melvin Lasky）說錢不是來自中情局。[11]

《相遇》中很少有過分政治性的文章，但中情局在「文化自由會議」內部的幹員有權否決過於偏左的東西。[12]當真相在一九六七年曝光後，史班德辭職，伯林試圖為中情局緩頰無果。許多知識分子擔心名譽受損，但伯林試圖把傷害降到最低。此事在他一九九七年去世後才曝光，他身後的名聲也在左派圈中受創。「自由就是自由，」伯林在一九五八年的《兩種自由概念》（*Two Concepts of Liberty*）中寫道，「而不是平等、公平、正義、人類幸福或良心安寧。」伯林是美國人在冷戰時期「把西方知識分子抽離共產主義」的一系列措施的暗中策劃者之一。但好在他並非

③ 編按：作家吳爾芙的丈夫。

唯一一個。

喬治・歐威爾曾提供英國外交部負責宣傳工作的訊息調查部一份親共記者和作家名單，這份名單在一九九六年七月曝光，讓左派人士大為光火。[4]工黨政治人物考夫曼（Gerald Kaufman）宣稱，「不值得信賴」的《一九八四》（*1984*）作者「居然也是老大哥」，他為此感到憤怒。然而，伯林和歐威爾這些知識分子在冷戰期間的道德選擇必須從歷史脈絡來理解。伯林在一九三九年寫過馬克思的傳記，他有家人在俄羅斯，並在一九四五年九月到一九四六年一月間在英國駐莫斯科使館工作過。他完全了解蘇聯對自由世界造成的威脅。他和肯楠一樣，很早就準確看出蘇聯人的真正意圖。他自一九三二年擔任牛津萬靈學院講師，有知識上的自信去拒斥所有對蘇聯的幻想。他的覺醒甚至早於邱吉爾一九四六年三月在密蘇里富爾頓（Fulton）發表的「鐵幕演說」。

有知識上的自信是一回事，有道德勇氣又是另一回事。伯林不侷限於從象牙塔中對自由做哲學思考（這種事在他日後擔任牛津大學奇切爾社會政治理論講座教授時就可以做），而是直接投身到冷戰時期文化鬥爭的渾水中。他知道自己這個陣營有些資金來自中情局，對自己做的事戒慎恐懼，但這其實更值得欽佩，因為他有勇氣起身對抗共產主義，不顧自己的事業。他用寫作和講授自由的意義來捍衛自由的重要性，他也把自己講授的東西付諸實踐。

「新的真理很少能在既有觀念的阻力下取勝，」伯林在一九七六年的《維科與赫德》（*Vico and Herder*）中寫道，「除了被誇大之外。」在二戰時期極權主義和民主制度的生死二元鬥爭中，雙方都默認抹黑宣傳和心理戰是可以使用的交戰武器。如果我們認為需要繼續用同樣的手段，去面對另一個不同的極權主義敵人時，所有的欺瞞行為都能夠停止、也應該停止，那就太天真了。

如果在這個鬥爭過程中產生了一份世界級的文學、藝術、知識和批判性的雜誌，那也算是有正面價值的副作用。為了在文化上和宣傳上對抗一個搞種族滅絕的殘酷政權，在手段上就不能讓一些有才華的知識分子知道是誰在為他們的文章和詩出資。

在整個冷戰期間，複雜的蘇聯假訊息一直在西方媒體上出現，不去抵擋或反擊是嚴重失職。藉由支持「非共左派」（Non-Communist Left），伯林和肯楠為民主國家對抗蘇聯這個存在了三十六年的邪惡帝國提供了重要的哲學武器。如果需要一定程度的欺瞞才能成功，那在道德上是完全站得住腳的，因為共產主義對二十世紀的威脅實在太大。為了讓人類免受如此浩劫，伯林的小小欺瞞實在微不足道。

一位文化評論家曾直白地說：「在鐵幕降下的一個世紀之前，美國連一個杜思妥也夫斯基、契柯夫、柴可夫斯基、穆索斯基、史特拉汶斯基、達基列夫都沒有出現過。」[13]美國思想家默里（Charles Murray）在其《人類成就》（*Human Accomplishmet*）一書中向同胞們承認：「儘管我們深愛馬克．吐溫、惠特曼、惠斯勒和科普蘭」（可能再加上羅伯特．佛洛斯特），但「他們卻很容易被歐洲人的作品掩蓋。」[14]但在冷戰中贏得文化戰爭的是美國而不是俄羅斯，用的是藝術自由這個最簡單的方法，這是蘇聯意識形態所不允許的。

---

④ 譯注：歐威爾於一九四九年去世前，寫了一份他認為同情史達林主義的作家名單，提供給負責反共宣傳活動的訊息調查部。其複本於二〇〇三年由《衛報》發表。原本現存放在倫敦大學學院的歐威爾檔案館，名單共包含一百三十五人。

麥卡錫試圖限制藝術自由，所幸只持續了五年，也只影響到特定一些人。但在蘇聯，所有藝術表現形式都要服從於國家，且持續了近四分之三個世紀。可嘆的是，有線新聞網（CNN）最近的冷戰專輯依然把被麥卡錫迫害的好萊塢專欄作家比擬為「宗教審判所」。[15]

由於藝術審查制度，許多俄羅斯最頂尖的舞蹈家、演奏家、作家、攝影家逃亡西方，讓人看清何謂蘇聯的「自由」。一九六一年六月，紐瑞耶夫（Rudolf Nureyev）在巴黎勒布爾熱（Le Bourget）機場逃離保鏢監控；索忍尼辛（Alexander Solzhenitsyn）在法國出版《古拉格群島》（*The Gulag Archipelago*）後，在一九七四年被驅逐出蘇聯。兩人都選擇在令人憎恨的美國生活。「對蘇聯政治人物來說，文化不是目的，而是工具。殘酷運用文化工具的結果是，不但工具會鈍化，還會毀壞整個文化。」[16]

「伊莉莎白新時代的人」

一九五二年二月六日星期三，英王喬治六世在桑德令罕宮（Sandringham House）去世，當時人在肯亞的伊莉莎白公主成為女王伊莉莎白二世。「喬治六世的統治將永留史冊，」以尖銳出名的英國小說家伊夫林・沃（Evelyn Waugh）寫信給友人說，「這段時期是我們國家自瑪蒂爾達和史蒂芬內戰以來最災難的一段時期。」喬治六世在位十六年，歷經了希特勒重新武裝、奧地利被兼併、慕尼黑危機、敦克爾克大撤退、克里特島戰敗、新加坡陷落、緊縮計畫、印度統治權轉移、英鎊貶值、冷戰爆發、韓戰、英國大國地位開始衰落。伊夫林・沃說的並沒有錯，但這些事當然不能全怪國王一個人。

伊莉莎白女王的加冕典禮讓許多人第一次看電視，電視本身和典禮一樣受歡迎。一九五〇年，英國只有三十四萬四千戶有電視執照，⑤一九六〇年爆增到一千零五十萬戶。一九五〇年代的英國還有很多爆炸性成長：實質GDP在一九五一到一九五七年間成長百分之十九；失業人數曾最高達到四十六萬八千人，一九五五年七月降到最低點十八萬五千人；汽車生產在這七年間成長百分之六十五，鋼鐵生產增加百分之三十三，工業生產指數成長百分之三十三。[17]這些數字都算驚人，但「相形見絀於英國的歐洲對手」。英國不是在絕對值上衰落，而是遠遠比不上其他在戰後奇蹟般復甦的國家。

征服聖母峰

一九五三年五月二十九日上午十一點三十分，紐西蘭人希拉里和尼泊爾雪巴人嚮導丹增諾蓋登上海拔二萬九千零二十八英尺高的世界最高峰聖母峰，全世界歡聲雷動，但英語民族和尼泊爾人更是歡喜。這兩人登上了「世界之頂」，征服了這個對人類冒險精神的亙古挑戰。最後一千五百英尺的攀爬讓兩人花了五個小時，而且他們負重六十磅。新聞記者比爾．迪迪斯（Bill Deedes）回憶說：

---

⑤編按：電視執照（television licence）是英國觀看電視的收費制度。

消息傳來時已是深夜，群眾還聚集在白金漢宮等待女王在西敏寺教堂的加冕典禮。雖然《泰晤士報》買下獨家報導權，但在那幾天，共享這個消息是應該的，所以在加冕典禮那天，各報開的稿單都是「典禮……再加上聖母峰！」這表示所謂「伊莉莎白新時代」並不是胡謅的。自二次大戰結束以來，我們經歷了艱難的歲月。這個成就讓人想起過去那壯闊的年代。[18]

希拉里畢業於奧克蘭文法學校，後來在父母的養蜂場工作，一九四四年加入紐西蘭空軍。他在太平洋戰爭中差點送命，因為嚴重燒傷在瓜達卡納島軍醫院躺了好幾個月。戰後，他先登上紐西蘭最高峰庫克峰，一九五一年登上聖母峰南坳。他是英語民族的真英雄，後來還率領一支隊伍前往南極，另一次則乘坐噴射快艇，沿著恆河到達喜馬拉雅山的源頭。

線形文字

文特里斯（Michael Ventris）也是「伊莉莎白新時代」的英雄。一九五三年，這位三十歲的英國建築師發表了革命性的學術論文《邁錫尼古蹟中希臘方言的證據》，成功破解歐洲最古老的語言「邁諾安線形文字B」（Minoan Linear B，年代為西元前一五〇〇年到西元前一二〇〇年）。文特里斯靠的是在克諾索斯（Knossos）、皮洛斯（Pylos）等邁錫尼遺址發現的青銅器時代後期泥板。他的破解被公認是「與帕里（Milman Parry）的吟遊詩假說並列的二十世紀古典學最大突破。」[19]（帕里是哈佛助理教授，他在三十三歲去世之前，證明了荷馬風格的特點是在相同格律條件下大量使用固定的表達方式來表意。）

破解「線形文字B」的成就可與希拉里征服聖母峰相比，只是表現在智識方面。文特里斯破解邁諾安文字，這就和神話中破解著名的克諾索斯迷宮一樣複雜。這些刻在幾百片邁諾安石板上的文字，一直是無法解鎖的塗鴨符號，幾十年來讓全世界的學者和密碼學高手困惑不已。文特里斯在一九三六年作為斯多中學（Stowe School）學生參觀皇家學會看到這些文字時，他深深被吸引，天真地問考古學家埃文斯爵士（Sir Arthur Evans）說：「你是說這些石板從來沒人讀懂過，先生？」[20]

一九五二年五月底和六月初，出現重大突破。在高門的公寓裡，文特里斯的太太路易絲在半夜兩點鐘時被他叫醒，「他說了一堆阿尼索斯（Amnisos）之類的地名，還有戰車的符號等等，都有圖示舉證。」在六月初，文特里斯夫婦邀請知識分子史密斯夫婦共進晚餐，但文特里斯卻沒有出現。史密斯夫婦空著肚子喝雪莉酒有點醉了，路易絲只好一直賠不是。終於，文特里斯衝進房間，平時整齊的頭髮一片散亂，一邊賠不是、一邊興奮得大喊：「我懂了！我懂了！我確定了！」而他是對的。[21]

文特里斯有天才的種種特徵。他能忍受極大的痛苦、憂鬱，從兒時就精通四種語言；他的母親自殺，對人際關係甚至家庭關係沒有興趣；他的父親體弱多病且跟他關係疏遠；他的數學好、邏輯好，尤其擅長將事物分門別類，而且沒上過大學。也許正因為他不是學院中人，沒有受過古典語言學的訓練，所以他才有自信拒絕埃文斯爵士普遍為人接受的理論，也就是邁諾安文明在古希臘鼎盛期七個世紀之前主導希臘世界。相反地，他認為邁諾安人說的也是一種希臘語。

假設邁諾安人是被征服者而非征服者，文特里斯就找到破解線形文字B「密碼」的線索。這個發現雖然在商業上毫無價值，卻是英語民族自一九〇〇年以來最大的智識成就之一。正如法國大學者杜梅吉爾（Georges Dumézil）所言：「他將萬世流芳。」四年後，這位「伊莉莎白新時代之人」在嚴重憂鬱症和婚姻問題的情況下死於一場神祕車禍，年僅三十四歲。

儘管「伊莉莎白新時代」有許多方面令人失望，但在英國政府大力支持下，英語在全世界受到廣泛使用。「一個世代之後」，外交部在一九五四年有一份報告說：「英語將成為世界語言——也就是說，將普遍成為非以英語為母語者的第二語言。大英國協和美國應該成為英語擴張的領頭羊。」英國文化協會（British Council）成立於一九三四年，其目標是「讓英國人民的生活和思想在海外更廣為人知」。在英國廣播公司電視台幫助下，英國文化協會和一九四二年二月成立、負責美國政府海外宣傳的「美國之音」（Voice of America）密切合作。英國廣播公司和美國之音固定開會，共同規劃把英語提升為全球性語言。

當新加坡獨立時，英語被選為最佳中立性語言，讓馬來人、華人和印度人可以互相溝通，這成為大英國協國家獨立後的共同模式，用英語來促進社會和諧。在二戰之前，納粹的赫斯曾預言英語將成為不重要的地方性語言，但到了一九六〇年代中，全球有三億五千萬人（全球人口總數百分之十）說英語，英語成為股票交易、商業、航空管制、經濟發展的主要語言。美國的福特基金會（Ford Foundation）等組織都出資提倡英語。曾經在一九五四到一九八三年任職福特基金會的薩頓（Francis X. Sutton）回憶說：「我們很早就意識到英語是促進經濟發展和國際來往的語言，這些國家所有必要的東西都是用英語來處理。」

英語很快就取代德語的科學語言和法語的外交語言地位。一九七七年，航海家一號進入太空，聯合國祕書長錄了一段給外星人的訊息，就是用英語錄的。今天，全球有四分之一的人能用英語溝通。這並不是偶然發生的，而是英語國家政府與共產主義鬥爭的策略之一，而這也是英語民族最重要的遺產之一，讓開發中國家能更快地走上現代化。在柏林圍牆倒塌後，英語更成為全東歐事實上的第二語言。

常春藤行動

一九五四年三月一日星期一，美國啟動「常春藤行動」（Operation Ivy），在太平洋馬紹爾群島（Marshall Islands）一座偏遠的珊瑚環礁試爆第一顆氫彈。氫彈的威力是廣島原子彈的五百倍，是有史以來最強烈的爆炸。那座珊瑚環礁完全被摧毀，爆炸碎片遍布直徑三點二五英里，這個範圍足以容納二十座聖保羅大教堂。世界從此進入熱核時代，而當蘇聯也發展出氫彈後，雙方互相保證毀滅，超級大國之間再也不會爆發戰爭。

自從黑暗時代以來，幾世紀戰亂不斷的歐洲大陸享有最長的一段和平時期。藉由揮之不去的自我毀滅的陰影，英語民族維持住這段史無前例的和平，實足以自豪。美國不斷發展出最強大、最先進的核毀滅能力，在軍備競賽中保持領先，這才保住六十年的全球相對和平，殊為不易。

克服小兒麻痺

一九〇五年，瑞典爆發全球第一次小兒麻痺大流行。一九一六年，小兒麻痺在美國奪去六千條人命，其中三分之一在紐約。一九二七年，時任紐約州長、本身也是小兒麻痺患者的小羅斯福成立「喬治亞溫泉基金會」（Georgia Warm Springs Foundation）力圖治療此病。四年後，美國生物學家古德帕斯徹（Ernest Goodpasture）用雞蛋培育出病毒，從此得以製造疫苗。一九四三年又爆發一次大流行，造成一千一百五十一名美國人死亡，更多人終身殘疾。[22]

一九四七年，美國病理學家沙克（Jonas Salk）成功分離出小兒麻痺病毒。第二年，三位美國病毒學家恩德斯（John Enders）、韋勒（Thomas Weller）、羅賓斯（Frederick C. Robbins）先用試管培育腮腺炎病毒，再以同樣的技術來培育小兒麻痺病毒。但他們還來不及做出有效的疫苗，美國在一九五二年又爆發一場大流行，超過五萬人感染，造成三千三百人死亡，幾千人終身殘疾。《小兒麻痺：一個美國人的故事》（*Polio: An American Story*）一書描述了如何打敗小兒麻痺的故事，其副書名正表示小兒麻痺是被美國病理學家所制伏的。（然而，非洲到現在還是因為缺乏疫苗而普遍流行。）

一九五四年二月，沙克開始在賓州匹茲堡為兒童接種疫苗。同一年，恩德斯、韋勒和羅賓斯因為在各種組織中培育小兒麻痺病毒獲頒諾貝爾醫學獎。一九五五年四月十二日，沙克的小兒麻痺疫苗開始在美國各地廣泛接種，在四十四個州測試成功。[23]自一九〇〇年以來，英語民族的醫生和科學家發明了許多疾病的療法，遠多於其他語系的民族或國家，小兒麻痺正是其中之一。

華沙公約

一九五五年五月十四日，經過三天形式上的討論後，蘇聯在華沙和阿爾巴尼亞、保加利亞、捷克斯洛伐克、東德、匈牙利、波蘭和羅馬尼亞簽署了《友好合作互助條約》（Treaty of Friendship, Cooperation and Mutual Assistance）。這份條約又名為《華沙公約》（Warsaw Pact）並不是為了友好合作和互助，而是蘇聯要重申對這些衛星國家的軍事權威。《華沙公約》是蘇聯總理赫魯雪夫（Nikita Khrushchev）和外交部長布加寧（Nikolai Bulganin）「協商」出來的，蘇聯在一九五六年入侵匈牙利和一九六八年入侵捷克斯洛伐克正是根據公約中的條款。出席會議的還有烏克蘭、白俄羅斯、拉脫維亞、立陶宛、愛沙尼亞的總理、紅軍元帥朱可夫（Georgi Zhukov）和科涅夫（Ivan Koniev），以及紅色中國的觀察員。這份公約讓莫斯科有權在東歐各國駐軍二十年，一九七五年和一九八五年又再換新約。

華沙公約組織在莫斯科設立聯合指揮總部，各國的武器和制服盡皆標準化，皆使用紅軍軍事準則，每年聯合訓練演習。華約也隨時歡迎新會員國加入，只要「願意促進愛好和平並共同努力以保障和平及國際安全」。但從來沒有新的會員國。

自一九五五年以降，尤其是匈牙利在一九五六年因為想退出而遭入侵後，華約就成為蘇聯帝國主義的軍事臂膀。[24]這是新的「共產國際」（原來的共產國際一九四三年為了討好同盟國而解散），在超過三十年間對西方文明構成嚴重威脅。由於華約的軍力遠超北約，北約必須時時警惕，英語民族各國也不能放下心防，深怕敵軍會入侵西德。只有當蘇聯共產制度被自由思想擊敗，蘇聯經濟被雷根政府刻意的大量國防支出給拖垮後，華約才敗下陣來。一九九一年七月，各成員國在捷克斯洛伐克首都宣布解散華約，而此地正是二十三年前「布拉格之春」（Prague Spring）時被華約入侵的地方，確實再合適不過。

蘇伊士危機

「我和溫斯頓唯一的共同點是，」新當選首相的艾登在一九五五年對他新聘的新聞祕書（press secretary）克拉克（William Clark）說，「我喜歡用我熟悉的人。」[25]除了這一點，兩人實無共同之處。假如邱吉爾還在當首相，納瑟上校（Gamal Abdel Nasser）就不敢突然把蘇伊士運河收歸國有。同樣地，假如邱吉爾不是在一九五〇年代自私地霸住位子那麼久，艾登的任期就會再長一點，也能更好地處理蘇伊士危機。⑥「溫斯頓有政治家所需的所有品德，除了自私之外。」阿斯奎斯曾說，「他活在自己的籠子裡，以自己的器官為食。」邱吉爾和艾登都極為自戀，外交部常務次長賈德甘（Alexander Cadogan）曾生動形容這兩人在雅爾達會議的情況。在離開克里米亞的前一天晚上，賈德甘在邱吉爾私人醫生莫蘭的船艙中說：「我從來沒想到會和特拉齊妮（Luisa Tetrazzini，義大利花腔女高音）及梅爾巴（Nellie Melba，澳洲女高音）一起環遊世界。」[26]

在兩次大戰期間，埃及被公認是「大英帝國的克萊姆轉運站」。⑦英國在一八八二年入侵和占領埃及，一九五四年撤離，在這七十年間，埃及一直是帝國交通的戰略轉運點和樞紐。在兩次大戰時，埃及也是重要的軍事基地。雖然埃及從未被正式兼併，但在一九一四到一九二二年間受英國保護。漢基勳爵曾準確而直白地把埃及描述為「全世界和全帝國船運的頸靜脈」。

一九五四年十一月，納瑟上校推翻納吉布將軍（General Mohammed Neguib），在埃及掌權，而這兩人在兩年前才以政變推翻了法魯克國王（King Farouk）。在一九五二年政變後，埃及所有政黨都被查禁，納瑟是實質獨裁者。一九五六年七月二十六日星期四，他突然宣布要把運輸八成西歐石油的蘇伊士運河收歸國有。⑧當英國從埃及撤離時，埃及有特別承諾過不會這麼做，現在納瑟不但背棄了一九五四年的協議，還特別挑選西方在中東最有價值的資產來進行冒險。消息傳到唐寧街時，艾登正和伊拉克國王費瑟二世（King Faisal II）及首相賽義德（Nuries-Said）共進晚餐。賽義德建議英國「應該快速痛擊納瑟」。[27]工黨領袖蓋茨克也在場。外交大臣勞埃（Selwyn Lloyd）建議要發出「老派的最後通牒」，蓋茨克表示：「我認為我們應該盡速行動，只要攸關大不列顛，民意幾乎一定會挺我們。」[28]

當晚十一點，艾登邀來美國代理大使福斯特（Andrew Foster）和幕僚一起討論接下來該怎麼

---

⑥ 譯注：邱吉爾在一九五〇年重新擔任首相，一九五五年以八十歲高齡退休。

⑦ 編按：克萊姆轉運站（Clapham Junction），倫敦地區相當繁忙的一處車站。

⑧ 譯注：英國企業和銀行擁有蘇伊士運河公司百分之四十一的股份，法國擁有百分之五十二的股份，但是此公司註冊為埃及公司。

做。（此時美國大使奧德里奇〔Winthrop Aldrich〕已離開倫敦去度假。）第二天，艾登寫信給他在戰爭時期的好友及同事艾森豪總統，說他已和內閣及參謀首長評估了當前局勢，「我們都同意我們無法允許納瑟用這種違反國際協議的手法奪取運河。如果我們對此採取強硬立場，我們將獲得所有海權國家的支持。如果我們不這麼做，我們相信，我們和你們在整個中東的影響力將無可修復地受到削弱。」[29]一如往常，威信是這次危機的重要因素。

艾登向艾森豪指出明顯的事實，「西歐的石油供應將立刻受到威脅，大部分都要經過這條運河」，他準備要「利用這次機會，將運河改為堅實而持久的國際託管」。他不想「讓我們陷入法律爭議」去討論納瑟是否有權把名義上屬於埃及的公司國有化，也不想去討論他們有沒有辦法提出補償的財務問題，而是要從「更寬廣的國際立場」去討論該不該允許納瑟「將其沒收使用」。他警告艾森豪說：「我們認為不可能單靠經濟施壓就達成目標」，因此，「我的同僚和我都認為必須做好準備，在萬不得已的時候，用武力敲醒納瑟。我們已準備好這麼做。」他還說他已要求總參謀部擬定計畫，並請求盡快和法國外長皮諾（Christian Pineau）及美國國務卿杜勒斯在倫敦或華府召開三方會談。[30]

艾登確實非常堅定，也很明確。雖然美國人事後抱怨說他們在危機時沒有被明確告知英國人的想法，但其實美國一開始就知道很有可能發生軍事衝突。從九一一事件之後美國和中東的關係看來，艾森豪的答覆：「雖然我們大致同意你的意見，但我們覺得還要再多考慮」兩種想法」，顯得不明確、目光短淺和怯懦。西方國家若能一致堅定回擊埃及的虛張聲勢（這可能導致納瑟倒台），就可以讓埃及人清楚西方可以容忍的底線何在。但美國不做此圖，反而把勝利拱手讓給埃及，從此激起今後幾十年的阿拉伯民族主義。

一九五六年七月三十一日，正面臨十一月初總統大選的艾森豪寫信給艾登，反對英國和法國在「對全世界具有重大教育意義」的會議召開之前動用武力。艾森豪警告說，美國的民意會被「激怒」。總統坦白向艾登表示：「我個人以及我同僚的態度，此時妄想動用武力完全不智。」[31]他還說：「只有當國會採取正面行動後，美國才能動用武力。」此話並不坦誠，國會當時正在休會中，而且照美國憲法，三軍最高統帥動用軍隊並不需要國會事先同意，正如杜魯門在六年前把美軍開進朝鮮半島。

艾登回覆艾森豪說，我們應該把納瑟的行為放在更大的政治和地緣脈絡下來檢視。他表示，這種突然收歸國有的行為有「令人不悅的似曾相識感」，暗指希特勒和墨索里尼在二十年前幹過的事。「他（納瑟）奪取運河不只是要做給埃及人看，也是要做給阿拉伯世界和整個非洲看。」艾登警告總統說，「他試圖把權力從摩洛哥伸張到波斯灣。」他還引用納瑟四天前在阿布基爾那番誇大的言論：「我們非常強大，因為從大西洋到阿拉伯灣，我們集合成無限的力量。」艾森豪應該意識到這種泛阿拉伯好戰主義對美國利益是更可怕的長期威脅，遠勝於歐洲帝國主義國家在中東部分地區繼續維持勢力。

艾森豪的回覆讓艾登不得不浪費時間等待聯合國及其他國際組織和埃及談判，但結果只是激起不結盟國家（Non-Aligned）和第三世界對英法反彈，這些國家都覺得可以利用這個先例把西方資產收歸國有。這也激起了英國國內反對動武的聲浪，反戰示威在倫敦等城市爆發，儘管絕大多數英國人都支持政府在這次危機中的強硬立場。

艾登最後同意了一項在道德上有爭議的方案，由以色列先進攻埃及，再由英法軍隊登陸蘇伊士運河區，以「隔離交戰雙方」為由「維持秩序」。這實際上是要逼埃及把吞下的東西吐出來。這場祕密會議在前法國反抗軍於色佛爾（Sèvres）的避難所進行，英國代表拒絕留下任何書面文字，這讓艾登的外長勞埃得以推託說，這只是一個沒有拘束力的緊急應變計畫。會議地點選在色佛爾頗具諷刺意味，因為協約國當年正是在這個巴黎郊區簽定條約肢解了鄂圖曼帝國，也製造出現代中東的諸多問題。[9]

這項密謀被罵是「勾結」（collusion），但它其實是艾登政府的外交勝利，因為它讓以色列「先承擔侵略的罵名，再羞辱地接受最後通牒」，還意外地讓約旦免受以色列攻擊。但艾登從未因此受到稱許。如果所謂的「伊莉莎白新時代」真有任何意義，艾登這項狡猾大膽的計畫應該受到讚揚。但艾登因為沒有把計畫告知下議院而被唾罵，聲譽從此一蹶不振。

由於英軍登陸埃及後幾天就要進行總統大選，艾森豪和杜勒斯不得不採取更強硬的反帝、反英立場。美國對英鎊施壓，[10]迫使艾登中止軍事行動，只占領了大約一半的運河區。邱吉爾在一九五五年四月辭去首相職務時曾對內閣耳提面命：「絕對不要和美國人鬧分手」，但只隔十五個月就被艾登置諸腦後。下議院為此爭吵不休，工黨議員高呼首相是「殺人犯！」會議被迫中斷，聲浪大到內閣首長們無法講話。英國社會為此議題高度分裂，這恐怕是一九三八年《慕尼黑協議》以來最具爭議性的政治議題。

一九五七年一月，歷史學家羅斯（Kenneth Rose）在牛排俱樂部和吉利亞特上校（Martin Gilliat）以兩英鎊對一英鎊賭「艾登在一九五七年五月一日時將不再是首相」。但艾登在一月下旬就辭職下台了，羅斯輕鬆贏下賭局。蘇伊士運河危機對艾登來說是一大意外。他在一九五六年十一月三日的首相廣播中說，他一直「愛好和平，為和平而努力，為和平而談判。我毫無改變，對和平的信念和熱忱如一。這一點就算我想改變也變不了。但我由衷認為我們採取的行動是正確的。」

艾登的聲望原本很高。他在一九三八年為了張伯倫綏靖墨索里尼而辭去外交大臣，一九四〇到一九五〇年擔任邱吉爾的戰時外交大臣，一九五一到一九五五年繼續擔任外長一職。他在一九五四年和納瑟談判，把英軍撤出蘇伊士運河區。艾登在一九二三年以二十六歲之齡進入下議院時，保守黨領袖鮑德溫曾告誡他如何和工黨議員打交道：「絕對不要嘲笑反對黨。你的學歷也許比較好，但他們比較了解失業者的痛苦。」[32]曾有人形容鮑德溫「發言總能切中要害，但絕不得寸進尺。」艾登確實謹守教誨，但在三十三年後的蘇伊士運河危機中，他卻真的把工黨惹火了。

艾登文雅、英俊、伊頓公學畢業，一戰時曾獲頒十字勳章，在戰間期鼓吹國際主義，但在一九九九年卻被票選為二十世紀最差勁的首相（考慮到還有希斯和梅傑等人，這可說是相當不易）。後來艾登自己承認，他最大的錯誤是浪費太多時間去參加「蘇伊士運河使用者協會」（Suez

⑨ 譯注：一九二〇年八月十日，協約國與鄂圖曼帝國在法國色佛爾簽訂《色佛爾條約》。內容主要為削弱和分割鄂圖曼帝國的領土，防止它再發動對外擴張的戰爭。

⑩ 譯注：為了對英國施壓，艾森豪政府故意拋售英鎊，導致英鎊匯率貶值百分之十五，同時否決英國向國際貨幣基金組織的貸款申請，並停止給英國經濟援助。

Canal Users' Association）的各種會議。這個協會在一九五六年九月還在召開會議，雖然蘇伊士運河在兩個月前就已被埃及收歸國有。（這個協會花了不少時間在討論協會用哪個縮寫比較合適。有人建議改為CASU，但發現這個字在葡萄牙語中是髒話。「幾乎各種組合都嘗試過了。」勞埃回憶說，「但幾乎每一個縮寫在土耳其語中都不雅。」）

最近有一位艾登的傳記作者認為：「蘇伊士引出每個人最壞的一面，不管是參與者還是評論者。」[33]艾登被迫在國會對「勾結」一事撒謊；杜勒斯在公開和私下講的話完全不一致；負責海軍的第一海務大臣蒙巴頓勳爵反對該次行動；國防大臣沃蒙克頓（Walter Monckton）知道要動武，但在內閣會議時沒有反對，盡量不碰此事；艾登的新聞祕書克拉克經常提出反對意見；工黨領袖蓋茨克起初把納瑟比為希特勒，但後來又反對軍事行動；掌璽大臣巴特勒（Rab Butler）和財政大臣麥克米倫則準備在艾登倒台後奪權。事實上，麥克米倫是在派兵之後才提出英鎊被攻擊的議題，並在內閣中大肆渲染，還背著艾登和美國大使奧德里奇密謀。

根據《資訊自由法》（Freedom of Information Act）所釋出的美國檔案顯示，一九五六年十月二十四日凌晨四點二十七分，也就是以色列進攻埃及的五天之前，華府收到奧德里奇從倫敦打來的報告說，蒙巴頓已告知他艾登的入侵計畫。四天後，英國外交部副次長暨聯合情報委員會主席迪恩（Patrick Dean）暗示中情局倫敦聯絡處，有「大麻煩」將至，還特別強調「不是因為匈牙利」。既然有這兩位內閣同僚和情報高層把機密外洩，大半個英國政治階級對艾登不友善也就沒差了。雖然蓋洛普民調顯示，艾登在整個危機期間都獲得多數英國人民支持。

澳洲跳出來支持英國和法國的行動。孟席斯爵士率領國際代表團到開羅，試圖說服納瑟把運河交由一個經條約成立、並從屬於聯合國的國際組織來管理。但當艾森豪突然宣布聯合國不該鼓勵對埃及動武後，這些對話就毫無用處，納瑟完全擺脫困境。英國和法國後來轟炸埃及的軍事設施，聯合國欲決議譴責英法兩國，但孟席斯反對。[34]

左派人士一直主張蘇伊士危機是「重大教訓」，認為它證明了若沒有美國認可，英國再也無力獨自行動。左派也認為，蘇伊士運河本來就是埃及農民用血汗建成的，艾登無理地對納瑟採取單邊行動（或聯手法國的雙邊行動），下台是活該。

但也有人持不同觀點。這種觀點認為英國國家利益高於自由派的國際主義。持這種觀點的是埃默里（Julian Amery）、沃特豪斯（Charles Waterhouse）、麥克林（Fitzroy Maclean）等保守黨國會議員組成的蘇伊士小組，他們反對蓋茨克、蒙巴頓勳爵、卡特夫人等反對英法「警察行動」的人。贊成這種修正主義觀點的人認為，艾登不讓英國最具價值的海外資產被人單方面沒收是完全正確的，因為這項資產是迪斯雷利在一八七五年用錢買下來的。

正當斯托克韋爾將軍（Hugh Stockwell）打電報給唐寧街說，英軍在四十八小時內就可以拿下整個運河區，勝利在望之時，艾登被無恥的內閣同僚、短視的盟國和一小群毫無代表性的保守黨自由派國際主義者在背後捅刀。蘇伊士危機證明了英國不再是超級強國，但犯錯的是這些人，不是艾登。這些人用威脅和謊言逼迫艾登在斯托克韋爾將軍攻下伊斯梅利亞和蘇伊士鎮之前，下令停火。

假如蘇伊士行動成功，納瑟可能會倒台，就像許多反西方的冒險分子一樣。這雖然不能無限期延長英國的地位，卻能讓西方殖民國家慢一點撤出非洲和亞洲。過於倉促的去殖民化，讓非洲大部分地區淪入三十多年的殘酷內戰和獨裁專制，這也許是可以避免的。假如美國和英國的「非正式帝國」體系沒有在蘇伊士危機中受到重擊，能繼續互利互惠地管理阿拉伯各石油經濟體，也許就不會發生一九七三年重創西方經濟的油價惡性飆升。一九七三年十月，每桶原油價格為三點零二美元，到十二月時漲到十一點六五美元，石油輸出國家組織（ＯＰＥＣ）突然將價格大漲四倍。結果造成西方經濟大幅衰退，對全世界都造成災難。

在一九六〇和一九七〇年代，伊斯蘭基本教義派和阿拉伯民族主義者在伊朗、伊拉克、利比亞等地掌權，此事並非不可避免。自從格萊斯頓在一八八二年初次入侵埃及以來，英國就經常得撲滅阿拉伯人和哈里發派的起義。在一九五六年以後，英國已經無力保護阿拉伯國家的統治者不被革命勢力推翻。一九五八年七月十四日，巴格達發生政變，費瑟國王和賽義德首相皆被殺害，此時離兩人建議艾登「快速痛擊納瑟」還不到兩年。假如納瑟當時倒台，伊拉克的歷史，尤其是其現代史，將會非常不同。

甚至還有種引人遐想的說法，艾森豪政府其實私下希望納瑟被推翻，但迫於選舉考量和匈牙利情勢，不得不公開批評英國和法國。十一月十八日，艾登叫停軍事行動不到幾天，外長勞埃與英國駐華府大使到醫院探望杜勒斯。杜勒斯問道：「塞爾文（勞埃），你們幹麼停手？你們為何不打到底，把納瑟推翻？」勞埃自制地回答說：「如果你們有向我們使個眼色，我們就會打下去。」[35]可惜沒人使眼色。

美國人和英國工黨在蘇伊士危機時的偽善，從他們對英國石油利益在一九五一年被伊朗的摩薩台（Mohammad Mosaddegh）收歸國有的反應可以看得最清楚。工黨政府雖然喜歡講第三世界民族自決，卻完全準備好要推翻摩薩台，只是擔心「美國政府的態度」而已（根據當時的內閣會議紀錄）。（當年在牛排俱樂部，賽克斯先生「和高爾先生打賭一畿尼，賭美國政府會在一九五三年底之前正式介入，讓美國人買下波斯石油公司。」由於政變不算是正式介入，賽克斯算輸。）

艾森豪政府的美國政客們對中情局和軍情六處在一九五三年聯手推翻摩薩台，一句話都不吭聲，卻在一九五六年十一月總統大選時大談四海都是一家人。自由派國際主義者認為蘇伊士危機最糟糕的地方是和以色列密謀，但是，如果沒有祕密外交和結盟，沒有祕密進攻計畫，英國不會贏得拿破崙戰爭，也無法避開從一八五六到一九一四年的每場歐陸衝突。

工黨政治人物可以一面對自己的內閣同僚隱瞞舍瓦利納核威懾系統的存在，一面譴責艾登誤導國會，實在偽善至極。如果沒有密謀，以色列就無法摧毀三分之一的（蘇聯製）埃及戰機，而這些戰機極可能被用來對付英國空軍。（以色列開戰不是沒有原因的。它已經多次遭到來自埃及的跨境攻擊，納瑟也多番威脅要封鎖蘇伊士運河和阿卡巴灣，危及以色列的海上運輸。）

自由派國際主義者經常把英國捍衛蘇伊士運河和蘇聯殘酷鎮壓匈牙利劃上等號，喜歡從道德上而不是戰略上占據制高點。貝文（Aneurin Bevan）曾說艾登「太傻不是當首相的料」，這話只是惡劣的鄙薄。英國贊成運河國有化的人都支持納瑟，但他們卻忘了納瑟後來還把英國在埃及六十九家銀行和六十四家保險公司收歸國有，連同許多英國居民的私有財產。

左派的蘇伊士迷思對英國和埃及的關係也大有誤解。除了在印度之外，英國在埃及殖民的成就堪稱第一。從一八八二年起，英國人就保護埃及人免受鄂圖曼帝國壓迫、穆斯林基本教義派暴動、赫迪夫的腐敗統治、蘇丹人入侵、各種軍事政變，還有隆美爾元帥的北非軍團進攻。現代埃及大體是由克羅默勳爵建立起來的，而從一八八二到一九五四年的種種憲政安排中，蘇伊士運河都被獨立於埃及其他地區對待。

另一個關於蘇伊士的迷思是說，艾登把納瑟比為希特勒和墨索里尼是誇大其詞，只是為了在英國人民心中製造仇恨，因為人民在十一年前才剛見識過這兩個怪物。九一一事件之後，英國左派人士班恩在英國廣播公司時事節目《今夜新聞》（*Newsnight*）中，嘲笑布萊爾把海珊比為希特勒，說艾登以前也這麼幹過。但最先用這個比喻的人是班恩的工黨領袖蓋茨克，納瑟奪取運河時，他當時在下議院表示：「令人非常熟悉。這正是我們在大戰前所見的墨索里尼和希特勒。」[36]

艾登確實犯了錯。他不該在一九五四年倉促地把英軍撤出運河區，以為納瑟可以信任。他也不該認為艾森豪政府會在大選只有半年的情況下理性行事。最重要的是，他不該相信麥克米倫誇大美國對英鎊的威脅，耶魯大學歷史學家昆茲（Diane Kunz）已指出，這完全是出自這位財長的個人想像和野心。[37]不論是在戰後或戰前，艾登都配得上邱吉爾在一九三八年對他的讚美：「挺身對抗那漫長、絕望、拖沓的投降聲浪。」（艾登的醫生診斷書也澄清了艾登在那一百六十八天的危機中，並非沉溺於安非他命的毒蟲。他只是身體不好，沒辦法澄清對他的種種扭曲。）

蘇伊士危機對法國的影響不亞於英國。艾德諾（Konrad Adenauer）曾對法國總理摩勒（Guy Mollet）說：「歐洲會為你們復仇。」戴高樂深恨英國為了美國「出賣」法國，沒能拿下整個運河區，於是在一九六一年出手懲罰麥克米倫政府，堅拒英國加入歐洲共同市場（European Common Market）。

今天的人很容易拿艾登的例子，來批評英國首相不顧國內反對就把英國部隊派往中東，但布萊爾其實是謹守邱吉爾告訴卡特夫人的名言：「絕對不要和美國人鬧分手，絕對不要。」如果艾登當時能體諒艾森豪在一九五六年總統大選的處境，事情可能會大不相同。艾森豪在多年後也承認，沒有支持艾登是他最大的對外政策失誤。

蘇伊士危機的餘燼在英國很久才冷卻下來，尤其是對右派來說，它重新挑起了保守黨內部自一九二〇年代以後已不復見的反美主義情緒。二〇〇四年十一月，美國駐倫敦大使強生（David Johnson）宣稱美國在歷史上一直「和你們國家站在一起，同甘共苦」，《泰晤士報》馬上刊出一句話：「那蘇伊士呢？」[38]

當蘇聯在一九五六年鎮壓匈牙利起義後，左派馬上就指責英國和法國要負部分道義責任。他們的理由是，因為蘇伊士危機與此同時發生，蘇聯趁全世界分心的時機發動進攻。但事實上，當英國在一九四五年二月的雅爾達會議，承認匈牙利是蘇聯勢力範圍時，就給俄羅斯入侵匈牙利開了綠燈。不管有沒有蘇伊士危機，匈牙利在一九五六年追求獨立都會被鎮壓。把匈牙利人民丟入苦難的是雅爾達會議，不是因為西方國家「太忙於」中東。一九五六年單純只是兩個國際事件同時發生，沒有直接因果關係。

艾森豪政府就像許多西方國家經常所為，不負責任地讓起義人士以為會有實質援助而不只有道義聲援。當二十萬紅軍和四千輛戰車跨過匈牙利邊境時，艾森豪傳記的作者說，艾森豪「什麼都沒有做，因為他不論做什麼都會引發第三次世界大戰。」艾森豪在十月底告訴國家安全會議（National Security Council）說，他想到希特勒在一九四五年二月初「就知道已經戰敗了，卻硬撐到最後，要把整個歐洲都拖下水。」他不知道蘇聯會不會也搞焦土政策，寧願「引發世界大戰」

也不願失去衛星國？於是他決定用最柔性的方式處理。他在回憶錄中說，對於匈牙利「我們無能為力」，「就像我們根本進不了西藏」。

這種立場並沒有錯，但美國之音和自由歐洲電台卻拚命鼓吹匈牙利人出來起義。杜勒斯關於「解放」東歐的演說被翻譯出來，在匈牙利電台播放，中情局和軍情六處甚至在布達佩斯郊外的森林中訓練反抗軍。美國這些無意的訊號讓匈牙利人以為，只要他們起義反抗共產暴政，西方就會給予實質援助。但結果是，杜勒斯只說美國是「支持他們訴求的真誠朋友」，卻沒有在聯合國對蘇聯的行為多做譴責。如同另一位艾森豪傳記的作者所說：「解放一直是個笑話。艾森豪從頭到尾都知道，但匈牙利人不知道。」因為害怕讓美國年輕人到國外打仗，艾森豪在政治上和戰略上都難有空間，而俄國人很清楚這點。事實上，在總統投票日那一天，艾森豪還特別下令禁止U-2偵察機飛越俄國領空，以免「既驚且怒」的克里姆林宮會挑起「大戰」。

一如既往，許多有言論自由的西方人士支持蘇聯鎮壓匈牙利人對自由的渴望。在英國，歷史學家霍布斯邦、泰勒（A.J.P. Taylor）、卡爾（E.H. Carr）、出版家多伊徹、劇作家歐凱西（Sean O'Casey）、「坎特伯里紅色教長」約翰遜（Hewlett Johnson）[11]等人都支持克里姆林宮，約翰遜甚至說匈牙利的自由鬥士是「麻煩製造者」。（泰勒有不少錯誤判斷，例如他要求英軍要撤出北愛爾蘭，他說紐倫堡大審「令人作嘔」，說赫斯被判罪只是因為他「過早主張要設立北約」。他非常反美，說自己寧願「早點死」也不肯在美國教書。）在美國，劇作家海爾曼和歌手羅布森（Paul Robeson）也遵從莫斯科的路線。

艾森豪在競選時曾說：「我們不能夠對弱者用一套法律，對強者用另一套法律。」但當他一面為了蘇伊士運河對英國和法國施以金融制裁，另一面卻對俄羅斯鎮壓匈牙利起義不聞不問，他幹的正是這種事。蘇伊士危機是一名煽動家非法奪取西方的合法利益，匈牙利事件則是一個民族在爭取民主和獨立，但印度總理尼赫魯將這兩者在道德上劃上等號。他一面譴責蘇伊士危機是「赤裸裸的侵略」，一面又投票反對聯合國呼籲匈牙利要舉行自由選舉和蘇聯軍隊撤出匈牙利的表決案，因為他認為「局面非常混亂」。

西方國家對被壓迫人民向來背信棄義，表面上要伸出援手，實則沒有任何幫助。英國前首相羅素（John Russell）曾鼓勵波蘭人和丹麥人起身對抗德國人和俄國人，但又什麼都沒幫忙。德皇威廉二世曾鼓勵波爾人對抗大英帝國，但又任其自生自滅。法國歷屆政府都支持阿爾及利亞的歐裔人士，但戴高樂在一九五八年一上台，就把他們拋棄。南越在一九七二到一九七五年間被美國棄如敝屣，因為美國國會不支持。卡特政府對伊朗國王巴勒維也是如此。一九九一年三月，老布希總統鼓勵伊拉克庫德族和什葉派起義推翻海珊，但美國又容許海珊用繳獲的直升機對他們鎮壓，總共殺了六萬人。捷克人、柬埔寨人、伊拉克沼澤阿拉伯人（Marsh Arab）、庫德人、波士尼亞穆斯林都嘗過西方口惠而實不至的痛苦教訓。

⑪ 譯注：從一九三一到一九六三年，約翰遜擔任了三十二年的坎特伯里大主教，他的親共立場給他帶來了「坎特伯里紅色教長」的綽號。他讚美蘇聯和中國，認為這兩國的制度是基督教要建立的天國在人間的翻版。

共同市場對大英國協的影響

一九四七年十一月二十五日，藝術家達利的個人報紙《達利日報》（*The Dali News*）的第四頁有一則「未來十年的品味和預言」的報導。達利預言說，「聖湯瑪斯的神學大全將被煮熟三遍的原子修改」、「一位愛爾蘭裔的美國藝評家將因捍衛達利的繪畫理論而出名」。他還預言「比利時將因立法和金融而知名」。確實如此，十年後，比利時真的成為一個新的世界強權中心，這個強權旨在對抗英語民族的影響力，並成功削弱了英國和其殖民地的貿易關係。這個以比利時為中心的新強權擁有巨大的立法和金融實力。自一九五七年以來，歐盟官僚機構的力量已大到不可思議，而最初預見到的人正是達利。

一九五七年三月二十五日，法國、西德、義大利、比利時、荷蘭、盧森堡等國在羅馬簽定條約，創立了「歐洲經濟共同體」（European Economic Community）和「歐洲原子能共同體」（Euratom）。這份共同市場條約聲稱其目標是「更加緊密團結」，而這個目標也被嚴格奉行超過半世紀。英國和美國都樂見以此消弭歐陸戰爭，尤其是一八七〇年普法戰爭後的第三次德法大戰。不過，一些眼光長遠的人認為可能會因此出現一個歐洲超級國家，威脅到英國和美國的利益。「許多歐盟創立者打從一開始就以美國為對手，」英國作家福斯特（Gerald Frost）曾寫道，「反美主義是他們的主要動機」。[39]不過，美國國務院從來沒有理會這點，反而盡可能鼓勵歐洲進一步整合。

從簽訂《羅馬條約》（Treaty of Rome）開始，英國就想拋棄澳洲和紐西蘭，麥克米倫也申請加入歐洲經濟共同體。知名英國歷史學家拉姆斯登（John Ramsden）說得一點沒錯：「當歐洲經濟共同體在一九五七年成立時，澳洲政府嘗試釐清英國政府到底想怎麼做，但英國政府卻蛇鼠兩端、騙東騙西、不肯溝通。」[40]英國面對澳洲是如此，對加拿大、紐西蘭和西印度群島也是如此。唯獨不包括愛爾蘭，因為愛爾蘭在一九七三年一月就加入了歐洲經濟共同體。

眼見麥克米倫急著想加入歐洲經濟共同體，孟席斯甚至一度想繞過麥克米倫政府，直接向英國國會議員和英國人民指控「麥克米倫背叛澳洲又不肯承認」。如果孟席斯真的這麼做，麥克米倫將處境艱難，因為他當時正被指控背叛了羅德西亞白人，而孟席斯在英國的人氣又很高。但在內心深處，孟席斯並不是會出手傷人的政治人物。戴高樂否決麥克米倫的入會申請後，孟席斯也就不計較。但正如拉姆斯登所說，此事是「英國外交史上很丟臉的一頁，只是很少有英國人知情。」[41]

孟席斯曾說自己是「徹頭徹尾的英國人」，很難過大英國協的走向，但他很快就在一九五一年和美國簽定《澳紐美安全條約》（ANZUS Treaty），一九五七年又和澳洲過去的敵國日本簽定貿易條約，這兩個條約都符合澳洲的長遠利益。一九六三年，他採購了美國的攻擊機，而不是英國的TSR2戰機，而且「不把全部雞蛋都放在英鎊區，並讓澳洲的移民來源多化元。」[42]他的對外政策以澳洲的國家利益優先，和印尼及馬來西亞發展緊密的外交關係，並且「很快就建構出全新的、區域性的、後帝國時代的身分認同。」[43]假如澳洲不再能在貿易、投資和國防上依賴英國，那就得想辦法轉型，而澳洲也順利做到了。不過和一九四二年的柯廷不同，孟席斯雖然做了必要的調整，但沒有不必要地傷害英國人的自尊心。

與此同時，加拿大則試圖走向相反的道路。一九五七年七月，上個月剛贏得大選、即將當上總理的進步保守黨（Progressive Conservative Party）領袖迪芬貝克（John Diefenbaker）出人意料地宣布，為了扭轉加拿大被拉進美國的勢力範圍，重新加強和英國及大英國協的關係，加拿大將把百分之十五的進口貿易額從美國轉向英國。[44]儘管此舉是出於愛國之情，但這種經濟政策在現代自由市場是毫不現實的。當年秋天，英國和加拿大的自由貿易談判觸礁，因為麥克米倫政府已把英國經濟的未來賭在歐洲經濟共同體。

儘管迪芬貝克政府以「可倫坡計畫」（Colombo Plan）增加對大英國協國家的援助，也為大英國協設立了高額獎學金，但大英國協對加拿大的重要性在一九五〇年代持續下降，而北美市場的影響力則持續擴大。加拿大人試圖和經濟利益作對，但最終還是經濟利益占了上風。加拿大人覺得愈來愈被英國兩黨政府棄如敝屣，尤其是保守黨政府。雖然兩國曾經並肩作戰，有相同的血緣、語言、歷史和王室，但英國似乎更想要歐洲的大市場，不要大英國協的小市場。

美國民權運動的省思

一九五五年十二月一日，阿拉巴馬州蒙哥馬利市一位四十二歲的女裁縫羅莎・帕克斯（Rosa Parks）搭公車從工廠回家。她是資深民權人士，從一九四三年起就拒絕遵守市公車的種族隔離規定，她也是美國全國有色人種協進會（NAACP）的地方分部成員，從一九四〇年代末就開始抗議座位隔離。雖然她被描繪成一名普通女性，但其實「帕克斯並不是某一天突然決定違反黑人只能坐在黑人座位的當地規定……她是刻意要搞抗爭。這起事件絕非偶然。」[45]她的政治行動完全是精算好的。這場運動非常成功，在整個南方激起許多類似抗議事件。她在二〇〇五年過世，在國會山莊圓形大廳舉行國葬，尊榮非凡。

儘管對美國黑人的虐待是英語民族不可磨滅的汙點，但結束虐待的方式在某種程度上彌補了這一點。事後回顧起來，民權運動完全符合英語民族的反抗傳統。這種傳統可追溯到一六三〇年代漢普頓（John Hampden）抗議查理一世強徵船稅，若沒有這種傳統，金恩博士（Martin Luther King）的民權運動可能會以流血作收，最終毫無結果。

金恩博士的運動不同於麥爾坎X（Malcolm X）及「伊斯蘭國度」，⑫主要是受到印度甘地以公民不抵抗運動對抗大英帝國啟發，而甘地又是效法英國在一戰期間的良心拒服兵役運動和婦女投票權運動。與一九三〇年代各國相較，如果不是碰到大英帝國那種「孩子氣的專制」，甘地的運動只怕會受到更強烈的鎮壓。希特勒曾在一九三七年建議前印度總督哈利法斯勳爵，「槍斃甘地。如果這還不夠讓他們屈服，那就槍斃十幾個印度國大黨領導者。如果還不行，那就再槍斃二百個，直到恢復秩序。」[46]只要看看史達林當時是如何對待蘇聯境內少數民族，或者日本人在

⑫譯注：伊斯蘭國度（Nation of Islam），美國非裔人士的新宗教運動伊斯蘭主義組織。一九三年成立。伊斯蘭國度反白人、主張黑人優越主義以及反猶主義。伊斯蘭國度要求成員嚴格遵守伊斯蘭教五功，但是由於意識形態上的分歧，美國主流穆斯林組織與其始終保持距離。

滿洲以及義大利人在阿比西尼亞所為，就知道甘地面對英語民族有多幸運。因為英語民族講的是法律、寬容和公正。

在一九五五到一九五六年的蒙哥馬利抵制公車運動（Montgomery Bus Boycott）後，有色人種協進會曾問金恩博士哪一本書對他影響最大。金恩選了五本，其中一本是甘地自傳，另一本是甘地的傳記，第三本是美國和平主義者格雷格（Richard Gregg）一九三四年的著作《非暴力的力量》（*The Power of Non-Violence*），一九二〇年代該作者曾在印度與甘地來往。[47]這五本書都強調非暴力主義必須比「壓迫者」在道德占上風，才能獲得實質的政治力量與敵人對抗。但這套理論面對納粹這樣的獨裁政權顯然沒用，因為納粹根本不在乎敵人甚至全世界認為他們道德低下。非暴力主義只能用來對付尊重法律的英語民族政府，例如一九二〇年代和三〇年代的印度英國政府，或一九五〇代和六〇年代的艾森豪、甘迺迪與詹森政府。

當然，金恩博士並不是第一個想仿效甘地來解決美國民權問題的人。最近有一份研究指出，「黑人知識分子早在一九二〇年代就熱烈討論印度獨立運動的意義，黑人報紙也經常報導甘地的活動。」[48]然而金恩博士把討論提升到新的高度，他和甘地一樣都是敏銳的政治人物，知道風險所在。

所以，當金恩博士在一九五〇年代中後期帶領黑人民權運動時，他首要訴求的是超過二百年的美國民主價值，而不是聯合國才剛提倡十年的普世人權原則。金恩博士倚靠美國建國先賢的《獨立宣言》和憲法等偉大文件，迫使美國白人在法律和道德上處於守勢。他訴諸這些對英語民族來說最神聖的文件，堅守從《大憲章》和漢普頓向查理一世國王抗議以來的反抗傳統。

當然，正如詹森博士在一七七五年《徵稅並非暴政》（*Taxation No Tyranny*）的小冊子中所指出，美國革命時代最根本的矛盾或偽善之處在於：「為什麼最歡呼自由的人都是那些使用黑奴的人？」雖然美國以捍衛自由和民主之名參加二戰，但美軍卻是種族隔離。在喬治亞州，黑人士兵（通常來自不習慣南方隔離政策的北方）有時會拒絕坐在公車後座而被逮捕。一九四四年，薩凡納州立大學有五十名黑人學生買下整車的車票，拒絕把票讓給白人，其中兩人被以煽動罪逮捕。[49]在二次大戰期間，愈來愈多美國人開始關注這個矛盾。

一九四四年，米爾達教授（Gunnar Myrdal）出版《美國的困境》（*An American Dilemma*）一書，討論美國白人自以為是的自由正義理念和實際上搞種族隔離與剝奪公民權之間的矛盾。米爾達發現，許多白人明知在邏輯上有矛盾，但堅持不改。例如，喬治亞州州長塔爾梅奇（Herman Eugene Talmadge）就不認為他說「在基督徒心中沒有任何宗教或社會歧視」和「我喜歡黑人，但我喜歡黑人坐在自己的位子上，他的位子就是手拿帽子坐在後門邊」，這兩句話有任何矛盾。[50]

正是因為美國的理想性過高，這種矛盾才如此明顯。林肯在其「蓋茨堡演說」（Gettysburg Address）開宗明義就說，美國內戰是為了維護《獨立宣言》的崇高理想。這場內戰讓美國死了六十七萬人，證明美國對理想是認真的。也正是因為美國對其建國文件如此認真，認為民主高於一切，美國黑人才會有投票權。

在一九四〇年代，東歐、非洲、亞洲和中東的少數民族都還飽受欺凌，但在一九四六年時，全國有色人種協進會光是在喬治亞州就有四十個分部，總會員數一萬三千人。它成功以法院訴訟爭取到黑人在民主黨初選中的投票權，以及黑人教師同工同酬。而在同一個年代，蘇聯的車臣人、殷古什人、克里米亞韃靼人、卡拉恰伊人、巴卡爾人、卡爾梅克人、窩瓦河德意志人，總數有一百三十三萬二千人被大規模從居住幾世紀的地區給驅逐出去。[51]

一九五六年二月二十五日，赫魯雪夫在蘇共二十大會議上承認說：「這項驅逐行動不是基於任何軍事考慮。任何有常識的人都無法理解，怎麼會讓一整個民族都要對不良行為負責，包括婦女、兒童和老人……對他們進行大規模鎮壓，讓他們悲慘受苦。」美國黑人確實也很悲慘，但我們不可忘了當時生活在英語國家法治範圍之外的受壓迫少數民族。

金恩博士在一九五五年六月五日獲得波士頓大學博士學位，他的成績單很有意思。他在「人格主義及基督教義」拿到A，「宗教哲學」、「系統神學及近代哲學史指定研究」拿到A-，「新約教義」拿到B，「形式邏輯」只拿到C。[52]但他的政治運動能大獲成功，正是因為他用堅強的邏輯指出這個國家的內在矛盾：一方面，《獨立宣言》開宗明義說所有人不但生而平等，而且此真理不證自明，但另一方面又否定黑人有平等權利。

一九六〇年十二月二十一日，一名女學生馬喬莉問金恩博士說：「為何你認為融合最好，隔離最不好？」金恩回信說：「融合最好，因為美國民主的全部理念都表現在《權利法案》關於所有人生而平等的宣言之中。」[53]這裡他可能把建國先賢的文件搞錯了，因為《權利法案》並未提到平等，但他確實是用這些文件所保障的自由當作他運動的基礎。

一九六〇年六月十五日，總統大選四個月之前，「南方基督教領袖會議」（Southern Christian Leadership Conference）特別助理魯斯汀（Bayard Rustin）寫信給當時擔任會議主席的金恩，提出「我們應該向兩黨政綱委員會要求的重點」。他提出七點要求，其中最重要的是「兩黨應清除黨內支持隔離的人士，明確聲明任何形式的種族隔離和歧視都是反憲法、反美國、反道德。」「反美國」（un-American）這個詞在當時有很強烈的政治意涵，參議員麥卡錫把它當成共產黨叛國的同義詞。金恩博士曾被指控是共產黨，但這絕非事實。一九六〇年四月，前總統杜魯門公開指稱民權運動的學生是被共產黨煽動的，金恩直白寫信給他說：

我和這些學生緊密合作，我深信沒有任何外部勢力（不管是不是共產黨）煽動這個運動，而據我所知，從運動開始至今，並沒有任何共產黨勢力介入過，未來也不會被共產黨主導。這是一場承自非暴力傳統的精神性運動，和共產主義唯物、反精神主義的世界觀完全沒有關係。[54]

和共產黨扯上關係一定會嚇跑潛在的白人支持者，聯邦調查局常用這種抹黑手法，所以金恩要極力避免。

金恩沒有得到甘迺迪政府強力支持，但在自由派刊物力挺之下（金恩三次登上《時代》雜誌封面，第一次是一九五七年二月），民權運動有時會採取過激手段。學校抵制運動和「兒童十字軍」會把兒童排在抗議前線，甚至讓小孩子鋃鐺入獄，把一整個世代的人推向激進主義。諷刺的是，警方的強硬手段也對運動起到推波助瀾的作用，尤其是綽號「公牛」的阿拉巴馬州伯明翰警察局長歐康諾（Eugene O'Connor）。但不管就戰術或戰略而言，這場運動都非常高明，其主要策略就是堅持英語民族非暴力抗爭的傳統，這才能最終獲得成功。

在波士頓大學關於金恩的校史紀錄中，結尾僅寫著「死於一九六八年四月四日」。和金恩一起奮戰的黑人鬥士中也有人為民權付出生命，但這場運動在短短時間就根本改變了全美國，死傷人數卻意外的少。在同一時期，法國人在阿爾及利亞殺了幾千人，而光是在一九六〇年三月二十一日這一天，南非警察就在沙佩維爾（Sharpeville）射殺了六十七名非洲人。美國南方警察儘管多有暴力恐嚇，但比起法國和南非這些非英語國家的警察來說，實在是克制得多。

南非從一九四八年開始實施種族隔離。在南非白人當中，英語族群是反對種族隔離的，他們對黑人也普遍比阿非利卡人來得好。南非英語族群的商業利益和規模較小的波爾商人與農民不同，對黑白隔離的態度也不一樣。如果控制南非政界、軍方和警方的是英語系南非人而非波爾人，又或者在一九四八年五月的大選中，是親英的史末資的聯合勞動黨擊敗聯合國民黨，那就很有可能漸進式的給予黑人投權，滿足多數族群並維持社會穩定。

自一九〇〇年以來，有四大因素大幅增加了美國有投票權人口，對政治產生重大衝擊。在二十世紀初，美國人有投票權的不到一半。一九六四年的憲法第二十四條修正案把投票權和繳稅脫鉤，一九六五年的《投票權法》（Voting Rights Act）及後續法案讓登記投票方便化，一九七一年再降低投票年齡到十八歲。[55]但這些改變雖然提升了民主的量，卻未必有提升政府的質。美國的投票率仍然是民主國家中最低的，在二〇〇〇年也只有百分之五十。

尼克森和赫魯雪夫的「廚房辯論」

一九五九年七月二十三日下午二點五十分，美國副總統尼克森搭乘美國航空最新的七〇七超級噴射機，以最短時間的紀錄抵達莫斯科。（休斯建議他坐這架飛機，讓蘇聯人開開眼界。）尼克森受邀出席莫斯科有史以來第一次美國貿易展。尼克森的傳記作者說，他刻意不讓這次機會只是「單純幫副總統助長聲勢」，而是要設計成二戰後資本主義與共產主義最尖銳的言語交鋒，史稱「廚房辯論」（Kitchen Debate）。

當時正值雙方關係緊張之際。一九五九年，蘇聯對全世界四十三個共產黨的援助金額是八百萬美元，而在四年後的古巴危機之後，又對八十三個共產黨資助了一千五百萬美元，包括小小的聖馬利諾共和國在內。資助這些支持者和代理人的手法可謂五花八門。外國共黨領袖如英國的波立特在蘇聯出書，可以拿到大筆版稅，但這些書根本不在英國銷售；親史達林的美國前駐莫斯科大使戴維斯（Joseph E. Davies），他的藝術收藏家妻子可以在特列季亞科夫畫廊（Tretyakov Gallery）以超優惠價格購買畫作。[56]（戴維斯在一九四二年的《出使莫斯科》〔*Mission to Moscow*〕一書中回憶說：「我驚訝地看到門打開，史達林獨自走了進來……他態度和藹，作風非常樸實……他親切一笑歡迎我，簡單又威嚴……他褐色的雙眼非常和善可親。孩子們會想坐在他的膝上，狗兒也會想依偎著他。」）[57]

在尼克森抵達莫斯科前幾天，美國眾議院通過「受控制國家決議案」（Captive Nations

resolution），強烈譴責「共產帝國主義」壓迫二十四個東歐國家人民，這讓蘇聯領袖赫魯雪夫非常不爽。「這項決議案噁心透頂，」蘇聯共產黨總書記對尼克森吼道，「臭得像剛拉出來的馬糞，臭不可聞！」面對這種粗魯言語，尼克森泰然自若地回說，依他在加州鄉下的經驗，豬糞更臭，赫魯雪夫只能承認。[58]但這不是一個好的開場。

兩人在第二天一起參觀會場，情勢沒有冷卻下來。兩人都想用這個歌頌美國消費主義的展覽來互損對方的政治制度。兩人都氣勢洶洶、態度強硬、充滿意識形態。當兩人來到一般美國工人家庭的全尺寸樣品屋時，攝影鏡頭抓到了辯論的高潮。這個樣品屋內滿是西方世界的「奢侈品」，有中央空調、有地毯、房間內有衛浴設備，廚房裡有洗碗機、滾筒式烘乾機、電冰箱。《真理報》嘲笑說這簡直是「泰姬瑪哈陵」，意思是它根本不代表一般美國勞工家庭的真實情況，正如泰姬瑪哈陵無法反映一般印度人民的生活。

赫魯雪夫和蘇聯媒體一樣深感不屑，指著一台電動榨檸檬機說是「笨蛋玩意兒」。[59]「凡是能讓婦女少做點工作的東西都是有用的東西。」尼克森回說。「我們才不像你們資本主義把婦女看成勞工。」赫魯雪夫反唇相譏。由於廚房裡各種省力設備真的是一般美國勞工家裡都有的東西，尼克森占據有利形勢。「對我們來說，多元化，有選擇的權利，一千個人就有一千種不同的房子，這是最重要的，」尼克森說。「我們沒有政府官員在上面幫我們做決定。差別就在這裡。」[60]尼克森大談自由企業和自由市場，辯論你來我往。尼克森事後說，他的對手是「赤手空拳的壯漢」。但對電視機前面的觀眾來說，尼克森略勝一籌。

當天晚上，尼克森受邀上蘇聯廣播節目。他告訴聽眾說，美國四千六百萬個家庭總共擁有五千六百萬輛車，五千萬部電視機、一億四千三百萬台收音機（這些東西不能說是笨蛋玩意兒）。三千一百萬美國家庭有自有住宅，其中二千五百萬個家庭的住宅要比展覽的樣品屋更寬敞。尼克森說，凡此種種都證明了，「美國雖是世界最大的資本主義國家，但從財富分配的角度看，美國已經最接近無階級社會人人富裕的理想。」

赫魯雪夫也在現場，大喊「錯、錯、錯」，但尼克森不加理會繼續說，在美國，「我們有批評政府和總統的自由……我們有遷徙旅行的自由，不需要旅行許可、國內護照或警察同意。我們也可以自由出國。」根據有些報導，赫魯雪夫在此時低聲嘀咕說：「操你奶奶的。」[61]

赫魯雪夫在「廚房辯論」時還表示，雖然蘇聯有成千上萬的農人都住得起這種房子，但他們寧可讓國家把錢花在火箭上，而蘇聯的火箭比美國先進。這場辯論完全展示了資本主義和共產主義的差異。共產主義的信徒不得不承認資本主義能帶來更舒適的物質生活，但他們堅持共產主義的道德優越性。尼克森以為資產階級必勝，只重視那些笨蛋玩意兒，而社會主義會帶來團結、友誼、人性尊嚴和科學進步。第二年，加加林（Yuri Gagarin）飛進太空，似乎證明了科學進步這一點。

整個二十世紀常有人指責英語民族是沒有浪漫情懷、只重消費主義、沒有良心的資產階級，這類人通常是來自那些自己經濟體制競爭力不足的國家。這類人認為，英語民族只會追求財富，沒有靈魂、品格、勇氣和人性。帝制德國說英國是「沒有音樂的國度」，納粹德國指責盎格魯─撒克遜民族「只重私利」，蘇聯共產黨說英語民族道德低劣，蓋達組織說英語民族應該永受地獄之火。[62]但美國人去教堂做禮拜的比例遠高於德國人、俄國人或法國人，絕非精神空虛只顧物質的消費者。

法國人在二〇〇五年公投否決歐洲憲法，主要是因為不喜歡盎格魯—撒克遜人。但儘管長達一個世紀被妖魔化為消費主義和自由市場資本主義，一般老百姓還是希望成為資產階級的一分子，還是有大批人士想要移民到英語國家。雖然尼克森在「廚房辯論」中獲勝，但蘇聯還要再等超過三十年才崩解。誰對誰錯不重要，重要的是要積極對蘇聯體制施加壓力。

第十三章

我是美國公民

一九六〇年代

從歷史觀之，我們會發現有些民族剛開始微不足道，後來卻逐漸擴大勢力到全球……從宗教改革之後，就有一些人為了良心跑到新世界。這件事也許會將帝國的寶座轉移到美洲。我認為很有可能。

——亞當斯（John Adams）致韋伯（Nathan Webb），一七五五年十月

兩極世界容易失去彈性靈活的空間。一方之所得會被視為另一方的絕對所失。每一個議題都像是生死之戰。

——季辛吉，〈美國對外政策的核心議題〉1

艾森豪的告別演說

一九六一年一月十七日，艾森豪總統對美國人民發表告別演說，他說了一段對後來的美國決策者有損無益的話。這段話被陰謀論者拿來當成宣傳利器，對後來所有三軍統帥都造成麻煩。艾森豪談到美國未來的安全威脅時說：

> 一支龐大的軍隊和一個大規模軍事工業相結合，在美國是史無前例的。這種全面性的影響力（包含經濟的、政治的，甚至精神的），遍及每個城市、每座州議會大樓、每一聯邦政府機構之內。我們承認這種發展絕對必要，但我們不應忽視其巨大後果……在政府各部門，我們必須警惕軍事—工業複合體取得過當的影響力，不論它是否刻意追求。

這場演說讓陰謀論者如獲至寶，「軍事—工業複合體」（military-industrial complex）這個詞也在一九六〇年代進入字典。對那些努力讓美國在軍事科技保持領先的人，艾森豪扯了他們的後腿，而這正是英語民族之所以能維持優勢的根基。美國的軍隊和軍事工業不但沒有危害美國的自由和民主，反而保護了自由和民主，而且相當有效。

從一八九〇年到大蕭條的「第三波」美國經濟擴張是以化學、電子設備和汽車工業為主，而「第四波」便是以電子業、通訊業和航太工業為領頭羊。英語民族再度引領航太工業的創新和發展。到了一九五〇年代，全美飛機生產幾乎集中在西雅圖、洛杉磯、聖地牙哥、沃斯堡、達拉斯和威奇托等六個西部城市。[2]國防部的龐大訂單撐起了洛克希德（Lockheed）、通用動力（General Dynamics）、麥道（McDonnell-Douglas）、諾索普（Northrop）等好幾家大公司。五角大廈支持研發對英語民族維持霸權非常重要，而且遠不僅於航太領域。正如《牛津美國西部史》所說：

在這些西部高科技城市中，聯邦訂單為新型電子和資訊科技提供根本支持。一九五一年的「史丹佛工業園區」（Stanford Industrial Park）是第一個有計畫的把主要大學的科學工程師資與新產品的設計生產相連結……聯邦訂單是矽谷的支柱，尤其是國防部的訂單。所謂高科技產業是以研發經費對銷售淨值的高比例來定義的，包括飛機、導彈、太空船、計算機、通訊設備、電子元件、藥品等等。除了藥品之外，聯邦政府都是最大客戶。[3]

現代噴射戰鬥機的科技成分很高，非軍用的外溢效果也非常大。艾森豪不但不該批評「軍事—工業複合體」，反而該稱讚它們對美國人的生活和商業的巨大貢獻。

古巴飛彈危機

對於所謂「軍事—工業複合體」的無謂恐懼很快就出現了。在一九六二年十月古巴飛彈危機時，美國參謀首長聯席會議（主席是泰勒〔Maxwell Taylor〕），思考各種方案來贏得這場危險的對峙，但有最後決定權的是政治人物而不是他們。然而，他們經常被說成是為了「軍事—工業複合體」的利益急於向蘇聯開戰，尤其是空軍參謀長李梅（凱文·科斯納的電影《驚爆十三天》甚至提到了「政變」二字）。但李梅和泰勒都是甘迺迪任命的，甘迺迪在危機過後還高度稱讚兩人，這種觀點顯然是妄想多於事實。

雖然甘迺迪當總統的時間和幾乎沒沒無聞的菲爾莫（Millard Fillmore）及哈定一樣短，①但他在歷任總統中仍非常受歡迎。[4]他的演說能提出激動人心的理念和訴求，但一切都因為他突然死亡而沒有付諸檢驗。在就職演說中，甘迺迪總統承諾美國將「不計任何代價」，「支持每一個朋友，對抗每一個敵人……以確保自由的長存與成功」。這種承諾如果是出自今天的共和黨人之口，一定會被罵成是「新保守主義」，而甘迺迪也沒有在古巴或寮國將之付諸實踐。根據最近一份對「甘迺迪戰爭」的研究，他實際上「要比其積極的言辭猶豫和保守許多」。[5]

就職演說本來就該聽起來像詩歌而不是論文，而甘迺迪的口才確實讓第三世界國家誤以為美國會積極支持反殖民的民族主義運動。如同一位歷史學家所指出：「尼赫魯和甘迺迪的會談令人大失所望。甘迺迪未能阻止剛果總理盧蒙巴（Patrice Lumumba）被殺害，也漠視安哥拉人對葡萄牙的反抗，這讓迦納的恩克魯瑪（Kwame Nkrumah）和其他非洲領袖（包括比較穩定的國家）都很失望。」[6]甘迺迪的對外政策和過去歷任總統一樣，都是從現實政治出發。光以為他就職演說中有一些精采的句子（今天叫作「媒體金句」）就能改變什麼，未免過於天真。

真正有所改變的，或至少在甘迺迪時代開始有所改變的，乃是杜魯門和艾森豪政府關於「大規模報復」（massive retaliation）這個冷戰根本原則。在泰勒等人的鼓吹下，美國發展出「彈性回應」（flexible response）的戰略，這在蘇聯部署長程核子飛彈後甚為必要。根據「彈性回應」戰略，總統有一系列選項可以回應蘇聯的挑釁，不必走到全面核戰。但說到底，這不過是在蘇聯飛彈威脅下的正常反應。

在一九六一年四月的「豬灣行動」挫敗後，甘迺迪對冷戰小心謹慎。一九六一年六月，他在維也納初會赫魯雪夫，雙方將通訊熱線永遠保持暢通。但僅僅在兩個月後，也就是一九六一年八月十七日，東德開始建造一道無法跨越的圍牆封鎖西柏林，防止東歐人民逃離工人天堂。雖然東德表示這是防止北約入侵的防衛措施，卻赤裸裸證明了西方生活的優越性。直到二十八年後，兩邊的德國百姓才把牆推倒。聽到正在建造柏林圍牆的消息後，甘迺迪派出副總統詹森在第二天抵達西柏林，承諾美國會保障居民的自由。

甘迺迪對柏林圍牆的反應，讓他在第二年處理古巴危機時占據有利地位。「冷戰高峰」這個詞是歷史著作中最被濫用的名詞之一，被廣泛用來指稱柏林空投、韓戰、建造柏林圍牆、越戰、鮑爾斯（Gary Powers）的U2偵察機事件、入侵阿富汗、大韓航空〇〇七號客機被擊落及其他類似事件。但事實上，這個詞應該只適用於一九六二年十月的古巴飛彈危機。俄羅斯和美國當時差點直接打起來，而不是透過代理人。但即便如此，真正打起來的機率並不到一半，因為甘迺迪的電視演說讓蘇聯完全明白情況的嚴重性：「我國的政策是，任何從古巴發射針對西半球任何國家的核子飛彈，都將視為蘇聯對美國的攻擊，必將對蘇聯採取全面性報復。」

---

①譯注：菲爾莫和哈定都只當了三年總統。

古巴危機是甘迺迪總統任期的標記，證明了他在危機管理、溝通、團隊領導和公關的高明能力，但美國對古巴並沒有真正獲得勝利。甘迺迪在一九六〇年競選時批評艾森豪政府任由卡斯楚崛起，但當他在一九六一年一月上任後，他只是承接了艾森豪運用古巴流亡分子的祕密反攻計畫，並試圖刺殺卡斯楚本人。「只要我派出一名陸戰隊，我們就陷入泥淖，」甘迺迪說，「我不能讓美國進入戰爭然後輸掉，無論如何都不能。我不能讓美國變成匈牙利。」

雖然甘迺迪在就職演說承諾「不計任何代價、承受任何負擔、面對任何困難、支持每一個朋友、對抗每一個敵人」，但他選擇把政治風險降到最低，不派任何美國部隊到古巴。他也不讓古巴流亡飛行員使用美國機場。正是因為如此，整個行動淪為一場災難。一九六一年四月十七日，一千五百名受過美軍訓練和中情局支持的古巴流亡人士在豬灣登陸，但預想中的古巴人民起義並沒有發生。三天後，這支小部隊就被殺被抓。

四月十二日，甘迺迪在記者會上負起全部責任說道：「有一句老話說，勝利有一百個父親，失敗了就是孤兒……我是必須負責的政府官員。」他只能這樣表演，但他的支持率反而飆高。他在事後曾開玩笑說：「就像艾森豪一樣。我幹得愈差，愈受歡迎。」因為豬灣慘敗，甘迺迪向國會要求三十四億美元額外國防預算以應付蘇聯在全球的威脅，並增加多達二十五萬美軍部隊。他還下令中情局要「對卡斯楚政權和卡斯楚本人做點什麼」。

一九六二年十月十六日，美國間諜偵察機在前一天拍下的照片清楚顯示，蘇聯已在古巴設立十二個SS-5飛彈和三個SS-4飛彈發射基地。這些中程和短程核子彈道飛彈，有些最快在十二月初就可以運作。甘迺迪第一個動作，是成立一個「特別執行委員會」（Executive Committee）

來提供建議。這些人包括甘迺迪兩兄弟、副總統詹森、國務卿魯斯克（Dean Rusk）、國防部長麥納馬拉（Robert McNamara）、中情局局長麥科恩（John McCone）、財政部長狄倫（Douglas Dillon）、國家安全會議顧問邦迪（McGeorge Bundy）、參謀首長聯席會議主席泰勒、總統顧問索倫森（Ted Sorensen）、國務次卿鮑爾（George W. Ball）、副國務次卿亞歷克西斯．詹森（U. Alexis Johnson）、拉美司司長馬丁（Edward Martin）、國防部副部長吉爾派翠克（Roswell Gilpatric）、國防部助理部長尼茲（Paul H. Nitze）、白宮新聞祕書薩林格（Pierre Salinger）、蘇聯事務特別顧問暨前駐莫斯科大使湯瑪斯（Llewellyn Thomas）。

由於只有甘迺迪本人和他弟弟羅伯．甘迺迪才知道開會時有錄音，大家都坦誠提出建言，會議錄音帶在二十三年後才因《資訊自由法》釋出。「這把刀抵在我們脖子上。」甘迺迪在十月十九日對參謀首長聯席會議說。一開始，他和執委會傾向用傳統轟炸來摧毀這些飛彈，但在十月二十一日，戰術空軍司令史威尼（Walter Sweeney）告訴他們這種攻擊無法保證能摧毀這些發射基地。

十月二十二日星期一下午七點，甘迺迪在電視上宣布對運往古巴的船隻進行有限封鎖，防止有更多飛彈被運進來，此舉獲得「美洲國家組織」（Organisation of American States）一致贊同。由於這些外國船隻位於國際水域，此舉可被視為宣戰。十萬美國部隊和五百架飛機群集在佛羅里達。所有美軍都處於二級警戒。五級警戒是正常狀況，一級警戒是最高戰備狀態或戰爭狀態，所以情況相當嚴重。然後甘迺迪冷靜地透過各種管道和俄國人溝通。

十月二十四日，聯合國祕書長吳丹（U Thant）提議由蘇聯自願暫停船運兩週，換取美國停止封鎖。這個提議不要求暫停這些發射基地的興建工程，正中蘇聯下懷，赫魯雪夫一口答應，甘迺迪則尷尬地拒絕。

甘迺迪、赫魯雪夫和英國哲學家羅素還互致公開信。赫魯雪夫的公開信在十月二十五日刊登在《紐約時報》，聲稱：「如果美國政府的挑釁政策不能被制止，美國和其他國家的人民將為此政策付出幾百萬條性命。」

十月二十六日星期五，甘迺迪收到赫魯雪夫又長又潦草的私人信函。赫魯雪夫提議如果甘迺迪肯公開宣布他不會入侵古巴，「那麼我們的軍事專家也就不必出現在古巴。」蘇聯大使館的福明（Alexander Fomin）也傳給美國廣播公司（ABC）的史卡利（John Scali）同樣的訊息。這似乎打破了僵局，但在甘迺迪積極回應之前，十月二十七日又來了第二封信，信中要求美國「撤出在土耳其的類似武器」（土耳其有十五枚中程朱比特彈道飛彈，飛彈由北約控制，但彈頭由美國保管）。俄國人把要價大幅提高。

更糟的是，十月二十七日，安德森少校（Rudolf Anderson）駕駛的U2間諜機在古巴上空被佛隆柯夫將軍（G.A. Voronkov）的部隊擊落，而此舉未經赫魯雪夫批准。（但甘迺迪並不曉得這並非赫魯雪夫下令。）羅伯．甘迺迪後來在其回憶錄《十三天》（*Thirteen Days*）中說，U2被擊落一事，「讓人感覺美國人和全人類都被拉緊絞索，而逃生的橋梁正在倒塌。」但事實上，會議錄音帶顯示，執委會對此事倒是頗為淡然，麥納馬拉甚至表示「我想我們可以先把U2放一邊去」。

然而，繼續派出間諜機確實有危險。特別執行委員會討論到要轟炸古巴的地對空飛彈基地，但總統很快就把話題轉回土耳其一事。事後回顧，十月二十七日無疑是整場危機最關鍵的一天。

執委會當天特別有急迫感：在聯合國，美國大使史蒂文森主張要趕快回應赫魯雪夫第二封來信，不然就來不及了；也有人怕土耳其可能不想像古巴被當成棋子，也許會單方面拒絕朱比特飛彈撤出；古巴核子飛彈基地的興建工作一直在持續進行，飛彈很快就能運作；要封鎖古巴而不引起嚴重海上事件愈來愈困難；聯邦調查局有報告說，蘇聯駐紐約人員正準備燒毀機密文件；俄國領導層的行事難以預料，而全世界對美國的支持似乎愈來愈低。但儘管整場危機壓力重重，至少在特別執行委員會中，氣氛還是沉著冷靜。

執委會的錄音帶在一九八〇年代公諸於世，戳破了這場危機深植人心的一些迷思（大部分是甘迺迪自己製造的）。第一個迷思是當時有鷹派和鴿派之分，好戰的軍方堅持要採取軍事行動，而白宮是和平主義者。鮑爾後來聲稱尼茲、狄倫和泰勒「明顯愈發好戰」，索倫森也說鷹派講話「激烈」、「挑釁」。但錄音帶譯文卻未顯示執委會中有激烈爭執：沒有人講話大小聲，沒有鷹派鴿派之分，也沒有人為了自己或自己代表的單位和人爭吵。在整場危機期間，執委會基本上不斷在開會，在第十二天更連續開會十二小時，成員們都只是提出自己的最佳建議給那位要做最後決定的人。「我沒有聽到誰在怒吼或激烈爭執。」多年後轉譯這些錄音帶的國安顧問邦迪說。大家都保持風度，例如，史蒂文森就被尊稱為「史蒂文森州長」。大家甚至有說有笑。在一次開會結束時，有一個聲音開玩笑說道：「我們是不是讓巴比去當哈瓦納市長？」在這場英語民族最接近核戰爭的危機中，這些給領袖出意見的人都是體面、冷靜、理性、有遠見的人。

沒有人在任何階段主張要進攻古巴。《國際安全公報》（*International Security Bulletin*）在一九八七年對這些錄音帶的權威分析指出：「反而是每個成員都絞盡腦汁，經常提出創意用外交途經解決危機。」泰勒將軍是執委會中唯一軍方人士，他頂多只說過「我個人認為，我們……必須做好入侵準備，但此時不要太早下決定。」這不過是要給蘇聯壓力的正常做法。後來一直有人想找出誰是代表「軍事—工業複合體」要把美國推入核子戰爭的惡棍，但根本沒有這個人。

多年來，甘迺迪的幕僚一直聲稱危機之所以能夠解決，是因為總統明智地正面回應赫魯雪夫十月二十六日的第一封信，故意忽略掉十月二十七日的第二封信。但這根本不是事實。實際上，在十月二十七日星期六晚上七點四十五分，司法部長羅伯·甘迺迪和蘇聯大使杜布里寧（Anatoly Dobrynin）在法務部單獨會談。羅伯·甘迺迪威脅要入侵古巴，但也承諾會在六個月內撤除朱比特飛彈，等於完全接受第二封信的條件。與此同時，在八點零五分，甘迺迪也接受了赫魯雪夫十月二十六日第一封信的條件。所以甘迺迪兄弟是在明面上接受第一封信，私底下又接受第二封信。這個操作非常高明，但和他們後來所自吹自擂的相差甚遠。

塔波特（Strobe Talbott）所編的《赫魯雪夫回憶錄》（*Khrushchev Remembers*）指出，杜布里寧回報赫魯雪夫說羅伯·甘迺迪看來心力交瘁，說他自己六天沒睡好覺，擔心兩國可能會因為「他不願看到的無可挽回的連串事件」而陷入戰爭。甘迺迪總統從危機第三天就開始尋求和平方案。在俄國人提出條件之前，他就在執委會提出要撤除土耳其飛彈的想法。他一直向執委會表示這些朱比特飛彈已經過時了（事實上並沒有）。還說如果爆發戰爭，北約會怪罪美國。

隨著U2被擊落、蘇聯船隻進逼和赫魯雪夫第二封來信，甘迺迪不斷向執委會表示，他擔心最後只能在開戰和交換條件之間二擇一。美軍已部署二十五萬地面部隊和陸戰隊，一千架飛機和二百五十艘船艦，準備在十月二十八日星期天進攻古巴。戰爭一開始可能是美國占優勢，但沒人知道蘇聯會不會為了卡斯楚把全世界拖入核子寒冬，雖然赫魯雪夫當時並不信任卡斯楚。

十月二十八日星期天上午九點，華府被告知，克里姆林宮已經接受羅伯·甘迺迪的條件，而在莫斯科廣播這條消息後，古巴就開始撤除飛彈發射台。美國隨之結束封鎖，把戰備降到二級以下。羅伯·甘迺迪要求杜布里寧必須對古巴換土耳其的交易保密，否則會讓美國人民覺得讓步太多。他警告說，如果俄國公開此事，華府會全盤否認有任何協議，不會撤除朱比特飛彈。這件事瞞了二十年。由於世人都不知道有這項交易，都以為是甘迺迪獲勝。一九六四年十月，赫魯雪夫下台，換上布里茲涅夫為第一書記，柯錫金（Aleksei Kosygin）為總理。

儘管麥納馬拉後來一直說自己是鴿派，但他其實是執委會中最強硬的一員。總統否決了他的意見，達成交易後宣稱自己勝利。自從豬灣事件之後，莫斯科和哈瓦那都擔心美軍將直接介入推翻卡斯楚政權。赫魯雪夫曾詢問國防部長馬林諾斯基（Rodion Malinovsky），如果美國全面入侵，卡斯楚可以撐幾天？答案是兩天。所以他們想用核戰來恐嚇美國政府，逼甘迺迪兄弟承諾讓古巴政治現狀無限期維持下去。

「我們必須判斷利弊得失。」赫魯雪夫在危機過後很久說道，「我們的目標是保住古巴。而古巴到現在還存在。所以是誰贏了？我們的成本不過是把火箭運到古巴來回一趟的運費而已。」赫魯雪夫後來坦承說：「俄國人從來沒想過要打核子戰爭」，任何對美國的攻擊必將招來「與攻擊相等或更大規模的反擊」。赫魯雪夫又回憶說，卡斯楚在十月二十六日建議蘇共政治局對美國發動第一擊，「我們面面相覷，卡斯楚顯然完全不理解我們的目的。」

俄國的政策就是要升高古巴情勢，這場危機已達到目的。令莫斯科意外但樂見的額外收穫是關於土耳其的交易，美國不久後就完全兌現承諾。簡言之，俄國人得到的比預期的更多，因為他們的目標從一開始就很有限，但當時無人能知。美國只是回到現狀，但放棄了部署在土耳其的飛彈，並讓一個距離美國九十英里的共產政權繼續存在下去。到頭來，卡斯楚政權活得比蘇聯久得多。古巴危機其實是蘇聯獲勝，甘迺迪政府把謀和條件祕而不宣，弄得像是美國人勝利，但「先眨眼」的人其實是甘迺迪。

甘迺迪在一九六一年四月並沒有介入寮國，但派了五百名包括綠扁帽部隊（Green Beret）在內的「顧問」，到南越去對付北越支持的越共游擊隊。這就是所謂「彈性回應」。總統國安副特助羅斯托（Walt Rostow）要求要派出更多部隊。他開玩笑說：「我們可不是在救他們逃出畢業舞會。」[7]到一九六三年十一月甘迺迪被神祕暗殺為止，美國共派出了一萬六千名軍事「顧問」到南越。當時已有七十名美軍為了保衛北緯十七度線以南的南越不落入共產黨之手而死亡。儘管甘迺迪一再強調要保持美國對外政策的彈性，但我們沒理由認為甘迺迪不會像後繼的詹森總統那樣被拖進越南戰局，雖然很多人到現在還這麼相信。

紐瑞耶夫叛逃

一九六一年五月十六日，基洛夫芭蕾舞團（Kirov Ballet）的二十二歲明星紐瑞耶夫到巴黎歌劇院（Palais Gamier）出演《睡美人》（*Sleeping Beauty*）。他本來並沒有被批准，蘇聯文化部不信任他，因為他「有無政府傾向、過度個人主義、對西方著迷。」[8]巴黎的經紀人索雷亞

（Georges Soria）打電報給基洛夫舞團高層說，這場演出要成功非得有這位新血不可。紐瑞耶夫獲批准了。但即便他在預演時表現完美，導演還是把開幕演出交給另一名舞者擔綱。紐瑞耶夫向來桀驁不馴，寧願去聽小提琴家梅紐因（Yehudi Menuhin）演出，也不出席基洛夫舞團的開幕之夜。紐瑞耶夫深信自己是天才，經常被譽為尼金斯基（Vaslav Nijinsky）再世，他決心用更大的抗議行動宣告自己的獨立性。

由於紐瑞耶夫在巴黎過於高調，和法國人與英國人來往直至深夜方歸，ＫＧＢ的駐地負責人史崔澤夫斯基（Strizhevski）建議列寧格勒文化部副部長將他召回國。但基洛夫舞團高層認為紐瑞耶夫的行為已有改進，而且他是尼金斯基獎得主，三度拒絕把他送回國。[9]這將是他們一生最大的錯誤。

六月十六日星期五，舞團預定前往倫敦，紐瑞耶夫也確定要被送回莫斯科。在前往巴黎勒布爾熱機場的巴士上，基洛夫舞團的導演柯爾金（Sergei Korkin）告知紐瑞耶夫說，他要被送回蘇聯，因為他媽媽病了，而且要回去出席「重要表演」。由於飛往莫斯科的班機要比飛往倫敦的班機晚兩個小時，柯爾金把紐瑞耶夫交給史崔澤夫斯基看管。紐瑞耶夫在機場藉故說要打電話。他透過人聯絡上法國文化部長兒子的未婚妻克拉拉·桑特（Clara Saint）。她隨即通知法國警方。

紐瑞耶夫衝向正在機場酒吧點咖啡的兩名法國便衣警察，大叫「我要留下來」，過程之戲劇性一如他的專業演出。一名ＫＧＢ人員試圖抓住他，但被其中一名警察攔住說：「這裡是法國。」蘇聯大使館官員立刻到場要求交出紐瑞耶夫，紐瑞耶夫大喊「不要！不要！」這是冷戰中第一樁高級文化人士叛逃事件，讓蘇聯的面子掃地，世人從此皆知鐵幕之後沒有藝術自由。

蘇聯宣傳說紐瑞耶夫「勾搭同性戀者」，桑特則是中情局特務。六天後，紐瑞耶夫出演《睡美人》，法國共產黨用噓聲、丟番茄和胡椒粉破壞他演出。紐瑞耶夫對共產主義造成政治重擊，儘管他後來表示「我離開俄國純粹是為了藝術，無關政治。」[10]英語國家的文化菁英熱愛紐瑞耶夫。一九六二年二月，他和瑪歌．芳婷（Margot Fonteyn）在倫敦皇家芭蕾舞團合演《吉賽爾》（*Giselle*），申請購票的有七萬人。雖然芳婷比紐瑞耶夫大了二十歲，但兩人接下來合作了十四年。他也到美國演出，讓蘇聯大為憤怒。數十年來，鐵幕內的藝術和政治是分不開的。

英國找到角色

一九六一年，第一代「憤怒青年派」（Angry Young Men）劇作家奧斯本（John Osborne）致函給左翼報刊《論壇報》，題名為「該死的英格蘭」。一年後的一九六二年十二月，美國前國務卿艾奇遜在西點軍校發表演說，激起千層浪。他說：

> 大不列顛已經失去了帝國，但還沒有找到新的定位。若想要扮演獨立大國，也就是說，想要獨立於歐洲之外，用與美國的「特殊關係」為基礎領導一個沒有政治組織、不統一、沒有力量的「大英國協」……絕對會完蛋。[11]

邱吉爾和麥克米倫對這番言論非常生氣，他們本來以為艾奇遜是親英派。更糟糕的是，當時的英美特殊關係，正因美國反悔不提供英國天雷核武系統（Skybolt nuclear weapons system）出現裂痕，麥克米倫正預定要在十二月於拿騷（Nassau）會見甘迺迪總統修復關係。懷疑英美特殊關係的人士盛讚艾奇遜一針見血，英國人應該去看看心理醫生，尋求新的有意義的定位。

但艾奇遜的預測大錯特錯。事實是，英國有辦法在英美特殊關係、歐盟和大英國協之間取得平衡，與北約、七大工業國組織（G7）、關稅貿易總協定（GATT）、聯合國安理會等組織亦然。在艾奇遜演說四十多年以後，英國在蘇伊士危機後維持了國際地位，沒有拋棄與任何一方的關係。在一九四五到二〇〇五年間，英國加入歐盟，但沒有採用歐元或歐洲聯邦憲法；與美國在反恐戰爭中「並肩作戰」；英國成為核子大國，且在聯合國安理會保有常任理事國地位；英國領導多數是民主國家的大英國協；英國人口僅占全球人口百分之一點三，但卻是世界第五大經濟體。而艾奇遜自己倒是和許多政治人物一樣，在英美特殊關係還沒結束之前就已先過世。

甘迺迪政府以行動證明艾奇遜的話是錯的。在總統完全授權之下，國家安全顧問邦迪指示國務院要向媒體清楚表明：「美英關係不是只建立在力量的計算，還建立在共同目標深切契合和長期的合作關係。種種往例不可勝數……『特殊關係』這個詞也許不完全準確，但輕視英美關係的現實也一樣愚昧。」[12]

麥克米倫把英國和美國的關係比喻成古希臘和古羅馬的關係，意思是英國可以其豐富的外交經驗來教化其強大的兄弟之邦。麥克米倫至愛的母親是美國人，但這種既敬畏美國人的力量又想將其教化的想法卻過於天真。身為牛津貝里歐學院的古典學者，麥克米倫不會不知道希臘人經常在羅馬人家中為奴。儘管如此，拿騷會談還是順利進行。美國同意提供英國非常合用的北極星核武系統（Polaris nuclear weapons system）。這套系統一直用到今天，只需偶爾做必要的更新。

孟席斯與麥克米倫的通信

一九六二年初，麥克米倫和當時擔任澳洲總理的孟席斯有一番精采的魚雁往返。這些信件坦率地討論到移民、冷戰和大英國協等議題。孟席斯在一九六二年一月十五日寫道：

> 親愛的哈洛，澳洲移民政策的目標是要避免內部種族問題，要把有色人種擋在門外……新王室的國協已不像過去對我們那麼有吸引力……我知道我們兩人都以在政治上肯妥協追求實際而自豪。但我們也可能過於妥協……我會問自己，和國協中一堆國家維持鬆散的關係到底有什麼好處。有些國家像迦納，在精神上親近莫斯科更甚於倫敦，我一想到此就感到沮喪。[13]

英國在當年三月申請加入歐洲煤鋼共同體（European Coal and Steel Community），但戴高樂在次年一月否決英國加入歐洲共同市場。孟席斯憂心事態發展，對麥克米倫說：「英國加入歐洲共同體將大幅衝擊國協的內部關係。我相信移民政策的辯論會深刻且永遠改變澳洲人的態度。」

三星期後，麥克米倫以他一貫健談和藹的態度做出答覆。「親愛的鮑伯，」他在二月七日寫道，「我們這兩個老紳士，兩個國家的首相，年紀都超過六十歲，在這裡哀嘆那個你稱之為王室的國協的自由、獨立、進步、文明、基督教的帝國所發生的問題。」（事實上，這裡所謂「王室」的國協是指「舊的」或「白人的」國協。孟席斯所鄙視的一些以黑人為主的國家，也奉英女王為國家元首，但迦納在一九六〇年七月轉變成共和國。）麥克米倫的政治觀和世界觀向來傾向悲觀主義，他認為二十世紀的兩次大戰「摧毀了白人的威信」，「於是在戰後，黃人和黑人就起身反抗白人的領導和控制」。

一九六〇年二月一日，麥克米倫在開普敦發表令人動容的「變革之風」演說。他其實打從心裡認為白人必敗，不認為英國的「西敏寺民主」真能在非洲蓬勃發展。從這場演說談到非洲意識抬頭的著名段落中，我們可以看出他真正的看法：「變革之風正在吹拂這塊大陸，不管我們喜歡與否，這種民族意識的成長乃是政治上的事實。」

在給孟席斯的回信中，麥克米倫承認過去的大英國協是「小而快樂的家庭。現在變成縮小版的聯合國」。但也沒辦法「甩掉」，至少「我們的加拿大朋友不會同意」。麥克米倫還在信中談到冷戰說：「共產陣營和自由世界都要想辦法爭取不結盟的國家」，所以英國政府沒有採取澳洲式的移民政策。在一九四六到一九七二年間，超過一百萬英國人透過政府補助計畫移民到澳洲。他們被戲稱為「十鎊仔」，因為最少要交十英鎊，剩下的錢由英國和澳洲政府補助。

一九六二年，麥克米倫擔心以膚色為標準的嚴格移民政策，無法吸引非洲人和亞洲人加入西方反共陣營。他寫信給孟席斯說：「意識形態的鬥爭無所不在……這讓非洲和亞洲那些微不足道的國家有了勒索的武器。如果東方和自由世界不是這麼激烈敵對的話，他們不可能這麼待價而沽。」麥克米倫承認「迦納現在非常獨裁，簡直瘋狂」，但他還是認為大英國協「在共產主義和自由世界的鬥爭中是有價值的。在這種局面下，我們不得不一試。」他根本不是打從心裡有信心，更不再有一九五八年一月，他在倫敦機場表示其財政團隊總辭只是「小問題」時，談到「大英國協更廣闊視野」的那種熱情。

麥克米倫和孟席斯的來往信件被呈閱給女王和外交大臣荷姆勳爵（Alexander Frederick Douglas-Home）。荷姆說：「要把現在的國協維繫下去並不是做不到，但我們的歐裔子弟要比母國敏感許多，他們很討厭那些有色人種兄弟摻雜進來。」所以英國謹慎處理黑人移民的議題，讓加拿大、澳洲、紐西蘭自己去決定立場，而英國自己則堅持採取「門戶開放」政策。英國擔心惹怒那些不重要的黑人獨裁政權，怕他們在冷戰最緊張時轉向共產陣營。孟席斯和麥克米倫信函往來這年稍晚，古巴飛彈危機就爆發了。

由此可見，大英國協國家在一九四八到一九七一年間數量爆增不是因為沒有管制，而是因為擔心這些新國家會離開西方轉投蘇聯陣營。英國之所以變成一個多種族的國家，起初是因為保守黨對此議題不夠關注，後來又因為太擔心共產主義。

遇刺事件

甘迺迪在一九六三年十一月遇刺（他是第四位死於遇刺的美國總統），他的弟弟羅伯．甘迺迪在一九六八年六月遇刺，兩週後再有金恩博士遇刺，短短五年內就有連續三位美國重要政治人物被殺。雖然如此重大的政治暗殺成功事件並不多，但暗殺事件確實很多，例如一九五〇年的杜魯門總統、一九七四年的尼克森、一九七五年九月的福特（在三個禮拜內遇刺兩次）、一九八一年的雷根、一九九三年的老布希（在科威特）。此外還有一位總統當選人（一九三三年的小羅斯福）、三位總統候選人（一九一二年的老羅斯福、一九六八年的羅伯・甘迺迪、一九七二年的喬治・華萊士）、八位州長、七位參議員、九位眾議員、十七位州議員、十一位市長、十一位法官。[14]

一九八五年十月十日，保守黨在布萊頓召開大會，愛爾蘭共和軍炸毀柴契爾夫人下榻的飯店，柴契爾夫人逃過一劫。除此之外，這種不幸的政治事件在二十世紀的其他英語國家並不多見，至少沒有高階政治人物。一九二二年的陸軍元帥威爾森（Henry Wilson）、一九七九年的蒙巴頓勳爵、一九九〇年的伊恩・高（Ian Gow）都死於愛爾蘭共和軍之手，這些當然都是重大恐怖事件，但他們都不是高階政治人物。

反美人士譏諷說，美國也許很民主，但這是一個有暴力本質的社會，許多不穩定的人可以輕易取得槍枝，殺害許多最傑出的公職人員。有人指出，在二十世紀，除了那些會蓄意處決政治人物的國家之外，沒有哪個超過五千萬人口的國家像美國有這麼多政治人物被殺害。

但這也不是二十世紀獨有的現象。雖然美國在殖民時代沒什麼刺殺事件，但傑克森（Andrew Jackson）在一八三五年在國會圓頂大廳差點被近距離射殺，而在一八六五到一八七七年的「重建時期」（Reconstruction），有多達三十六名政治官員被攻擊，其中二十四人死亡。

刺殺二十世紀政治人物的人意圖不盡相同，從支持無政府主義到反對以色列到迷戀女星茱蒂・福斯特（Jodie Foster）都有。從麥金利到雷根時代共有十一名總統刺殺者，其中只有兩人有固定工作，一人有結婚生子，沒幾個人有完整暗殺計畫，除了兩人之外都是用手槍，並只在近距離有效。美國有二億九千七百萬人，憲法保障槍枝擁有權，這就難免偶有刺殺事件。（在無所不賭的布魯克斯俱樂部，薛伍德勳爵〔Lord Sherwood〕曾下注十英鎊和布肯〔Alistair Buchan〕對賭，賭「〔殺掉凶手奧斯華的〕盧比先生在一九六七年三月十一日依然健在。」[2]盧比在一九六七年死於獄中，薛伍德險敗。）

南非種族隔離

常有人指責英語民族長期支持南非白人少數政權。南非直到一九九四年曼德拉（Nelson Mandela）離開羅賓島（Robben Island）監獄後，舉辦各種族皆能投票的大選，才迎來黑人多數執政。但這就和美國在戰後支持拉丁美洲、亞洲和非洲其他地方的右翼獨裁者一樣，完全是為了在冷戰中對抗人類文明的最終大敵：蘇聯共產黨。穩定重於民主，因為如果是蘇聯獲勝，那民主也就沒有希望。唯有當這個威脅在一九八九至一九九一年間垮台之後，民主才能推展到南非這些地方，而英語國家政府確實是真心支持。

一九五一年十二月，曼德拉在非洲民族會議青年聯盟（African National Congress Youth League）的年會上發表演說，他說到：

> 在非洲，英國、葡萄牙、法國、義大利、西班牙等殖民國家和他們在南非的跟班小弟，

正想借助美國統治階級的力量來維持殖民統治和壓迫。所謂的環保團體和考古團體……實質上都在為美國滲透打前鋒……英國人、猶太人和阿非利卡人的金融和工業利益有愈來愈融合之勢……資本主義自由民主制度在南非的希望是零。[15]

曼德拉是以嚴格的馬克思主義在分析南非的問題，難怪西方當時並不認為鼓勵黑人多數統治符合其利益。當時的曼德拉和三十多年後完全不同。當上總統後的曼德拉所提倡的，正是他以前說是「西方壓迫工具」的資本主義民主制度。一九九四年五月二十四日，曼德拉在開普敦國會大樓發表首次國情咨文，宣布南非政府已經申請加入大英國協，「這個重要的國家組織將對我們張開雙手。」

一九六四年五月，第一百任坎特伯里大主教拉姆齊，致函給英國首相荷姆勳爵，抗議英國出售武器給南非，他認為這些武器是用來內部鎮壓。唐寧街的回覆反映出英國在冷戰中的核心兩難：

我們在南非有戰略利益，很難完全切斷武器供應。我們在南非維持和中東與遠東的聯繫管道，在塞門鎮（Simonstown）有海軍基地，軍機可以起降，這在和納瑟敵對之時尤其重要……南阿拉伯聯邦、印度和馬來西亞也是危險地區，如果要派出大量部隊，南非的基地非

②編按：奧斯華是行刺甘迺迪總統的兇手。但在案發兩天後，奧斯華卻在警方嚴密戒備下遭另一位殺手傑克·魯比（Jack Ruby）殺害。

常必要。[16]

南非對防衛開普周邊海運路線至關重要，所以就算英國聖公會道德呼籲，還是不能不把戰艦、高性能的坎培拉（Canberra）和布坎納（Buccaneer）攻擊機、魚雷直升機等等賣給南非。

英國之所以要有如此寬廣的全球視野，是因為自認在蘇伊士運河以東有戰略角色，但荷姆在一九六四年十月大選敗給工黨的威爾森（Harold Wilson）之後，這個角色就大幅衰退。如同歷史學家所指出，英國從蘇伊士運河以東撤回，並不是因為一九六七年英鎊大貶，而是出於更深層的原因。在大貶之前幾個月，一九六七年七月出版的《國防評估報告》就得出結論說，英國應在一九七〇年代中撤除在蘇伊士運河以東的基地。威爾森政府在一九六四年上台後不久，就設下未來十年國防預算上限為二十億英鎊，進一步財政撙節更取消了多項蘇伊士運河以東的國防外包合約，包括戰術攻擊機和偵察機，還有預定的新航空母艦。[17]

在一九六〇年代，英國國防支出占GDP的百分之六點八，是西德的兩倍，日本的四倍。但英國的經濟成長卻遠遜於競爭對手。一九五〇到一九七三年，英國人均GDP成長率為百分之三點二，而日本是百分之七點六，德國是百分之六，義大利是百分之五點五，法國是百分之五。[18]

退出蘇伊士運河以東讓英國與澳洲和紐西蘭愈來愈疏遠。澳洲駐軍新加坡直到一九八八年，紐西蘭駐軍馬來西亞直到一九八九年。對英國來說，「蘇伊士」既代表一九五六年的恥辱，又代表被美國這個超級大國出賣。當詹森總統請威爾森首相出手相助越南戰事，威爾森對蘇伊士危機還記憶猶新，遂斷然拒絕。

越南戰事升級

一九六四年八月二日，美國「馬多斯號」（Maddox）驅逐艦在東京灣③距北越海岸十英里處遭到北越三艘魚雷艇攻擊。敵方發射三枚魚雷，也開了機槍，但馬多斯號沒有傷亡。作為報復，「提康德羅加號」（Ticonderoga）航母的美國海軍戰機擊沉了一艘魚雷艇。詹森總統警告河內若再有攻擊將導致「嚴重後果」。第二天，馬多斯號和另一艘驅逐艦「透納喬伊號」（Turner Joy）繼續在離岸八英里處巡邏。當時有大雷雨影響電子設備，造成船員誤讀，兩艘船以為又遭到攻擊，於是向好幾個目標開火，但沒有明確看到任何敵人。

今天普遍認為，馬多斯號在八月三日那天不太可能有受到第二波攻擊，但關鍵是該艦及白宮和國會都相信有。美國決策者想起路易斯安納號事件、珍珠港事件和北韓跨越三十八度線，堅持認為要回擊報復。參謀首長聯席會議建議派出六十四架美國海軍戰鬥轟炸機攻擊北越的煉油廠和海軍目標。來自加州聖荷西（San Jose）的中尉飛行員阿爾瓦雷斯（Everett Alvarez）的座機被擊落，成為第一位被俘的美軍。八月五日，民調顯示有百分八十五的人民支持詹森轟炸北越的決定。兩天後，國會授權總統（參議院是九十八票對兩票，眾議院是一致通過）「運用所有必要手段擊退對美軍的任何武裝攻擊，防止進一步挑釁。」

---

③譯注：又稱作北部灣，是越南北部與中國兩廣、海南島間的封閉海灣。

事實上，雖然東京灣事件被大肆渲染，但美國早在此事件之前就已深深介入越南。一九六一年一月，赫魯雪夫誓言要支持全世界的「民族解放戰爭」，尤其是胡志明要把越南統一在共產黨之下的越共游擊戰爭。當年五月，甘迺迪政府派出四百名綠扁帽「特別顧問」去訓練南越人反游擊戰技巧。二萬六千名越共在秋季發動幾次跨境攻擊，吳廷琰總統（副總統詹森曾稱他為「亞洲的邱吉爾」）向美國請求更多軍事援助。當年十月，泰勒將軍和羅斯托訪問越南後報告說：「如果越南跑了，就很難守住東南亞。」他們建議要派出八千名部隊。

到了一九六一年，美國每天要花一百萬美元訓練和支援南越二十萬軍隊。甘迺迪在一九六二年一月十一日的國情咨文中誓言：「在歷史上，少有哪個世代的人被賦予在最危險時刻捍衛自由的角色。我們何其有幸。」然而四天後，甘迺迪在記者會上被問到，是否有美國人在越南參戰，他卻回答說「沒有」。一般都認為騙人的是詹森和尼克森，但真正虛偽的是甘迺迪，他想在越南非正式作戰，而不是採取美國公然介入拉丁美洲的方式搞反共聖戰。在甘迺迪執政末期，美國在越南有超過一萬六千名「軍事顧問」，其中有許多人經常參與重大軍事行動。

如同古巴飛彈危機，甘迺迪政府中最強烈的鷹派是麥納馬拉。一九六四年五月二十四日，他和國務卿魯斯克、國家安全顧問邦迪共同簽署一份備忘錄敦促詹森，只要北越支持越共作亂，就要「選擇和審慎加大軍事力量對付北越」。三週後，六月十六日，在一卷錄音帶中，詹森說有些人希望美國撤出越南，麥納馬拉回說：「我不相信我們會被從那地方趕走，總統先生。我們不能允許此事發生。您不會想在歷史上留下……」詹森在此時打斷了麥納馬拉的話，並說：「絕對不行。」譯出並公開發表這份錄音帶的史學家貝施洛斯（Michael Beschloss）認為，麥納馬拉的語氣像是在「逼迫詹森」。[19]

西元前一一〇〇年的中國有句老話：「當大象要過新橋時，跟在牠背後是不智的」。當美國在一九六〇年代中期之後愈來愈介入印度支那半島事務，英國確實落在美國後面，而事後證明這並非不智之舉。英國外交部向來把這個地區視為法國勢力範圍。英國在一九五〇年代弭平馬來亞動亂後，馬來西亞已沒有被共黨淪陷之虞；泰國則是這個地區唯一沒有被歐洲列強殖民的國家，一般認為有能力保護自己。

雖然威爾森拒絕詹森總統派英軍到越南，一九六八年也是二戰後沒有任何英軍陣亡的一年，但越戰對英語民族是很重要的一場戰爭，美軍派出的規模分別為：一九六五年十五萬四千人、一九六六年十六萬九千人、一九六八年五十六萬三千人、一九六九年四十八萬四千人、一九七〇年三十三萬五千人、一九七一年十五萬八千人、一九七二年二萬四千人。

作為東南亞公約組織（SEATO）的一員，澳洲在一九六五年六月三日到一九七二年十二月十八日間，先是派出營級部隊，再派出旅級部隊（共計七千五百人）。總共有五百二十名澳洲士兵戰死於越戰，這是澳洲人第一場不是為了英國出兵的戰爭，對於其國家獨立性的發展是重要一頁。紐西蘭也出兵南越抗擊共產黨。美國對這兩國的貢獻感謝有加。「澳洲人自建國以來就和我們在每場戰爭中並肩作戰，我們非常尊崇。」美國前國務卿鮑威爾在二〇〇六年一月如此告訴我。

一九六六年三月，澳洲首次在和平時期徵兵，不但激起了反政府示威，也讓工黨的惠特蘭（Gough Whitlam）在一九七二年十二月選上總理。工黨在當月就從越南撤軍，停止徵兵。然而一個月後，澳洲還是重申與東南亞公約組織和美國的關係。紐西蘭先是對越戰派出砲兵，後來增派五百五十人的營級部隊，一直待到美國主力部隊在一九七二年撤離為止。

一九九八年二月，澳洲總理霍華德（John Howard）表示如果海珊繼續阻礙聯合國武器檢查，澳洲將加入美國進攻伊拉克，這是澳洲自越戰後首度支持對外軍事行動。

正如貝奈特（James C. Bennett）在《英語世界的挑戰》（*The Anglosphere Challenge*）一書中所指出：

> 少有人充分理解，詹森之所以讓美國深深介入越戰，和來自澳洲的壓力大有關係。美澳紐三國在越戰中並肩作戰，英國卻不願公開支持，這讓澳洲對英國更加離心離德。儘管有許多英國人穿著澳洲和紐西蘭軍服在越南作戰，但這凸顯了英國的置身事外，只是外人沒看到英語世界這一面。[20]

甘迺迪遇刺不到一年，詹森在一九六四年總統選舉獲得大勝，民主黨在眾議院保持二百九十五席對一百四十席多數，在參議院則是六十八席對三十二席。民主黨人在媒體上對共和黨候選人高華德參議員（Barry Goldwater）極盡人身攻擊。加州州長布朗（Pat Brown）說他「有法西斯的氣味……只差沒聽到『希特勒萬歲』」；哥倫比亞廣播公司（CBS）把受邀到巴伐利亞的高華德比作希特勒；金恩博士表示「我們在高華德的競選中看到希特勒主義的危險訊號」；舊金山市長謝利（John Shelley）表示共和黨人「把《我的奮鬥》當成政治聖經」；《芝加哥衛報》

（*Chicago Defender*）頭條是「共和黨一九六四年大會讓人想起一九三三年的德國」；全國有色人種協會領袖威金斯（Roy Wilkins）說：「高華德當選會帶來警察國家」；黑人棒球員羅賓森（Jackie Robinson）說：「我現在知道猶太人住在希特勒的德國是什麼滋味了。」[21]雖然這些指控太過粗暴，但確實讓民眾把高華德和極端主義聯想在一起，而他自己在接受共和黨提名時也說：「我要提醒你們，極端主義對於保衛自由並不是壞事。我也要提醒你們，溫和中庸對於追求正義並不是美德。」

邱吉爾的喪禮

一九六五年一月三十日星期六是邱吉爾的喪禮，標示著英國一個時代的結束。這場喪禮既隆重又冗長。當戴高樂聽到邱吉爾去世的消息，他一點都不感嘆地說：「英國現已不再是強國了。」許多英國媒體也同意這個看法。英國在一九六五年只剩下為數不多的殖民地，首相威爾森讓人索然無味，英國從蘇伊士運河以東撤退，再加上英鎊在一九六七年再度大貶，邱吉爾的去世正是戰後國運衰落甚至委靡的寫照。正如史學家布萊恩特在《倫敦新聞畫報》（*Illustrated London News*）所寫道：「巨人的日子一去不返。」邱吉爾的研究者也說：「如果國王去世，你可以再喊『國王萬歲』，但現在溫斯頓爵士去世，還有誰能替代？再沒有人有他的威信。」

牛津萬靈學院教授羅斯（A.L. Rowse）也深有同感，他看到載著邱吉爾棺木的火車駛過車站時，內心大受震動，「大英帝國的太陽隕落了。」小說家普利切特（V.S. Pritchett）在《新政治家》（*New Statesman*）雜誌寫道：「我想，大家都有一種自憐自艾的感覺。我們看到最後一絲維多利亞式的泰然自若，我們看到過去一去不復返。」《每日郵報》編輯在喪禮那天也強調這是偉業的終結，「現在一切都已結束」。

因為邱吉爾太高壽，他的喪禮計畫在十二年間不斷更新。「但問題是，」蒙巴頓勳爵曾開玩笑說，「邱吉爾活太久了，原定的護棺者已紛紛過世。」邱吉爾對自己的喪禮倒沒多大要求，只曾對麥克米倫說過「現場要有唱詩班」。他也對最後一名私人祕書布朗（Anthony Montague Browne）說：「要記得，我要有很多軍樂隊。」最後現場有九支軍樂隊。

各英語國家都降半旗，報紙大幅刊登訃聞，人們在臂上繫著黑紗。英國的足球比賽被延後舉行，商店暫時關門，全國教師協會甚至取消罷工。英國女王還破例親自出席喪禮，展現王室格外恩寵。當天共有六位國王、六位總統和十六位總理出現在聖保羅教堂。

總計下來，當天有三億五千萬人在電視上觀看喪禮，美國觀眾比前一年甘迺迪喪禮時還多。多達一百一十二個國家的代表來到聖保羅教堂，只有紅色中國拒派代表，也只有愛爾蘭沒做實況轉播。奧利佛（Laurence Olivier）為ＩＴＶ做轉播主持人，但丁布比（Frederick Dimbleby）在英國廣播公司的評論最受觀眾好評。喪禮過後，艾森豪總統和孟席斯總理分別對美國民眾和大英國協民眾發表談話。

正如邱吉爾對麥克米倫說過的，現場有唱詩班表演。威靈頓公爵的喪禮沒有唱詩班，因為當時認為唱詩班不適合莊嚴的場合，但一百一十三年後，唱詩班成為邱吉爾喪禮的主角。因為他有一半是美國人，相信英語民族能力無窮，所以當天選唱的是《共和國戰歌》（*The Battle Hymn of the Republic*）。典禮莊嚴、宏偉、崇高，《週日泰晤士報》評論說，這場喪禮「將載入史冊」。

官方喪禮結束後，又在牛津郡布拉頓（Bladon）布萊尼姆宮附近舉行私人葬禮。九十年前，邱吉爾正是出生在這裡。（邱吉爾原想葬在他肯特郡別墅的槌球草坪，但邱吉爾夫人說服他打消念頭。）除了史賓塞家和邱吉爾家的親人之外，只有祕書布朗受邀一起悼念。在這個場合，布朗「悲傷地想到邱吉爾所代表的一切都在衰亡。整個國家都應該悼念他。」[22]從布拉頓的葬禮回到倫敦後，布朗發現他家被闖空門，這件事彷彿也應驗了英國社會的道德墮落。

法國退出北約

一九六六年三月七日，剛上任的法國駐華府大使盧塞（Charles Lucet），銜命將戴高樂的一封信遞交給詹森總統。他的心情緊張情有可原，因為這封信要求北約在三天內撤除所有在法國的基地，而北約後來也照做。盧塞受到完全不帶情緒的禮貌對待，如果他知道原因的話必會大怒。因為美國人早就從臥底在奧賽堤岸（Quai d'Orsay）法國外交部的間諜得知法國的意圖，也早就知道戴高樂這封信的內容。[23]有一位高層外交官員三年來都在洩露戴高樂的圖謀，因為他不能接受戴高樂想跟蘇聯和解。詹森總統的回應可稱經典。他指示國務卿魯斯克去問戴高樂：「您的（撤除）命令是否包括埋在法國公墓的美軍將士屍骸？」（一戰及二戰的陣亡美軍，分別有三萬零九百二十二人、九萬三千二百四十五人葬在歐洲，其中大多數葬在法國十一個大型公墓中。）

一九六六年七月一日，法國兵力不再歸北約指揮。但這並非什麼大災難，因為法國的核武計畫中有所謂「展示性」（pre-stratégique）攻擊戰略，一旦法國脫離北約，會讓蘇聯的戰略規劃更難辨。歷史學家米勒（David Miller）說，在整個冷戰時期，北約「把動用戰場上的核武視為當蘇聯先動手時的合理回應，以及傳統作戰即將輸掉時的最後手段。此外，西方還規劃以非常少數量的核武作為『展示』之用。」[24]

領導北約的英語國家有不惜殺掉幾百萬俄國人也要保家衛國的決心，正如他們在一九四五年動用原子彈以保全幾十萬美國人的性命。這種心理和道德上的強悍性讓一些人很反感。例如說作家桑塔格（Susan Sontag）就在一九六七年冬季號的《黨派評論》（*Partisan Review*）中寫道：「白人是人類歷史之癌。」但唯有如此才能保證冷戰不升級為熱戰，對全人類都是好事。

假如俄國人真的按照其規劃和訓練，以其強大陸海軍及先進武器（這些武器最後讓他們破產）對西歐開戰，他們也許能憑數量優勢獲得勝利。俄軍在十九世紀的戰績其實很差：克里米亞戰爭、日俄戰爭、一次大戰都以失敗坐收，俄波戰爭、俄芬戰爭僵持不下，只有在偉大的衛國戰爭中獲勝，代價是二千四百萬條人命。唯一能確定的是，第三次世界大戰會死掉更多人，而正是因為美國和英國在一九四五年以後於萊茵河部署大軍將近四十年，又有核武當後盾，戰爭才沒有爆發。

愛爾蘭共和軍的反雕像之戰

當凱撒（Caesar）在西元前四四年三月被刺殺時，他倒在其畢生大敵龐培（Pompey）的塑像之下。儘管他在四年前在法薩盧斯之戰（Battle of Pharsalus）打敗龐培，但凱撒太相信自己英明神武，覺得沒必要把塑像移除或摧毀。

一九六六年三月八日星期二凌晨一點三十分，愛爾蘭共和軍炸毀主宰都柏林天際線的一百三十四英尺高的納爾遜將軍紀念柱（Nelson Pillar），以此紀念復活節起義五十週年。炸彈被放在紀念柱三分之二高度處的內部梯間，炸斷了柱子。柱體花崗岩石塊飛濺到一百碼之外，所幸沒有人受傷。隔週的星期一，愛爾蘭軍隊把剩餘的石柱爆破拆除，歐康諾街的窗戶都被爆破波及。後來，暫放在都柏林市政公司（Dublin Corporation）的納爾遜頭像很快被偷走了。[25]在此事件後，愛爾蘭共和派高歌那位「英格蘭將軍」的「邪惡雙眼」不再俯視都柏林（但正是納爾遜拯救愛爾蘭和英倫諸島不被拿破崙統治）。

一九四八年六月，在總理科斯特洛（John Costello）宣布愛爾蘭共和國成立之前，愛爾蘭就移除了都柏林國會大樓的維多利亞女王雕像（這座雕像在凱勒梅堡〔Kilmainham〕的皇家醫院放了將近四十年，一九八七年轉贈給雪梨）。但維多利亞女王算是幸運的了，格林學院（College Green）的威廉三世雕像在一九二九年被炸毀，聖史蒂芬公園的喬治二世雕像在一九三七年喬治六世加冕禮時被炸毀，鳳凰公園（Phoenix Park）中偉大的英裔愛爾蘭軍人高福勳爵（Lord Gough）雕像也在一九五七年被炸毀。

有些國家對過去的紀念建物心理上沒什麼障礙，英國、法國、美國、西班牙都有很多不受歡迎的專制政權和統治者留下的建物，但他們都不會去摧毀。從大英帝國雕像的命運可以看出繼任政府的政治成熟度。例如說傑格（Charles Jagger）的傑作喬治五世雕像，被從新德里移到舊德里靠近杜爾巴廣場（Durbar Grounds）的加冕公園（Coronation Gardens）。此處位在新德里以北數英里處，雕像幾乎被人遺忘，也沒有人來參觀。而在距勒克瑙（Lucknow）幾英里的博物館後院，來自旁遮普省各地的大英帝國雕像被集中放在這裡。維多利亞女王、愛德華七世、喬治五世、寇松勳爵等各式各樣的人物都在這裡，好像聚在一起開樞密院會議。相較之下，加爾各答的維多利亞女王博物館最近重新裝潢，深受印度和外國觀光客喜愛。「時間的流逝才讓這些遺跡令人神往，因為不再有威脅性或侵犯性。」《泰晤士報》記者報導說，「這個曾是共產主義國家的孟加拉很有智慧，不但保存這些東西，還用來吸引觀光客參訪。」[26]

由於納爾遜是「英國偉大的象徵，是英國國家安全和世界影響力的締造者」，英國的反對者和敵人都想破壞他的雕像。一九四〇年，希特勒就談到，要把特拉法加廣場的納爾遜將軍紀念柱搬到柏林來紀念英國戰敗。巴貝多的橋鎮和加拿大蒙特婁也都討論過，要把他的雕像移到不顯眼的地方，「減少傷害國民感情」。[27]

二〇〇四年四月，南非東開普省議會有人提案，要把伊莉莎白港的維多利亞女王像移走，因為它是殖民壓迫的象徵。「我不知道新的南非統治者是否要把英國殖民時期的所有遺跡都給抹殺，」《泰晤士報》一篇評論文章說，「例如民主、言論自由、法治，更別說交通建設、醫院和英語，甚至是南非這個國家本身？」[28]

拆除雕像一直是高度政治性的動作。一九四〇年六月二十五日，希特勒在法國陷落後造訪巴黎，下令移除在米圖阿爾總統廣場（Place du Président Mithouard）聖方濟沙勿略教堂（St Francis Xavier church）後面的一戰英雄曼金將軍（Charles Mangin）雕像。他還下令拆除杜樂麗花園

（Tuileries Gardens）的卡維爾護士（Edith Cavell）雕像，她因為幫助盟軍士兵逃出德國占領的比利時而被德國人處決（這兩個雕像都已不存在）。[29]

英語民族很惱火這樣破壞歷史。確實，華盛頓也曾在法印戰爭攻占杜肯堡（Fort Duquesne）後，將其重新命名為皮特堡（Fort Pitt），以紀念老皮特（現為匹茲堡）；一六六四年，新阿姆斯特丹被更名為紐約，這不是為了紀念英國的約克郡，而是為了紀念查理二世的弟弟約克公爵。但這種改變很少見。美國革命後保持了許多英國地名。喬治亞、北卡羅來納、南卡羅來納、維吉尼亞、馬里蘭都是以英國國王或其配偶為名，紐澤西和新罕布夏則是以英國地名為名，一直維持到現在。當然，紐約的國王學院改名為哥倫比亞大學，但這是很例外的情況。

美國的英語民族在戰勝後也很少更改非英語民族建立的城鎮名稱。例如，加州最大的幾個城市就叫洛杉磯、聖地牙哥、舊金山④和聖荷西。雖然在二十世紀以前，內華達、科羅拉多和蒙大拿就已經沒有多少西語族群，但這三個州都保持原來的西語名稱。法語地名多分布於十八世紀美國中部的貿易地點，例如底特律、畢洛伊特（Beloit）、聖路易、德梅因、迪比克（Dubuque）、特雷霍特（Terre Haute）。比較例外的是，在十九世紀中有大量德裔族群的德州聖安東尼市，市內有一條德皇威廉大街，一戰時被改為威廉國王大街。

④ 編按：San Francisco，又譯作三藩市或聖弗朗西斯，會更接近西語原音。

毛主席

英語民族的特性是不搞文化革命和尊重過去（不管是誰的過去），這也是英語民族和對手不同之處。一九六六年八月一日星期一，毛澤東主席寫信給自命為「紅衛兵」的學生組織，說他「熱烈支持」他們「無情打倒」階級敵人。他還把該信的複本交給中共中央委員會傳閱，下令要在即將到來的「文化大革命」中支援紅衛兵。「紅色八月」就此展開。

四天後，八月五日，文革中第一個受虐死亡案例出現。毛澤東傳記作者張戎和哈利戴（Jon Halliday）寫道：

> 有四名子女的五十四歲女校長被女學生踹倒在地，身上被淋熱水。她被命令扛著很重的磚頭來回搬動。當她踉蹌經過時，有人用帶著銅扣的軍用皮帶和上有鐵釘的木棍打她。她不久便倒地而死。[30]

從北京開始，這種由國家支持、對教師的暴力行為，很快就遍及中國各級學校。然後矛頭又指向中國文化的保存者如作家、藝術家、歌手，以及所有代表「舊文化」的人。張戎與哈利戴又寫道：

很多被整治的人在家中被虐待而死。有些人被關在電影院、劇院和體育館的臨時刑求室。在大街上招搖過市的紅衛兵，燒東西的篝火和人們的哭喊聲，這就是一九六六年夏天晚上的景象和聲音。

一九五八年時還存在北京的六千八百四十三座公共遺址中，有多達四千九百二十二座被紅衛兵摧毀。[31]

中國共產黨還對私人生活領域宣戰，尤其是家庭制度。幾百萬人被迫去觀看幾十人被公開處決，幾代中國人被灌輸要擁抱殘忍。雖然有七千萬人因毛澤東而死（光是文化大革命就有三百萬人），他的陵墓和畫像還是被放在北京天安門廣場。毛澤東對世界自有一套規劃，這套規劃和英語民族重視家庭、友誼、私有財產遠勝於國家完全對立，英語民族也不會將個人奉若神明。

然而，英語民族內有許多人雖然自己未沾血腥，卻對殘暴視而不見。多年來，毛澤東政權的真正本質被記者和學者們刻意淡化。就像杜蘭蒂⑤在一九三〇年代於俄羅斯所為，《時代》雜誌記者白修德（Theodore White）、《紐約時報》的艾金森（Brooks Atkinson）、《先驅論壇報》的斯蒂爾（Archibald Steele）等人都用最美好的角度去描繪毛澤東及其追隨者，只注意到他們號稱的「農民民主」，而忽略他們殘酷的馬列主義信仰。「我們不願把他們寫成是真正的共產黨，」斯蒂

⑤ 譯注：杜蘭蒂擔任《紐約時報》莫斯科分社社長達十四年，一九三二年他因有關蘇聯的報導而獲得普立茲獎，可參見本書第七章「史達林的大清洗」。

爾多年後承認，「因為我們知道這不是美國人要的。」[32]

當時的新聞片也差不多，英國《Movietone新聞》（*Movietone News*）在一九六六年十月十三日一則令人目瞪口呆的報導就是典型之作。影片中有上百萬青少年擠滿天安門廣場，旁白以完全不加批評的語氣說：「他們對毛澤東及其教誨的崇敬，完全超乎英雄崇拜的層次。他們唱毛澤東的歌，吟誦毛澤東的詩句，他們似乎把他看成神。」記者的天職是說出真相，但這些記者的自我審查反映出，英語民族當時對這個從意識形態上，根本敵視民主制度和資本主義的新興強權，充滿了無謂的善意。

為殺人如麻的中國共產黨辯護的西方人士還有：美國記者斯諾（Edgar Snow），他一九三八年的著作《紅星照耀中國》（*Red Star Over China*）在西方影響極大，但當時人們並不知道斯諾有把草稿交給毛澤東審查過；劍橋凱斯學院院長李約瑟，他曾錯誤指控美國在韓戰中使用生化武器；未來的加拿大總理杜魯道，他曾寫過《紅色中國的兩名旅人》（*Two Innocents in Red China*）讚頌毛澤東；後來的法國總統密特朗（François Mitterrand），他在一九六一年訪問中國，天真地相信毛澤東所說「中國沒有饑荒」；劍橋大學經濟學家羅賓遜（Joan Robinson），她在一九六九年的《中國的文化大革命》（*The Cultural Revolution in China*）中認為，毛澤東的政策能夠解決第三世界的貧困，儘管她很清楚中國從一九六〇年就沒有再公布經濟數據；格林（Felix Greene），他在英國廣播公司訪問了周恩來，相信周恩來講的每句話，他對西方民主國家的政治人物從未這麼奉承；西蒙・波娃（Simone de Beauvoir），她宣稱「毛澤東並沒有比小羅斯福獨裁」，因為「新中國的憲法讓權力無法集中在個人手上」；波娃的伴侶沙特，他認為毛澤東的「革命暴力」

乃是「深刻具有道德性」。[33]最後，高伯瑞也在一九七三年的著作《中國之行》（*A China Passage*）表示，停滯的中國居然有年成長率超過百分之十的「高度有效經濟體系」，「這對我來說是完全不可思議的」。中國後來的確有這麼高的成長率，但那是三十年後完全放棄毛澤東列寧主義，轉向自由放任資本主義以後。

解構主義的危險

在一九六〇年代晚期，由於後現代主義哲學理論的推波助瀾，西方知識分子相信有某種「更偉大的真實」比簡單的真實更重要。儘管反證的事實比比皆是，但他們還是一心服膺這種理論。一九六七年，出生於阿爾及利亞的法國知識分子德希達（Jacques Derrida）出版了《書寫與差異》（*Writing and Difference*）及《論文法學》（*Of Grammatology*），提出了這個思潮的主要概念。作為「解構主義」和「後結構主義」之父，德希達開創了一九六〇年代晚期的批判分析思潮，對西方哲學、人類學、文學、語言學和建築造成極惡劣的影響。

德希達主張語言有多重層次，有多重詮釋方式，所以話語並不是直接的溝通形式，文本的作者並不必然壟斷文本的意義。[34]解構主義主張要把文字從語言結構中「解放」出來，文本的任何隻字片語都可以有無限多種詮釋，這就直接打擊到西方倫理道德的核心。德希達及其門徒很快就把解構主義運用在政治和倫理價值上，主張既有的倫理規範不過是一場大騙局。所有西方經典皆被貶為「只是死人和白人男性的意識形態」。如同澳洲歷史學家溫迪沙特爾（Keith Windschuttle）

所說：「多重文化主義者要用『從性別出發』或『以非洲為中心』的角度重新編寫高等教育課程。」[35]

一九六〇到一九六四年間，德希達在巴黎索邦大學（Sorbonne University）教哲學，一九七〇年代初在美國的耶魯大學、約翰霍普金斯大學和加州大學爾文分校（University of California at Irvine）教書。我們很難理解為什麼這些英語世界名校要歡迎這種實際上是他們智識上大敵的人物。德希達的作品晦澀複雜和刻意曖昧，習慣於「平鋪直敘的盎格魯—撒克遜思想風格」的英語世界哲學家都認為他是個欺世盜名之輩。一九九二年，包括世界知名的邏輯學家蒯因（W.V. Quine）在內的二十位哲學家，聯名抗議劍橋大學頒給德希達榮譽博士。[36]最後投票表決，德希達贏了。反對者的票數為百分之四十，反對者之一的艾斯金—希爾（Howard Erskine-Hill）表示這種投票結果「是大學自殺的象徵」。

德希達和解構主義本身並沒有什麼大不了，但他的門徒在一九六〇年代晚期開始大舉入侵西方教育體系，先是從大學的人文科系開始，後來又進入中等學校。這些知識分子認為西方社會根本沒有理性，抱持非常蔑視的態度。他們認為，凡是英語民族去到哪裡打仗（例如越南，後來是伊拉克）那就一定是英語民族不對。二〇〇一年九月十一日，西方文明在曼哈頓遭受物理性而非哲學性的攻擊，但德希達拒絕說這是恐怖行動，反而說「國際恐怖主義絕非能幫助我們理解此事的嚴肅概念」，但當時的紐約人一定能理解這個概念。[37]

歷史學家派普斯（Richard Pipes）曾說後現代主義是「從法國新傳來的毒物」，它主張沒有東西是客觀的，沒有東西一定「是」什麼，而只能是「看來是」什麼。這種自焚式的概念很接近崇尚摧毀一切的虛無主義，但德希達從不承認自己是虛無主義者。在一九六〇年代，英語世界各大學系所逐一淪陷到激進左派之手，他們牢牢掌握了教職任用權，直到歐洲各共產政權在一九八九年垮台後才改變。

從一九二〇年代末到一九三七年去世這段時間，義大利共產主義知識分子葛蘭西（Antonio Gramsci），一直鼓吹要在西方體制內奪取「文化霸權」來推動馬克思主義。他相信唯有奪取智識和菁英階層的高地才能有效削弱英國、美國、法國這些資本主義國家，這在階級鬥爭中的重要性不亞於經濟因素。就算沒有發生金融和經濟危機，資本主義也可以從內部加以摧毀。葛蘭西也許是繼馬克思之後最重要的西方共產主義思想家，他把馬克思理論現代化以適用於二十世紀，其觀點在學術圈影響力最大。

許多科系和領域（例如社會學、英國文學和哲學）從一九六〇年代起就被左派掌控，他們教授學生西方文化就是一系列反人類罪行。然後學生又變成老師，在學校繼續傳播這些迷思。凡是反對解構主義和後現代主義、主張經驗證據重要性以及從事實出發即可掌握真實的人，都被追求葛蘭西文化霸權的左派嘲弄和邊緣化。

在歷史學領域，後現代主義尤其流毒無窮。法國哲學家傅柯（Michel Foucault）的門徒宣稱歷史敘述只是被語言禁錮的敘事，而德希達已經證明語言無法提供意義，所以過去是不可知的，只能被創造出來。正如韋斯特（Patrick West）最近在《泰晤士報文學副刊》（*Times Literary Supplement*）所指出：「根據後結構主義的相對主義者的說法，我們甚至無法確定猶太人大屠殺真的有發生過。」有些更激進的後現代主義者甚至呼籲要完全取消歷史學這門學科。很多有識之士認為，後現代主義者「不過是從前的馬克思主義者，他們對社會主義實驗失敗感到沮喪，遂遁入於麻木不仁的唯我論中。」

媒體與越戰

從許多方面來說，韓戰和越戰是很類似的。兩者都是在半島北部的馬列主義獨裁者無預警攻擊位於南部的鄰國，然而美國率領聯軍介入，阻止共產主義擴張，保衛一個雖非完全民主但至少相對溫和的資本主義社會。兩者最大的不同在於，韓戰發生於反文化失敗主義在一九六〇和七〇年代侵蝕掉美國人的勝利意志之前，這也在很大程度上能解釋為什麼韓戰會勝利，而越戰會失敗。

雖然韓戰因為有聯合國參與，看起來比越戰有合法性，但韓戰事實上更為血腥。正如林德在其修正史學的著作《越戰：必要的戰爭》（*Vietnam: The Necessary War*）中所說：

> 美國對朝鮮的轟炸是無差別的攻擊……到韓戰結束時，朝鮮半島幾乎每個城鎮和村莊都被炸被毀……在那三年之內，朝鮮半島推估死了三百萬人……相較之下，越戰打了十五年，推估死了二百萬人。韓戰中死亡的百分之七十是平民，越戰則為百分之四十五……最大部隊集中、無差別攻擊的激烈戰鬥不是發生在一九五九到一九七三年的中南半島，而是發生在一九五〇到一九五三年的朝鮮半島。[38]

由於被聯合國賦予了正當性，美國首次率軍保衛民主的韓戰被視為正義之戰，第二次的越戰本也同樣堂堂正正，卻被視為漫長的「骯髒戰爭」（dirty war），到今天還是如此。

和一般人對越戰的印象相反，美國其實從未在戰場上吃過敗仗。北越軍元帥武元甲（Vo Nguyen Giap）將軍本人沒有受訪過，但他的參謀長裴信（Bui Tin）曾在一九九五年承認，一九六八年的「新春攻勢」（Tet Offensive）其實是他們吃了敗仗。[39]鮑威爾將軍也同意這一點：「純粹從軍事上來看，新春攻勢對越共和北越是一大挫敗。」但在順化的激戰，以及北越軍成功滲透西貢，讓美國媒體一面倒開始反戰。美國戰爭部在一九六五到一九六八年間公布的戰果過於樂觀（所謂「五點鐘蠢話時間」），⑥和記者在戰場所見所聞大相逕庭，也讓媒體相當失望。

在新春攻勢和溪山鎮大敗後，河內政治局在一九六八年改變戰略，改採集中主力部隊作戰的「常規戰」。但要做到這一點，就必須在北越加強軍力以待美軍離開這段時間讓越共獨立行動。北越開始和美國談判，一九七三年一月二十七日，美國、北越、南越和越共在巴黎簽署了停戰協議。三月二十九日，美軍最後一批部隊「旗幟飄揚、軍樂響亮地離開越南」。美國戰俘也被釋放。

兩年後的一九七五年四月三十日，西貢和南越政府陷落。北越一路揮軍南下，主力部隊沒有和美軍發生重大交火。這完全是一場災難，因為在一九七三年時，南越軍因為有美國空軍支援，曾在好幾場重要戰役中打敗北越。南越軍現在要面對蘇聯製與中國製的飛機和飛彈，急需美國戰

⑥譯注：「五點鐘蠢話時間」（The Five O'Clock Follies）是指越戰期間舉行的軍事新聞發布會。因為發布的戰果都過於樂觀，經常引來現場記者的嘲笑。

鬥機支援，但美軍在一九七三年就撤走了。美國成功阻止了越共從內部顛覆西貢政府，但美國國會卻不願阻止北越用傳統軍事入侵方式達到同樣的目標。美國在軍事上成功迫使敵人改變戰略，卻因為內部反對而喪失了繼續作戰的意志。

一次大戰雖然死傷慘重，但當時的報紙並沒有刊登死者的照片。二次大戰中第一張美軍屍體的照片（躺在太平洋海岸的波浪中）被美國戰爭部扣留九個月後，才在《生活》（*Life*）雜誌刊出。而在越南，記者拍下的美軍屍體照片都被用來讓國內民意轉為反戰。

左派拚命反對越戰甚至到了漫天撒謊的地步。一九六八年，左翼知識分子桑塔格出版了《到河內之旅》（*Trip to Hanoi*），她寫說北越人「並不憎恨」美國，因為：

> 他們真心關懷被俘的幾百名美國飛行員，分配給他們的食物要比一般越南人多。「因為他們比我們高大，」一位越南軍官對我說，「他們比我們更習慣吃肉。」北越人真心相信人性本善……每個墮落的人都是可以被拯救的。[40]

越戰時期的反美情緒當然不限於美國國內。德國歷史學家奧茲門特（Steven Ozment）就記得，一九六八年他在杜賓根大學（Tübingen University）看到學生抗議，大樓被塗上USA三個大字，而S是用納粹萬字符號。但真正重要的還是美國國內，因為越戰是輸在國內，而不是輸在中南半島的叢林、稻田和三角洲。

英語媒體在戰爭時向來會批評軍隊。在克里米亞戰爭時期，《泰晤士報》記者羅素（William

Howard Russell）一直批評最高司令部，鉅細靡遺地報導從小賣部到醫療救護的缺乏之處，雖然英國總司令拉格蘭勳爵（Lord Ragla）根本沒時間理會他。《泰晤士報》在開戰前是支持開戰的，但很快就開始批評最高司令部的「無能、暮氣沉沉、貴族式傲慢、官僚式的漫不經心、乖張和愚蠢。」[41]但羅素其實可算是英軍自己人，他想要更有效率的作戰方式，而不是不計代價的和平。但在越戰中，許多美國媒體並不是這麼想。

一戰和二戰期間的新聞報導都非常有責任感，記者都不想讓自己的報導被敵人拿去利用，但在越戰中，有些媒體成為這場戰爭最大的敵人。左派從此失去分辨輕重的能力。有線新聞網的透納（Ted Turner）就曾在一九八九年表示，一九六九年五月抗議轟炸柬埔寨而被國民兵射殺的四名肯特州立大學（Kent State University）學生，和在北京天安門廣場被殺的二千名學生是一樣的情況。[42]

不要以為多數美國人從頭到尾都反對越戰，這種情況只是出現在越戰輸掉之後。一九六八年民主黨大會時，場外被反越戰學生包圍，芝加哥市長戴利（Richard Daley）派警察驅離學生，當時的民調顯示有百分之六十六的民眾支持警方行動，只有百分之二十反對。[43]

今日對越戰的看法幾乎都是左派的觀點，把越戰看成一場對美國而言徹頭徹尾的災難。好萊塢拍的越戰電影更是雪上加霜，幾乎講成一無是處。《現代啟示錄》（*Apocalypse Now*）、《金甲部隊》（*Full Metal Jacket*）、《前進高棉》（*Platoon*）等大量反越戰電影比越共的宣傳有效百倍，韋恩（John Wayne）的《綠色貝雷帽》幾乎是唯一例外。弗雷澤（George Macdonald Fraser）二戰時在英軍服役，見識過許多東亞叢林戰，他在一九八八年出版的《好萊塢的世界史》（*The*

Hollywood History of the World）一書中說，《前進高棉》是這樣形容電影中那支部隊的：

> 他們殘酷、墮落、骯髒、歇斯底里、吸毒、邋遢、沒有體面或紀律，顯然互相仇恨，鄙視他們的領導人，把軍人專業侮辱到極致。壞中士巴恩斯是邪惡的天才，他謀殺了好中士埃利亞斯，因為埃利亞斯目睹了巴恩斯對越南村民的暴行。而巴恩斯又被排裡面的天真士兵給殺害，這一事件凸顯了電影的結尾獨白：「敵人就在我們之中，我們是在和自己作戰。」[44]

《金甲部隊》也一樣，「那個排兵被愚忠的同僚毆打後便發了狂，射殺士官後自殺。」好萊塢創造的幻覺讓人以為，《前進高棉》和《金甲部隊》這些電影真實描寫了在越南的美軍。但除了有少數幾件用手榴彈殺傷軍官的案件外，美軍並不是自己的敵人，也沒有在和自己作戰。美軍的敵人非常明確，美軍也在每一場戰役中都取得勝利。在一場漫長的戰爭中，一定會有某些部隊在某些時刻士氣低落，但越戰的氛圍卻讓一大堆完全沒有代表性的電影導演，瘋狂滿足其虐待狂式的幻想。

事實上，正如國安顧問邦迪所指出，越戰讓東南亞國家有寶貴的十二年時間和平發展，新加坡領袖李光耀也認為越戰讓這個地區不致淪入共黨之手。泰勒將軍害怕「如果越南跑了，就很難守住東南亞」，這句話向來被左派嘲笑是「骨牌理論」，但正是因為美國在越南半島擋住共產黨超過十年時間，其他東南亞國家才沒有「跑」。假如南越沒有在一九七五年陷落的話，很可能會複製南韓民主化後的經濟成就。

任何一位美國總統當時都會出兵保護南越，甘迺迪被槍殺前是如此，其後的詹森也是如此。艾森豪在一九六五年二月十七日寫道：「美國已賭上威信要維護東南亞的自由……我們不能讓中南半島跑掉。」這位前最高統帥還說，他「希望不會用到六到八個師，但若必要的話還是得用。」如同研究越戰的美國歷史學家者所言，如果美國在二〇〇五年願意保衛南韓和台灣，那麼「主張美國在第三次世界大戰最緊張時，去保衛它在中南半島的受保護國是非理性的，這種說法毫無道理。」[45]

越戰讓美國付出很大代價。總共有三百三十萬人次上戰場，二十萬五千零二十三人傷亡，其中四萬六千二百二十六人戰死或傷重不治，一萬零三百二十六人非戰鬥死亡，十五萬三千三百一十一人受傷，五千四百八十六人失蹤。[46] 一九六九年三月二十七日，美軍兵力達到最高峰六十二萬五千八百六十六人。自由世界其他國家（主要是澳洲、南韓、紐西蘭、菲律賓、泰國）死傷超過一萬七千人。南越戰死二十萬人，北越和越共傷亡二百五十萬人，其中九十萬人戰死。這些數字很驚人，但如果一戰、二戰和韓戰都是英語民族絕不能輸的光榮戰爭，那麼冷戰亦然，因為同樣事關重大。

越南的悲劇在於它處在冷戰對抗的最前線，就和過去的南韓一樣，但如果不試著保衛越南就把它交給共產黨，將會讓這個地區的其他國家和全世界都認為美國不肯支持盟友，在面臨蘇聯帝國主義侵略時不能依靠美國。威信和信任對華府的重要性一如大英帝國時代的倫敦。

南越在一九七五年四月三十日陷落，正好是尼克森為水門案（Watergate scandal）下台後滿兩年，美國威信大挫，這是英語民族自一九四二年初新加坡和馬尼拉陷落以來最羞辱的一段時期。

但打這場戰爭還是有道理的，雖然一定有辦法打得更好。「前後七位美國總統都介入，這是很獨特的連續性誤判，」保羅・詹森（Paul Johnson）認為，「而每一位都出於善意。」[47]但這絕不是一場不義的戰爭。美國許多最好的將軍都參與其中，包括威斯特摩蘭（William Westmoreland）、福賽思（George Forsythe）、羅傑斯（Bernard Rogers）、艾布蘭（Creighton Abrams）、克溫（Walter Kerwin）、德普伊（William E. DePuy）和帕爾默（Bruce Palmer）。

越戰也許能以不同的方式進行，美國可以用長時間、低度衝突的方式協助南越防守邊界（美國在南韓這樣做已超過五十年，這是美國對這個民族自由的最大貢獻）。由於入侵北越可能會導致中美爆發戰爭，詹森總統想要避免是正確的，但事後回顧起來，「大規模、高科技消耗戰」也許是個錯誤。但無論如何，「在一九六五年驚慌地逃離中南半島」絕不會是個選項。[48]

澳洲的「黑綠」民族主義

美國撤出越南對亞洲和太平洋地區產生深遠影響，尤其是在本來就有強大反戰運動的澳洲。「在一九六〇和七〇年代，澳洲突然崛起兩股民族主義思潮，」知名澳洲史學家布萊尼說，「分別是黑色與綠色。兩個團體都指向傳說中原住民與環境和諧共生的黃金時代。兩個團體都哀嘆物質主義的歐洲社會摧毀了這種和諧。」[49]環境主義和原住民權利運動一同茁壯、相互支援，而且有共同的敵人。

一九九二年，澳洲高等法院對馬莫案（the Mabo Case）⑦做出至今仍有爭議的判決，把原住民的土地權擴展到和他們在歷史上沒什麼關係（或只是聲稱有宗教關係）的地區，此案可說是「黑綠」聯盟的大勝利。對少數民族來說，懷抱歷史仇恨對他們在西方社會的發展是不利的，這只會讓人沉緬於過去，製造一種受害者文化，除了讓他們對優勢的英語民族有一種道德優越感之外，沒有任何好處。

毛利人、愛爾蘭天主教徒、法裔魁北克人、美國黑人、美國原住民都以各自不同的方式在不同的英語國家面對這個議題，但唯有拋棄歷史仇恨、堅決看向未來、面對競爭，而不是一直抱怨和自我隔絕，才能獲得成功。在澳洲，原住民族和英國後裔「在初次接觸的前幾代人中一直難以相處……兩種人對土地、親屬關係、工作、積累財富和人生許多其他面向的態度截然不同。」[50] 由於英語民族的資本主義企業家文化早在一九六〇年代之前就已深植於澳洲，不可能改變，最符合原住民利益的方式就是去加以適應。

速食革命

反美人士經常拿美國人的飲食習慣說美國人有多令人厭惡，但這其實顯示這些人心胸有多狹隘。為了有一些人吃的東西不營養就鄙視整個民族，這無疑是刻板且根本不符合自由主義的態

⑦ 譯注：馬莫案是由馬莫（Eddie Mabo）對昆士蘭省提起的訴訟案。該案件是澳洲首例承認原住民在殖民前土地權益的案件。

度。德利加蒂（Jim Delligatti）是「大麥克」（Big Mac）之父，他是麥當勞創辦人雷・克洛克（Ray Kroc）最早的加盟店主之一。一九六〇年代晚期，克洛克在匹茲堡經營十幾家分店。他經營得很成功，一九六八年在各店推出大麥克漢堡，從此推動速食業革命。「但速食並不是美國人發明的，」人類學家西敏司（Sidney Mintz）指出：「人類吃速食已有幾百年，甚至幾千年了。只要你有看過索奇米爾科湖（Lake Xochimilco）的人在舟上烹煮，或那些在新德里繁忙的路邊、市集廣場或香港新界地鐵站的景象，你就會知道。但美國確實有特殊創新之處。美國人的速食是和高度流動性的客人綁在一起的。」[51]

速食把一般工作者從耗時的餐點解放出來，讓他們更能利用時間做別的事。十八世紀的三明治公爵（Earl of Sandwich）為了方便在布魯克斯俱樂部賭博，發明了用兩片麵包夾一片肉的做法，而美國人在一九六八年把這種做法臻於完美（但多加了一片麵包和肉，還有兩片起司）。

二十世紀初，一位叫坎德勒（Asa Candler）的人在賣一種「可樂」（Cola）糖漿，他每年可以賣出二十萬加侖，每加侖可以做四百瓶可樂，每年可以生產八千萬瓶。可樂原來是彭伯頓（John Pemberton）於一八六九年在亞特蘭大發明的，他在一八八八年把配方賣給坎德勒，後來又被湯瑪斯（Benjamin F. Thomas）和懷海德（Joseph B. Whitehead）兩位企業家簽約將其裝瓶出售，讓可口可樂成為行銷二百個國家的跨國公司。甜筒冰淇淋則是在一九〇四年聖路易世界博覽會首次出現。美國速食革命的所有元素在當時已然到位，就等六十年後大爆發。

月球上的星條旗

一九六八年十一月的總統大選由尼克森和阿格紐（Spiro T. Agnew）這對搭檔勝出，這場選舉見證了美國政治生活和政治辯論的高品質。除了尼克森，共和黨參選人還有紐約州州長洛克斐勒（Nelson Rockefeller）、密西根的羅姆尼（George Romney）、加州的雷根（Ronald Reagan）。民主黨參選人有副總統韓福瑞（Hubert Humphrey）、參議員羅伯・甘迺迪、麥卡錫（Eugene McCarthy）和麥高文（George McGovern）。幾乎每一個人都可以在和平時期當個好總統，但美國此時需要一個戰爭時期的總統，他們選擇了尼克森。但糟糕的是，民主黨依然拿下了眾議院多數（二百四十三席對一百九十二席）和參議院多數（五十八席對四十二席）。

一九六九年七月二十日星期日，「阿波羅十一號」（Apollo 11）太空船指揮官阿姆斯壯（Neil Armstrong）登陸月球表面，這是人類第一次。比較可惜的是他用字錯誤，他說「這是人的一小步，卻是人類的一大步（That's one small step for "man", one giant leap for Mankind.）」，他應該說「一個人」（a man）才對，但因為這句話淺顯易懂，所以也沒人在意。⑧艾德林（Edwin Aldrin）隨後登陸，他們在寧靜海地區（Tranquility Base）設立第一個月球地震儀，在月球表面待了二十

⑧ 譯注：阿姆斯壯在這句話中漏掉了一個字母「a」，文法錯誤使句子不通。單獨的「man」往往指的是「人類」而不是「個人」。阿姆斯壯事後說他可能只是發音太輕而沒有被聽到。

一個小時又三十七分鐘。另一位同事科林斯（Michael Collins）在指揮艇上繼續環繞月球。登陸月球乃是英語民族自一九〇〇年以來最大的科技成就。

一九六一年四月十二日，二十七歲的蘇聯太空人加加林成為第一位進入太空的人類，美國政府決定加速登月計畫。加加林搭乘「東方一號」（Vostok I）在太空中停留一百零八天，他講得比阿姆斯壯更詩情畫意，「地球像是浮在黑色天空中的籃球」。英國卓瑞爾河岸（Jodrell Bank）天文台主任洛威爾（Bernard Lovell）警告說，俄國已經「突破人類到月球的障礙」，可能在七年內就能派人登陸月球，「這是西方忽視的一大危險」。洛威爾還說加加林的壯舉是人類史上最偉大的事件，為探索太陽系打開大門。

一九五八年一月三十一日，美國第一顆衛星「探索者一號」（Explorer 1）被送入地球軌道，其中關鍵人物是紐西蘭人皮克林（William Pickering），他從一九五四到一九七六年領導加州噴射推進實驗室（California’s Jet Propulsion Laboratory）。皮克林參與多項太空任務，包括探索金星的「航海家十一號」（Mariner 11），是少數登上《時代》雜誌封面的非政治人物。[52]皮克林和洛威爾都主張美國完全有能力登陸月球，也都認為這能展現美國科技勝過蘇聯，大有利於宣傳。一個月後，甘迺迪總統推出二十億美元的「在一九六〇年代結束前讓人類登陸月球並安全返還」的計畫。這個目標達成時距離時限只剩下五個月，但美國資本主義的科技著實打敗了俄國共產主義。正如歷史學家帕戈登（Anthony Pagden）在《人與帝國》（*Peoples and Empires*）一書中所說：「國家的威信最重要。科學的無私探索被轉化成新的意識形態，科學家成為新樣態的英雄。」[53]

一九八六年一月二十八日，「挑戰者號」（Challenger）太空梭七名太空人殉難，顯示太空旅行還是需要冒險精神。一位曾經登陸月球的太空人說，今天隨便一台計程車儀表板上的科技都比讓人類安全降落在月球的科技還要複雜。而在一九六〇和七〇年代讓人類可以脫離地心引力的科技，今天的筆記型電腦甚至不屑使用。[54]現在的太空船可以在九個小時抵達月球，但一九六九年要花三天。

雖然插在月球上的是美國星條旗而不是聯合國的旗幟，但阿波羅十一號的成就促進了全球一體的觀念。「過去的文明和帝國都是在其疆域內建立文化主導權，」歷史學家威廉斯（Hywel Williams）指出，「疆域就是其文化極限。但當大家能用雙眼看到同一顆地球時（這在人類於一九六〇年代進入太空後才有可能），這就完全打破了地域限制。」[55]

太空探索確實無法直接在財務上回報美國納稅人投入的龐大稅金，但從中產生的益處遠不只有鐵氟龍不沾鍋。如果太空中沒有衛星，我們的電話通訊不會這麼進步，氣象預報不會準確，士兵、探險家和計程車也不會有全球定位系統（GPS）可用。此外，賓拉登很生氣「不信者褻瀆地走在月球上」，所以這些錢也不能說全然白花。[56]只不過，當小布希總統在二〇〇四年一月宣布三兆美元火星載人登陸計畫時，還是滿難說服美國納稅人會有具體回報。

雖然在一九六〇年代結束時，英語民族大展光輝，英語成為唯一在另一個星體上使用的語言，但下一個十年將迎來一連串的撤退和挫敗，也是二十世紀最慘的十年。

第十四章

長期拉鋸

一九七〇年代

古往今來政府的通病是：什麼都想管的偏執狂。

——羅伯斯比（Maximilien Robespierre）

今日世界上大部分地區，包括美國在內，都生活在英國的文化成就、工業革命、監督制衡的政府體制、征服世界的社會、文化和政治遺產之中。

——索維爾（Thomas Sowell），《征服與文化》（*Conquests and Cultures*）

現代恐怖主義的出現

希斯（Edward Heath）是二次大戰後唯一質疑英美特殊關係的英國首相。他急著想讓英國加入歐盟以歷史留名，因此和美國關係不睦。一九七〇年九月八日，希斯致函外交大臣荷姆勳爵說，尼克森政府「多次要求使用我們所屬島嶼的軍事設施」，例如亞松森島（Ascension）、狄亞哥賈西亞島（Diego Garcia）和模里西斯島（Mauritius）。希斯想知道：「我們能從美國得到什麼回報。我可能說得不對，但這似乎只是單向付出。」

十天後，外交部交給希斯一份十頁的「機密」文件，理應能回答反美派政治人物的質疑。這份備忘錄說，光是美國對英國在國防領域的協助，就「遍及演習、訓練、通訊、情報及各式各樣的技術資訊。」荷姆還指出，「這些交流的複雜和廣泛程度是很驚人的」，英國在全世界的附屬島嶼「使我們能夠對雙方同盟關係做出重大貢獻，不然的話，兩邊的貢獻會非常不平衡。」荷姆接著說：「我們可以藉此對美國龐大的軍事、科技、情報機器有所貢獻，而我們所得到的利益是沒有其他國家能給我們的。」

荷姆還特別提到，美國允許英國的核子武器從遠東經由美國本土運送；美國海岸防衛隊提供英國巴哈馬海巡隊情報；在安地卡救難時，美國允許英國皇家空軍降落美國境內機場；美國在一九六九年協助英國從約旦撤僑；兩國在菲律賓共用基地；美國國安局提供「無可替代的」情報資料；「我們所得遠大於付出」的非北約國防研發合作；「我們從一九五八年起就深入密切地和美國人交換核武技術的情報，經常交換資料和設備……偶爾也會按特定目的利用對方的設施」，以及共同監測法國和中國的核武試爆。英國和美國也合作研發燃料電池、先進升力引擎、使用鈹來製造飛機引擎、彈道早期預警系統、馬拉德戰術卡車型通訊系統等等。除此之外，「美國的核武實力及其威懾能力對英國和西方國家的重要性更是不言可喻。」

最後還有一項技術合作計畫。這個計畫成立於一九五七年，在一九六九年時已涵蓋美國、英國、加拿大、澳洲、紐西蘭等主要英語國家。合作和資訊交換範圍包括「導彈、生化戰防禦、彈道飛彈防禦、水下作戰、飛機和引擎、電子設備、紅外線、雷達、太空軍事研究、核武效果、軍械、材料、電子作戰、反顛覆作戰、通訊技術、地面機動性、生物科學、生化科學及社會科學。」這個計畫到今天還很活躍，二〇〇六年有全球六千名科學家參與，證明美國非常重視英美特殊關係，並持續與其他英語國家合作。外交部這份詳盡的報告暫時反駁了希斯對美國的質疑。不管英美關係究竟如何，都絕不是「單向付出」。

希斯大轉彎

一九七〇年九月六日星期日，英語民族進入生死存亡的新階段，國際恐怖主義的時代來臨。巴勒斯坦人民解放組織（PFLP）成員哈莉德（Leila Khaled）劫持了從台拉維夫飛往倫敦的以色列航空班機。同一時間另有三架班機被劫持，一架是飛往開羅，兩架是飛往約旦安曼附近的道森機場（Dawson’s Airfield）。幸運的是，機上乘客制伏了哈莉德，她被逮捕送往倫敦伊林區警局。其他班機上的恐怖分子要求將她釋放，以機上乘客為人質，威脅要血債血償。

六月才剛上台的希斯保守黨政府決定安撫巴解組織、釋放哈莉德。這個決定造成極壞的長期影響，許多劫機犯有樣學樣，並在三十多年後造成更嚴重的事件。英國政治人物鮑爾（Enoch Powell）當時就警告說，希斯的決定「不僅本身是錯的，未來還會產生嚴重後果」，他的先見之明很快就被證實。由於德國和瑞士也答應巴解組織的要求，全世界的潛在恐怖分子因此相信，只要手上有夠多人質，西方政府就會投降，於是一九七〇年代的恐怖事件激增。希斯很愛說自己從三〇年代還是青少年時就支持邱吉爾，但他顯然沒學到那個年代最重要的教訓：如果你「餵鱷魚」，你可能最後才被鱷魚吃掉，但你的最終命運是一樣的。

希斯知道有風險。英國《Movietone新聞》在報導哈莉德這件事就評論說：「不論你贊不贊成綏靖政策，一旦樹立這種原則，一旦允許劫機者對全世界勒贖，我們就要為對方的無法無天，付出不可挽回的代價。」[1]不到兩年，巴勒斯坦恐怖組織「黑色九月」（Black September）就在一九七二年慕尼黑奧運期間殺害了十一名以色列運動員，恐怖主義成為全球政治的常態。如果希斯和其他西方領袖在一九七〇年能堅定拒絕和恐怖分子交易，初期會造成一些乘客死亡，但這會讓恐怖分子知道他們不會得逞。如果是這樣，九一一的恐怖暴行也許不會發生。

一九四八年以色列建國，無疑讓許多巴勒斯坦人感到被剝奪，但巴勒斯坦政治領袖不訴諸民主、憲政和國際主義的道路，而採取恐怖主義的戰略，這就走進了一條五十多年都還走不出來的死胡同。他們在一九四八年不接受聯合國提出的兩國方案，而以色列接受。一九六七年「六日戰爭」（Six-Day War）後，以色列提出要從約旦河西岸和加薩走廊占領區撤軍，換取阿拉伯國家承認以色列的生存權，但阿拉伯高峰會回以「三個絕不」：不會和以色列有和平；不會承認以色列；不會和猶太國家談判。三十年後，他們又拒絕柯林頓總統（Bill Clinton）任期末在大衛營（Camp David）斡旋出來的「以土地換和平」協議。巴勒斯坦領袖此前也拒絕了《奧斯陸協議》（Oslo Accord），讓人民陷入永無勝利可能的戰爭中，而以色列人則寧願戰鬥到底也不願回到二千年來沒有國家和不斷被迫害的狀態。

希斯屈服於巴解組織的勒索，為一九七〇年代的英國設下了主調。在那十年中，英國統治階層強烈意識到英國的衰落已經無可挽回。兩黨資深議員甚至連試圖扭轉頹勢都不敢，害怕只會雪上加霜。政治人物、文官、企業家、學者、作家、意見領袖和外交官都認定，英國作為大國的時代已經一去不復返，最多只能以盡量文明的方式控管這個不可避免的衰落過程。儘管當時許多高層都經歷過一九三九到一九四五年「一場美好的仗」（a good war），包括希斯本人也在內，但他們卻怯於在和平時期面對國家的困境。在整個一九七〇年代，英國最大的困境就是勞資關係。

在一九七〇年七月全國碼頭大罷工之後，希斯政府宣布全國緊急狀態（這是三次中的第一次），但最後是對碼頭工人花錢了事。雖然貿易與工業大臣戴維斯（John Davies）在一九七〇年十月保守黨大會上保證：「我不會沒完沒了地花錢去救那些公司。」但一個月後，政府就拿四千八百萬英鎊納稅人的錢去彌補勞斯萊斯公司的損失。在十二月的隆冬時節，電力工人為爭取加薪百分之二十五，開始消極怠工（work-to-rule）。點不了聖誕燈飾，甚至出現了搶購蠟燭的情況。希斯政府後來把勞斯萊斯的航空引擎和海事部門收歸國有，這是自二十年前艾德禮之後的首次。最高所得稅率維持在每鎊七十五便士（亦即稅率為百分之七十五），英國鐵路公司加薪百分之十六繼續經營。

一九七二年，希斯政府搞出最大的綏靖政策（除了哈莉德事件之外），重大產業政策整個大轉彎，把兩年前選舉政綱中的承諾統統拋棄。保守黨只能接受，因為再也承受不起勞資衝突。保守黨的所有承諾，包括減稅、自由市場改革、移民管制、立法控制工會等，都在一夜之間拋到九霄雲外。

一九七二年十一月六日，政府宣布凍結物價、工資、租金和利息九十天。政府邀請所有人都來告密，舉報哪個店家把一罐豆子偷漲了幾分錢。政府還動用大批官僚機構來監管國民經濟的每個方面，如同社會主義體制。所得和物價不是由市場決定，而是由工資與物價管理委員會來決定。商店中每一項商品的價格要由各部會來最終定案。政治人物在財政部開會決定水管工人的工資、計程車費率、有裝潢和沒裝潢的公寓租金價差。就連在戰爭時期，政府都不曾如此介入經濟細節。此外，政府還在一九七二年十二月補助國家煤炭委員會一點七五億英鎊，豁免其四點七五億英鎊的債務。

保守黨接受了這種完全拋棄競選政綱的做法，但許多人私下不以為然。一九七二年十一月七日，鮑爾在下議院公開質問首相說：「我尊敬的朋友，難道你不知道，任何政府或政黨若完全違反人民所託付統治權力的條件，會是致命的嗎？強迫控制工資和物價，違反本黨最深切的承諾，請問我尊敬的朋友是否喪失了理智？」

徹底大轉彎也無法挽救希斯政府。天然氣在一九七三年二月斷供一個月；貸款利率高達百分之十一；汽油開始用油票分配；路燈提早熄滅節省能源。一九七三年十二月十三日開始實施每週工作三天制，這對任何一個以貿易為主的國家來說都是自殺行為。第二年二月，礦工全面罷工要求加薪百分三十，造成全國經常性缺電。希斯提前舉行大選來決定「誰來當家？」（Who Governs Britain?），而選民的回答是「絕對不是你」。一九七〇到一九七四年的保守黨政府是自二戰以來唯一一屆沒有連任的政府。

但至少有一個人從希斯一九七二年的大轉彎中學到教訓。在八年後的一九八〇年保守黨大會上，雖然在希斯當政下失業人數遠超過一百萬人，而保守黨在民調中顯然落後，但柴契爾夫人還是勇敢表示：「對於那些還在等待媒體最愛的『大轉彎』的人，我只有一句話可說。要變你們去變。本夫人絕對不變。」

尼克森政府

一九七一年七月十五日星期二，尼克森、季辛吉、霍爾德曼（Robbins Haldeman）、埃利希曼（John Ehrlichman）和白宮新聞祕書齊格勒（Ron Ziegler）等人搭直升機到洛杉磯沛里諾餐廳（Perino's restaurant）共進晚餐，慶祝剛剛宣布總統將到中國進行國是訪問。在經過二十二年的對立後，中國和美國的關係即將「正常化」。尼克森和季辛吉討論要用哪種紅酒來慶祝這場外交和政治大地震，他們決定挑選要價六百美元的一九六一年分拉菲堡（Lafite-Rothschild），但店家只收他們三百美元。

這場晚宴賓主盡歡，大家舉杯慶祝這場中國之行，也決定不要和媒體去討論「正常化」到底是什麼意思。晚餐後，尼克森親切和其他客人打招呼，大家很驚訝居然會見到總統。與此同時，媒體被告知當晚的紅酒只花了四十美元。這只是個無關緊要的謊言，當時也沒人注意，但它顯示出尼克森的白宮最核心的問題。這本是一個很棒、具有戲劇性的政治動作——大膽、勇敢又違反直覺，卻立刻配上一個卑鄙失格又毫無必要的謊言。

小羅斯福的傳記作者布萊克曾簡單扼要地為尼克森政府辯白。他指出當尼克森在一九六九年一月上台時：

> 美國有五十四萬五千名徵兵役男在地球另一端打場沒有宣戰的戰爭。美國和蘇聯還沒有談判裁軍，和中國沒有接觸，和阿拉伯國家幾乎沒有來往，除了約旦、突尼西亞和摩洛哥以外。蘇聯及其盟國和西方較勁幾乎占盡上風，能夠輕易鎮壓東歐集團內的自由化運動，例如一九六八年在布拉格。而經過五年後，美國已談判撤離越南，在條件允許的情況下盡可能保有尊嚴。美國也和蘇聯談成裁軍協議，開始和中國發展較為文明的關係，而在美國斡旋下，以色列和一些阿拉伯鄰國開始關係正常化，讓蘇聯幾乎完全喪失在中東的影響力。[2]

這確實是很大的成就，卻因為水門案醜聞而被歷史輕忽。

在五年半總統任內，尼克森共看了五百三十五部電影，幾乎都是在白宮、大衛營、比斯坎灣（Key Biscayne）和他在加州聖克萊門特（San Clemente）的牧場。在一九六九年一月進入白宮後的第三個晚上，他看了第一部電影《風雲英傑》（*The Shoes of the Fisherman*），一九七四年七月離開白宮之前看了最後一部《環遊地球八十天》（*Around the World in Eighty Days*，這部他看了三次）。他看電影時從不講話、吃東西或中途睡著，而且總是從頭看到尾，不管他對電影評價如何。[3]如果小羅斯福是個很難了解的總統，尼克森更是幾乎無法了解。研究尼克森的學者都說他「難以理解的笨拙」。

尼克森當過八年美國副總統。他絕對不接受副總統職務就只能「每天早上起來問候總統身體健康」。在他當艾森豪副手快任滿時，他已是國內外知名的人物。艾森豪離開白宮時已經七十歲了，樂於把出國訪問的苦差事交給他。他在一九五八年五月訪問秘魯和委內瑞拉時遭遇激烈示威抗議，此事讓美國人大為憤慨，但也有助於他的知名度。

「在現代歷史上所有的不人道行為中，」美國海軍部長查飛（John H. Chafee）在一九七一年七月對美國海軍研究所說，「沒有比北越對我們的戰俘和其家人更殘酷不仁的。」他說的是對的。雖然北越簽署了一九四九年的《日內瓦公約》，但北越認為既然美國並沒有正式宣戰，那北越抓到的美國人就是「罪犯」或「空中海盜」而不是戰俘，所以不能受法律保護。

北越或越共對美國軍人的酷刑可說慘無人道。他們被吊在天花板上、打斷腿在地上拖行、不給食物不給睡覺、常受到幾個月甚至幾年單獨監禁（《日內瓦公約》規定最多三十天）、被拳打腳踢、被長時間審問、被關在平均只有八乘以八英尺的小牢房、不給適當的醫療。[4]有些人發瘋，有許多人死去，有多達七百人被迫簽署聲明，譴責白宮和華爾街的資本主義戰爭販子「侵略愛好和平的越南人民」。

在其一九七六年自傳《當地獄降臨時》（*When Hell Was In Session*），海軍少將丹頓（J.A.

Denton）描述自己是如何寫下：「親愛的胡志明，我很抱歉我轟炸了你們的國家。請原諒我。」（這句話用的都是現在式，表明他只是被迫簽名。）他說他永遠無法原諒自己，但以他在火爐監獄（Hoa Lo Prison，法國人蓋的，又被戲稱為河內希爾頓飯店）遭受身心煎熬的程度，他的行為完全可以被體諒。海軍少校麥格拉斯（John M. McGrath）一九七五年寫下《戰俘：河內六年記事》（*Prisoner of War: Six Years in Hanoi*），他拒絕譴責「美帝戰爭販子」，被逼跪在小石頭上三十個小時。[5]

季辛吉

尼克森的國家安全顧問季辛吉博士，是英語世界自一九〇〇年以來最具爭議性的官員。季辛吉接任時正值美國國力瀕臨崩潰，他在八年風風雨雨的任期中極力維護美國的全球地位，而他不但被左派（因為他以「低盪政策」〔Détente〕讓美蘇交往）指責犯下各種道德、政治和戰爭罪行，有時也被右派指責。而左右兩派都指責他對全球違反人權的罪行視而不見。

但季辛吉不需要誰來教他人權。一九七五年他前往巴伐利亞和出生地的親人見面，德國政府發布新聞稿。「他們發這條新聞幹麼？」他問說，「這把我的親人都嚇到了。」他本人在一九三八年離開德國到美國，有十三位家人死於納粹大屠殺。季辛吉在二戰時的經歷、他在一九五四年那篇討論維也納會議的哈佛博士論文（後來以《恢復世界秩序》〔*A World Restored*〕為名出版）、他在一九五五年刊登於《外交事務》那篇論有限核子戰爭的開創性文章、他在對外關係委員會的工作、他對古巴飛彈危機的分析，凡此皆證明早在尼克森一九六九年一月任命他為國安顧問並付諸實踐之前，季辛吉就是「現實政治」的支持者。正因如此，沒有人比他更適合在美國威信下降到一九〇〇年以來最低點的七〇年代，輔佐尼克森總統和福特總統。

「越南也許是最具災難性的議題，誰碰誰倒楣。」季辛吉寫道。他原來反對甘迺迪派出一千六百名「顧問」到越南，但後來又支持詹森在一九六五年派出戰鬥部隊。季辛吉在一九六五年陪同駐越南大使洛奇兩個禮拜，並與阮文紹會面，第二年又回到越南兩次。他很快就判斷撤軍對美國威信是重大打擊，但談判又是不可避免，他一直堅持這個觀點直到八年後簽下和平條約。一九六七年七月，季辛吉祕密經由胡志明的法國友人建立華府與河內的溝通管道。在這些短暫而沒有結論的密談中，他展現出幾個延續其一生的外交特點。第一是他喜歡瞞著國務院、媒體和公共輿論搞祕密外交。第二是他喜歡搞面對面的「穿梭外交」，憑私下默契搞一對一交易。兩者都完全符合他那梅特涅式的強權關係理論，也最終對國家有益。

「這件事牽涉到兩任政府、五個盟國、三萬一千名戰死者，我們可不能像電視轉台一樣一走了之。」季辛吉曾這樣談到越南。此事牽涉到的軍事、政治、外交、道德議題非常之多。當尼克森上任時，美國有五十四萬五千人駐在越南，平均每個禮拜死掉二百個人。艾茲柏格（Daniel Ellsberg）外洩的「五角大廈文件」顯示，甘迺迪和詹森政府的戰略思考和尼克森非常相似：這場戰爭只有派出戰線廣闊且長期的大規模兵力，才能打得贏。

對柬埔寨的「祕密」轟炸始於一九六九年二月，動用了無數B-52S轟炸機，出動了一千零四十五架次，投下十萬八千八百二十三噸炸彈。[6]這在戰略上是完全合理的，因為敵人在柬埔寨盤據了戰場中心的側翼，現代戰爭根本沒辦法限制在單邊作戰。但這引起了到底該讓國會對於轟炸一個國家知道多少的憲政問題。雖然柬埔寨被轟炸的那部分完全被越共占據，但柬埔寨嚴格來說仍是一個中立國。

「我認為越南這種四流國家遲早會崩潰。」季辛吉說，但不管美國率領的盟軍對其南侵的懲罰有多慘烈，極權主義的馬列政權似乎就是能夠承受。在越戰中表現傑出的鮑威爾將軍後來寫到「新春攻勢」時說：「你殺掉多少敵人根本沒差。越共和北越要多少人有多少人，更有把他們都投入戰場的意志。北越開始派出正規的北越人民軍以彌補損失。」

一九六九年七月，尼克森在關島宣示「尼克森主義」，提出要逐步撤出越南。這讓季辛吉面對一個經典的外交難題，也就是要如何在愈來愈弱勢的情況下和對手談判？季辛吉曾這樣形容他北越的對手黎德壽：「他坐了十年牢，打了二十年仗，哪有什麼資本家引誘得了他。」談判很艱困，但最終有了結果。

尼克森在一九七二年勝選後，立即對河內和海豐進行「聖誕節轟炸」（Christmas bombing），美國飛行員死了九十三人，北越死了一千六百人。尼克森和季辛吉已經把駐越南美軍從一九六九年的五十四萬五千人，減少到一九七二年的二萬七千人，而北越軍隊則有十四萬人，在南越的越共人數與此相當。尼克森政府以「聖誕節轟炸」證明美國仍有能力和意志攻擊越南後，在一九七三年一月二十三日簽署了和平協議。一九七三年三月二十九日，最後一名美軍離開越南。然而，和平協議只爭取到從美軍撤退到南越覆滅之間兩年的「體面中場時間」。此後，美國陷入自一九一九年以後最孤立的時期。

季辛吉在一九六八年寫過一篇名為〈美國對外政策的核心議題〉的論文，其中有一段話可視為他在接下來十年中外交奮鬥的根本目標：

當代國際體系最需要的是要有一致的秩序概念。如果沒有，可怖的力量就不受任何關於合法性的共識所限制。意識形態和民族主義以不同的方式加深了國際分裂。……新的國際秩序概念至關重要；如果沒有，就不會有穩定性。[7]

季辛吉在一九六九到一九七五年擔任國安顧問，一九七三到一九七七年擔任國務卿。在他作為美國對外政策制定者這段時期，正好碰上許多美國在戰後最艱困的難題。美國在越南喪失意志、贖罪日戰爭（Yom Kippur War）、核子擴散、石油價格突然大漲四倍、水門案、蘇聯在亞非拉地區擴張、柬埔寨公海上的海盜，所有問題都落到他頭上。比較差一點的外交官連一件都承受不了。

一九七三年油價高漲時，季辛吉和國防部長斯勒辛格（James R. Schlesinger）曾考慮過要奪取阿拉伯油田作為報復（所謂「以實力長久取得石油」），但他們最後與沙烏地阿拉伯費瑟國王達成協議，因為美國海軍需要沙國補給才能在越南作戰。熟悉「現實政治」的季辛吉不管在戰爭或和平時期都是很好的「軍師」。但到了八〇年代，美國終於是時候拋棄「低盪」政策轉守為攻，把意識形態置於維持穩定之上，這時就要由不同類型的人來掌舵。

在東岸建制派菁英道德取向的外交政策，和新保守主義右派的強烈反共立場之間，季辛吉巧妙地求取平衡，但他對這兩個極端都非常不屑。他只追求美國自身的國家利益。他在其自傳最後一卷《重建歲月》（*Years of Renewal*）中，大力譴責雷根政府的新保守派讓國家置於「不必要的核戰爭風險」。不過在蘇聯崩潰之時，正是新保守派在掌控局面。

從一九六九到一九七五年四月美國被極端羞辱這段期間，季辛吉力圖確保當俄羅斯和美國這兩大非正式帝國的地殼板塊互相碰撞時，美國不會屈居人下。但他並沒有直接挑戰俄國絕不肯放棄的布里茲涅夫主義。季辛吉具有伍迪．艾倫（Woody Allen）那種油嘴滑舌的天賦，但他的批評者把他描繪成當代的「梅菲斯特」，[1]但過於惡毒的批評反而沒有可信度。事實是，每一位認真負責的美國國務卿在自由世界對共產主義勢力退卻之時，都會做季辛吉所做的事。季辛吉支持的印尼和宏都拉斯這些反共政權確實殘暴不仁，但這不是美國或季辛吉的錯，而是這些政權自己的錯，而且要看這些政權的敵人是誰。

總而言之，一九七〇年代是自由世界的災難時期，但由於尼克森和季辛吉的努力，所以沒有變得更糟。他們可能工於心計、愛搞密謀，有時冷酷無情，但美國當時環境險惡，美國國會又拒絕支持美國的海外利益，所以美國急需這種當代馬基維利式的人物。今天沒有人會指責拿破崙的外長塔列朗「工於心計」，因為這本來就是他該做的工作。要理解季辛吉當時處境之艱難，我們可以看看他在國內的對手是哪些人。

在韓戰時，像澳洲記者伯切特等許多人都支持北韓，二十年後，也有許多美國人支持北越。例如，女星珍芳達（Jane Fonda）在一九七二年前往北越，坐在北越軍高射砲發射椅上擺拍，眼神崇拜地看著北越砲兵。一九七二年八月二十二日，三十四歲的珍芳達在河內埃斯佩岑酒店

（Hotel Especen）做電台廣播，她說：

> 我還記得那些工廠頂樓上臉色紅潤的民兵姑娘，我請其中一位唱首歌讚頌越南的藍天。這些女子是如此溫柔美好，歌聲如此優美，但當美國飛機來轟炸她們的城市，她們就變成堅強的戰士。[8]

然後她說，尼克森是犯下戰爭罪行的「真正殺人犯」和「新殖民主義者」，建議他該去讀越南文的詩，「尤其是胡志明寫的詩」。但美國從來沒有想要殖民或「新殖民」北越，單純只是想保護南越免受鄰國攻擊。

珍芳達支持「越南老兵反戰協會」（人數最多時有七千人，但到過越南的美軍有二百五十萬人）和「美軍去死協會」（Fuck the Army，該組織鼓勵軍人逃兵）。這雖然是她受憲法保障的權利，但她從河內返美後，居然向媒體說美國戰俘受到良好對待。第二年，回國的戰俘完全否定她的說法，她卻說這些人是「偽君子和騙子」。

這些就算到越戰結束後還沒完沒了。一九七五年西貢淪陷後，珍芳達回到河內慶祝勝利。她為她的新生兒子受洗，為兒子取的教名是一九六三年企圖在南越刺殺美國國防部長麥納馬拉的阮文追。北越總參謀長裴信在一九七五年四月三十日接受南越無條件投降，他在二十年後告訴《華

---

① 譯注：梅菲斯特（Mephisto）即為浮士德傳說中的魔鬼。

爾街日報》說，美國國內反戰運動「對我們的戰略至關重要」。北越政軍領袖每晚都收聽美國新聞，「追蹤美國反戰運動的發展」。[9]

二〇〇五年，在其自傳出版前的公關活動中，珍芳達表示她後悔拍了那些照片，但她說：「大多數美國人都反戰。那是個絕望的年代。」[10]但這並非事實。從一九七二到一九七五年的民調都顯示，多數美國人是支持越戰的。如果那是「絕望的年代」，那只是因為反戰派的聲浪比較大，嚴重打擊了在戰場上保衛南越獨立的士兵們的士氣。叛逃的前KGB探員戈傑夫斯基（Oleg Gordievsky）對極權主義非常了解，他最近在《泰晤士報文學副刊》寫了一篇文章說，越南的情況應該放在歷史脈絡下來理解。他否認美國是在軍事上被打敗的：

> 北越是極權主義的社會，南越是自由多元的社會，需要被保護。如果美國真要贏得戰爭，只要把北越徹底摧毀就行了，如同一九四四至一九四五年對德國那樣就好。而到最終，在一九七五年，北越違反《巴黎協議》，侵吞了南越，殺害了民主派、自由派、佛教徒和天主教徒，建立了極權主義政權。二十九年後，這個政權還在那裡，是整個世界的集體恥辱。

戈傑夫斯基大體上是正確的。南越是個處在戰爭狀態的國家，首都經常遭受恐怖攻擊，但仍維持一定程度的自由與多元。（英國在一九三五到一九四五年間就沒有舉行過大選。）

一九四七年五月十四日，邱吉爾在倫敦阿爾伯特音樂廳發表演說，他指出在未來：

統一的歐洲將形成一個主要的區域實體。有美國和其所有依附國；還有蘇聯；還有大英帝國和國協；還有與英國密切相連的歐洲。這是世界和平神廟的四大支柱。讓我們確保它們都能承受身上的重擔。

從這段話和他別的話可以看出，邱吉爾顯然無意讓英國成為「統一的歐洲」的一部分，不論後來的宣傳家是怎麼說的。

在剛開始辯論英國是否要加入歐洲共同市場時，保守黨政治人物極力要緩和英國和國協國家對未來相互貿易關係的擔憂。一九六二年九月，當時的首相麥克米倫在廣播專訪中表示：「我的看法非常簡單。大英國協的生命要靠英國繼續維持強國地位。從經濟上來說，如果英國加入共同市場，我想所有產業家和經濟學家都會同意，英國將變得更強大……在一個成長的市場中作為平等的一分子，要比在一個萎縮的市場中作為最大的一分子要好得多。」[11]邱吉爾也曾致函伍佛德（Woodford）選區主席說，他一向支持統一的歐洲，「但我們還有一個無法拋棄的角色，也就是大英國協的領導者。在我所構想的統一歐洲之中，我是永遠不會設想削弱大英國協。」

然而，英國在一九七三年元旦加入歐洲共同市場，確實降低了英國和國協國家的關係。「無法保衛新加坡，」一位評論家在二〇〇一年表示，「再加上英國加入歐盟後造成帝國優惠制度崩解，這是造成和『母國』紐帶鬆動最明顯的原因。」[12]在一九六七年之前，英國是澳洲最大的出口市場。到了一九九八年，英國落到第八位，只占澳洲總出口的百分之三。這是災難性的崩潰，而且完全不是澳洲或紐西蘭造成的。英國雖然不是虐待小孩的家長，卻也是冷漠不顧孩子的父母。

希斯在一九七二年爭取入會（歐洲共同市場）時曾斷然表示：「這完全沒有損害到任何國家主權。有些人害怕加入歐洲以後，我們或多或少要犧牲獨立和主權。不消我說，這種恐懼是完全沒道理的。」我們現在知道，當時是大法官齊穆爾勳爵（Lord Kilmuir）寫信給希斯，要求希斯要特別釐清「加入《羅馬條約》後的憲政意涵」。齊穆爾在信中結論說：「我認為此事對主權的犧牲是非常嚴重的。」[13]但希斯對此只是敷衍。希斯還承諾除非英國人民「真心贊同」，不然英國不會加入共同市場，可是歐盟法案在國會二讀時只以三百零九票對三百零一票驚險通過。不管這表示什麼，都絕不代表英國人民真心贊同。

美國國務院與歐洲

美國國務院很高興英國入會。季辛吉曾扼要總結國務院對歐洲統合的政策：「鼓勵歐洲統合，但要降低其可能的後座力。」[14]早在一九六八年，季辛吉就觀察到，「近年以來，美國經常因為贊成歐洲以某種形式統合（即邦聯制）而適得其反。也因為明白把英國加入共同市場當成政策目標，反而讓英國入會變得複雜。」[15]但就算在贏得冷戰很久之後，美國的立場還是沒變。直到一九七三年，美國都在施壓英國放棄大英國協的優惠關稅制度，轉而完全融入歐洲共同市場。而在英國這方面，希斯是戰後唯一一位不重視英美跨大西洋同盟的首相，但美國正好喜歡他這種本質上反美的地緣政治主張。

美國歡迎歐洲進一步統合有幾個理由：美國相信歐洲統合可以抵擋共產主義，希望歐洲能成為美國更大的出口市場，也希望歐洲能保持其內部安泰，不要再有戰爭把美軍拖下水。[16]這些確實是美國決策者想要的目標，但在一九八九年柏林圍牆倒塌後，歐洲的GDP比例在一九九〇年代開始下降，前南斯拉夫爆發內戰，法國和德國拒絕在二〇〇二至二〇〇三年間共同對付海珊，情勢已經根本改變。不過美國國務院的政策還是沒變。二〇〇五年二月，小布希總統本來要在歐盟議會演說中，表示美國歡迎擬議中的歐洲憲法草案，並把它和美國憲法相比擬，但他在最後一刻被說服刪掉這段講話。其實兩者根本無法比擬。美國憲法好讀易懂，雖然歷經兩個世紀的各種修正案，但整份憲法印出來只有十二張A4紙。而歐洲憲法難懂又複雜，厚達二百六十五頁。

有一些美國知識分子看出歐盟對英語民族構成長期威脅，例如印度裔經濟學家拉爾最近就寫道：「美國的利益在於確保不會出現一個政治上統一的歐洲……要確保歐洲維持一堆獨立國家，繼續幸福地在美利堅帝國的世界秩序之下搭便車。」[17]

當英國背棄其他國協國家加入歐洲經濟共同體時，引起了許多不快。正如貝奈特所指出：

> 為了加入歐洲而切斷英國和國協國家的經濟紐帶……讓關係更加惡化。今天，德國人在希斯洛機場是走國內旅客通道，而在阿萊曼戰役為英國人打德國人的澳洲人卻要和日本人一起排隊。許多澳洲人說：「……（我們）在加里波利可他媽的沒排隊，在阿萊曼也他媽的沒排隊。」[18]

二〇〇四年十一月，在皇家海軍服役十七年的三十四歲紐西蘭籍潛艇士官凱伊（David

Kayes）被勒令退役，因為國防部要求他要取得英國國籍。有八千名來自三十五個大英國協國家的軍人在英軍服役，屬於「機敏」職務的人被下令要取得英國國籍，不然就得離職。凱伊說：「我曾三次獲頒勳章。如果我真的是間諜或恐怖分子，你要我變成英國人，那我一定做。這完全沒道理呀！」[19]

一九七八年十月三十一日星期二，西班牙國會通過西班牙新憲法條文，十二月七日通過公投，由國王卡洛斯（Juan Carlos）簽署頒布。憲法條文規定說，「西班牙國的政體形式為議會君主制」，憲法還保障人民權利、「民主共存」、「法治國家」、「民主進步的社會」，從此結束了一九三〇年代以來的混亂、內戰、無政府工會主義、法西斯主義和停滯不前。

雖然許多歐洲國家年代久遠，但其憲法卻非常年輕，比英國的立憲君主制（一六八八至一六八九年）、美國的民主制（一七七六年）、加拿大的責任政府制（一八四八年）、澳洲的聯邦制（一九〇〇年）都要年輕許多。相較之下，法國在一九五八年才建立法蘭西第五共和，德國基本法在一九四九年才通過（一九九〇年八月修改）、義大利憲法是在一九四九年（後來修改了十三次）、葡萄牙憲法是在一九七六年（一九九七年修改）。東歐各國的憲法更年輕，多數波羅的海國家的憲法也是出現在一九九二年左右。

由於這些憲法都太年輕，自然沒有像英語民族的憲法那樣深入人心，除了一九三七年愛爾蘭憲法之外，英語民族的憲法都遠超出任何在世者的記憶。比起英國人，歐洲人比較能接受一部高高在上的歐洲憲法。美國國務院有時會忽略這個根本性差異，不明白英國人為什麼無法深入與歐洲整合。

智利阿葉德總統被推翻

一九七三年九月十一日星期二，智利軍事政變推翻了阿葉德（Salvador Allende）的馬克思主義政權。這是二戰後最具爭議性的事件，除了發生過政變這個事實之外，左右兩派的說法天差地別。智利最高法院和國會先宣布政府違憲，然後由海軍領導的軍政府（後來改由陸軍參謀長皮諾契領導）以此為藉口發動政變。

在一九七〇年的大選中，阿葉德讓選民以為他的「人民團結政府」（Unidad Popular）非常左傾（實際上並不是），以百分之三十六點二打敗反對黨候選人亞歷山德里（Jorge Alessandri）的百分之三十四點九，第三名則為百分之二十七點八。根據當時的智利憲法，如果沒有候選人獲得絕對多數，就要由國會來做出選擇。國會一直等到阿葉德簽下「保證憲法條款」、承諾他的社會主義改革不會破壞智利憲法後，才投票加以支持。但沒有多久，阿葉德就食言了。

在阿葉德大搞國有化之後，經濟愈來愈困難，稅率過高、暫停支付外債、國際貸款違約、物價凍結。阿葉德試圖鑽「立法漏洞」以行政命令來統治，不顧占國會多數的基督教民主黨和國家黨。他也激怒了法院，因為他拒絕讓警察執行他認為與「革命立法」有違的法院判決。

當時基本民生食品大幅短缺，工業生產崩潰，外匯儲備見底，兩場大罷工讓全國幾乎停擺，物價飛漲不得不管制物價，但毫無效果。智利全國陷入混亂，工人委員會根本無法好好管理被國有化的產業，政治暴力成為家常便飯。

阿葉德政府試圖壓制言論自由。廣播電台被收歸國有，報紙和大學系所被親政府示威者暴力占據，並以國家廣告預算分配來影響媒體言論。在整個一九七二年，智利最高法院和監察總長（其職責是維護憲法）不斷宣告政府允許農民非法暴力占據土地是違憲行為（總共有二千件類似案件）。與此同時，被人為壓低的披索的通貨膨脹率高達百分之六百，引起了新的危機。

一九七三年七月八日，智利國會上下兩院議長發表聲明表示，政府「既不尊重法律，也不尊重制度」。一九七三年八月二十二日，智利下議院正式決議，譴責阿葉德政府系統性的迫害人權，宣布其為非法政府。這份決議呼籲「各部會首長、軍方、警方」（亦即身為內閣閣員的武裝力量首長）「重新建立法治」。該決議由上議院議長艾爾溫（Patricio Aylwin）簽署發出。

當時有大量證據顯示工人委員會在囤積武器，其籌組的民兵部隊被外國軍事「顧問」嚴重滲透，智利軍方於是決定行動。一九七三年八月，有人試圖挑起海軍譁變，智利海軍部指控左翼人士串連水手反抗軍官。智利的法治已近崩潰，全面性馬列主義革命迫在眉睫。聖地牙哥市發生多起暴力事件，有些是由極左派的「革命左翼運動」（Movimiento de Izquierda Revolucionaria）所挑起。該組織以切格瓦拉（Che Guevara）為偶像，公開主張古巴式的革命。

由於當時有外國武裝勢力進入智利，其中有許多人是卡斯楚從古巴派來，讓人疑懼政府有可能暫停國會，挑起內戰。一九三五到一九三九年間的西班牙情勢幾乎在一九七三年的智利重演，許多議題和事件都雷同。西班牙內戰死了超過一百萬人，雖然西班牙的人口要多得多。智利在一九七三年九月只能在政變或內戰二擇一。幾千名貧窮的智利婦女上街示威，她們朝聖地牙哥陸軍總部的衛兵丟雞飼料，抗議軍方遲遲不肯介入恢復秩序。

一九七三年十月，基督教民主黨政治人物弗雷（Eduardo Frei，他是堅定的社會主義者和民主派）接受西班牙報紙《ABC》卡爾沃（Luis Calvo）的專訪說：

> 在阿葉德知情與允許之下，馬克思主義者把無數軍火運進智利，藏在家裡、辦公室、工廠和倉庫中……軍方被召喚介入，他們有法律義務，因為行政權和司法權、國會和最高法院都公開譴責總統和他的政府違反憲法。我要告訴你，當一個政府拒絕執行社會法律、藐視律師公會的警告、汙辱和違背最高法院裁決、蔑視國會絕對多數、挑起經濟混亂、逮捕和殺害罷工的工人、鎮壓個人和政治自由、掏空市場把食物等物資轉給黑市的馬克思主義壟斷分子去分配；當一個政府如此行事之時……反叛就由權利變成義務。

和其他拉丁美洲國家不同，智利軍方向來不干涉國內政治。但在一九七三年九月十一日，軍方迅速且無情地推翻了政府。阿葉德的醫生後來證實，阿葉德在總統府拉莫內達宮（La Moneda）自殺，他所用的機槍上正好刻著一排字：「卡斯楚贈給我的好友阿葉德」。

由於阿葉德是經由民主程序選上的，左派自然認為他是被非法推翻。但根據智利憲法，依法而治的原則要高於人民的意志。由於阿葉德蔑視國會和最高法院，他的政府被推翻最終來說是合法的。當然這並不表示他就要付出生命為代價，但既然他和他的支持者抗拒軍事政變，不流血是不太可能的。這是史上第一次有馬列主義的政權被推翻，證明了無產階級專政的勝利並非歷史不可避免的趨勢。

左派指控美國謀劃了讓阿葉德政府（或者說「政權」，因為它在倒台時被視為非法）被推翻的條件，尤其是尼克森和季辛吉。皮諾契（Augusto Pinochet）掌權後，季辛吉告訴尼克森說美國「沒幹這件事」，但美國確實「盡可能製造條件」。但事實上，美國從未對智利經濟制裁，美國也沒有叫巴黎的貸款集團要求智利先補償被收歸國有的外國資產才能再貸款。美國甚至沒有否絕任何要給智利貸款的案子（但因為阿葉德政府的經濟政策，案子確實不多）。

在一九七〇年代初，幾乎每一個南美洲國家都有左派暴力革命運動，切格瓦拉的傳奇深植人心。卡斯楚統治的古巴在蘇聯大規模經濟援助下，在這個地區非常積極活動。雖然門羅主義還在，但南美大陸是冷戰的前線。如果擁有漫長海岸線和太平洋良港瓦爾帕萊索（Valparaiso）的智利在一九七三年倒向共產陣營，整個區域的戰略平衡就會倒向蘇聯，對英語民族和全世界造成嚴重危害。

美國中情局毫無疑問支持阿葉德的反對派，美國國家安全會議批准了七百萬美元經費在智利做地下工作，大部分經費用在基督教民主黨、國家黨、工會和一九七二年及七三年卡車司機罷工。但根據邱奇委員會（Church Committee）的調查，中情局和政變並無關聯，反而是古巴、捷克斯洛伐克和北韓資助的私人民兵要比美國人無法無天得多。

一九八八年十月，皮諾契將軍主動舉辦公投，讓人民決定是否讓他續任八年。他輸了。雖然還是有百分四十四的智利人反對恢復民主制度，但在一九七三年支持政變的許多人現在都認為，經過了十五年，是該換民選政治人物來統治了。右翼獨裁者自願放棄權力走向民主者不乏其人，但共產政權卻沒有。所以我們必須記住，假如智利在一九七三年走向共產主義的話，基督教民主黨的艾爾溫就不太可能在一九八九年贏得總統選舉，智利也不太可能回到民主制度。當皮諾契交出總統職位時，智利可說是當時南美洲最穩定繁榮的國家。

直布羅陀震撼

小說家薩克萊（William Makepeace Thackeray）曾形容直布羅陀巨巖「外觀像一頭巨大的獅子，雄踞在大西洋和地中海之間。」直布羅陀距西班牙摩洛哥最近處只有九英里。直布羅陀的英國海軍基地是大英帝國海上霸權最重要的據點之一，但在威爾森政府於一九六〇年代中不再介入蘇伊士運河以東地區之後，其戰略重要性大幅降低。西班牙宣稱這個與西班牙本土接壤的半島是西班牙領土，但就和所有有領土爭議的英國領地一樣（例如福克蘭和北愛爾蘭），半島上多數人都認為留在英國是保有生活方式的最佳選擇。然而，英國兩黨內部都有一股強烈的聲音認為，英國最佳生存之道是「收拾掉」這些後帝國時代的爭議性領土，不必理會大多數當地居民的意願。

超過半世紀以來，西班牙都在設法討回直布羅陀。一九五四年，英國女王和菲利普親王造訪直布羅陀，西班牙報紙一片罵聲，西班牙外交部更表示最好不要前往，因為可能有西班牙人去鬧場。[20]在一九六〇年代，西班牙在聯合國去殖民委員會（United Nations' Decolonisation Committee）提出直布羅陀地位的問題，直布羅陀的民意代表哈桑（Joshua Hassan）和艾歐拉（Peter Isola）不得不前往紐約公開表示：「說直布羅陀人民從屬於外國勢力或被外國剝削，這完全不是事實。」為了證明這一點，直布羅陀在一九六七年舉辦公投，投票率百分之九十六，超過一萬二千票反對與西班牙分享主權，只有四十四票贊成。三十五年後，二〇〇二年十一月七日，再次舉辦第二次公投，一萬七千九百票（將近全體選民的百分之九十九）反對分享主權，只有一百八十七票（略超過百分之一）贊成。[21]儘管英國外交部努力了超過三十年，在二〇〇四年時，慶祝成立三百週年的英屬直布羅陀依然是英國的領土。

一九七三年，也就是西班牙十一年長期封鎖直布羅陀的第四年，希斯政府試圖用「回租」的方式交還直布羅陀的主權，因為外交部認為直布羅陀在歷史上和地理上皆屬異常，必須處理掉。希斯喜歡誇稱自己在一九三〇年代反法西斯的歷史，但他卻很願意把二萬六千位國王的子民讓給西班牙元首佛朗哥將軍統治。「我們不能再繼續防守這個歷史和地理的怪胎，」駐馬德里大使羅素爵士（Sir John Russell）在一九七三年寫道。「全世界都在清除過時的殖民地。直布羅陀是歐洲僅存的一個。」這些話看似有理，但實則大謬不然。英國當然能繼續防守直布羅陀，而且防了接下來的三十年。直布羅陀也不是「歷史和地理的怪胎」，因為還有很多地方也是這樣，地理上鄰接一個國家，但被另一個國家控制。直布羅陀也不是歐洲最後一塊殖民地。

瑞典接受芬蘭統治瑞典裔居多數的奧蘭群島（Aland Isands）；丹麥接受德國統治丹麥裔為主的什列斯威—霍爾斯坦（Schleswig-Holstein）；西班牙把北非的休達（Ceuta）和梅利利亞（Melilla）兩塊飛地當成西班牙國土；海峽群島幾乎完全位於法國領海，但法國並無異議。唯獨西班牙在英國統治直布羅陀三百年後還爭議不休。英國外交部南歐科科長古迪森（Alan Goodison）曾致函其部長說：「我們希望歐洲在十年內達成政治和國防的統一。屆時，直布羅陀將不再是英國的或西班牙的，而是屬於歐洲的。」[22]三十年後，直布羅陀確實是屬於歐洲的，但首先還是英國的。

贖罪日戰爭

一九七三年十月六日星期六，埃及和敘利亞趁猶太人一年中最神聖的「贖罪日」，許多人在禁食或去禮拜堂時，發動全面突襲。遭受突襲的以色列部隊損失慘重，在接下來兩天撤回到西奈半島中部。然而，敘利亞部隊在穿越戈蘭高地（Golan Heights）前往約旦河谷途中被擋在哈里丹谷地（Wadi Harridan）。十月十一日，以色列軍隊進入敘利亞。

十月十日，蘇聯開始空運軍事補給給阿拉伯國家。十三日，伊拉克、沙烏地阿拉伯和約旦都對以色列宣戰，美國決策者必須決定是否和如何支持這個只成立二十五年的小小猶太人國家。十月十四日，西奈半島發生一場戰車戰，規模僅次於三十年前俄國和德國的庫茨克戰役（Battle of Kursk）。以色列打勝了，把埃及部隊趕回到蘇伊士運河的據點，並在兩天後跨過運河。被泛阿拉伯國家大舉突襲八天之後，以色列部隊占據了五個來襲阿拉伯國家中兩個國家的部分領土。

尼克森政府中到底是誰在何時以何種方式支持以色列，這一問題尚有爭論。可以確定的是，美國在十月十三日開始用運輸機載運大量裝備和彈藥給以色列，前後多達五百五十架次。美國送去五十架幽靈式戰鬥機（Phantom），兩週內送給以色列的補給量比柏林空投時還多。[23]十月十九日，尼克森向國會要求二十億美元援助以色列，兩天後，季辛吉在莫斯科與布里茲涅夫討論如何結束衝突。十月二十四日，埃及和敘利亞都接受停火。[24]季辛吉在贖罪日戰爭後把「穿梭外交」發揮到極致。他在一個月內飛到中東十三次（一九七四年三月），在三十四天內飛了二萬四千二百三十英里，分別造訪耶路撒冷和大馬士革多達十五次。

以色列只有六百萬人口，被周遭各國多達二億人包圍，而這些國家都要消滅以色列，只有仰賴美國才能生存。美國沒有放棄這個它曾協助建立的小小民主國家，這確乎是利他主義的表現。如果美國在一九四八年以後和以色列切斷關係，那美國跟中東國家的關係會好得多，這展現了美國的無私和對民主國家前所未有的承諾。以色列的敵人常說這只是因為美國的猶太人遊說團體很有政治影響力，但並非如此。從一九四四到二〇〇〇年間，美國猶太人絕大多數都投票給民主黨，但共和黨政府也一樣堅決支持猶太民族在其聖地建立家園。

以色列在二十一世紀面臨的威脅有增無減，從伊朗總統最近的談話就可看出。伊朗在二〇〇六年即將擁有核彈，總統艾馬丹加（Mahmoud Ahmadinejad）在二〇〇五年十月二十六日的「耶路撒冷日」（這是何梅尼為了譴責以色列設的紀念日）表示，以色列「必須從地圖上被抹去」，消滅以色列乃是「伊斯蘭與傲慢的世界展開聖戰的開端」。[25]所謂「傲慢的世界」就是指「英語民族」。不到一個月內，他又說猶太大屠殺是「迷思」。（這不符合他的邏輯，因為照他的觀點，他應該引以為榮，而不是否認其存在。）

阿格紐與醜聞

一九七三年十月十日，美國副總統阿格紐（Spiro Agnew）因被控逃稅而下台，這是英語民族政治人物普遍不太貪腐的重大例外。英語國家的政治人物搞政治不是為了錢。世界上很少國家的政界和公部門能有這麼高的標準，非洲、拉丁美洲、亞洲許多國家、大部分東歐國家和俄羅斯都沒有。維多利亞時代對於從事公職的理念是，公職人員在金錢上的損失可以用榮譽和社會地位為回報，而這種理念仍然在英語世界深植人心。這有部分是因為媒體監督和喜歡挖掘「八卦」，部分是因為嚴格的議會監督程序，也因為從事公職向來不被認為是有油水的事。

雖然偶爾會有一些眾所矚目的案例，例如阿格紐案，但我們之所以曉得這些案例，正是因為這個制度管用。從一九〇三年九月到一九九四年五月這段期間，英國政府有一百零七位部會大臣辭職，只有五位牽涉到不當金錢關係，其中只有一九七二年七月辭職的保守黨內政大臣麥德寧（Reginald Maudling）屬於前排議員。[26]在世界許多國家，「竊盜統治」（Kleptocracy）是常態而非例外，英語民族的品德讓這類醜聞非常少，涉及金額也很小。例如，一九九三年六月有一位英國大臣辭職，原因只是沒有申報一名商人送他的手錶。

誠如歷史學家詹森所寫道：

> 超過一百年來，英國公職人員都遵守一條最高原則：公共利益和私人利益要保持嚴格分際。為國家做事的人，不管是軍人、公務員、議員或其他職務，都不能利用職務謀取私利或其他對己有利的好處……當然有不少個人沒有遵守這個高標準，但這個制度很強韌，整個二十世紀都沒變過。[27]

（值得注意的是，美洲英語世界中貪腐最盛的兩個地方：路易斯安納和魁北克，一開始並不是英語民族的殖民地。）

水門案

尼克森向來不是個膽小的人。一九五八年四月，他當副總統時造訪卡拉卡斯（Caracas），其座車被「一個非常惡劣的壞蛋」用鐵棒和球棒攻擊，連防彈玻璃都被打碎。他的翻譯沃特斯上校（Vernon Walters）的嘴唇被飛濺的玻璃割傷，他後來回憶說，尼克森當時非常冷靜，「當特勤人員緊張地拔出手槍時，尼克森先生叫他把槍放下。然後副總統問我有沒有受傷。我回說我想沒有。他說：『你的嘴唇在流血。快把玻璃吐掉。我今天還有話想對委內瑞拉人說。』」[28]

到了一九七二年下半年，尼克森需要更冷靜。他在事先不知情的情況下，得知一名重要的白宮助理涉及很嚴重的政治間諜案。他最初得知後來發展為「水門案」的消息，是在佛羅里達比斯坎灣度假時在《邁阿密先鋒報》看到一小則報導。甘迺迪和詹森政府都幹過骯髒事：甘迺迪極可能在一九六〇年伊利諾州總統投票中用作弊獲勝；②在羅伯・甘迺迪當司法部長時期，他下令對許多人竊聽錄音（數量之大在九一一事件之前堪稱最多），包括金恩博士和一位正在寫關於瑪麗蓮夢露的書的記者；詹森的手下在高華德競選時竊聽共和黨總部；民主黨經常動用國稅局去查共和黨重要人物的退稅資料。但是他們都沒有被抓到。而在華府水門大樓的民主黨總部放竊聽器這件事，即使以國際上政治詐術的標準來看也是足夠驚人。[29]（其中一個竊聽器失靈，另一個只聽到祕書在講約會和男友的八卦，但聽到什麼並不重要，重要的是這種行為。）

一九七二年六月十七日，長達三十一個月的水門案悲劇揭開序幕。當天晚上，三名哥倫比亞特區警察逮捕了五個人，他們正在重新安裝前一個月放置的竊聽器。一九七五年一月一日，前白宮助理霍爾德曼、埃利希曼及米契爾（John N. Mitchell）因水門案被判有罪。這個事件其實發軔於更早的時候。麥納馬拉的前部屬艾茲柏格把一批與越南相關的高度機密文件——「五角大廈文件」洩露給《紐約時報》。為了防止類似洩密事件發生，白宮遂成立一個「抓漏工人」小組，而這個小組又和尼克森的總統連任委員會有所關聯。小組自發自為，但尼克森並不知情。

如果尼克森從一開始就斷然切割「抓漏工人」及其白宮上司，他可能會沒事，但他重視助理的忠誠甚過法律，甚至有一陣子還試圖為其掩蓋。一九七三年七月十三日星期五，他承認他所有談話都有錄音，情況開始不妙。一九七四年四月三十日，他交出一千三百零九頁節錄過的譯文給國會相關委員會。[30]從小羅斯福時代開始，橢圓形辦公室內的談話就偶有錄音，到甘迺迪和詹森時代變成常態化。民主黨控制的眾議院逼尼克森把錄音帶交出來，以歷史學家詹森的話來說，這是「對『帝王般的總統』迎頭痛擊」。[31]

錄音帶顯示，在一九七三年三月二十一日，尼克森曾考慮過要付錢給「抓漏小組」的杭特（Howard Hunt）和其他水門案被告，要他們閉嘴，但他後來否決掉這個方案，最後並沒有付錢。一九七二年六月二十三日，尼克森曾提出要中情局介入水門案，以阻礙聯邦調查局的調查，但也

②譯注：盛傳甘迺迪與芝加哥地區黑道私交甚篤。一九六〇年總統大選時，在伊利諾州，特別是芝加哥地區出現投票人數超過登記選民人數的現象，即所謂「幽靈選票」。最後甘迺迪以一萬多票險勝，拿下伊利諾州。

沒有付諸實行。有人說白宮刻意刪掉了一段十八分鐘半長、足以將尼克森定罪的談話錄音，但這不是事實。誠如尼克森後來所寫道：「要說我或我部屬刪掉了這段錄音，卻原封不動其他幾十小時我顯然不想公諸於世的坦率對話，這實在令人難以置信。」[32]

尼克森曾經不爭執一九六〇年大選的結果，③這一次他也決定不讓總統彈劾案拖垮整個國家（不少評論者認為打到最後，參議院還是不會通過彈劾），這兩項都是愛國的行為，所以尼克森絕對值得繼任的福特總統依據憲法第十一條第二項，赦免「尼克森在一九六九年一月二十日到一九七四年八月九日期間所犯下或可能犯下或參與的犯罪行為。」

福特赦免尼克森的理由是，法院程序要長達一年以上，而「這樣的審判將引起長期和撕裂社會的爭辯，會對一位已經放棄美國最高民選公職的人造成進一步的懲罰和羞辱。」這種理由不是所有人都能接受，也讓福特無法在一九七六年總統大選連任，但至少他的總統任期是從寬容出發。水門案看似劃下了休止符，但它對美國政治體制產生了深遠的影響，直到今天。

水門案和阿格紐辭職最重要的影響，是造成民眾對政治人物和政治制度的不信任，而且影響到不只美國，而是整個英語世界。水門案把人們對政治過程原本的健康懷疑，變成對政治人物根深柢固的輕蔑，直到現在依舊如此。貝克（Howard Baker）曾（在水門案聽證會時）問說：「總統知道什麼，又是何時知道的？」這句話後來好幾次被引用，例如在雷根的「伊朗門」事件、柯林頓的「白水案」、小布希關於伊拉克大規模殺傷性武器。一整代青少年長大到投票年齡時，他們崇拜的不是領導國家的政治家，而是調查這些政治家的記者。一旦哪個名詞跟著「門」這個字，就代表醜聞、掩飾、政府貪腐和高官劣行。

好萊塢偏執症

對好萊塢來說，水門案表示可以把任何災難都怪罪給政府內部的黑暗勢力。「這牽涉到高層，非常高層。」這句話成了陳腔濫調的電影元素，一大堆電影都把美國政府描繪成美國老百姓的隱祕敵人。這就催生出一種「妄想症式」的電影類型，凡是政治人物、警察、將軍就一定是背信棄義、貪汙腐敗，而這些人在從前都是美國人的榜樣。

這裡隨便列舉一些妄想症的電影。在《靈異拼圖》（*The Forgotten*, 2005）中，國家安全局和外星人合作，抹去女主角茱莉安．摩爾（Julianne Moore）對她九歲兒子的記憶。國安局探員說：「我們只是想讓傷害最小化。」在《第一滴血》第二集（*Rambo: First Blood Part II*, 1985）中，席維斯．史特龍（Sylvester Stallone）完成敵後任務後，沒有人接他離開，因為中情局不想讓美國人得知還有幾千名戰俘在越南。在《明天過後》（*The Day After Tomorrow*, 2004）中，美國東部海岸被超級巨浪摧毀是因為錢尼（Dick Cheney）的環境政策錯誤，他把商業利益置於千萬美國人的生命之上。在《大白鯊》（*Jaws*, 1975）中，親善島市長馮恩雖然被鯊魚專家德瑞福斯和正直的警官謝德警告有鯊魚，卻仍然堅持要在七月四日週末開放海灘做商業使用。在另一部史

---

③ 譯注：在一九六〇年大選中，甘迺迪所勝出的州有很多都不超過百分之五，有數個州的票數十分接近，尼克森當時絕對可以要求驗票，但他並沒有這樣做。

蒂芬．史匹柏（Steven Spielberg）電影《外星人》（*ET: The Extra Terrestrial*, 1982）中，五角大廈派出探員要抓可愛的外星人去做實驗。

約翰．卡本特（John Carpenter）執導的經典電影《攻擊十三號警局》（*Assault on Precinct Thirteen*, 1976）在二〇〇五年重拍。片中攻擊即將作廢派出所的不再是原片中的「街雷幫」，而是三十三名底特律警局的腐敗警察，帶頭的叫拜恩。就連兒童電影也假設只要是穿制服的就是壞人。在馮迪索（Vin Diesel）主演的《限制級保母》（*The Pacifier*, 2005）中，受勳無數的美國海軍軍官居然是被北韓買通的叛徒。在《限制級戰警二：極限公國》（*State of the Union*, 2005）中，威廉．達佛（Willem Dafoe）飾演的極右派國防部長試圖用政變推翻長得像甘迺迪的總統，但被冰塊酷巴（Ice Cube）和山繆．傑克森（Samuel L. Jackson）率領的一幫劫車賊給破壞。其中一人說：「自由世界的命運現在落在一群騙子和小偷手裡。」另一人回答說：「不是向來如此嗎？」許多好萊塢電影都假定政治人物和政府官員都是「騙子和小偷」。

在《危險島》（*Danger Island*,1992）中，一群中情局科學家（病態的人為更病態的人工作）有一個「骯髒的小祕密」：他們刻意製造出一種可以把普通人變成殺人海怪的大腸桿菌。當美國情報機關拿這個太平洋小島上的原住民做實驗、測試生化武器和心靈控制藥物的真相大白後，其中一個角色說：「我怎麼一點都不驚訝？」

在《不可能的任務》第三集（*Mission Impossible III*, 2006）中，湯姆．克魯斯（Tom Cruise）飾演的韓特被一名美國情報高層背叛，此人受雇於想要入侵中東國家以獲取大筆合約的軍事—工業複合體。凡此種種，無窮無盡。

當然，個別電影描寫的陰謀都不重要，但集合起來看，這些電影幾十年來創造出一種現有政治制度根本不值得信任和腐敗的集體印象，而這種社會文化現象對美國民主是有破壞力的。在過去的好萊塢電影中，壞蛋是法西斯分子、共產黨間諜、黑手黨老大或匪徒，但那早已過去。現在的壞蛋幾乎都是美國政府機關、政治人物或警察。正是在這種妄想症文化下，許多西方民眾真心相信小布希總統和布萊爾首相是在明知海珊沒有大規模殺傷性武器的情況下，硬是要對伊拉克動武開戰。

在水門案之後，陰謀論在美國大為風行。今天有許多美國人相信小羅斯福其實知道珍珠港即將遭受攻擊；相信詹森總統有參與刺殺甘迺迪；相信聯邦調查局和中央情報局掩蓋了一九四七年新墨西哥州洛克維爾（Rockwell）的飛碟墜毀事件；相信以色列情報機關摩薩德（Mossad）策劃了九一一事件，如此等等。在《X檔案》（*The X-Files*）等高收視率電視節目的推波助瀾下，今天的美國民眾變得比以前更好騙、更有妄想症。「三邊委員會」（Trilateral Commission）、「達沃斯經濟論壇」（Davos Economic Forum）、「畢德堡會議」（Bilderberg Conference）、「華倫委員會」（Warren Commission）、「波希米亞俱樂部」（Bohemian Grove）、「圈子」（Le Circle）等組織都被幻想有什麼陰謀詭計和特殊力量，但其實根本沒有。這些邪惡荒謬的理論大大降低了英語國家人民對民選公職人物的信任感，在尼克森辭職超過三十年之後都沒有恢復。

如果美國憲法像英國那樣，不需要透過彈劾就能讓民選政治領袖下台的話，水門案對美國自我形象和國際地位造成的災難是可以避免的。同樣地，如果智利是君主制度，也就不需要皮諾契搞政變和軍事獨裁才能換掉阿葉德總統。在英國，女王只要把尼克森或阿葉德解職，換成可以獲得國會信任的人就可以了。（女王的憲政角色不是去挑選最好的人，而是只要這個人能獲得下議院的信任。女王在一九六三年選擇荷姆而非巴特勒〔R.A. Butler〕，這在憲法上是正確的。）

尼克森因為長達數個月痛苦不堪的彈劾程序而被迫下台，但在英國和任何奉女王為元首的國家，可能只需要一個下午就結束了。有一位完全超脫政治或任何黨派的憲法最高仲裁者（美國最高法院因為其任命程序而無法擔任這個角色），其好處是難以估量的。

惠特蘭政府解散

在水門案一年之後，一九七五年十一月十一日，澳洲總督克爾（John Kerr）以女王之名解任了民選的工黨總理惠特蘭，因為他長期對澳洲經濟處理不善和其他問題。根據澳洲憲法第六十四條，部會首長是「在總督樂見的情況下而保有職務」，而總督當時已經不樂見。克爾出生在雪梨巴爾曼（Balmain），曾任新南威爾斯最高法院大法官。一九七四年七月，惠特蘭挑選他為「我的總督」，只呈送一個名字給女王任命。克爾被形容是像「熊一般的男人：高大、魁梧、五官稜角分明……一頭如掃把般的銀髮，戴氈帽不宜，戴高禮帽更顯可笑。」[33]

工黨當時面臨憲政危機和一連串政治災難，克爾決心以總督所代表的女王特權把惠特蘭解職。為了償還政府向美國所借的四十億美元貸款，惠特蘭和一名巴基斯坦商人凱姆拉尼（Tirath Khemlani）借到一筆錢，但這筆錢沒經過澳洲貸款委員會批准。另外一件事是副總理凱恩斯（Jim Cairns）任命一個公司破產、負債四萬美元、叫作莫羅西（Junie Morosi）的女人當財政部長私人祕書，最後導致惠特蘭將凱恩斯開除。在一連串醜聞和不幸事件後，在參議院占多數的自由鄉村黨史無前例地拒絕通過預算。

正當惠特蘭設法在沒有預算的情況下繼續執政，試圖和反對黨達成交易未果，克爾決定出手。十一月十一日下午一點，他質問惠特蘭說：「你是否準備要舉行大選？」惠特蘭說他沒這個打算。克爾說：「這樣的話，我不得不解除你的職務。」惠特蘭離開後，克爾任命反對黨領袖福瑞澤（Malcolm Fraser）為過渡內閣總理，上任第一個行動就是在參議院通過撥款法案後（只用了兩天時間）立刻舉行大選。[34]

惠特蘭視此為憲法政變，大為憤怒。他後來嚴詞說道：「我們也許會說『上帝保佑我們的女王』，但卻沒人能保佑得了她的總督。」但在一九七五年十二月十三日的大選中，澳洲選民對克爾的行動表示贊成，惠特蘭的工黨在下議院一百二十七席中只拿到三十六席。[35]

西貢陷落

一九七五年四月二十九日星期二，最後一名美方人員在美國大使館樓頂被直升機載離西貢（後改名為胡志明市），美國在二十世紀的地位落到最低點，其象徵意義幾乎等同新加坡陷落之於大英帝國。南越政府在第二天倒台，政府成員和支持者被大批屠殺，幾百萬南越人被送進再教育營。[36]（詳細人數永遠不得而知。）

當最後一批美國人（四百名越南人不算）被直升機載走時，季辛吉獨自待在白宮辦公室，他坦承當時心裡大受「折磨」，懷疑自己在過去六年中是否能讓美國以不同的方式撤退。他回憶說，「我被奇特的孤獨感包圍」，開始回憶這一路以來的危機和談判，擔心他自己的歷史定位。[37]然後他走出辦公室去面對大批美國記者，又找回他自信好鬥的本性。

低盪政策

當時西方已經在關注別的議題。一九七五年八月一日，赫爾辛基歐洲安全合作會議公布《最終協議》（Final Act），有三十個國家簽署，包括蘇聯在內。這是西方以「低盪」政策遏制蘇聯的最高峰。該協議承認各國平等和獨立，放棄以武力解決爭端，最重要的是尊重一些不可剝奪的基本人權。俄國簽署這項協議，讓西方藉此大肆宣傳蘇聯及其盟國違反人權的行為，使其受到國際譴責。

有些右派認為蘇聯對人權的承諾只是空頭支票，而赫爾辛基協議承認了蘇聯在戰後兼併的領土，所以這個協議其實是走回頭路。他們認為，要不是西德補助了東德二十年，西方銀行在整個七〇年代讓波蘭和匈牙利在經濟上得以生存，不然冷戰可以比一九八九年早十年結束。但事實上，西方在經歷七〇年代的災難後，必須先重整秩序才能在八〇年代由新的領袖來打倒共產主義，而「低盪」有助於爭取時間。肯楠在一九四〇年代末為西方制定的對俄政策是：「與之對抗……但不挑釁，由時間去發揮效果。」這個建議非常正確。

簽訂協議的地方在芬蘭首都赫爾辛基。芬蘭在冷戰時代像是埃及燕鴴，能在鱷魚牙縫中覓食，又為鱷魚提供服務而不遭鱷吻。這種名義上維持獨立，但國防和外交的自主權最終控制在莫斯科手上，就叫作「芬蘭化」（Finlandization）。但這不是因為芬蘭人懦弱。這個小國曾在一九三九和一九四九年勇敢抵抗史達林入侵，但代價太大而無法再次承受。

在一九七〇年代中，芬蘭等國家都認為永遠擺脫不了東邊這個惡鄰，只有少數人不這麼悲觀。蘇聯崩解最讓人驚訝之處是在其真正發生之前，幾乎沒有西方評論家、分析家、情報單位、知識分子或政治人物有預測到這件事。只有法國社會科學家托德（Emmanuel Todd）在一九七六年出過一本《最後鬥爭》（*La Chute Finale*），預測了俄國共產主義在十到三十年後會崩解。托德分析蘇聯自一九二〇年以來的嬰兒死亡數，發現在一九七四年有一波大幅增加，蘇聯當局感到大失顏面，此後再不公布統計數據。此事再加上其他經濟和社會指標，讓托德斷定蘇聯共產主義來日無多。左派一如既往對他這本書嗤之以鼻，但右派也不待見，因為右派認為蘇聯將永存於國際舞台，所以福特和季辛吉才會搞「低盪」。

威爾森首相任期

我們對威爾森首相的英國工黨政府了解愈多，就愈覺其不堪。一九九八年十一月，前唐寧街新聞祕書海恩斯（Joe Haines）披露，威爾森曾以性生活的機密情資恐嚇其內閣閣員維格（George Wigg）改寫其自傳。威爾森先要求維格自己招供招妓，然後又逼他刪掉其自傳中批評威爾森的部分。海恩斯被這種行為嚇到，但他還是為威爾森辯解說：「這是哈羅公學生的惡作劇。」[38]

（幾年前維格本人還是工黨議員時，曾在一次類似醜聞中攻擊過彬彬有禮、具有紳士風度的普羅富莫〔John Profumo〕。）

恐嚇勒索在一九七〇年代蔚然成風。《觀察家報》（*Observer*）前總編阿斯特（David Astor）曾在《查禁目錄》（*Index on Censorship*）雜誌透露，印刷工會也會用罷工威脅來控制報紙言論。工會破壞新聞自由就和政府破壞新聞自由一樣惡劣，但在七〇年代就是如此。

一九七一年，英國記者列文（Bernard Levin）出版了關於一九六〇年代歷史的《鐘擺年代》（*The Pendulum Years*）一書，強烈指控威爾森毫無羞恥，「任何還在世的政治人物都不敢想像」。他引用威爾森自己坦誠的話說：「政治有很多是看表演，除了表演之外就看時機。」但就連列文都想不到，威爾森會卑鄙到雇用私家偵探去調查政治對手的私生活。

在《鐘擺年代》出版之後，威爾森的首相任期更加糟糕，最高潮是一九七六年五月的「薰衣草」封爵名單事件。[4]在這份推薦受封貴族和騎士的名單中，除了少數人之外，都是一些讓國會和王室丟臉、讓整個封爵體制陷入爭議的人。這些人完全不適格，其中一些人最後入獄或自殺，他們受封只是因為他們多年來為首相做過骯髒事。

我們現在也知道，在一九六六年海員工會合法罷工期間，威爾森曾派軍情五處去監聽。他譴責他們是「組織嚴密、有政治動機的團體」（好像工會就不該如此似的），把他們當成叛國賊或恐怖分子對待。一九九五年，《泰晤士報》前總編里斯—莫格（William Rees-Mogg）透露說，威爾森曾要求《泰晤士報》開除其政治線記者伍德（David Wood），條件是不把湯姆森勳爵（Lord Thomson）合併《泰晤士報》和《星期天泰晤士報》一事送交反壟斷委員會（這件事被總編回絕了）。難怪備受尊敬的工黨議員佛里曼（John Freeman）認為威爾森「極不道德」。

以牛津劍橋一等生的標準來說，一九六四年的威爾森內閣可說是集合了二十世紀最聰明的一群人。一九六六年大選後，工黨仍在下議院保有九十九席的多數。威爾森本人學術功底深厚，在五次大選中贏了四次。儘管他聰明過人，擔任首相的次數和格萊斯頓相當，但他自認他最大的成就乃是設立英國空中大學（Open University）。

他在一九四八年於伯明翰演說時表示，「當年我們班上有超過一半的孩子沒有靴子或鞋子穿」，但這完全是胡說；他因為國民健保費用和重振軍備問題向貝文和佛里曼請辭，但當上首相後又提高健保費用，且沒有告知內閣就購買舍瓦利納核威懾系統；他在政治上有利的時候反對加入歐洲經濟共同體，一旦風向轉變又急著加入；他曾寫過反美的小冊子，後來又無恥地奉承詹森總統（詹森叫他「那個小滑頭」）。貝文認為「他既不誠實，也沒有原則」，「是個油滑的、一心想自己往上爬的人」。

由於威爾森性好權謀甚於治國，英國實施了布朗（George Brown）那災難性的「國家發展計畫」：「口袋裡的英鎊」在錯誤的時機以錯誤的速度貶值，通膨在一九七五年八月高達百分之二十六點九；開徵附加稅和超級附加稅；完全不遵守與工會的「社會契約」；整個國家在士氣上和

④譯注：威爾森在一九七六年五月辭職，辭職時撰寫了一份獲勳人士名單，名單中的不少獲勳人士隨後卻頻頻牽涉醜聞。該份獲勳名單由威爾遜的助手瑪莎·威廉斯（Marcia Williams）撰寫，初稿寫在薰衣草色的筆記紙上，因而被稱為「薰衣草名單」（The Lavender List）。

經濟上都委靡不振。「這會在今晚電視上播個四十秒，」威爾森有一次在唐寧街十號門口拍照時低聲對佛里曼說，「希斯正在格雷夫森（Gravesend）演講，卻沒人來訪問我。」工黨閣員克羅斯曼的日記就透露，威爾森為了把目光從保守黨對手吸引過來，甚至特別設計去造訪巴摩拉城堡。⑤

內閣高官中行為不體面的不是只有威爾森。外交大臣布朗有一次去英國外館，他的私人祕書麥理浩（Murray MacLehose）把大使助理拉到一邊警告說：

> 也許你不曉得，這個人是酒鬼。在接下來四十八小時內，他（布朗）會辱罵你、你太太，甚至所有大使館人員。不需要大驚小怪或辭職。這是沒用的。只要逆來順受就好。他週末之前就會走，你可以放輕鬆，假裝他沒來過。[39]

威爾森也有思考戰略而不是只有戰術的時候。一九六八年，他支持芭芭拉．卡索在《免於衝突》（*In Place of Strife*）白皮書中提出遏制工會的建議，但黨內中右派如卡拉漢（James Callaghan）和詹金斯強烈反對。他曾強硬說要制裁羅德西亞，卻對英國企業違反制裁條款睜一隻眼閉一隻眼。他曾大談「科技革命的巨大能量」，任命運輸工會領袖考辛斯（Frank Cousins）當科技大臣，結果是工會權力大幅擴張。

威爾森在一九九五年過世時，布萊爾不無自吹自擂地稱讚他「代表了一個新時代，不沉悶、不墨守成規，不分階級、前瞻且具現代性。」我們對威爾森知道得愈多，就愈明白他確實代表了七〇年代，一個欺騙成風、失敗主義瀰漫和卑鄙下流的時代。儘管威爾森有超群的辯論和政治技巧，但當英國正需要真正的領袖時，他卻讓英國政治墮落到最低點。

威爾森在一九七六年三月閃電辭職，這在英語民族戰後歷史上最暗淡的那兩年算是唯一的好消息。一九七六年八月，工資上漲了百分之十三點八，工資上漲導致通膨急速升高，最高達到將近百分之二十六，進而導致英鎊從超過二美元兌換一英鎊，跌至一點五八美元兌換一英鎊。危機在當年度工黨大會期間達到高峰。財政大臣希利（Denis Healey）本來要出國參加國際貨幣基金組織會議，但英鎊驟貶，他被從希斯洛機場叫回來穩定局面。英國就像第三世界那些「香蕉共和國」一樣，必須向國際貨幣基金組織貸款二十三億英鎊。希利表示若貸不到這筆錢，英國「將採取可能導致街頭起義的嚴酷經濟措施」。（但在二〇〇六年一月的專訪中，希利卻表示：「說到戰後的財政大臣，我認為我是頂尖的。」）

一九七六年，西方在全球各地都處於守勢，在共產黨手上遭遇冷戰時期最嚴重的失敗。安哥拉人民解放運動游擊隊占領安哥拉大部分地區；赤柬在柬埔寨掌權後展開種族屠殺，殺害了四分之一人口；歐洲共產黨參與組成義大利新政府；荒唐卑鄙的獨裁者阿敏（Idi Amin）宣布自己為烏干達終身總統，卜卡薩（Jean Bokassa）宣布自己是中非共和國的皇帝，而這兩人都有辦法在西方資本主義國家和東歐共產陣營之間漁翁得利。

⑤編按：巴摩拉城堡是英國王室的居所。

卡特政府

卡特在一九七六年十一月當選總統，他可說是二十世紀美國總統中最無能的一個。卡特是沒有標籤的政治圈外人，和民主黨高層沒什麼淵源，故得以在民主黨內受到廣泛支持。但歷史學家格勞巴德（Stephen Graubard）認為，他「自以為是，用假裝關心別人來掩飾其驕傲自大。他是高明的演員，把自己裝扮成千萬美國平民老百姓的代表。」卡特在競選時宣稱，「我在心裡犯下通姦罪非常多次」，這是首度有政治人物展示美國人喜好的歐普拉式「過度分享」的表演方式，而這種方式已成為當前「名人文化」的主流。由於美國人對水門案深感羞恥，尼克森的政黨根本不可能贏得下次總統大選，不管推出的候選人有多麼清廉。喬治亞州州長暨成功農場主卡特以二百九十七張選舉人票擊敗了福特的二百四十一票，民主黨在眾議院以二百九十二席對一百四十三席維持多數，在參議院則為六十三席對三十一席。

在一九七六年十一月的總統大選中，有一位候選人堅決反對「低盪」，他認為這只會讓蘇聯壯大，而美國的利益應該是壓制蘇聯。知識分子喜歡嘲笑加州州長雷根。他當過演員，演過《君子紅顏》（*Bedtime for Bonzo*）這類電影，對國際事務了解淺薄，頂多是個反共卡通人物。但雷根具有那些嘲笑他的人所沒有的東西：他直覺相信美國有辦法打贏冷戰，因為困在鐵幕內的人民渴望自由。

雷根能用很明確、非黑即白的道德語彙來形塑反共議題，而不用「低盪」那種細緻的說法。

雷根沒有贏得共和黨提名，共和黨一如預期地支持現任總統福特連任，但在競選過程中，雷根呼籲美國要以正面迎戰蘇聯共產主義並最終將之擊敗作為對外政策，這在戰後美國政治中是近乎革命性的觀念。

在一九六〇年代中，美國空軍急需新一代的轟炸機或「先進載人戰略飛機」（Advanced Manned Strategic Aircraft，簡稱為AMSA）來取代B-52轟炸機。經過大量研發工作後，AMSA還被嘲笑是「美國研發最久的飛機」（America's Most Studied Aircraft），美國空軍終於在一九七一年下訂單購買四架B-1A，這是一架有四具引擎的可變後掠翼飛機，能夠在高空中以二馬赫速度飛行，首架原型機在一九七四年成功試飛。[40]但卡特政府在一九七七年一月一日就任後，對這個計畫提出負面報告，並在該年六月完全將其取消，而且沒有要求蘇聯投桃報李。雷根在一九八〇年擊敗卡特後，此計畫再度復活，一百架B-1B從一九八五年開始服役，其火力包括空射巡弋飛彈、短程攻擊飛彈和核重力炸彈。

取消這項計畫是卡特政府向克里姆林宮發出一系列軟弱訊號的第一步，這些訊號加起來就顯示美國已不願承擔保護自由世界的任務，不再願意「不計代價，不計負擔」。一九七七年七月十一日，卡特就「增強型放射線炸彈」⑥的爭議致函參議員史丹尼斯（John Stennis）說：「任何總統決定要跨過核子門檻都是很困難的。我向你保證，要決定這種小當量、增強輻射線的武器絕對不是件容易的事。」卡特公開表示不想動用核武也許撫慰了自己的良心，但這在蘇聯看來就是怯

⑥譯注：增強型放射線炸彈（enhanced-radiation weaponry）即為一般所稱的中子彈。

儒，他們會認為卡特把他的基督教信仰置於大規模報復政策之上。卡特在一九七七至一九七九年展開核戰計畫重新評估，本以為會有什麼重大更新，「然而結果是，」冷戰史學家米勒說，「只是對原有的計畫修修補補，再加上更複雜的政治考慮。」[41]

越戰讓美國國會、媒體和知識分子達成了新孤立主義的共識，讓蘇聯及其代理人古巴和越南「盡情在第三世界建立帝國，不怕美國會反擊。」[42]季辛吉已盡可能挽救，但卡特政府卻讓全世界都感覺蘇聯在崛起，而美國在衰落。西歐對莫斯科採取綏靖政策和第三世界國家在聯合國大會中支持蘇聯是兩個最明顯徵象。

一九七五年，民主黨掌控的眾議院阻擋福特政府，讓安哥拉、莫三比克、索馬利亞和衣索比亞落入親蘇政權之手。在接下來三十年中，這幾個國家的命運就是爭著當人均收入最低的非洲國家。在柬埔寨，赤柬從一九七五到一九七九年波布倒台這段期間展開全面性大屠殺，謀殺或蓄意餓死了一百五十萬到二百萬人。以該國在一九七五年的七百萬人口來說，這是很高的比例。[43]

除此之外，在一九七〇年代晚期，蘇聯海軍於越南金蘭灣和南葉門建立基地；東德和古巴軍隊出現在紅海；尼加拉瓜親古巴游擊隊政府上台；薩爾瓦多發生由蘇聯支持的全面叛亂；東歐全面部署新的ＳＳ-20飛彈。然而卡特卻在一九七七年聖母大學（Nôtre-Dame University）開學典禮上表示：「我們不再恐懼共產黨，不再無條件支持加入我們這邊的獨裁者。」有一位評論者在一本討論蘇聯於七〇年代末各種攻勢的著作中一針見血指出：「福特政府就像一個在做惡夢的人，至少還嘗試著反應，雖然過不了國會這一關。卡特政府則連嘗試都不肯。」[44]一九七九年十二月，蘇聯無端入侵阿富汗，八年戰爭打下來的結果是阿富汗有將近一半人口被殺或逃往巴基斯坦。[45]

卡特對蘇聯的意識形態和外交有極為天真的看法。他先是在一九七七年六月取消中子彈計畫，沒有要求蘇聯投桃報李，後來又抱怨克里姆林宮對他「說話不友善」。他說他認為「蘇聯人之所以誇大分歧是有政治目的」，他相信「冷靜、不懈而公平地與蘇聯交涉，最終會強化雙邊關係」。[46]這些話完全有悖於英語民族自一九一七年以來從布爾什維克及其繼承者身上學到的教訓，更別說張伯倫對希特勒的綏靖政策。

一九七八年三月，卡特的地位看來岌岌可危，卡梅爾在布魯克斯俱樂部「和尼可森賭一瓶一九六九年分的唐培里儂香檳，賭卡特總統不會是民主黨下屆總統候選人。」（若因被刺或其他原因身亡，則賭注取消。）一九七九年六月三十一日，卡特在肯塔基巴斯頓（Bardstown）的市民大會上大談西方的「委靡不振」，他卻沒意識到他自己正是委靡的代表。一九七九年一月，親美的伊朗國王被推翻，這是無能的卡特政府對後世影響最長遠的事件。此事對西方在這個地區的利益造成全面性的災難，但卡特卻在一個月後警告不要「把所有變化都看成對美國不利，看成是『我們』的損失或『他們』的勝利……我們不能用簡單的非黑即白去看事情，而要用更細緻的眼光。」[47]該年八月，伊朗國民大會被極端基本教義派教士何梅尼（Ruhollah Khomeini）掌控，而何梅尼正是非黑即白的人。

德黑蘭美國人質事件

一九七九年十一月四日，為了效忠何梅尼，大約五百名伊朗學生攻占美國駐德黑蘭大使館，抓了六十三名美國人和四十名其他國家的人當人質，其中五十二人被關了四百四十四天。美國又走上一九七三年四月後那兩年的老路。大使館被攻占後，卡特的國務卿立刻表示：「大多數美國人現在都了解到我們無法主導一切。這種了解並不代表美國的衰落，反而代表美國人在複雜的世界中愈來愈成熟。」

對英語民族來說，幸好大多數美國人並不認同這種失敗主義。一九八〇年，高達百分之六十的美國人認為美國的國防支出太低，而五年前這個比例只有百分之十八。據《代頓每日新聞》（*Dayton Daily*）報導，卡特在一九八〇年九月競選連任時對五十位芝加哥人表示，他的共和黨對手雷根主張「強軍備戰只是為了秀美國的肌肉」。然而美國人聽不下這種話，因為當時尚有五十二名美國外交人員在德黑蘭蹲苦牢。美國人在當年秋天把票投給他們認為最能打好冷戰、保衛美國、把人質從伊朗救回來的候選人。

一九八〇年十一月四日星期二，六十九歲的雷根贏得四百八十九張選舉人票，卡特只有四十九張，共和黨掌控參議院，在眾議院多了三十三席。慘淡十年的羞辱挫敗終於結束了。伊朗在一九八一年一月二十日雷根就職前釋放人質。從那一天以後，對那些在七〇年代占得上風的英語民族國家敵人來說，跟美國人打交道就完全是兩回事了。

第十五章

消耗戰的勝利

一九八〇年代

百戰百勝，非善之善者也；不戰而屈人之兵，善之善者也。

——《孫子兵法》，西元前五世紀

帝國會崩潰，通常是因為在戰爭中被打敗。蘇聯就這樣分崩離析是個特例，它有四百萬未嘗敗仗的軍隊，有核子武器，還有六十萬名國家安全委員會探員和國安人員

——史紀德斯基（Robert Skidelsky）1

雷根上任總統

雷根上台後，西方突然不再只是在冷戰中維持僵局，而是積極想贏得這場戰爭。作家塞西爾（Algernon Cecil）在一九二七年討論英國歷任外交大臣的書中寫道：「政治永遠是次佳的選擇。」這句話通常是對的，但一九八〇年代的英語民族卻不這樣選擇。

懷疑雷根經濟學（Reaganomics）的人可以看看聯邦準備銀行的數據：從一九八一年一月雷根上台到一九八九年一月雷根離開這段期間，美國的通貨膨脹率從百分之十二下降到百分之四點五，S&P五百指數從一百三十點上漲到二百八十五點，失業率從百分之七點五降為百分之五點七，抵押貸款利率從百分之十三點一降為百分之九點三，個人最高稅率從百分之七十降為百分之三十三。[2]光是在雷根第二任期就創造了一千八百萬個新工作，基礎利率下降六碼到百分之九點三二。鼓勵私人企業、縮小政府規模和減稅等措施為美國經濟帶來正面循環。經濟繁榮讓雷根政府能夠花大錢在軍備上，逼蘇聯在冷戰中哀求和平。

就像卡特在一九七七年那樣，雷根一上台便下令對戰略做全面檢討，而得出的結論完全不同。雷根政府準確地了解到，蘇聯只會尊重戰備和力量，而不是複雜的政治手段。一九八一年的戰略檢討完全翻新了「單一綜合作戰計畫」。①該計畫列出四萬個敵方目標，包括蘇聯的核武儲備庫、傳統武力、軍事和政治指揮中心、通訊系統、經濟與工業打擊目標，「讓最高指揮部（總統及其最親近的顧問）有幾近無限制的選擇方案」，包括先制打擊、預警發射、受攻擊發射等等。《真理報》、《塔斯社》、《消息報》等俄國媒體雖然公開譴責雷根「窮兵黷武」（這些說法受到西方左派高度認同），但克里姆林宮領導層在私下卻顯露怯意。共產黨挑釁英語民族很容易得逞的舊日子已經過去了。

自邱吉爾和小羅斯福以來，雷根和柴契爾夫人是帶領英語民族戰勝極權主義的最佳雙人組合。但國際左派對雷根仇怨深重，當雷根在二〇〇四年六月過世時，《衛報》的頭條居然寫著：「他以反共之名撒謊欺騙」。[3]左派一直低估了雷根，但他毫不在意，因為這在政治上對他有利。左派一直貶抑雷根是熱情、自信但近乎低能的蠢蛋，資深民主黨白宮顧問克利福德（Clark Clifford）也說他是「可愛的傻蛋」，而雷根很樂意欺瞞他的政敵。他對自己經常口誤和失言置之一笑，因為他和連任兩屆的艾森豪與後來也連任兩屆的小布希一樣，都知道美國人比較在意總統是否溫暖親切，不看重總統是否冷靜有頭腦。

然而，最近公布的雷根從一九七五年卸任加州州長，直到一九七九年開始參選總統時的手寫講稿和廣播稿顯示，他其實並非政敵所說的那樣無知。[4]正如《雷根手稿》（*Reagan In His Own Hand*）的一位評論者所說：「雷根不時會證明自己並非假貨，那些以為他只是假貨的人其實都被騙而不自知。」[5]就和柴契爾夫人及許多成功政治人物一樣，雷根不是具有原創性的思想家，但他能很好地闡釋和推廣別人的想法。雷根和柴契爾都有辦法把諾貝爾經濟學獎得主的理論，讓只對

① 譯注：「單一綜合作戰計畫」（Single Integrated Operation Plan），簡稱ＳＩＯＰ，是美國的總體核戰略方案，制定於一九六一年。

高等經濟學稍有概念的人聽得懂。一九八一年，雷根剛進白宮後不久發表了下列這段經濟演說：

> 有些人說要把稅賦轉嫁給企業和產業去負擔，但企業其實並不繳稅。噢，你們別弄錯了，企業確實有被徵稅，而且稅負如此沉重，以至於我們正在失去國際市場的競爭力。但企業一定要把包括稅賦在內的營運成本轉嫁出去，以產品價格來轉嫁給消費者。只有人民在繳稅，所有的稅。政府只是利用企業暗中幫忙在徵稅。

所以，只要雷根能把這麼重要的概念讓千百萬選民聽得懂，他分不清楚「it's」和「its'」又如何呢？

雖然雷根「西部佬」（Westerner）的形象很不對歐洲那些討厭西部片的審美家的口味，把他看成只會彎腰掏槍的牛仔，但大多數美國人並不這麼有偏見。《牛津美國西部史》就指出：「雷根在演員時期建立了直話直說、直接開槍的形象，他把西部漢子的人設當成政治資本，在一九六六年當上加州州長。在一九八一到一九八九年總統任內，他持續用西部人的形象來贏得民心。」[6] 儘管他被認為是喜歡拔槍相向的牛仔，但他也被公認是一位勤奮、獨立思考的美國人，他的形象在行銷和廣告上一直很受歡迎。

對美國人來說，「西部佬」普遍具有正面意涵，特別是韋恩和雷根所演的西部片都有強烈的道德訓示，宣揚個人主義、愛國主義、家庭，以及法治和秩序。只是由於好萊塢在一九七〇年代中出現反文化風潮，電影中的警長才變成那些獨來獨往的外來復仇者嘲弄的對象。雷根出身於一個美好的舊時代，他受到多數美國人認同，許多西歐人卻從來搞不懂這點。（西部也不像許多歐洲人以為的那麼反動。西部各州當初是支持一九七二年男女平權修正案的，只是後來超過十年都沒有獲得足夠多的州支持，無法寫入憲法。）

福克蘭戰爭

福克蘭群島位於阿根廷巴塔哥尼亞省以東的南太平洋麥哲倫海峽東端出入口，此地在一九八二年意外成為測試英語民族意志和團結的試金石。一九八一年十二月，加爾鐵里將軍（Leopoldo Galtieri）的軍政府在阿根廷掌權，再度宣稱對他們稱為「馬爾維納斯」（Las Malvinas）的島嶼享有主權，而這些島嶼自一八三三年以來已被英國統治將近一個半世紀（一九八一年十二月，英國外交部曾建議柴契爾夫人恭賀阿根廷軍政府上台，她回答說英國首相「絕不會去恭賀軍事政變」）。這個四千六百一十八平方英里的島上有一千八百一十三名居民，其中百分之九十七是英國人。由於這些島嶼當初是因為不可抗力等因素才落到英國手裡，誰具有合法擁有權確實有爭議。雖然英國人宣稱他們在一六九〇年一月就首次登島，但這些島嶼同時間也屬於法國和西班牙。這些島嶼距離阿根廷海岸只有二百五十英里，距離英國卻有八千英里。

英國和阿根廷政權對這些島嶼的未來拖拖拉拉談了幾十年。[7]直到一九八〇年代初，英國外交部都不太重視這些島嶼，因為有更重要的去殖民化議題要處理，例如羅德西亞。當時的外長卡靈頓（Peter Carington）在一九八八年的自傳中說：「理論上可以和實務上可行實在天差地遠，集中精力在後者才有道理。」（當然，一次大戰以後的每位外長都可以說這句話。）

但任何人都沒料到，加爾鐵里政權突然主動出擊，一夜之間入侵這些島嶼。兩國本來在討論分享主權、英阿共治、九十九年回租協定和其他各種方案，但島民都堅決且幾乎一致反對，他們希望英國永遠治理下去。阿根廷政治動盪不安，長期在獨裁體制和混亂的民主體制之間擺盪，更讓島民堅定決心。不過一旦這些島嶼被入侵，所有方案都沒有意義了，因為英國王室的子民遭受攻擊，女王陛下的政府就有義務馳援，不管距離英國本土有多遠。

福克蘭事變後，許多人認為英國情報單位沒有預知到將發生入侵，能力大有問題，但事實並非如此。加爾鐵里的三人軍政府直到一九八二年三月三十日才決定要進攻，而英國第二天就知道了。英國情報單位從尤因和「四十號辦公室」的時代就在監聽外國通訊。②英語民族各情報單位的訊號攔截與解碼部門的技術高超，一再證明其對於維持英語民族霸權的重要性，只不過這次直到三月三十一日星期三上午十一點，英國聯合情報委員會還是判斷說：「阿根廷政府無意率先動用武力。」而到當天下午六點，阿根廷的入侵計畫就已經在執行了。

當時的國防大臣諾特（John Nott）後來在回憶錄中說：「根據一系列攔截到的訊號和其他情資……預定入侵時間無疑是在四月二日星期五一早。」[8]一艘阿根廷潛艇已部署到福克蘭首府史丹利港，阿根廷海軍集結好準備進攻，一名陸軍司令已著手指揮兩棲部隊，阿根廷駐倫敦大使館已被下令在開戰前燒毀文件檔案。諾特立刻和首相在其下議院的辦公室開會。

後來有很多人批評諾特在一九八一年六月下令撤回皇家海軍的南極調查船「毅力號」（Endurance），是對阿根廷政府發出示弱的訊號，但實際上，阿根廷決定進攻不是因為英國做了什麼或沒做什麼，而是因為威權政權典型的拿破崙取向，要轉移對國內統治失敗的注意力，尤其是經濟問題。

這次進攻出其不意。三月三十一日星期三那天，卡靈頓勳爵人在以色列，國防部參謀長列文上將（Terence Lewin）在紐西蘭，總參謀長布拉莫將軍（Edwin Bramall）在阿爾斯特（北愛爾蘭），艦隊總司令費德豪斯上將（John Fieldhouse）在直布羅陀。那天晚上唯一在倫敦的高級官員是剛從普茲茅斯海軍基地回來的第一海務大臣李奇上將（Henry Leach），他身著全套軍裝來到下議院。「男人穿軍裝總是能吸引女士，」諾特後來不無挖苦地說，「而瑪格麗特③是個很情緒化的女士，男人穿軍裝總是特別讓她開心。」

不管柴契爾夫人是否有被李奇的外表吸引，李奇說的話確實感動了她。這位上將強力主張：

> 要動用艦隊的一切力量……這必須是一支強大的武力，不是一個小隊，要有兩棲作戰能力，要有完整的特種作戰部隊。還要派出「無畏號」和「赫姆斯號」（Hermes）兩艘航母，以及相當數量的驅逐艦和護衛艦。簡單說，要有足夠的兵力去打仗，而不僅是「警察行動」。[9]

---

② 編按：關於四十號辦公室可參見第三章「四十號辦公室破解德國海軍密碼」。

③ 編按：這裡是指柴契爾夫人。

李奇還說，艦隊可以在本週末過後就啟航。由於當初預料入侵將在下週五才發生，這個建議讓在場部會首長感到驚訝。柴契爾夫人問李奇一個關鍵問題：假如該島被入侵，我們有沒有辦法奪回來？根據自納爾遜以來的皇家海軍傳統，李奇回答說：「有辦法，而且我認為（雖然這並非我的職責）應該要奪回來。因為若不這麼做，或是畏首畏尾不敢取得完全勝利，那再過幾個月，我們將活在一個講話沒人搭理的完全不同的國家。」李奇無疑盤算過，柴契爾夫人絕對會被這番話影響。

諾特長期跟李奇不和，認為李奇「腦袋不是很好」。諾特對於在沒有陸基戰鬥機護航下派出一支八千人的艦隊感到很不安，雖然他當時還不清楚阿根廷空軍有多少實力。諾特後來寫道，此事讓他想到其先人威廉・諾特少將（William Nott）參加過的第一次阿富汗戰爭（一八三八至一八四二年），而最新的國防簡報也指出英國不一定有實力奪回福克蘭。他還想起「我在劍橋念書時蘇伊士挫敗給我的震撼」。[10]

但事實上，在經過四分之一個世紀後，福克蘭群島終於讓英國人擺脫蘇伊士的惡夢。在二〇〇三年伊拉克戰爭期間，左派媒體又提起蘇伊士，但福克蘭戰爭、波灣戰爭和科索沃戰爭的成功已讓自由派國際主義者不再能拿蘇伊士來嚇唬人。這算是一場柴契爾夫人發動的革命，她讓英國決策者再度有了進攻性的思考。

四月三日星期日，下議院舉行緊急辯論，工黨領袖富特（Michael Foot）堅持英國動用武力必須獲得聯合國同意。「我們應該在聯合國授權下行動，」富特說，「這是我們能遵奉的唯一權威。」鮑爾不以為然，他指出英國保護女王子民的權利是「與生俱來的」，「在還沒人想到有聯合國之前就存在了」。

幸運的是，英國再次在外交上取得勝利。當時的美國總統親英，共產主義的俄國和中國不願幫阿根廷右派軍政府說話，而且這件事很清楚是無端入侵，再加上英國外交部優秀官員帕森斯（Anthony Parsons）在聯合國及韓德森（Nicholas Henderson）在華府據理力爭，聯合國通過了五〇二號決議，要求阿根廷要「立即無條件撤兵」。

柴契爾夫人並沒有像諾特那樣，被蘇伊士危機的惡夢、國防部的擔憂和第一次阿富汗戰爭的教訓所影響，反而是鮑爾在四月三日辯論中所講的話讓她特別有感。鮑爾提到，俄國人稱柴契爾夫人為「鐵娘子」（Iron Lady），而在未來數星期，柴契爾本人和全世界都將知道「到底她的氣概如何」。加爾鐵里將軍完全低估了柴契爾夫人，她在整個危機期間展現出超凡的決心和傑出的領導力。

雖然諾特對李奇的看法心存疑慮，但政府授權李奇上將去準備一支「福克蘭特遣艦隊」，代號是聽來不怎麼響亮的「共同行動」。（現今因為公關需要，軍事行動一定要取一個吹捧英勇、提升士氣的代號，例如「沙漠風暴行動」或「重建希望行動」，但從前並非如此。二戰期間的代號都比較樸實，例如「火柴盒行動」、「標靶行動」、「假髮行動」、「哈士奇犬行動」、「市場花園行動」。但和這些名稱比起來，「共同行動」又算太過樸實。）

「英國派出核動力潛艇和搭載先進響尾蛇空對空飛彈趕往南大西洋，而其對手則擁有緊貼海平面飛行的飛魚反艦飛彈，」福克蘭戰爭的官方歷史學家費里曼爵士（Lawrence Freedman）寫道，「但福克蘭戰爭的結果最終決定於老派的軍事作戰。」[11] 福克蘭戰爭在許多方面都很老派：戰爭的原因是十七世紀以來的主權觀念和「擁有的東西就要繼續保有」的觀念，而不是什麼主義或理念；爭奪的也不是領土，而是威信、榮譽，以及如果英國不去解救國王子民會不會變成「不同的國家」；打這場仗的主力是皇家海軍，打起仗來很有傳統風格。此時距離蘇伊士危機已有二十六年，大英帝國終於要反擊了。

特遣艦隊需要的許多船艦都在直布羅陀附近海域演習，速度是奪回外交和戰爭主動權的關鍵。皇家「輝煌號」（Brilliant）和「闊劍號」（Broadsword）裝載了核子深水炸彈，但為了安全起見，這些炸彈被移轉到兩艘航空母艦上，而這兩艘航母本身也有裝載這類炸彈。不過，英國從來沒有想要動用核武，而由於皇家海軍對保守機密的堅持，此事直到二十三年後才在費里曼爵士二〇〇五年的兩卷本《官方福克蘭戰爭史》（*Official History of the Falklands Campaign*）中被公開。

智利皮諾契將軍和美國國防部長溫伯格（Caspar Weinberger）都大力提供協助，但當時都刻意低調。智利和阿根廷關係很不好，但不想渲染提供英國多少援助對付其鄰國，而一些美國重量級人士，如美國駐聯合國大使柯克派屈克（Jeanne Kirkpatrick）和北卡參議員何姆斯（Jesse Helms）則擔心福克蘭爭端會影響到美國在拉丁美洲的反共事業。與此同時，美國國務卿海格（Alexander Haig）積極搞「穿梭外交」尋求解決方案。海格用相當精采的一段拐彎抹角的外交辭令表達美國對英國的政策，「對於超出基於雙邊協議的傳統合作模式的那些要求，美國尚未表示同意。」[12]（但這並不是真話。）

雷根個人偏向英國和好友柴契爾夫人，而不是不接他電話的加爾鐵里將軍，但雷根盡可能不去疏遠阿根廷這個有用的區域盟邦。但儘管他個人想假裝中立，他的政府卻讓「英美特殊關係」

大展實力。費里曼的官方戰史清楚指出，美國暗中提供英國大量後勤、武器、情報、衛星情資，只是當時過於敏感並未大張旗鼓，但這再次確認了英語民族的團結精神。[13]溫伯格尤其認為：

如果英國要發動反攻奪島，我們應該毫不猶豫全力協助……於是我向國防部交代說，英國提出的所有軍備需求都要立刻處理；英國若再提出任何軍備或其他形式的需求，只要我們不被捲入他們的軍事行動，這些需求都要答應，並立刻處理。我知道他們即將發動的攻勢非常困難，而速度是關鍵。[14]

美國在亞松森的懷德威克（Wideawake）空軍基地為英軍提供空中補給，儘管媒體指出這違反了美國維持中立的官方立場。四月十九日，總統授權移交配備十二枚飛彈的六具刺針（Stinger）地對空飛彈發射台給英軍，再加上夜視裝備。五月二日，強烈親英的溫伯格告訴英國外交部說：「我們會提供他們所需的一切，而且能非常快速。」兩天後，美國海軍部長雷曼（John F. Lehman）會見英國武裝部隊國務大臣布雷克（Peter Blaker），清楚表明他將加速所有裝備的運補。[15]他還表示他準備把一個在加勒比海的航母戰鬥群開到南大西洋，但這個方案經討論後，因為需要再訓練而無法實行。

「英國人不想讓人覺得沒有美國幫忙，『共同行動』就玩不下去。」費里曼結論說，「但有美國幫忙會讓英國的行動更有效率，讓衝突盡快解決。」雖然諾特對媒體表示「目前並不需要協助」，但實際上他卻寫信給溫伯格說，假如戰爭拖久的話，希望能以允許退貨的方式取得大批美軍裝備，而短期間則希望取得兩座方陣快砲系統（Phalanx gun system）和三百枚響尾蛇飛彈（AIM-9L Sidewinder missile）。在九天之內，一百枚飛彈就送到亞松森島，方陣快砲也被裝上「光輝號」（Illustrious）航空母艦。[16]

「在五月，英國向美國買了一點二億美元的物資，經常在二十四小時內就交貨，甚至直接從倉庫裡拿出美軍正在使用的裝備。」費里曼寫道。這些東西包括四千七百噸供史丹利港使用的跑道鋼板、鷹式戰機（Vulcan）使用的百舌鳥飛彈（Shrike missile）、直升機引擎、海王直升機（Sea King）使用的潛艇探測裝置、刺針地對空飛彈以及大量彈藥。「打從衝突一開始，」這位官方歷史學家結論說，「溫伯格就支持英國，完全不理會國務卿海格小心維持的中立路線。」[17]任何人若有拖延遲滯，立刻會被這位美國二戰後最嚴厲的國防部長懲處。

戰爭一開始，英國就宣布在群島周邊十二英里建立「完全禁航區」，阿根廷船隻不得駛入。一九八二年五月二日，英軍擊沉阿根廷的「貝爾格拉諾將軍號」（General Belgrano）巡航艦，造成三百二十一人死亡。此事因為消息混亂而在英國政界造成軒然大波。如果當時有清楚說明，當英國潛艇「征服者號」（Conqueror）擊沉該船時，該船是位於「完全禁航區」之外，而且正駛離而不是開向福克蘭島，但伍華德上將（Sandy Woodward）認為這艘船依然對英軍構成威脅，就不會造成這麼大的爭議，畢竟這場戰爭是得到絕大多數英國人民支持。（費里曼清楚指出，這艘船被擊沉是因為英國海軍認為它構成威脅，並不是如反對柴契爾的人士所說，是為了破壞秘魯和美國提出的和平方案。）

英國海軍擔心貝爾格拉諾將軍號及其支援驅逐艦是阿根廷艦隊鉗形攻勢的南翼，唯有將其擊沉才能排除風險。貝爾格拉諾將軍號艦長在二〇〇四年也表示，他收到的命令是攻擊任何遇到的英國船隻。「此事成功說服了阿根廷人撤回其航空母艦（因為怕被魚雷攻擊），」一位英國評論者對擊沉貝爾格拉諾將軍號一事下結論說，「也同樣讓我們寶貴的航空母艦免於被擊沉的風險。」[18]

五月二日，格林威治標準時間十一點四十五分，英國戰時內閣一致決定要擊沉貝爾格拉諾將軍號。當時該船正改變航線開往福克蘭群島南側橫跨「完全禁航區」的柏伍德海岸（Burdwood Bank）淺水區，征服者號潛艇即將失去敵蹤，於是他們改變交戰規則，允許將其擊沉。副首相懷特洛（Willie Whitelaw）甚至表示這是他從政以來最容易做的決定。「尤其重要的是，」費里曼寫道，「假如這些政治人物拒絕軍方擊沉貝爾格拉諾將軍號的要求，然後這艘戰艦擊沉了英國航空母艦，造成幾百人死亡的話，他們將難辭其咎。」

格林威治標準時間十七點十分，貝爾格拉諾將軍號再次改變航向，征服者號潛艇在此時收到新的交戰規則，而下令擊沉完全是伍華德上將的決定。由於貝爾格拉諾將軍號在過去十九個小時中做了三次重大航向轉變，誰也不知道它會不會第四次回頭駛向柏伍德海岸。而當它在格林威治標準時間十八點五十七分被擊沉時，它的位置的確非常靠近海岸。事情的發展證明伍華德的決定是對的。此舉讓阿根廷艦隊在接下來的戰爭中不敢出港，沒有在公海上和皇家海軍發生重大海戰，從而挽救了雙方千百條人命。其作用如同一場小型的日德蘭海戰。

福克蘭戰爭在陸上和海上的戰鬥相當可歌可泣，完全符合英語民族軍隊在打仗時一貫的英勇。在聖卡洛斯水域（San Carlos Water）、費茨洛伊（Fitzroy）、布拉夫灣（Bluff Cove）攻擊登岸英軍部隊的阿根廷天鷹式戰機（Skyhawk）飛行員也同樣非常勇敢。總結下來，英軍在這場戰爭中死亡二百五十三人，阿根廷死亡六百四十九人。雖然阿根廷作家波赫士（Jorge Luis Borges）譏嘲這場戰爭就像「兩個禿子為爭一把梳子打架」，但英國是為了原則而戰，不只是為了南大西洋上的幾塊礁岩。英國開戰是為了不要變成「講話沒人搭理的完全不同的國家」。英國的勝利很快導致加爾鐵里政權倒台，這是這場戰爭幸運的副產品。

假如在一九八二年時，英國的外交國防政策是被歐盟決定而不是由柴契爾內閣決定，今天福克蘭島上的人也許已不是國王的子民。就算歐盟能壓制西班牙等國家親阿根廷的立場，但一定會拖延時間、爭吵軍費及要求和平解決，不可能快速解放這些島嶼。如果當時有單一貨幣，英國一定還要說服其他國家支持大筆軍費開銷，因為這會造成通膨、影響歐元匯率。

從一九四八年到冷戰結束這段期間，芬蘭被允許維持名義上的主權，但其與蘇聯的《友好互助條約》讓芬蘭無法走親西方路線。二〇〇四年的歐盟憲法草案（假如在一九八二年就實施）也會讓英國在國防和外交上走向「芬蘭化」，讓英國既不能保護自己的子民，也不能在戰時協助盟邦，這不但有損英國的榮光，也有害英國和其他英語民族的利益。「我一生中所有的問題都來自歐洲大陸，」柴契爾夫人在一九八九年說，「而所有解決方案都來自英語國家，是它們捍衛了未來的法治與自由。」

澳洲反英

澳洲的反英情緒在一九八〇年代逐步蔓延到社會各界，帶頭的是在大學和學校工作的知識分子。澳洲歷史學家克拉克在一九六二到一九八七年間出版的六卷《澳洲通史》（*A History of Australia*）影響甚巨，對澳洲繼承自母國英國的觀念和制度多所詆毀。就連克拉克的出版商萊恩（Peter Ryan）都承認，這六大卷「令人難以置信的煩瑣冗長……鍋子很大，湯卻很少……廢話太多……說它長篇大論和自憐自艾都還算客氣。」[19]然而這套書卻「成為唯一的澳洲史，定義了什麼叫澳洲，如同《舊約聖經》定義了什麼叫猶太教。」[20]

和許多忘恩負義的人一樣，克拉克接受過英國納稅人花錢支付的第一流教育。他是英國聖公會牧師之子，念的是維多利亞省最好的學校，大學念墨爾本大學。一九三八年，他拿獎學金到牛津貝里歐學院就讀。在其自傳《尋求恩典》（*The Quest for Grace*）中，克拉克嘲笑自己在一九三〇年代居然相信「英國制度和基督新教是高標準人生的必要條件，不管是物質生活、自由、法治、寬容、公平、正直。」[21]他認為英國只是一株「枯樹」，任何有關英國人的東西都會讓他不滿。

墨爾本大學提供東方郵輪一等艙來回船票讓克拉克和未婚妻免費遊歷歐洲，但他卻厭惡同行的英國旅客，因為這些人管直布羅陀叫「吉布」（Gib），好像直布羅陀「是他們的」（不消說，英國確實從一七一三年以來就擁有直布羅陀）。克拉克認為《泰晤士報》「偽善、自以為是」，《新政治家》的作者都是一些「過度文明的男女，把自己當成文明的典範，值得用戰爭來捍衛。」（克拉克沒有參與這場戰爭，他雖有輕微癲癇，卻是優異的運動選手。）而且他還討厭「高傲」、「無血無淚」、「自大」的英國人講話聲調尖細，唱起歌來像「閹人」。凡是向英國人表現友好或尊重的澳洲人都是在「拍馬屁」和「磕頭」。這兩個字眼在克拉克的著作中出現太過頻繁，以至於知名史學家韋利茲教授（Claudio Véliz）在評論克拉克通史的第一卷時說：「這其中必然有強烈的偏好，因為克拉克教授居然堅持不用羅傑先生所輯錄的其他二十八個同義字。」[22]

克拉克認為德國人「痛恨『言而無信的英國佬』」是對的。他表示在一九三九年九月時，「希特勒至少有意識到情況的嚴重性」，但張伯倫卻像「拉格比公學的阿諾德」那樣天真。④邱吉爾更糟，「只為在群眾時代已淪為博物館文物的英國在服務」，而且「就像張伯倫一樣，他對一九四〇年代西方社會的危機毫無理性分析。」[23]另一方面，克拉克認為史達林是值得敬重的，「共產黨對許多人來說是澳洲的良心。」即使到了一九九〇年，克拉克還認為史達林的「大清洗」是葉佐夫的責任，而非史達林的責任。⑤

克拉克在一九四〇年七月回到澳洲，他在吉隆文法學校（Geelong Grammar School）教導學生說：「也許唯有重新發現馬克思人道主義的俄國戰勝，才能燃起清洗澳洲的火焰。」這也將終結掉那些「在澳洲為大英國主義辯護的人」。儘管克拉克生性酗酒、傾向共產主義、蔑視所謂「客觀性、中立性、超然性、冷靜的理性」，但他在澳洲學界擁有巨大影響力。「他是一整代澳洲歷史學者的偶像，是歷史學界在聘用學者時的教父級人物。」[24]但他激烈反英的態度使他不可能客觀評價母國對他家鄉發展的貢獻。

二〇〇一年，《泰晤士報文學副刊》有一場有趣的辯論，主題是克拉克是否如《布里斯本信使報》（*Brisbane Courier-Mail*）在五年前所宣稱，曾經獲頒蘇聯列寧勳章（Order of Lenin）。[25]這場辯論激起千層浪。結論是不確定他有沒有接受過這個勳章，但他確曾在一九七〇年接受過次一級的列寧誕辰一百週年獎章（Lenin Jubilee Medal）。在受獎演說中，克拉克稱讚搞種族屠殺的俄國領導人是「人類的導師」，並表示唯有共產主義征服全世界，所有人才能成為手足。「我們有幸能活在這個信條得以被活生生證實的時代。」在其一九六〇年的著作《遇見蘇維埃之人》（*Meeting Soviet Man*）中，克拉克說列寧「就像耶穌，至少就慈悲心而言」，「像孩子一般令人憐愛」。[26]不管克拉克是否真的獲頒列寧勳章，他的表現確實名符其實。

作家派丁頓（Geoffrey Partington）曾估算：「到了一九七〇年代，澳洲許多大學歷史系都奉克拉克為導師……到了一九八〇年代，他帶領大批學界人士，成天批評英國與澳洲的過去和現況。」克拉克是澳洲內閣首長的座上賓，獲頒澳大利亞勳章（Order of Australia），甚至當上澳洲年度風雲人物。當他過世時，澳大利亞聯邦國會暫停日常議事讓總理發表追禱，並通過特別決議為他弔唁。知識界要再過二十年才發生轉向，而在這二十年間，澳洲學術界瀰漫著反英、反資本主義、反重商主義、反資產階級的觀點。

柴契爾夫人就任首相

工黨理應和工會最親近，但弔詭的是，一九七六年四月接替威爾森的工黨卡拉漢政府卻在一

④編按：阿諾德（Thomas Arnold）是十九世紀英國教育家，曾任拉格比公學（Rugby School）的校長，他認為學校不僅要傳授知識，更重要的是培養學生的品格與責任感。此處是在諷刺張伯倫像校長一樣，天真、守舊、只會說教。

⑤編按：葉佐夫（Nikolay Yezhov）是蘇聯祕密警察首腦，也是史達林大清洗計畫的主要執行者。

九七八至七九年「不滿的冬天」被工會拉下台。⑥首先是醫院主管大罷工，然後是一連串公營事業罷工。油罐車駕駛、教師、下水道工人、清潔工人、水電工人、看護工人、挖墓工人都跑出來罷工，要求加薪幅度高達百分之二十五。那年冬天是十六年來最寒冷的冬天，而正如二〇〇五年一月一篇卡拉漢的訃文所說，那一年除了有暴風雪，還有「道路封閉、無油可加、公家單位關門、健保體系癱瘓、倫敦街上的垃圾袋堆積如山，甚至還有死人無法下葬。」工會糾察隊也變得極端暴力。卡拉漢從西印度群島七大工業國峰會回國時卻表示：「我想這世上沒人會認為現在的局勢有變得更混亂。」《太陽報》（*The Sun*）在頭條引用他的話，標題是：「危機？有什麼危機？」

經過冬季的罷工、社會動盪和經濟困頓，一九七九年三月二十八日，卡拉漢政府在下議院以三百一十一票對三百一十票輸掉信任投票。在五月大選中，柴契爾夫人的保守黨政府以多出四十三席上台執政。多年後，柴契爾夫人被問到她從政以來改變了什麼，她回答：「改變了一切。」這話若出自別的政治人物之口會讓人覺得荒謬自大，但出自她的口中卻完全符合史實。她是二十世紀第一位名字被冠上「主義」二字的英國首相。

長久以來，一九八〇年代被嘲笑是「貪婪的十年」和「唯我主義的十年」，但今日我們可以看出這實際上是光輝燦爛的十年。正如法國大革命之後有「攝政時代」、一次大戰之後有「咆哮的二〇年代」、「體面的五〇年代」之後有「搖擺的六〇年代」，充滿活力的八〇年代也是對沉悶、無聊、失敗主義的七〇年代的反撲。有些人批評八〇年代是自由放任資本主義瘋狂發展的年代，尤其是左派。這是紐約投機專家博斯基（Ivan Boesky）和米爾肯（Michael Milken）的時代；是華爾街那些日進斗金的「宇宙主人」（masters of the universe）的時代（這句詞借用自湯姆・沃爾夫電影《走夜路的男人》〔*Bonfire of the Vanities*〕）；這是奧利佛・史東電影《華爾街》（*Wall Street*）的時代，男主角麥克・道格拉斯飾演的戈登・蓋可的名言是：「我什麼都不創造，我只擁有」、「貪婪是好事」；這是電影《麻雀變鳳凰》（*Pretty Woman*）的時代，李察・吉爾飾演的倒賣資產大亨被當成和茱莉亞・羅伯茲飾演的妓女同等地位。左派批評這十年是無血無淚、自我沉淪、狂妄自大的物資主義時代，而那些手上沒有股票的左派則歡慶一九八七年十月十九日的「黑色星期一」，當時美國和英國股市重摔近四分之一。

但事實上，八〇年代是自由世界自一九〇〇年以來最富創意和最有趣的時代。即使有些人認為「黑色星期一」會重蹈一九二九年華爾街大崩盤並導致另一場大蕭條，但一些體質良好的公司依然獲利甚豐，這顯示資本主義並沒有面臨終局性的危機。這場危機在幾個月後就結束，在一九八九年六月時，股市又回到比崩盤那一天更高的水位。

八〇年代的金融遊戲只是雷根和柴契爾夫人在那十年中所創造出的財富大浪的浪頭餘花，而博斯基和米爾肯這些人最終也都鋃鐺入獄，證明法律是有用的。這兩位政治家造福了消費者，用減稅和對未來的信心創造出正向的經濟循環，然後又有餘裕進一步減稅。一九七九年時，英國的最高所得稅率是每鎊八十三便士，非工作所得是每鎊九十八便士，到八〇年代末已降到每鎊四十便士。⑦

⑥ 編按：「不滿的冬天」出自莎士比亞劇作《理查三世》的劇本開首對白，原句為「吾等不滿之冬，已被約克的紅日照耀成光榮之夏。」（Now is the winter of our discontent, made glorious summer by this sun of York.）

⑦ 譯注：一鎊等於一百便士，每鎊八十三便士即為稅率百分之八十三。

這釋放出英國人民的精力、創意和企業家精神，美國也同樣如此。

英國產業大規模而痛苦的轉型（基本上是從沒有競爭的製造業轉向成功的服務業），是由柴契爾夫人的反向革命所帶動的。對她改革最嚴重的挑戰是列寧主義者斯卡吉爾（Arthur Scargill）在一九八四至八五年發動的全國礦工工會大罷工。這場長達十二個月的慘烈罷工先是分裂，然後轉為武力衝突，最終以失敗收場。柴契爾夫人共連續贏得三次大選，在任十一年半，破了二十世紀英國首相的紀錄。

西方在八〇年代的繁榮，讓鐵幕內的人民無法抗拒資本主義的美好。衛星電視等新科技讓捷克人、波蘭人和其他東歐國家人民首次可以看到德國、英國、法國、義大利的電視節目，讓千百萬共產國家的人民了解，他們的制度在提供物質利益上有多麼落後。

但東方與西方還是存在物理障礙。在柏林圍牆倒塌近四十年前，柴契爾夫人就對達佛區選民說：「我們相信民主的生活方式。我們理想堅定，目標明確，我們對俄國共產主義無所畏懼。」選民在那次選舉中沒有選擇她，但她繼續宣傳她的理念，蘇聯媒體以「鐵娘子」嘲笑她極端反共的立場。她在一九八二年十月二十九日初次見到柏林圍牆，她形容「牆外是灰白、蒼涼的荒蕪大地，只有狗敢在俄國警衛監視下徘徊。」當天下午，她做了一個當時沒有幾個西方政治人物敢做的預言。她說：

> 你可以綁住一個人，但你無法綁住他的心。你可奴役他，但你無法征服他的靈魂。自二戰以來，蘇聯領導人都知道他們殘酷的意識形態完全是靠武力在支撐。但總有一天，人民的

憤怒和不滿會大到武力無法鎮壓的地步。然後大廈就會出現裂縫，水泥會碎裂……總有一天，自由會降臨在牆的另一邊。27

柴契爾夫人預見到這一天來臨，許多人卻完全看不出來。一九八四年，知名哈佛大學經濟學家高伯瑞和作家葛林（Graham Greene）到莫斯科接受榮譽學位，此時距蘇聯經濟體制崩解僅有五年。高伯瑞寫道：「蘇聯經濟近年來有長足進步，尤其是在我上次訪問以來的這十年，這一點從統計數據（雖然尚低於預期）和一般都市景觀就明顯可見，與許多人的報導一致。我們在街上就可以看到人們豐衣足食，尤其是塞得嚇死人的交通。」他還說就冷戰而言，「俄國人可能比我們更需要害怕」。高伯瑞曾說：「在經濟學中，多數意見永遠是錯的。」但他絕對屬於那些看不出共產制度即將分崩離析的絕大多數人。

倫敦政經學院學者溫莎（Philip Windsor）在柏林圍牆倒塌時表示，這代表共產主義和政治科學這兩種意識形態的終結。此話完全沒錯，西方所有知名的政治科學系所都沒有預見到歐洲共產主義會突然終結，反而是被許多政治學教授所鄙視的柴契爾夫人預見到了。

邪惡帝國

一九八三年三月八日，雷根在佛州奧蘭多全國福音派協會年會上發表演說，讓同樣一批政治學教授大為憤慨。雷根談到蘇聯當時倡議的凍結核武提案時表示：

我請求你們不要驕矜自負，不要以為自己立場超然，不要說什麼兩邊都有錯以至於忽略了歷史事實以及邪惡帝國性好侵略的本質，或者把軍備競賽看成只是天大誤會一場，從而就可以不參與這場對錯及善惡的鬥爭。[28]

這番話被認為完全代表雷根那種危險的簡單二元世界觀。雷根把「邪惡」這個形容詞加到具有貶義的「帝國」（對美國人和左派與自由派來說）之前，被許多人批評是把絕對的道德價值強加給複雜的世界。但雷根堅定指出：

雖然美國的軍事實力很重要，但容我再加上一點我一向強調的東西，那就是這場在全世界上演的鬥爭不會以炸彈或火箭、軍隊或武器來決定結果。我們今日面臨的危機是精神危機，追根究柢是對道德意志和信仰的試煉……我相信我們必須奮起迎擊。我相信共產主義是人類歷史悲慘而怪誕的一個篇章，而我們正在書寫其最後一頁。

美國民主黨和歐洲評論家都表示雷根這種「刺耳」和末日宣言式的說法令人害怕，都說雷根加劇了冷戰緊張，讓蘇聯在宣傳上占了上風。但到一九八〇年代結束時，雷根被證明完全正確，而他們完全錯誤。誠如美國記者威爾（George Frederick Will）在二〇〇五年所嘲笑說：「今天在哈佛大學的馬克思主義者比在東歐還多。」

我們已經看到，路易斯安納號、珍珠港、緬因號、馬多斯號等美國突然遭受攻擊事件，以及後來的九一一事件，都會讓美國全力報復反擊。俄國在冷戰中很理性地避免這種舉動，但一九八三年九月一日還是發生韓航〇〇七號班機被擊落事件。美國當然勃然大怒，因為這架波音七四七是從阿拉斯加安克拉治飛往漢城，機上有美國乘客，包括共和黨眾議員麥唐諾（Lawrence Patton McDonald）。

這架班機的西南飛行路線本來應該飛進日本領空，但機師卻誤飛進蘇聯領空。這架班機在三萬到三萬五千英尺高空直線飛行，只有民航機會飛在這個高度，俄國人追蹤這架班機兩個半小時。韓國駕駛員在北海道東邊把飛機位置告知日本航空塔台，但完全沒意識到自己偏離了一百英里。蘇聯人毫不客氣，從庫頁島基地派出戰機跟上，一位名叫奧斯波維奇（Osipovich）的飛行員向韓航〇〇七號班機發射兩枚飛彈，飛機被擊落，機上二百六十九名乘客死亡，包括六十一名美國人。

俄國這種歇斯底里和殘忍的反應，再度向全世界證明蘇聯共產主義確實是雷根所譴責的「邪惡帝國」。蘇聯政治局（Politburo）在事件發生後召開緊急會議。蘇共領導人被告知說，奧斯波維奇「聲稱他無法分辨客機和軍用間諜機」，這是很荒謬的謊言。[29]出席會議的人都沒有感到自責，以俄國歷史學家的話來說：「甚至連假裝自責都沒有。」他們決定堅持官方說法：蘇聯以為遭到敵方勢力攻擊，只是為了自衛。

在政治局討論時，成員中最年輕的政委戈巴契夫表示：「我們必須在聲明中明確表明這赤裸裸違反國際規範。我們此時不能保持沉默；我們必須發起攻勢。我們必須堅持既定的說法，並做更多發揮。」[30]於是政治局發出聲明：「由於南韓飛機在八月三十一日侵犯蘇聯領空，我們採取了相應措施。這次侵犯事件是帝國主義勢力刻意挑釁……是為了轉移對蘇聯和平倡議的注意力。」雷根總統的回應方式是用廣播把事實告訴美國民眾，並且說：

千萬別搞錯，這次攻擊不只是攻擊我們或大韓民國，而是蘇聯在攻擊全世界以及攻擊人與人關係的普遍道德準則。這是野蠻的行為，這個社會完全不顧個人權利和生命價值，只會不斷擴張和宰制其他國家。他們否認暴行，但從他們自相矛盾的說詞可以看出，蘇聯人認為打下一架進入他們領空的飛機乃是正常程序，即使這架飛機上有數百名無辜的男女、兒童和嬰兒……這讓我們想起捷克、匈牙利、波蘭、阿富汗被毒氣炸彈轟炸的村莊。如果其屠殺和接下來的行徑是意在恐嚇，那他們失敗了。全世界各個角落的人都鄙視這種難以形容的行為，都鄙視這種幫它找藉口和試圖加以掩飾的體制。

撤出貝魯特

一九八三年十月二十三日星期天早上六點二十二分，一名大鬍子什葉派穆斯林開著一部載滿相當於一萬八千噸黃色炸藥爆裂物的賓士卡車，碾過蛇籠鐵絲網衝進美國陸戰隊登陸營在貝魯特的總部大廳。此處是多國維和部隊的中樞，該部隊在以色列入侵黎巴嫩後於一九八二年八月進駐該國。[31]這支部隊由美國、法國、義大利及英國士兵組成，當天有二百四十二名美軍、三十八名法軍死亡。這是從二戰到九一一事件期間美國人在單一攻擊事件中死亡人數最多的一次。

美國參眾兩院在上個月才通過《戰爭權力法》（War Powers Act），規定陸戰隊只能在海外再駐留十八個月。該營指揮官凱利將軍（P.X. Kelley）要求國會不要公開設定美軍撤離的時間表，他表示：「如果時間太短，敵人會等我們離開；如果時間太長，他們會想辦法趕我們走。」他在二十二年後再度對伊拉克問題表示：「絕對不要告訴敵人你的計畫。模糊對戰爭至關重要。」[32]

美國在一九八四年二月撤出黎巴嫩，許多西方評論家認為美國沒有承受重大傷亡的政治意志，沒辦法像俄國或中國，只要有一些屍袋回國就會讓美國輿論反對積極介入海外事務。但這是錯誤的，後來的塔利班和海珊也是這樣想而自食其果。事實上，美國人在歷史上確實能夠在戰爭中忍受大量傷亡，諸如美國內戰、二次大戰、韓戰、越戰，但前提是要有勝利的希望，或者領導人有清楚明確的戰略目標。如果像一九六八年的越南那樣，美國領導人連什麼叫勝利都說不清楚，在這種情況下，美軍的傷亡率就會被放大檢視。

美國在黎巴嫩只是進行維和任務，沒有什麼叫作勝利，然後美國人就離開了。這次事件給中東的訊息是，只要針對美國重要目標轟轟烈烈搞個恐怖行動就會有用，於是這類行動愈來愈多。賓拉登就曾提到，柯林頓總統在一九九四年三月從索馬利亞撤軍，證明恐嚇美國人是有用的，可以讓他們全數退出中東。

（英語民族從錯誤中學習的速度有時候會很慢。蒙巴頓勳爵公開宣布印度權力轉移的時間表，直接導致大了屠殺；美國國會要求公布美國撤離南越的時間表，讓越共大為振奮。而到二〇〇五年時，國會還是有人呼籲美軍要公布何時會離開伊拉克。）

雖然雷根總統在一九八三年撤離黎巴嫩，但他在當年度宣布啟動「戰略防禦計畫」（Strategic

Defense Initiative），要打造可以抵擋蘇聯核子飛彈的防衛網。「蘇聯對戰略防禦計畫大為惱怒，」冷戰歷史學家米勒寫道，「因為它會抵消掉其數量龐大的洲際和潛射型彈道飛彈。」[33]雷根在其回憶錄中用很有自己特色的比喻說：「相互保證毀滅」的戰略原則有如「兩個西部牛仔在酒館裡拔槍指著對方的頭。直到永遠！」[34]戰略防禦計畫似乎是比較好的選項，可以用衛星預警蘇聯彈道飛彈來襲，在空中將其擊落。

美國國防部長溫伯格在其自傳中譏嘲說，國際上對戰略防禦計畫憤怒以對，是因為「任何國家若想防衛其他國家的核彈攻擊，這個觀念不僅是革命性的，而且是褻瀆神明的。」[35]自由派國際主義者對戰略防禦計畫怒火中燒，自相矛盾地一下說它太貴了做不起來，一下說它會破壞戰略穩定，但蘇聯的士氣的確因此更加低落。雷根後來表示，戰略防禦計畫是從一九八三年到柏林圍牆倒塌這段時間中，「美國這方面所做的最重大歷史突破。」

部署巡弋飛彈和潘興飛彈系統

北約在一九八三年試圖勸說蘇聯不要部署ＳＳ－20飛彈，失敗後，改而自己在西德部署潘興二號飛彈（Pershing II），並在西德和英國部署陸基巡弋飛彈。西方反核團體舉辦無數大規模遊行，但北約此一展現決心的舉動終於迫使蘇聯回到談判桌，在一九八六年十月召開雷克雅維克峰會，並在一九八七年十二月簽定了《中程核子武器條約》（Intermediate-Range Nuclear Forces Treaty）。

在國防部《一九八七財政年度致國會報告》中，溫伯格列舉有效核威懾的四個因素：

生存度：我們的武力必須能夠在承受先制攻擊後，仍有足夠的力量讓敵方所失大於所得。

可信度：我們對於遭攻擊必然反擊的威脅必須是可信的，亦即，讓潛在的攻擊者相信我們能夠而且必將反擊。

明確度：必須讓敵人清楚我們要嚇阻哪些行為，讓潛在的攻擊者知道什麼行為是不能做的。

安全度：必須把意外、未經授權使用或誤判等風險降到最低。

卡特政府面對蘇聯或蘇聯支持的侵擾和挑釁只能乾著急，而雷根政府及其強硬的國防部長則提供了可信度和明確度。卡特曾經描繪說，文明世界可能在「某個漫長、寒冷的最後一個下午」就被毀滅，但正是因為英語民族領導人在一九八〇年代的堅決意志，這種事情才沒有發生。

入侵格瑞納達

貝魯特炸彈攻擊事件兩天後，美國在完全不同的地方展開行動。「令人意想不到，」柴契爾夫人在回憶錄中寫道，「一九八三年秋天是考驗英美關係的時機。因為我們對黎巴嫩和格瑞納達的危機有不同立場。」[36]但這話還是太過保守。一九八三年十月二十五日，美國陸戰隊登陸加勒比海東部只有一百三十三平方英里的格瑞納達島，要推翻奧斯汀將軍（Hudson Austin）的馬克思主義政權。柴契爾夫人大為光火，明白向雷根抗議：格瑞納達是奉英女王為國家元首的大英國協國家，美國居然草草告知一下就入侵？

美國並非單方面採取行動，而是根據「東加勒比海國家組織」（the Organisation of Eastern Caribbean States）的一致請求。此外，雖然奧斯汀的軍政府在十月十九日推翻了畢夏普（Maurice Bishop）親卡斯楚馬克思主義政權，但畢夏普政權本已逐漸走向務實主義。畢夏普本人在該年稍早曾到美國訪問，後來在奧斯汀政變時遭到處決。古巴工程團隊正在格瑞納達開闢一條能起降大型飛機的跑道，預定在一九八四年一月完工，屆時格瑞納達將更受古巴控制。即使柴契爾夫人也承認，對古巴人來說，這座新機場能讓古巴「更容易將幾千名部隊運送到安哥拉和衣索比亞。而若古巴要介入鄰國事務，這個機場也很有用。」[37]

這些理由相當充分，雷根政府決定介入格瑞納達，不顧英國政府的看法。自一九四〇年的「驅逐艦換基地協議」以後，西半球的地緣政治格局，已決定格瑞納達是美國而非英國的勢力範圍，不管大英國協的舊關係（格瑞納達的馬克思主義政權當然不會理會大英國協）到底如何。「現實政治」是二十世紀經常不變的事實，遠比感情更有分量。不過，雖然柴契爾夫人在一開始對老朋友不滿，卻也沒有蒙蔽她的戰略判斷。她後來在回憶錄中說：「我有更遠大的目標。不管我們和美國之間在短期內有什麼問題，我都要確保不會損害我們的長遠關係，因為我知道這是英國的安全和自由世界的利益之所繫。」[38]由於美國一年前才在福克蘭危機時出手相助，柴契爾夫人不可能有別的選擇。

自一九八三年以來，英國國內反美人士一直說雷根在進攻格瑞納達之前，完全沒有知會唐寧街。但柴契爾夫人在十月二十二日收到一份美國國家安全會議關於格瑞納達的報告，得知「獨立號」（Independence）航空母艦戰鬥群已經開往加勒比海，還有一千九百名陸戰隊兩棲作戰部隊。十月二十四日倫敦時間晚上七點十五分，雷根請柴契爾夫人給他「想法和建議」，說他正在認真考慮按照「東加勒比海國家組織」的請求出兵介入。她給了粗略的回答，然後雷根在晚上十一點三十分告知說攻擊即將展開。這只能算是倉促諮詢意見，但也不能說完全沒有事先告知英國政府。

十月二十五日清晨五點三十六分，進攻開始，四百名陸戰隊員從關島珍珠機場搭直升機登陸格瑞納達西部海岸，大獲成功。總共有五千名美軍參與解放該島的行動。八百名古巴「營建工人」配備了重型高射砲和AK-47步槍，但在兩天內就被制伏。他們的裝備有自動步槍、機關槍、火箭砲、榴彈砲、大砲、裝甲車、岸巡邏艇，足以裝備一萬人，顯示卡斯楚對該島有更大的野心。[39]美軍陣亡十九人，受傷一百一十五人。古巴守軍死亡五十九人，受傷二十五人。格瑞納達死亡一百四十五人，受傷三百三十七人。所有殺害畢夏普的人都被逮捕，秩序很快就恢復。雷根兩天後在電視演說中表示，這場進攻證明美國有決心打擊共產黨對其在西半球霸權的威脅。

從表面看來，韓航〇〇七班機的慘劇、貝魯特爆炸案和入侵格瑞納達是三件互不相關的事，只是相繼在兩個月內發生。一位雷根的傳記作者說，雷根的政治天才在於他可以把看來無關的三件事整合成「愛國主義和反共主義一致性象徵」。雷根在十月二十七日對美國人民說：

> 黎巴嫩和格瑞納達雖然相隔萬里重洋，卻是緊密相聯。莫斯科不但協助和鼓勵這兩國的暴亂，還經由代理人和恐怖分子的網絡提供直接協助……你們知道，在過去，我們的國家安全是靠國境內的常備軍、海岸線的砲兵陣地，還有靠海軍來維持海運路線暢通。但世界已經

改變。在今天，遠在千里之外就可能威脅我們的國家安全。[40]

這是直接駁斥華盛頓的告別演說、參議院一九一九年的孤立主義和卡特總統在越戰後的自我設限。雷根了解到，美國這樣的超級強國正在與全球共產主義陣營奮戰，沒有什麼叫作「別人的戰爭」。他的演說直接傳承了兩位羅斯福總統的路線，尤其是小羅斯福總統的國際主義。西撒哈拉的波利薩里奧陣線（Polisario Front）游擊隊、莫三比克的MPLA政權、秘魯的光明之路（Shining Path）恐怖組織、阿富汗的聖戰士、貝魯特的卡車炸彈客、庫頁島的戰鬥機飛行員、格瑞納達的古巴士兵，以及幾十個在其他地區的游擊隊，這些全都是極權主義和自由世界鬥爭的一環。雷根強調這場奮戰沒有地理區別。西方領導人不能再像張伯倫在慕尼黑危機時那樣說：「這只是一場遠方國家的爭端，兩邊的人民我們都一無所知。」

馬列主義在非洲

一九八四年衣索比亞大饑荒造成一百萬人死亡，沒有比這件事更能證明非洲馬列主義意識形態的窮困。和史達林與毛澤東一樣，共產獨裁者馬里亞姆（Mengistu Haile Mariam）把飢餓和對飢餓的恐懼，當成消滅敵人和恐嚇其他人民的武器。馬里亞姆在一九八四年只害怕饑荒這件事會傳到國外，海外援助會在叛變的提格利省（Tigray）被餓到投降之前就先來到。

其他馬克思主義者也採用相同的方法，例如辛巴威的穆加比（Robert Mugabe）。他的一名官員這樣向馬塔貝萊蘭地區（Matabeleland）的人說明其糧食政策：「你們會先吃掉你們的雞，再吃掉你們的羊，再吃掉你們的牛，再吃掉你們的驢。然後你們會吃掉你們的孩子，最後你們會吃掉反對分子。」[41]（不論蘇聯多麼違反人權，至少沒有要把反對分子當成食物。）

在二〇〇五年的《非洲：六十年的獨立史》（*The State of Africa: A History of Fifty Years of Independence*）一書中，歷史學家梅雷蒂斯（Martin Meredith）解釋為什麼在英國和其他殖民者在一九五〇和六〇年代滿懷希望地離開非洲後，非洲各國會淪入如此慘況。當這些國家在獨立十年或二十年時還可以把問題怪罪給白人殖民者，但在獨立半個世紀後，亞非拉國家還要白人殖民者為種種慘況負責就毫無說服力。

許多國家去殖民化的過程時常過於倉促，國內還沒有足夠的中產階級，以致民主制度無法確立。但之所以倉促是因為煽動獨立的人士逼得殖民國要這麼做，而這些人士通常出身中產階級。在一九五〇年代末，非洲兩億黑人人口中，只有八千人上過中學。這些國家的領導人經常是直接從監獄就晉身到總統府，完全沒有行政管理經驗。

在給《非洲》作者梅雷蒂斯的書評中，英國歷史學家布蘭登（Piers Brendon）為讀者綜覽了非洲各獨裁政權：

> 「救贖者」恩克魯瑪繼承了非洲最富裕國家之一的迦納，政府有效能，議會傳統牢固，但到了一九六五年，他把迦納變成貪汙腐敗和破產的國家……肯亞的莫伊（Daniel arap Moi）和奈及利亞的阿巴查（Sani Abacha）大肆搜括，把醫院、學校和其他公益基金都據為己有。

> 塞科（Mobutu Sese Seko）是最明目張膽的強盜統治，把協和號飛機據為私用，盜取了國家三分之二的歲入……烏干達的阿敏（Idi Amin）把「幾卡車幾卡車的屍體」倒入尼羅河，聲稱自己是「蘇格蘭王位的真正繼承者」，恩圭馬（Francisco Macias Nguema）……把赤道幾內亞變成「非洲的達豪集中營」。在中非共和國，卜卡薩（Jean-Bédel Bokassa）否認犯下食人罪，但他的冰箱裡有一名數學老師的屍塊。在賴比瑞亞，多伊（Samuel Doe）操持巫術儀式，喝生血、吃孕婦的胚胎。[42]

不管你怎麼批評大英帝國派在非洲的統治者，就算他們確實不該隨便在地圖上畫線把原有部落分開，但他們很少會吃數學老師的肉。

儘管惠特克羅夫特（Geoffrey Albert Wheatcroft）說：「有很多人認為……歐洲的舒適是仰賴遠方的苦力。」但歐洲各國在卸下帝國後的幾十年間經濟高速成長。而相較之下，在獨立以後，「這些前殖民地都嘗到嚴重的經濟衰敗，不管是相對衰敗或絕對衰敗，這表示對那些前帝國主義國家來說，帝國是負擔而不是好事。」[43]

波比耶烏什科被殺

一九八四年十月十九日，親「團結工聯」（Solidarity）的三十七歲羅馬天主教神父波比耶烏什科（Jerzy Popieluszko）在華沙遭人綁架。八天後，波蘭當局承認他已被國內安全單位謀殺。

十月三十日，他的屍體在一個水庫被發現，第二天，三名祕密警察被控謀殺。波比耶烏什科神父被殺事件提醒我們，波蘭、捷克斯洛伐克等共產國家並不一定會以「戈巴契夫式的哽咽」終結，「而完全有可能走向鄧小平或西奧塞古式的殘酷鎮壓」。[44]

雷根和柴契爾夫人鼓勵團結工聯的政策很可能遇到殘酷鎮壓，如同一九五六年的布達佩斯和一九六八年的布拉格，要有最高明的政治家能力才能確保不會發生。團結工聯許多領導人在一九八四到一九八五年的冬天都在坐牢，他們從波比耶烏什科謀殺案得到教訓，要有新的方法來動員灰心喪志的波蘭人民，逼迫政府談判。當時主要地下刊物有一篇極具影響力的文章說，若非如此，那麼這場運動只能製造「一系列的烈士」。於是在五月的勞動節，團結工聯動員一萬人在格但斯克（Gdansk）示威，與警察衝突。

柴契爾夫人與戈巴契夫會面

一九八四年十一月六日，蘇聯領導層最害怕的事發生了，雷根在大選中碾壓民主黨對手孟岱爾（Walter Mondale），以五百二十五張選舉人票對十三票勝選。雷根勝選後一個月，一九八四年十二月十五日，蘇聯政治局最年輕委員戈巴契夫參加蘇聯國會代表團訪問倫敦。當時的美蘇關係是古巴飛彈危機以來最糟糕的時候，用戈巴契夫軍備控制顧問的話來說，當時的國際關係「令人毛骨悚然的漆黑」。藉著邀請戈巴契夫來英國訪問（英國外交部判斷戈巴契夫是可能進行改革的克里姆林宮技術官員），柴契爾夫人認為可建立美俄雙邊的溝通管道，一方面可降低冷戰的緊張，一方面又不會減少對蘇聯施壓。

「柴契爾夫人對邀請戈巴契夫一事深思熟慮。」她的對外政策顧問鮑威爾（Charles Powell）回憶說。她邀請戈巴契夫和其夫人萊莎（Raisa）到白金漢郡的首相官邸切克斯莊園，她與丈夫丹尼斯「熱情接待」。當時年輕的外交官員芮夫金（Malcolm Rifkind）回憶說，柴契爾夫人和戈巴契夫「聊天、開玩笑、非常輕鬆」，只是當萊莎問到他喜歡哪一位當今俄國小說家時，他相當尷尬，因為他只能想到當時還被禁的索忍尼辛。

在從倫敦乘車往鄉下途中，戈巴契夫對沿路所見的農田、草原和籬笆說了一些看法，然後兩人談論到俄國的農業組織，「柴契爾夫人明白表達她對集體農場的看法」。午餐時，兩人繼續談論資本主義和共產主義的優劣，在場人士說這場討論「連綿不斷、暢快淋漓」。飯後休息喝咖啡時，柴契爾夫人談到西方是認真要討論軍備控制，據當時唯一在場的鮑威爾說，此時戈巴契夫「表現出不同於過去蘇聯官員的性格」。他表示願意進行開放式的討論，只有偶爾才看一下事先寫好的備忘錄。相較之下，布里茲涅夫、安德洛波夫（Yuri Andropov）、契爾年科（Konstantin Chernenko）都會按稿子照本宣科。「我喜歡戈巴契夫先生。我們可以一起共事。」柴契爾夫人不久後告訴英國廣播公司說。

不到一個星期，柴契爾夫人就向雷根報告這場會面。英國當然無力讓俄國脫離共產主義，但她可以說服雷根與蘇聯重啟接觸，在美蘇之間扮演溝通管道。西方若對蘇聯的困境洋洋得意，或拒絕討論共產制度最後該如何收場，都可能打斷一九八〇年代末一九九〇年初從東歐發軔，然後是蘇聯拋棄共產主義的過程。而這種狀況之所以沒有發生，大部分要歸功於柴契爾夫人及其對外政策顧問的遠見，以及雷根願意把歷史機遇運用到極致。

當然，如同甘迺迪總統在豬灣挫敗後所說，成功有一百個父親，而失敗就是孤兒（這句話其實出自墨索里尼的女婿暨外交部長齊亞諾，但甘迺迪沒有提到他的名字）。柏林圍牆一倒塌，左派就急著歸功於自己，至少絕不肯承認是右派的功勞。一九九六年一月十一日，柴契爾夫人在英國智庫政策研究中心的基思・約瑟夫紀念講座（Keith Joseph Memorial Lecture）上發表演說，她根本不甩這一套。她回憶說：「在我一生中大部分時間，對這個國家的自由造成直接挑戰的，是那些來來去去的社會主義者和野心勃勃的蘇聯。」

這些挑戰沒有成功，因為英國保守黨和其他中間偏右政黨，在雷根總統的國際性領導之下，讓他們無法得逞。當前流行的說法是共產主義和社會主義「自爆」了。如果這是指這種體制本來就不可行，那也沒錯，但許多這麼說的人在「自爆」發生前根本就不認為會發生「自爆」。無論如何，我們切不可忘記共產體制之所以崩潰，是因為政治右派對其大力施壓，我們不能讓左派繼續胡說八道。[45]

朗格危及澳紐美安全條約

正當英語民族見到蘇聯共產主義開始出現縫隙之時，英語民族陣營內部卻出現叛將。一九八五年二月，紐西蘭的朗格工黨政府以美國軍艦可能有核動力或搭載核武為由，禁止其進入紐西蘭港口，讓澳紐美安全聯盟陷入混亂。雷根總統捺著脾氣對紐西蘭駐美大使羅寧（Wallace Rowing）

說：「撤回共同分擔的義務不會有助於核武裁軍的共同目標。」美國駐紐西蘭大使布朗（Monroe Browne）則在一九八五年三月五日直接對紐西蘭長老教會的人抱怨說，美國「在戰爭時要來保衛紐西蘭的戰艦，在和平時卻無法進入紐西蘭的港口。」[46]

此外，朗格還在日內瓦裁軍會議上表示：「紐西蘭是一個遠方小國，如果真的爆發核戰，紐西蘭會被那些自我毀滅的國家拖下水。」自由派國際主義者最喜歡講自己「非核」，但一旦爆發戰爭，是敵人在決定要不要用核武來攻擊你，而不是你自己在決定。沒有任何證據顯示蘇聯有因為朗格的新政策就改變核武戰略。

一九八五年三月一日星期五，朗格參加牛津大學辯論社主辦的電視辯論會，主張「核武在道德上站不住腳」，把本已緊張的情勢再度拉高。朗格爭辯說：「用核武威脅紐西蘭的敵人並不存在，根本就不需要盟邦去嚇阻」；「防衛的手段和攻擊的威脅一樣令人恐懼」。[47]朗格甚至說：「強迫盟邦違反意願去接受核武是極權主義才會幹的事，不允許人家自己做決定。」這話對美國極不公平。美國並沒有要把核武部署在紐西蘭，只要求能讓美國核動力船艦和潛艇進港休息整補。

回國後，朗格又向紐西蘭民眾保證說：「一旦有事，他們（美國人）必來相救。」看來他的政府既想擺出無法妥協的非核立場，又想得到好處，根本是在包牌。紐西蘭有些報紙認為，這其中有部分動機是想讓澳洲「搞清楚我們不是澳洲的第七個省」，因為澳洲遠比紐西蘭親美。[48]

美國展開報復，停止澳紐美安全聯盟的運作，也不再提供紐西蘭情報。澳洲也取消坎培拉的澳紐美安全聯盟年度會議。反對黨領袖麥克萊（Jim McLay）要求緊急召開澳紐美高峰會，但朗格拒絕，說他的非核政策是「民族自決的行動」，而且「美國不會坐視我們被攻擊」。[49]

柴契爾夫人告訴朗格說，雖然她不贊同他的行為，但這無損英國和紐西蘭的關係，不過紐西蘭報紙上已出現「山姆大叔」和「約翰牛」正在討論如何教訓盟邦的漫畫。朗格甚至在記者會上聲稱美國正試圖顛覆他的政府。朗格的自以為是加上偏執妄想，讓南太洋的英語世界出現嚴重分歧。

朗格宣稱紐西蘭的敵人「並不存在」，這等於是要紐西蘭不要去管其他英語國家，而這些國家的敵人是蘇聯及其盟邦再加上中國。朗格強調說：「我覺得威靈頓比倫敦或紐約安全得多」；「歐洲發生的衝突和對抗離我們非常遙遠。」這兩句話無疑都是對的，但過去的紐西蘭總理如塞登、薩瓦奇或福瑞澤都不會說這種話。有了長程洲際彈道飛彈，距離遠近在核子戰略中已沒有意義。

也許在歷經八十五年後，紐西蘭終於可以和整個英語民族的全球防衛體系分道揚鑣，但當時正值美國和蘇聯在談判中程核武，時機實在不對。朗格說他的新路線「不該被視為挑釁之舉」，這話完全沒錯，因為這根本是毫無意義和任性的舉動，只在乎自己的國家認同與尊嚴，毫不顧及區域防衛。紐西蘭向來是英語民族中備受尊敬的一員，只有左派政客和報紙才會自認矮人一截。

雷克雅維克峰會

一九八五年十一月，戈巴契夫在日內瓦初會雷根。總書記天真地以為自己占了雷根上風，他打電報給卡斯楚、金日成和中國的李先念等共黨領袖說：「和雷根交談真是刀光劍影。雷根的助理里根（Donald Regan）說從來沒有人如此坦率有力地和總統說話……在日內瓦，我們不想讓雷根拍拍照片就走人，他最愛這麼搞。」[50]政治局決議說，戈巴契夫的外交「讓現任美國政府處於守勢，嚴重打擊了其意識形態和『十字軍』政策。」如此誤判著實可笑，但讓戈巴契夫自覺獲勝也沒什麼不好。

第二年與雷根在冰島會面時，戈巴契夫又高估了自己。他在一九八六年十月十四日的政治局會議上說：

> 在雷克雅維克，我們得分比在日內瓦還多。但是新的形勢要求新的軍事準則、軍隊安全和軍事部署等等，還有新的國防產業……雷克雅維克的會談表明了，和我們打交道的美國政府代表是沒有良心、沒有道德的一群人……我們在雷克雅維克面對的雷根不僅是一個階級敵人，而且是個非常原始的人，他長得像穴居人，心智也有缺陷。[51]

禿頭矮胖的總書記批評前電影明星的長相（雷根和甘迺迪也許是最帥的兩位美國總統），也許正顯示他對美國五年來堅定的對外政策無計可施，而未來至少還要再熬三年。戈巴契夫從日內瓦會議得到的結論是，蘇聯必須繼續在軍備上大規模支出，而這正是讓「邪惡帝國」幾乎破產並最終還給人民自由民主的原因。

格達費上校被馴服

一九八六年四月十日，美軍愛光顧的西柏林拉貝拉迪斯可舞廳（La Belle）遭到炸彈攻擊，造成兩人死亡，多人受傷。幕後元凶被查出是利比亞，美國在三個月前才因利比亞涉及國際恐怖主義而加以制裁。五天後，美國戰機從航母和英國基地起飛（法國拒絕讓戰機飛越領空），轟炸了利比亞多處目標，造成一百多人死亡，包括格達費上校襁褓中的女兒。

很多人說美國在阿拉伯地區轟炸從來沒有實益，只會把情況愈搞愈糟。但利比亞經驗證明並非如此。在攻擊前，格達費因為沙烏地阿拉伯「被美國占領」而與沙國斷交，還向蘇聯購買大批武器和米格戰機要跟美軍在利比亞海岸較勁。當利比亞和馬爾他之間的海域發現有石油後，格達費宣布從馬爾他沿岸十二海里起算都利比亞的領海。他入侵查德，派敢死隊到奈及利亞。根據最近的研究，他「同情各地的反抗鬥士和革命分子，不管是哪一邊的。不說大家不知道，他甚至拿錢和武器給蘇格蘭革命分子。」[52]

格達費以金錢和武器支持過的各種「民族解放」運動，可以寫成一本極端主義團體名錄，包括菲律賓的摩洛叛軍（Moros）、巴勒斯坦解放組織、激進的美國原住民團體、格瑞納達的新寶石運動（New Jewel）、愛爾蘭共和軍、巴斯克獨立運動、庫德族、路易斯．法拉汗（Louis Farrakhan）的伊斯蘭國度、黑豹黨（Black Panthers），還有查德、厄利垂亞、黎巴嫩、加納利群島、埃及、蘇丹、科西嘉與薩丁尼亞、威爾斯的游擊隊。[53]

但在美國轟炸後，格達費立刻大幅削減甚至完全取消支持國際恐怖主義，他也是在九一一事件後第一個譴責蓋達組織的穆斯林國家領袖：「不管與美國如何對抗，對美國人民表示同情、與他們站在一起乃是人性的義務，而此類恐怖而令人震驚的事件必將喚醒人類的良知。」雖然這是鱷魚的眼淚，但此人過去曾謀劃一九八八年十二月二十一日的洛克比空難（Lockerbie Air Disaster），造成二百七十一名美國人和英國人死亡。他的態度顯然有大大轉變。

當美國為了九一一事件攻打阿富汗和伊拉克時，格達費更進一步，宣布完全不再支持恐怖主義，停止軍購，他還邀請西方來檢查他銷毀大規模殺傷性武器，包括其初步的核武發展計畫（這些武器今天都放在田納西州橡樹嶺的博物館）。這是小布希對恐怖主義宣戰的重要成果，證明只要強硬以對，流氓國家也會有正向回應。而這個過程是從十五年前雷根時代開始的。

伊朗門事件

一九八六年十一月二十五日，美國民眾突然得知「伊朗門事件」，讓雷根很難看。雷根和司法部長米斯（Edwin Meese）公開承認兩個國際事件事實上是連在一起的。在上個月，尼加拉瓜的親卡斯楚馬列主義桑迪諾政府⑧以地對空飛彈擊落一架C-123K貨機。來自威州馬里內特（Marinette）的唯一生還者哈森福斯（Eugene H. Hasenfus）在馬拿瓜⑨電視上承認，中情局正提供武器給右翼的尼加拉瓜民主反抗軍（Nicaraguan Democratic Resistances Forces），試圖推翻桑迪諾政府。[54]這個行動是非法的，因為眾議院在一九八四年十月通過民主黨眾議員勃蘭（Edward

Boland）的提案，名為「勃蘭修正案」，禁止中情局、國防部及美國任何單位或實體協助反抗軍。

正當哈森福斯上電視時，在半個地球之外，國家安全會議官員諾斯中校（Oliver North）正在和伊朗政府代表祕密協商。美國同意出售武器給伊朗這個敵人，交換被恐怖組織真主黨（Hezbollah）扣留的人質。諾斯是陸戰隊中校和越戰老兵，意識形態上強烈反共（他的行動代號是「血與膽」和「鋼錘」）。伊朗當時正與伊拉克打仗，不得不吞下對美國（他們說美國是「大撒旦」）的憎惡，還在一九八〇和一九八一年經由他們最痛恨的以色列把這些武器運回伊朗。

伊朗門事件的鐵證是諾斯中校在一九八六年四月四日寫的一份備忘錄，這份備忘錄後來被稱為「繞路文件」（diversion document）。文件標題是「釋放貝魯特的美國人質」，並列為「最高機密—敏感」。這份文件說明，以色列在去年九月賣給伊朗五百零八枚管射、光學追蹤和線控導引（TOW）飛彈後，魏爾牧師（Benjamin Weir）就在四十八小時後在貝魯特被釋放。這批武器是美國政府批准的，會再換一批補償給以色列。[55]諾斯寫道，未來還將提供更多武器，交換更多人質，而「交易所剩的基金」一千二百萬美元「將用來為尼加拉瓜民主反抗軍購買急需的裝備」。

「繞路文件」在一九八六年十一月曝光後，政府立刻召開記者會，雷根和米斯承認確有計畫要「從伊朗軍售案留下幾百萬美元來資助反抗軍」，但這違反了勃蘭修正案，諾斯被解職，國家

---

⑧編按：桑迪諾民族解放陣線（Sandinista National Liberation Front），瓜地馬拉左派政黨，一九八四年大選後取得瓜國政權，一直執政到一九九〇年。

⑨編按：馬拿瓜（Managua），瓜地馬拉的首都。

安全顧問波因德克斯特（John Poindexter）也辭職。然而故事還沒完。眾議院聽證會持續了好幾個月，才知道有多名政府官員都知悉這個行動，還有許多外國政府程度不等地參與其中，包括以色列、沙烏地阿拉伯、南非、中國、台灣、巴拿馬、哥斯大黎加、瓜地馬拉、薩爾瓦多、宏都拉斯。[56]

雖然伊朗門事件牽涉到一些重要的憲政問題，包括行政部門在隱瞞國會的情況下執行「檯面下」對外政策，以及政府該保密還是該透明的問題，但沒有證據能確定雷根本人有授權任何事情。不同於尼克森的水門案，雷根沒有掩飾他屬下的作為，也沒有保護他們免受追訴。他曾在一九八一年十二月下令中情局資助一千九百九十五萬美元，交由五百名尼加拉瓜流亡者組成的「行動小組」來對抗桑迪諾政權，但這是為了實現他反擊共產主義的選舉承諾，而且是勃蘭修正案通過好幾年之前。

國會在一九七三年不同意美國在東南亞繼續搞反共活動，勃蘭修正案也在一九八〇年代限制美國政府與國際共產主義對抗。但對諾斯、波因德克斯特和中情局局長凱西（William Casey）這些真正的冷戰鬥士來說，能夠既換回人質、讓伊朗和伊拉克這兩個潛在敵人繼續打仗，又能資助尼加拉瓜的反共游擊隊，這實在是不容錯過的天賜良機。在政治上很少能夠一石二鳥，這個政策卻能一桃殺三士。如同波因德克斯特在一九八七年伊朗門事件聽證會上所說：「我的目標向來就是不讓國會知道國安會官員在做什麼。」諾斯也一樣鬥性堅強，他說：「我們都必須在人命和謊言之間求取平衡。」諾斯後來被判罰一千二百小時的社區服務和十五萬美元。

在一九八七和一九八八年間，伊拉克獨裁者海珊對伊國北部多達四十個庫德族村落發動攻擊，測試他的新配方芥子毒氣及多種研發中的神經毒氣，例如沙林、泰奔和ＶＸ等等（皮膚沾上十毫克ＶＸ就足以使多數人致命，而一滴雨就有八十毫克）。根據利物浦大學戈斯登醫生（Christine Gosden）所說：

> 伊拉克政府部隊會穿著生化防護衣把攻擊地點包圍起來……這些人中有醫生和有興趣的觀察者……他們會進去看有多少人死亡……有多少人生還。男性、女性、小孩、老人哪一種死最多？然後再把生還者槍殺，把屍體燒掉。

最嚴重的一次是在一九八八年三月十六日，庫德族城鎮哈拉布加（Halabja）遭到攻擊。伊拉克部隊把該地區做了詳細區劃，以確定死亡的人數、位置和傷亡程度，從而能夠科學地評估不同種類化學武器對人口集中地區的殺傷力。《泰晤士報》的貝斯頓（Richard Beeston）是第一個在攻擊後進到當地的人，他報導說：「和龐貝城一樣，哈拉布加的遇難者都是快速死亡，屍體好像突然暫停動作。有一個胖胖的嬰兒表情凝結在哭叫狀態，死在一個男人懷抱裡，距離屋子門口只有幾步之遙。」[57]但他們算是幸運的。

在哈拉布加，總共有四千到五千名老百姓承受了窒息、皮膚燒傷和呼吸系統逐漸停止，在幾小時內死亡，其中有許多是婦女、兒童和老人。然而，按戈斯登醫生的說法，還有一萬人慘遭「失明、殘疾、毀容或其他嚴重而無法恢復的創傷」，這些人後來還有神經失調、痙攣、昏厥、消化系統中止等問題。在此後幾年內，還有幾千人遭受「可怕的併發症和生育能力失常」，例如淋巴瘤、白血病、大腸癌、乳癌、皮膚癌、流產、不孕、先天性畸形，死亡人數更增加許多。[58]

難以置信的是，在二〇〇二年底到二〇〇三年初，美國和歐洲居然有幾百萬人上街示威抗議，反對英語民族及其盟邦以武力推翻海珊政權。

一九八七年六月十一日星期四，柴契爾夫人帶領保守黨連續贏得第三次大選，以一百零一席的差距奪得下議院絕對多數。時間推回一九八六年二月，翁斯洛伯爵（Earl of Onslow）就在牛排俱樂部與德拉沃爾伯爵（Earl De la Warr）打賭一瓶香檳王（Dom Perignon），賭「如果柴契爾夫人還是保守黨領袖，她將在下屆大選中贏得絕對多數。」保守黨在當天晚上飽嘗勝利滋味，工黨則被迫要放棄根深柢固的社會主義以求重返執政。七年後，工黨在輸掉四次大選後終於做到了。其時保守黨領袖已經換人，但選舉的主題依然是柴契爾夫人的遺產。

網際網路

一九八九年，出生於倫敦，任職於日內瓦粒子物理實驗室（CERN）的數學家暨物理學家伯納斯―李（Timothy Berners-Lee）發明了全球資訊網（World Wide Web），兩年後正式上線。伯納斯―李的發明讓人們可以用「超文件」（hypertext）在網路上分享資訊，在一九九一年有六十萬人使用，五年後成長到四千萬人，二〇〇五年估算有十億人。「我們當時並沒有覺得說，嘿嘿嘿，我們將要改變世界。」伯納斯―李回憶說，他只是覺得「很興奮，有這個東西很好」，此外他也怕這個東西永遠搞不出來。[59]

伯納斯—李的父母都是電腦數學家，從小就喜歡用紙板做電腦。念牛津大學女王學院（Queen's College）時，他因為惡作劇駭進核物理實驗室的電腦而被禁止使用，於是用一台舊電視機和許多零件自己造出電腦。他發明的全球資訊網革命性地改變了人類的溝通方式，但他拒絕申請專利成為億萬富翁，堅持讓所有人都能免費使用。《泰晤士報》把他列為二十世紀一百位最具影響力的人物：「是他發明的，而他開放給全世界。他比任何人都堅持其開放性、非專利性和免費性。」[60]

在英語民族的所有偉大發明中，除了拉塞福、弗萊明、貝爾德之外，少有能像伯納斯—李這樣深刻和立即影響到全人類的生活。「我們必須承認，任何強大的工具皆可為善亦可為惡」，他對法西斯分子、戀童癖和詐騙集團都來利用網路提出反思，但他希望網路「打破藩籬」的能力能夠「促進一個公平公正的地球。不過要記住，科技的角色並不是去制定規範或執行規範……我們不能因為自己犯錯就怪罪科技。」

但網路的發明不是只靠伯納斯—李一個人的天才，美軍分析人員在一九六〇年代就設想到「在全面核戰中要有一個可以容錯的指揮控制網路」。[61] 五角大廈與倫敦大學等名校合作建立了「軍用網路」（MILNET），十年後轉變為網際網路。金錢和頭腦一樣不可或缺，而金錢大部分來自美國納稅人。

柏林圍牆倒塌與西方馬克思主義潰敗

一九八七年六月十二日，雷根站在柏林的布蘭登堡大門（Brandenburg Gate）前呼籲：「戈巴契夫總書記，如果你要和平，如果你要蘇聯和東歐繁榮，如果你要自由化，請到這個大門來！戈巴契夫先生，打開這個門！戈巴契夫先生，拆掉這道牆！」兩年半以後，一九八九年十一月九日，聳立二十八年，作為共產黨壓迫人民象徵的柏林圍牆終於被拆除。突然之間，從二戰以來就生活在極權獨裁體制下的千百萬人民被允許享有代議制度、財產權、言論自由、宗教自由與結社自由。這是自四十四年前對日戰爭勝利以來，人類邁向自由最重要的一天。

對於共產體制為何崩潰，有兩種各有道理但相互對立的解釋，英國史學家普萊斯—瓊斯稱之為「高速路」（High Road）解釋和「慢速路」（Low Road）解釋。

「高速路」解釋認為，共產體制的自爆完全是戈巴契夫造成的，至於該稱讚他高貴或譴責他愚蠢則取決於不同人的價值觀。戈巴契夫相信共產體制是可以改善的，而他是擔此大任之人。這種心態為共產體制帶來致命性的矛盾。「慢速路」解釋則認為，經過長時期的冷戰，美國證明了其制度和價值的優越性，迫使蘇聯承認自己無法長期與美國競爭。美國藉由北約組織建立了民主國家的大聯盟。更重要的是，軍事科技的昂貴成本，尤其是美國的「星戰計畫」（Star Wars，即戰略防禦計畫），讓蘇聯計畫經濟的缺乏效率暴露無遺。[62]

哪一種解釋才正確呢？主要推手究竟是戈巴契夫一個人，還是以雷根、柴契爾夫人、教宗若望保祿二世、索忍尼辛、庫斯勒、沙卡洛夫（Andrei Sakharov）、華勒沙（Lech Walesa）、哈維爾（Vaclav Havel）、克里斯托、史庫頓（Roger Scruton）、康奎斯特等人所帶領的英語民族及其民主盟邦？

西方政府過去採取與共產體制共處的「低盪」政策，英語民族在一九八〇年代放棄了這個政策，並取得耀眼成果。在一九七〇年代早期，「低盪」的目的是把共產主義阻擋在遠方，而西方在許多戰線上撤守。但這個政策在一九七〇年代末已不合時宜，只是徒然讓「邪惡帝國」延長壽命而已。「低盪」在東方和西方陣營有截然不同的意義。西方視之為降低緊張的手段，「希望能避免可怕甚至世界末日式的力量對決」。[63]相較之下，布里茲涅夫在一九七六年表示：「低盪並無法打消或改變階級鬥爭的規律。但我們並不否認，我們認為低盪是一條為和平建設社會主義和共產主義創造較有利條件的道路。」

雷根和柴契爾夫人擊敗歐洲共產主義的方法是，一方面向蘇聯帝國的人民證明資本主義在物質利益上的優越性，一方面部署彈道飛彈和潘興二號飛彈等先進武器系統。研究莫斯科對外政策的專家都同意，如果蘇聯成功阻止這些武器部署，「已然深信自己能讓歐洲放下心防的克里姆林宮領導層，將採取更危險和更侵略性的政策。」[64]幸運的是，核武裁軍運動、德國反戰分子和中立主義者、蘇聯代理人以及其他西方世界那些列寧所謂的「有用的笨蛋」，都沒有擋住北約部署潘興二號飛彈和彈道飛彈。

一九八三年三月二十三日，雷根總統提出美國的戰略防禦計畫，要用衛星科技來偵測和摧毀來襲的核子飛彈。這項計畫很快就照盧卡斯（George Lucas）一九七七年的電影，被暱稱為「星戰計畫」。如果戰略防禦計畫成功，它將一舉讓蘇聯對付西方的核戰略全部失效。一九八五年二月四日，五角大廈國防預算給戰略防禦計畫的研發經費暴增三倍，明確讓蘇聯認為美國相信這項計畫行得通。在一九八六年十月的雷克雅維克小型峰會中，戈巴契夫堅持美國要放棄這項計畫，雷根拒絕。第二年二月，戈巴契夫不再要求美國放棄這項計畫，轉而提出一項互相撤除歐洲中程飛彈的協議，雷根很高興答應了。一九八八年六月一日，《中程核子武器條約》正式生效。

一九八九年，美國發射「三角洲之星」（Delta Star）衛星，成功偵測到來襲的測試飛彈。突然之間，美國在理論上可以用雷射防禦系統在半空中摧毀蘇聯的洲際彈道飛彈，同時還有餘力重創蘇聯。雖然戰略防禦計畫還要很多年才會有成果，技術上是否可行至今都還有爭議，但戈巴契夫當時並不知情（當時的測試似乎是刻意安排給KGB看的，不是真正測試可用的原型機）。不論戰略防禦系統真正能力如何，蘇聯都自知無法在科技上和經費上相競爭。前蘇聯異議分子夏蘭斯基（Natan Sharansky）曾比喻說，雷根用太空軍備競賽來挑戰蘇聯，如同是「邀請垂死的蘇聯退休老人來跑馬拉松」。多年後，夏蘭斯基又說：「戈巴契夫的親近策士承認，因為認清蘇聯根本無法在星戰上競爭，終於迫使他們接受內部改革。」[65]

美國在一九九三年五月宣布放棄戰略防禦計畫，這表示柯林頓政府認為此計畫昂貴又無所成，但此時的蘇聯已無力回天。先被嚇到的是戈巴契夫，戰略防禦計畫已達成讓蘇聯人相信他們無法在此關鍵戰略領域和美國競爭的重大政治目的。（美國現在另有一套部署在阿拉斯加的飛彈防禦系統。加拿大在二〇〇五年二月拒絕加入此系統，這是加拿大首次拒絕加入防衛北美洲的戰略計畫。加拿大總理馬丁（Paul Martin）的決定傷害了英語民族的親善關係，以後若有飛彈來襲，美國總統將沒有義務去保衛加拿大。這絕對不符合加拿大的國家利益。）[66]

一旦戈巴契夫承認蘇聯的計畫經濟遠比不上西方資本主義市場經濟，改革的壓力就沛然莫之能禦。雖然很早就有人對蘇聯進行道德控訴，但敢說實話的俄國和東歐異議人士皆被無情迫害。這些勇敢的人士約有幾千人，其中特別值得一提的有布拉格大主教托馬塞克（Frantisek

Tomasek）、匈牙利大主教敏真諦（Jozsef Mindszenty）、布爾諾的繆勒（Jiri Muller）、匈牙利知識分子陶馬什（Gaspar Tamas）、迪姆斯基（Gabor Demsky，後來當上布達佩斯市長）、斯洛伐克天主教青年運動領袖米克洛什科（Frantisek Miklosko）和采諾古爾斯基（Jan Carnogursky）、作曲家葛瑞茲基（Henryk Gorecki）和佩爾特（Arvo Paart）。一九六九年一月十六日，捷克學生帕拉赫（Jan Palach）在布拉格瓦茨拉夫廣場（Wenceslaus Square）自焚，抗議蘇聯占領他的國家。

雖然戈巴契夫希望用改革來強化共產體制，但黨的掌控一旦放鬆，民族主義的力量就被釋放出來，摧毀了他想拯救的體制。他和其盟友太低估他們所釋放出來的力量，他自己也很快就被局勢發展碾壓。雖然他風靡西方世界，當選《時代》雜誌十大風雲人物，獲頒諾貝爾和平獎，但俄國人民都很清楚他已被自己的改革擊垮。非意圖後果的鐵律再次發生作用。沒有投降，沒有陰謀，但大家都知道已到結局。拉脫維亞外交部長尤肯斯（Janis Jurkans）說，戈巴契夫的政治局「製造了自我毀滅的工具」。愛沙尼亞政黨領袖瓦亞斯（Vaino Valyas）也認為，「他想讓蘇聯更有效率，但結果是蘇聯不再存在。」[67]

戈巴契夫切斷了對東歐共產國家傀儡領導人的支持，讓共產體制兵不血刃地在俄國倒台，這當然算是他的功勞，但這如同他在一九九〇年讓東德加入北約，他其實沒有別的選擇，不然就只能像羅馬尼亞獨裁者西奧塞古一樣，在聖誕節革命下台前下令安全部隊殺害一千多人。

戈巴契夫為了搞改革，成立了各式各樣的「人民陣線」和共產黨幹部組織，但這些組織都轉變成民族主義運動。比起改革共產體制，他們更想擺脫莫斯科控制。但若非英語民族的領導人對蘇共採取堅定不移的「後低盪」立場，這種現象也未必會出現。正如英國知識分子馬爾科姆

（Noel Malcolm）所言，蘇聯被迫要「挹注資金給吞噬國家財富的軍事—工業複合體，它們就像在籬雀巢中貪婪的杜鵑雛鳥。」[68]雷根和柴契爾夫人削弱和最終戰勝了歐洲共產主義，沒有他們的努力，這些共產國家可能還要數十年才會在內部矛盾的壓力下崩潰（借用列寧的話），而「開放」和「重建」也將遙遙無期。

在一九八〇年代行將結束之前，崩潰的結局終於來到，而一九八〇年代正是屬於雷根總統和柴契爾夫人的年代。一九八九年十月的重要性就如同法國大革命或俄國革命等高潮時刻。正如一位後共產時代的保加利亞人所說：「列寧曾說生產力高的體制必將獲勝，但生產力高的是資本主義。」俄國在「慢速路」上終於走向自由。

第十六章

虛擲喘息空間

一九九〇年至二〇〇一年九月十一日

上帝贊佑吾人基業，時代新秩序。

——美利堅合眾國紋章上的文字

美國在科學、經濟、工業、政治、商業、醫藥、社會生活、社會正義以及軍事上的優勢是全面性且毋庸置疑的。就連自大成性的歐洲人都驚嘆美國在第三個千年開始時為世界立下的典範。

——沃爾夫（Tom Wolfe），《掛鉤》（*Hooking Up*）

新世界秩序

西方在冷戰勝出，全球緊張普遍降低，但只有一個特殊地區例外。根據二〇〇五年的《人類安全報告》（*Human Security Report*，這份報告有五個國家政府資助，由加拿大團隊在澳洲國立大學教授暨聯合國安全顧問麥克〔Andrew Mack〕監督下撰寫），「自一九九〇年代初以來，每年每場衝突的平均陣亡人數減少了百分八十。在一九五〇年代，每年每場衝突的平均陣亡人數是三萬到四萬人，而在二〇〇〇年代初下降到約六百人。」澳洲前外長埃文斯（Gareth Evans）就這份報告指出：「在過去十五年來，以談判結束內戰的案例比過去兩個世紀加起來還要多。」[1]

蘇聯及其盟國不再有力量去干涉和顛覆親西方政府，這直接導致了「新世界秩序」（儘管像埃文斯這種自由派國際主義者荒謬地認為這完全是聯合國的功勞）。但在中東地區則不同。蘇聯因為其國內有大量穆斯林人口，向來對伊斯蘭基本教義派起到壓制和穩定的作用。而蘇聯在阿富汗的失敗讓伊斯蘭聖戰士相信，另一個世界超級大國美國，也一樣可以被趕出這個地區。

伊拉克入侵科威特

柏林圍牆倒塌後不到一年，中東在後冷戰時代對英語民族的威脅就出現了。一九九〇年八月二日，伊拉克海珊入侵科威特，科威特國王薩巴赫（Sheikh Jaber al-Sabah）逃到沙烏地阿拉伯。

伊拉克欠下七百億美元外債，超過一半是欠科威特和沙烏地，海珊認為這是一舉解決伊拉克財務問題的好辦法。兩天後，伊拉克部隊和戰車集結在沙烏地邊境。八月七日，老布希總統派美軍到沙烏地防範伊拉克進攻，伊拉克在兩天後宣布正式兼併科威特。伊拉克、科威特和沙烏地共出產全世界百分之四十的原油，西方決策人士突然發現這些石油可能被一個中東獨裁者控制。

波灣戰爭和伊拉克戰爭常被說成「都是為了石油」，但英語國家的經濟主要仰賴石油，他們完全有理由確保石油供應不被一個無法預測的獨裁者打斷。西方國家的繁榮和千百萬工人的就業都不能任由海珊主宰全世界的石油資源，兩位布希總統若不強硬回應，就是沒有盡到保護老百姓生活和福祉的責任。

這一次，情報單位還是沒有掌握到海珊的行動。英國外交大臣赫德（Douglas Hurd）是聽廣播才知道消息，不是中情局或軍情六處告訴他的。[2]和福克蘭入侵一樣，情報單位對無法預測的獨裁政權所知有限。

反對英美親善的人士喜歡說英國是美國主人腳下的忠順小狗，反對二〇〇三年伊拉克戰爭的人士也很愛用這個比喻，這種圖畫經常出現在英國和國外的反戰海報上。這種胡說八道已被這類人士在二十世紀運用過無數次，尤其是在蘇伊士、越南和福克蘭，一直到今天。但在一九九〇年八月，柴契爾夫人毅然對老布希總統說，面對科威特危機，「此時絕不可猶豫呀，喬治。」英國首相不但不是小狗，反而運用其影響力和強大的說服能力去確保絕不能對海珊讓步，因為海珊已表明要兼併科威特和進一步威脅沙烏地。

伊拉克入侵科威特一個月後，西方世界學識最淵博的中東思想家柏納．路易斯（Bernard

Lewis）寫了一篇文章〈穆斯林憤恨的根源〉（The Roots of Muslim），分析為什麼伊斯蘭世界會這麼憤恨作為歐洲帝國主義承繼者和新世界政治文化輸出者的美國。他寫道：

> 穆斯林遭受一系列的挫敗。首先是失去世界統治地位給先進的俄羅斯和西方國家。再來是在自己國家愈來愈地位不保，被外國的觀念、法律、生活方式，甚至是外國統治者和殖民者入侵，非穆斯林人口也獲得投票權。最後一根稻草是，因為婦女解放和子女反叛，穆斯林男性在家中的主導權也岌岌可危。[3]

自一六八三年鄂圖曼土耳其第二次包圍維也納失敗以來，伊斯蘭就在軍事上節節敗退，所以當海珊自比為納瑟上校之後唯一能抵抗甚至羞辱西方的伊斯蘭領袖時，他當然在阿拉伯世界受到熱烈歡迎，尤其是在加薩走廊和約旦河西岸。但他無法嚇阻英語民族再度率領同盟去捍衛弱小國家，如同一九一四年的比利時、一九三九年的波蘭、一九五〇年的南韓、一九六四年的南越、一九八二年的福克蘭，以及現在的科威特。

老布希很清楚這一點。一九九〇年八月十四日，他偕同鮑威爾和史瓦茲科夫將軍（Norman Schwarzkopf）在五角大廈河岸大門發表演說。總統表示，美國挺身而出「不只是為了保護資源或財產，還要保護各個國家的自由。」他把海珊比為希特勒，史瓦茲科夫在回憶錄中寫道：「（布希）不是一個肯妥協的領導人」，所以「美國的領導無可取代，而美國的領導必須透過實力。」[4]但老布希最後還是妥協，讓海珊在波灣戰爭後繼續掌權，把問題留給下一代。這真是名符其實的下一代：他的兒子。

柴契爾夫人下台

就在對海珊發動進攻之前，柴契爾夫人在一九九〇年十一月二十二日被保守黨自己人趕下台。雖然她得票多於挑戰者夏舜霆（Michael Heseltine），但保守黨內的過時投票規則卻讓她無法繼續擔任黨的領導人和首相。左傾的小說家哈里斯（Robert Harris）在二〇〇五年五月寫到這場戲劇性事件時說：

> 我很好奇，假如那一百六十八位投票給夏舜霆或棄權的保守黨議員能看到未來，他們是否還會急著把他們二十世紀最成功的領袖趕下台？雖然短期是有利的，但長期後果卻是災難性的。柴契爾下台後那十五年中，保守黨有十三年在選票上都是輸的。其中有八年是工黨執政……一些黨內少數派密謀把民選首相拉下馬是完全愚蠢的。自由黨曾在一九一六年這樣對待阿斯奎斯，從此再沒有執政過。保守黨在一九九〇年這樣對待柴契爾，此後連續三次輸掉大選，而這是過去九十五年不曾發生的災難。[5]

這場災難是保守黨內少數派造成的，他們熱心於「歐洲統合」，對自己的政黨不忠，也毫不感激那位讓他們連勝三次大選的女人。「當你看到她被搞下台，」前工黨領袖金諾克（Neil

Kinnock）在事件發生後寫道，「你不得不認為搞出這場政變的人真是毫無良心。」他們勝利後，選出無足輕重的梅傑（John Major）取而代之，這就讓托利主義走向毀滅，儘管在短期間保守黨還是贏得一九九二年大選。

波灣戰爭

一九九〇年十一月，聯合國以「世界共同體」和「國際輿論」等模糊概念批准派兵將伊拉克趕出科威特。俄羅斯也投下贊成票，但沒有參與聯合國行動。安理會六七八號決議規定要「用所有必要手段」逼伊拉克完全撤出科威特。有人抱怨六七八號決議的用詞過於委婉，鮑威爾回說：「這沒什麼差別。委婉射出的子彈還是子彈。」

老布希總統已經建立起強大的反海珊聯盟。在美國史瓦茲科夫將軍的指揮下，各國軍隊來自美國、英國、加拿大、法國、義大利、科威特、沙烏地阿拉伯、埃及、敘利亞、卡達、巴林、阿拉伯聯合大公國、阿曼、摩洛哥、捷克斯洛伐克、巴基斯坦、孟加拉、塞內加爾和尼日。還有駐紮在土耳其的比利時和德國部隊。不幸的是，由於聯軍成員太複雜，後來反而不利原始的目的。

一九〇一年，索爾茲伯里勳爵致函給印度總督寇松勳爵說：「我們在上個世代用武力、威脅、軍隊和謊言在東方為所欲為。但我們現在有『盟友』——法國人、德國人、俄國人。不受拘束、單方面採取的強制行動幾乎已不再可能。」有時候，聯盟太大反而有違聯盟的利益，一九九一年初就發生這樣的情況。

英語民族向來善於建立和維繫聯盟。英國在對抗拿破崙時建立了七個聯盟；克里米亞戰爭時的盟友是法國、奧地利和薩丁尼亞；一次大戰和二次大戰的盟友是法國和俄國；北約初創時有十二個盟國；韓戰是由聯合國授權；越戰有澳洲、紐西蘭和好幾個國家相助。在以上每一場戰爭中，參與者都有共同的目標，但一九九一年卻非如此。

伊拉克在科威特和伊拉克西南部有四十二個師、五十五萬名部隊，有四千二百輛戰車、二百五十架直升機和五百五十架戰鬥機。[6]這支軍隊看似很強大，至少在表面上。伊拉克沒有按聯合國要求在一九九一年一月十五日之前撤軍，美國率領的盟軍立刻展開「沙漠風暴行動」（Operation Desert Storm），發動空中攻擊。盟軍的空中優勢讓伊拉克完全無法進行空中偵察，盟軍能隨意攻擊地面目標，造成伊軍大規模潰散和士氣崩解。

海珊發射蘇聯製飛毛腿地對地飛彈（Scud）攻擊沙烏地和以色列。雖然以色列並未參戰，但海珊希望能刺激以色列反擊，挑起盟軍陣營中的阿拉伯國家反彈。但以色列並未中計。美國的愛國者地對空飛彈（Patriot）擊落了許多飛毛腿飛彈，讓以色列的傷亡非常少。

一月二十九日到三十一日，伊拉克幾個營對沙烏地發動佯攻，被沙烏地、卡達和美軍陸戰隊擊退。一九九一年二月二十三日凌晨四點，地面戰正式啟動。盟軍同時發動三面進攻，一支從伊拉克南部側翼包抄、一支沿海岸線往北突進到科威特城、一支從科威特西南部往東北部進攻，在七十二小時內就擊潰伊拉克陸軍，摧毀所有有組織的抵抗。這樣的結果大出一些記者預料，例如費斯克（Robert Fisk）就以為這將是另一場越戰，會有大量死傷，美國人的士氣會崩潰。英國前政治家希利和前首相希斯也預測盟軍部隊會死傷幾萬人。

雖然伊拉克在科威特和伊拉克南部有多達二千八百輛戰車，是盟軍的兩倍，但其蘇聯製T－72戰車的性能比不上美國主戰戰車艾布蘭（Abrams）M1A1。二月二十六日，盟軍空中火力摧毀伊拉克陸軍在米特拉山脊（Mitla Ridge）賈赫拉巴斯拉公路（Jahra-Basra Road）的車隊。作家溫特爾（Justin Wintle）精準地指出，和過去的越戰相比，「攻打海珊非常迅速，而且就人命來說幾乎毫無損失。幾萬名裝備不全的伊拉克步兵在米特拉山脊撤退時被美國空中火力消滅，這完全是精準科技的勝利。」[7]盟軍總共只有九十五人陣亡、三百五十八人受傷（其中許多人是被友軍誤擊，不是被伊軍攻擊）、二十人失蹤。伊拉克則預估有三萬到五萬人陣亡，受傷人數約略相同，還有六萬人被俘。自從普蘭德加斯將軍（Harry Prendergast）在一八八五年只戰死二十二人就拿下緬甸以來，英語民族從未贏得如此壓倒性的勝利。

二月二十七日，老布希總統發表電視演說，宣布停止敵對行動。「科威特已獲解放，」他說，「伊拉克軍隊已被打敗。我們的軍事目標已經達成。」這話沒錯，但這種目標是不正確的。只要盟軍有意願，完全可以一路打到巴格達推翻海珊和復興黨（Ba'athist）政權，建立一個伊拉克臨時政府。三月間，伊拉克各地都爆發自發性的反政府暴動，尤其在伊拉克南部的什葉派地區和北部的庫德族地區。英語民族暴露出缺乏意志和靈活性的弱點。

老布希總統和英國首相梅傑都沒料到會如此迅速和全面戰勝，沒有抓住大好良機去推翻海珊。由於聯合國六七八號決議的目標已經達成，而盟軍中許多阿拉伯國家並不希望英語民族的軍隊長駐在伊拉克，老布希和梅傑只能錯失在一九九一年就把那個獨裁者趕出中東的機會。也有人認為，他們是擔心米特拉山脊的大屠殺會讓敵人得到同情。

當英語民族為具體目標而戰時，諸如奪取普勒托利亞、馬尼拉、柏林、平壤、漢城（兩次）、史丹利港、格瑞納達或巴格達（二〇〇三年）時，他們不但可以達成目標，而且能達到想要的政治目的。然而，當他們受制於道德或其他理由，明明有軍事實力卻刻意不作為，諸如蘇伊士運河區南部、河內和巴格達（一九九一年）時，他們就會很長一段時期遭受苦果。以伊拉克來說，英語民族及其盟國還要再過十二年才終結海珊的暴政。而在這段期間，伊拉克共和衛隊（Iraqi Republican Guard）的第五機械化師先是殘酷鎮壓了巴斯拉及納希利亞（Nasiriyah）的什葉派起義，再與來自巴格達的部隊合力鎮壓伊拉克北部的庫德族革命。海珊依舊牢牢掌權，絕不原諒那些反叛他的人。

戈巴契夫下台

一九九一年八月十九日，蘇共強硬派亞納耶夫（Gennady Yanayev）對戈巴契夫發動政變，把他囚禁在克里米亞的別墅。廣播和電視暫停播放，許多城市實施軍管。政變失敗的原因之一非常具有俄羅斯特色，源自共產時期的低落效率：政變陰謀人士無法完全切斷電話線，因為莫斯科在蘇聯時代的電信技術實在很原始。英語國家譴責政變，但只能讓俄羅斯人自己決定未來。兩天後，政變就在俄羅斯聯邦總統葉爾欽（Boris Yeltsin）領導的大規模示威抗議中落幕，戈巴契夫在八月二十二日回到克里姆林宮。

蒙古在一九九二年改行民主憲政，從蒙古的例子可以看出蘇聯共產體制崩潰對其鄰國的影響。「一顆子彈都沒發，街上也沒有戰車。」蒙古前總理額勒貝格道爾吉（Tsakhia Elbegdorj）回憶說，「我們為民主、法治、自由市場經濟的新社會奠定了道路……由於美國和其他國家及國際金融機構的援助，我們得以轉型為自由市場經濟。」[8]蒙古脫離統治經濟後，二〇〇五年的GDP有百分之八十是來自私人部門。蒙古曾是無法到達的偏遠之地，但還是被英語民族所影響。

蒙古只有二百五十萬人口，如果不是莫斯科突然出現權力真空，絕對無法自行脫離蘇聯控制。「為了讓學生能在國際企業立足，」額勒貝格道爾吉最近說，「我們以英語為第二官方語言。」這位前總理說，蒙古還在二〇〇三年派部隊「到伊拉克和阿富汗建立自由社會對抗恐怖主義」，讓英語民族收到額外的和平紅利。[9]

世貿中心恐怖攻擊

一九九三年二月二十六日星期五，紐約世貿中心北棟大樓地下室發生卡車爆炸案，造成六人死亡，一千人受傷，建築物只輕微受損。選定這個目標是因為它位於全球尤其是美國資本主義的中心。這次攻擊是伊斯蘭基本教義派發動的，其中一名成員說他們「原本希望能殺掉二十五萬人」。[10]這個二十多人的組織和埃及教長（謝赫）阿卜杜勒—拉赫曼（Sheikh Omar Abdel-Rahman）有關聯。此案在一九九三到一九九七年審判期間，還發現他們有其他攻擊目標，包括聯邦調查局在曼哈頓的總部、聯合國大樓和兩條哈德遜河河底隧道。但在柯林頓總統領導下，英語民族並沒有意識到戰爭已然降臨，必須立刻全力應對。

一九九〇年，流亡蘇丹的遜尼派阿卜杜勒—拉赫曼教長獲得美國簽證，在澤西市傳播仇恨思想，宣揚教令。紐約組織的另一名成員是尤瑟夫（Ramzi Ahmed Yousef），他涉嫌在一九九五年試圖在太平洋上空劫機並摧毀十一架美國班機。劫機顯然已不再是為了把飛機當成談判工具。[11]為一九九三年世貿中心攻擊調製化學配方的人叫亞辛（Abdul Rahman Yasin），他意外獲得交保，並立刻棄保逃往伊拉克。

黑鷹直升機被擊落

一九九三年十月四日星期一，世貿中心攻擊八個月後，兩架參與聯合國維和任務的美國黑鷹直升機，在索馬利亞南部的摩加迪休（Mogadishu），被當地軍閥艾迪德（Muhammed Faraf Aydid）的部隊擊落，十八名美國士兵遇害。在當天接下來的戰鬥中，暴徒把一些士兵的屍體拉到摩加迪休街上示眾。事後，柯林頓總統下令撤離美軍，報紙專欄作家斯坦恩（Mark Steyn）在十年後一針見血地評論說：「我們知道賓拉登從中得出什麼樣的結論。」[12]

在離開白宮前夕，老布希總統派出三萬美軍到索馬利亞進行「重建希望行動」，其短期目標是確保經由索馬利亞的補給線不受軍閥艾迪德破壞，防止饑荒發生。這個目標是成功的。美軍在一九九三年三月撤離，改由美軍率領的聯合國部隊進場，行動名稱改為「聯合國駐索馬利亞第二次行動」（UNOSOM II），兩年後又再度撤離。索馬利亞預示了兩極世界解體後將帶來新型態的世界混亂，而不是「新世界秩序」。[13]

當兩架黑鷹直升機被擊落後，在索馬利亞的美軍游騎兵和三角洲部隊展現出非凡的英勇，與柯林頓政府的優柔寡斷完全相反。游騎兵想在摩加迪休市中心抓捕幾個艾迪德的高階軍官，他們成功了，但兩架黑鷹直升機在行動中被擊落。

接下來十六個小時，美軍游騎兵恪遵「不丟下任何人」的隊訓英勇戰鬥，在摩加迪休市中心的大規模槍戰中殺死幾百名索馬利亞人，但游騎兵也戰死多人，艾迪德聲望大漲。戰鬥結束後，聯合國軍事發言人下結論說：「我們來到，我們讓他們有飯吃，然後他們痛扁我們。」[14]索馬利亞第二次行動在一九九五年三月離開後，其價值一億六千萬美元的總部被洗劫一空，連水泥構造物都被拆走。（和聯合國歷次挫敗事件相同，這次事件並沒有公布官方調查報告，連裝著當地員工薪水的保險箱是怎麼被從聯合國總部偷走的，也不知道。）

白水案及其他醜聞

我們無法確定各式各樣的金錢和性醜聞究竟如何影響柯林頓當總統的表現。一九九四年三月二十四日，美國國會指控柯林頓及其夫人希拉蕊在阿肯色州投資的白水開發公司（Whitewater Development Corporation），與破產的麥迪遜投資擔保銀行（Madison Guaranty Savings Bank）有不正當的關係。柯林頓夫婦在六月時宣誓作證，國會委員會在七月召開聽證會。特別檢察官史塔（Kenneth Starr）在一九九五年四月和七月兩度訊問柯林頓夫婦。

七月分，參議院召開聽證會調查。一九九六年一月，希拉蕊在大陪審團前作證。雖然柯林頓在一九九五年四月為過去的生意夥伴麥道格夫婦（Jim and Susan McDougal），以及前阿肯色州長塔克（Jim Tucker）作證辯護，但三人都被判在白水公司的破產事件中犯下詐欺罪。六月，參議院的調查報告嚴厲批評希拉蕊在此事件中的角色。無論如何，雖然柯林頓總統在對外事務上稍加遜色，但經濟表現確實不錯，可是由於金錢和性醜聞不斷，許多美國人認為他的名聲並不好。

一九九八年一月，柯林頓被控教唆二十四歲的白宮實習生陸文斯基（Monica Lewinsky）做偽證，否認她和柯林頓有不正當性關係。接下來兩個月出現各式各樣的指控和否認，讓許多美國人覺得很丟臉，認為柯林頓讓總統職位蒙羞。英語國家的總統和首相有婚外情的不少，例如威爾遜、阿斯奎斯、勞合．喬治、小羅斯福、梅傑（但艾森豪的傳聞也許不是真的），澳洲總理也有五位，但拜現代電子媒體之賜，柯林頓的私生活被國際媒體前所未有地攤在大眾眼前。不過，像柯林頓那麼猴急在橢圓形辦公室亂搞的總統也算絕無僅有。

整個調查過程相當不堪。一名前競選志工威莉（Kathleen Willey）在《六十分鐘》（*60 Minutes*）節目指控柯林頓在一九九三年吻她和摸她；瓊絲（Paula Jones）指稱她在一九九一年被柯林頓性騷擾而展開長達四年的訴訟；還有關於雪茄和沾染精液的洋裝等一堆醜事。尼克森的水門案沒有被彈劾，但柯林頓的陸文斯基案被眾議院通過彈劾送到參議院。醜聞如滾雪球般擴大，一直到四月一日聯邦法院法官萊特（Susan Wright）駁回瓊絲的告訴。柯林頓的總統形象被重傷，但他除了經濟上表現良好，歷史學家詹森很有智慧地說，他還證明了「光鮮的個人魅力在媒體時代多麼有用」。[15]

法語大反攻

一九九四年七月二十九日，法國國會通過《杜邦法》（Loi Toubon），保護法語不受英語侵害。六天後，法國總統密特朗簽署法案生效。該法以法案起草者文化部長杜邦（Jacques Toubon）為名，法案二十四條條文規定在「教學、工作、貿易、交流和公共服務領域」必須要說法語，還規定「名稱、報價、展示、使用說明書、商品及服務的保固範圍和條件」要用法語。同樣的規定適用於任何書面和口頭的廣播及電視廣告。此外，「在快速道路、公共場合或公共運輸系統的所有文字或公告都必須使用法語。」所有合約書「當法語有同樣的字詞或說法時，皆不得使用外國語言的字詞或說法。」[16]

從一九九四年以來，《杜邦法》懲罰過好幾家美國和英國公司，例如香榭麗舍大道上的迪士尼商店和美體小鋪等使用英語招牌的店面。法國政府試圖以罰款禁用「le weekend」、「les drinks」、「l'aftershave」和「le babysitter」等法語化的英語，但都淪為笑柄。一九九六年十月，法國政府更試圖把手伸進網路空間，要求經濟合作暨發展組織（OECD）要管制網路上使用的語言。兩個月後，喬治亞理工學院因為其法國洛林分校的網站使用英語而被起訴，但該所分校完全以英語教學，所有教師都來自亞特蘭大，而學生都要英語流利才能入學。[17]

作家伏爾泰經常把英語詞彙法語化。他在一七五六年稱自己的草坪是「boulingrin」，這個詞源自英語的「bowling green」（滾球場），在一六六三年被官方認證為法語。他稱自己的小馬是

「haquenée」，這個詞源自英語的「hackney」（出租馬車），從一三六〇年就進入法語詞彙中。[18] 伏爾泰是法國科學院院士和《憨第德》（*Candide*）的作者，如果連他都用這些英語詞彙，而且幾個世紀以來都被承認，杜邦先生憑什麼自以為比伏爾泰高明？邱吉爾曾在一九〇六年說：「語言被承認對於弱小民族非常重要。」但法國人無論如何都不是弱小民族。

法國人不願把優美古老的法語放在全球語言市場上競爭，在一九九七年一月更進一步擴大語言保護主義，立法規定流行音樂電台至少要有百分之四十的時間播放法語歌曲。（雖然吉他是古波斯人發明的，但自一九五〇年代以來，龐大的流行音樂市場，尤其是搖滾樂，幾乎是由英語民族主宰。）相較之下，英國則是極力想保護境內的非英語語言。雖然威爾斯只有五分之一的人說威爾斯語，但威爾斯語在威爾斯王國和英語完全地位平等，道路標識、公務機關和議會完全雙語並行。曼島語、康瓦爾語和蓋爾語也受到特別保護。

根據歐盟執委會在二〇〇一年的報告，歐盟區三億五千萬人中有三分之一會說英語，而在法國境外只有不到十分之一的人會說法語。四年後，法國影音委員會規定電視頻道播出的節目和卡通一律要翻成法語。英國電視選秀節目《流行樂之星》（*Popstars*）要改為*Vedettes de Variétés*、《明星學院》（*La Star Academy*）改為*L'Écoles des Vedettes*、《時髦警察》（*Funky Cops*）改為*Des Flics dans la Vent*、《校園嬌娃》（Totally Spies）改為*Des Espions à Part Entière*。[19] 委員會還試圖阻止夾雜英語的法語混入法國電視文化，例如《週末夜大獎》（*le prime de samedi soir*）。[20] 雖然這場運動看起來很荒謬，但它顯示出法國菁英對法語和英語的競爭有多麼焦慮。也許幾百年後，法語也要像曼島語或康瓦爾語一樣被保護。

世界上許多國家採用英語為第二語言，這是推動弗格森教授（Niall Ferguson）所謂「盎格魯全球化」（Anglobalization）的最重要動力。德意志戰士在西元五世紀時把標準英語帶進英倫列島，在盎格魯—撒克遜人、喬叟（Geoffrey Chaucer）、莎士比亞和詹森博士等人手上不斷演化。到了今天，「非標準英語」已經演化為劍橋教授約翰斯頓（Freya Johnston）所稱的「繁忙、靈活的日常語言，既有地方口音，又有國際性的片語、俚語，還有電郵、簡訊的網路用語。」今天的英語已有超過五十萬個字彙，是其他任何語言的三倍以上。

語言學家克萊本（Robert Claiborne）認為這有政治上的原因：

> 我們的語言、文學和根本的政治哲學是攜手發展的。如果英語民族在超過四個世紀的時間很會寫作，這不是因為他們用英語書寫，更因為他們可寫的東西很多。而且一般而言，他們可以不受政府或其他任何人干預地寫作。[21]

「良心自由」（liberty of conscience，一五八〇年）、「公民自由」（civil liberty，密爾頓，一六四四年）和「新聞自由」（liberty of the press，一七六九年）等詞彙都是在英語中首先出現。克萊本認為，「語言和哲學不是沒有關聯的」，因為：

> 兩者都反映出英美人士對沒有限制的權力的不信任，不管在語言中或生活中。只要英國人和美國人繼續不信任不受監督的權力，不管是公共的或私人的權力，還保有勇氣和決心去

> 反對那些擁有這種權力或試圖擁有這種權力的人，英美文明……就值得擁抱，即使其領導人會犯下錯誤或罪行。[22]

早在十六世紀，詩人史賓塞（Edmund Spense）就向劍橋大學修辭學家哈維（Gabriel Harvey）抱怨說：「他們已經把英語變成其他語言的大雜燴。」此話完全沒錯。在今天，每有一個人以英語為母語，就有三個人以英語為第二語言。「英語，這個飢渴的生物，渴望有更多更多的追隨者。」今天已有十五億人說英語，準備要稱霸全球。[23]歷史學家克里斯托（David Crystal）指出，英語是「地球上字源最多語化的語言」，對外來字彙來者不拒。而它的多元性正是它的力量所在。

英語曾一度被丹麥人和諾曼人扼殺，但它有一種把敵人化為己用的特殊能力，就像科幻小說那種能藉著吞噬對手而變得更強大的外星生物。英語在歷史上也有過生死悠關的時刻，例如，阿佛烈國王打敗北歐維京人才救了英語，而古英語在諾曼人征服之後一度掙扎求存，這些事件都可能讓英語像蓋爾語一樣被邊緣化。然而，「英語最精妙也最無情的特質，就是其吸收其他語言的特殊能力」，它吸收了一萬個法語字彙存活了三個半世紀，直到英國王室又再度開始說英語。今天，英語正在對其十一世紀時的征服者①進行報復。到二〇〇五年，歐洲說英語的人口是說法語的三倍。現在已有七億五千萬人以英語為第二語言，等到中國人也開始擁抱英語，英語將成為第

① 譯注：指法國。

一個真正的世界語言。

英語的漫長歷史中出過許多英雄人物：例如卡克斯頓②和他最暢銷的作者喬叟。威克里夫（John Wycliffe）祕密出版的英文聖經激怒了以拉丁文為主的教士階層，他的屍體被挖出來鞭屍。英語的當代英雄是比爾．蓋茲（Bill Gates）。微軟公司對散播英語的貢獻，如同七世紀的林迪斯法恩島（Lindisfarne）修士和十七世紀廷代爾（William Tyndale）的詹姆斯王欽定版聖經（King James Bible）。

雖然英語是不斷演化的活有機體，但英語中最常用的一百個字幾乎都來自一千年前的古英語。「我們完全可以用古英語進行高智慧的討論，」英國智識分子布萊格（Melvyn Bragg）指出，「幾乎無需外求。」美國人使用英語當然是英語在二十世紀大爆發的主要原因，但盎格魯英格蘭人維持英語的火苗度過黑暗時期也功不可沒。

雖然英國人口只占全世界百分一點三，土地只占全世界百分之零點二，但英語在今天已成為成功人士或希望成功人士的通用語言。不光是有幾億人以英語為母語或第二語言，而且這些人的平均收入要比說其他主要語言的人要來得高。雖然說漢語的人口要多於英語，但他們的總資產只有四千四百八十億英鎊。相較之下，俄語人口的總資產是八千零一十億英鎊，德語人口的總資產是一兆零九百億英鎊，日語人口的總資產是一兆二千七百七十億英鎊，而英語人口的總資產則是四兆二千七百一十億英鎊，比其他幾種加起來還多。這些數據都證明英語將主宰世界。布萊格預測，「全世界都講英語」的時刻很快就會到來。[24]

布萊格在其著作《英語的冒險旅程》（*The Adventure of English*）中指出：

英語是聯合國、北約、世界銀行、國際貨幣基金的第一語言。是石油輸出國家組織的唯一官方語言，是歐洲自由貿易聯盟、波羅的海海洋生物聯盟、非洲曲棍球聯盟等等機構的唯一工作語言。只有在組成比較複雜的國際法學委員會和阿拉伯航空運輸組織中屈居第二語言。

布萊格解釋為什麼英語擁有無限可塑性，能夠用幾十萬個字彙（古英語只有二萬五千個字彙）達到人類最高文化成就。英語在七世紀時只有二十四個字母（當時沒有J、Q、V、X或Z），但這種設計「就像發現了知識的火種」。

這種成功有一種內在危險。「英語傳播愈廣，」布萊格說，「分歧就愈大，就愈支離破碎。」雖然世界通用語的美夢快要實現，但各種南腔北調的洋涇濱英語也可能打破美夢。在今天，英語是下列國家和地區的官方語言：澳洲、巴哈馬、貝里斯、波札那（其民族語言是札那語）、加拿大（連同法語皆為聯邦語言）、斐濟（連同巴烏斐濟語和印度斯坦語）、甘比亞、香港（連同漢語）、圭亞那、印度（連同印地語和其他十四種語言）、肯亞（連同史瓦希利語）、吉里巴斯、納米比亞、奈及利亞、巴基斯坦、巴布亞紐幾內亞（連同皮欽語和莫吐語）、愛爾蘭共和國（連同愛爾蘭語）、南非（連同阿非利卡語、恩德貝勒語、北索托語、索托語、史瓦濟蘭語、宋加語、札那語、文達語、柯薩語、祖魯語）、紐西蘭（英語是習慣上的官方語言，另以法律規定毛利語

---

②譯注：卡克斯頓（William Caxton）是十五世紀英格蘭外交官、作家及出版家。他把印刷機傳入英格蘭，並且是首個以出版家自居的英格蘭人。

也是）、新加坡（連同馬來語、淡米爾語和漢語）、菲律賓（民族語言是塔加洛語）、千里達和托巴哥、英國、美國和尚比亞。在這樣龐大的基礎上，英語確實可以稱霸全球。

西班牙在一九九〇年規定兒童從八歲就要學英語，有些地區規定是六歲。光是在馬德里，就有二十六間雙語學校和專科學院，除了西班牙文學和數學之外都以英語教學。[25]英語教學也在前蘇聯地區爆炸性發展。麥考萊勳爵在十九世紀提出要在印度推廣英語，現在開花結果。當真納（Muhammad Ali Jinnah）在拉合爾（Lahore）主張巴基斯坦要獨立建國時，他用的是英語。儘管在場聽眾要求他要講烏爾都語，但他回答說，既然全世界媒體都在報導這件事，他就必須使用世界性的語言。

在印度，英語的日報每天發行三百一十萬份，每份都有好幾人閱讀。在印度學術圈中，英語是第一語言。商業貿易、高級政府職位、科學技術等領域都要求英語流利。學生想留學海外更是如此。所有大城市和許多小城市都有私立的英語國中和高中。為高級公務人員子女開辦的專屬學校也用英語，因為英語是唯一可在全國通用的語言。隨著印度經濟發展，這個趨勢必將持續下去。只要中國和印度依然認為英語民族是世界第一，就必須使用英語為主要工具。根據英國財政大臣布朗的判斷，「再過兩個世紀，中國說英語的人口會超越全世界以英語為母語的人。」

當代愛爾蘭詩人哈爾特聶特（Michael Hartnett）曾在十九世紀預言愛爾蘭語的衰亡，他說英語「就連賣豬」都是比較好的語言。[26]威爾斯語、蘇格蘭語、蓋爾語、布列塔尼語、曼島語、康瓦爾語的衰亡也都是因為經濟因素。今天全世界還有六千種語言，其中百分之五十二只有不到一萬人使用，百分之二十八不到一千人。

但這並不表示英語民族就可以對自己的語言沾沾自喜。語言史學家奧斯特勒（Nicholas Ostler）在其討論世界各語言的《世界帝國》（*Empires of the Word*）中指出，阿卡德語、埃及語、梵語、波斯語、希臘語、拉丁語、法語，在其各自的時代都看似所向無敵。[27]英語也可能淪入奧茲曼迪亞斯的命運，③但誠如歷史學家布萊寧（Tim Blanning）所指出，英語是「在全球通訊時代率先稱霸的語言」。[28]這種地位就不像亞歷山大大帝摧毀阿拉姆語那麼容易。

聯合國教科文組織最近列出其作品在全世界翻譯版本最多的前十名作家，每一位的作品都有超過一千五百個版本，其中英語民族的作家占了一半，雖然英語民族的人口只占全世界百分之七點五。第一名是迪士尼公司（Walt Disney），該公司的作品自蘇聯解體後在東歐大賣，勝過緊追在後的阿嘉莎·克莉絲蒂（Agatha Christie）和聖經。第四名是列寧，但由於已不再有人翻譯他的作品，其排名將快速下降。接下來是凡爾納（Jules Verne）、卡德蘭（Barbara Cartland）、布萊頓（Enid Blyton）、莎士比亞、安徒生（Hans Christian Andersen）和格林兄弟（Brothers Grimm）。[29]

在一八九〇到一九四〇年間，美國人口中的律師比例保持相對穩定，每七百三十人有一名律師。到了一九九〇年，美國各法學院一年出產三萬五千名律師。在那一年，每十萬人就有二百八十一名律師，律師比例在半個世紀中成長超過百分之百。相較之下，德國每十萬人有一百一十一名律師，英國有八十二名，日本有十一名。在一九四〇年，美國聯邦法院有六萬八千件訴訟案，

③編按：奧茲曼迪亞斯（Ozymandias）出自英國詩人雪萊的十四行詩，詩中描述一位曾經偉大的國王奧茲曼迪亞斯的雕像殘骸散落在沙漠中，隱喻榮耀與權力終究會歸入塵土。

一九八〇年代中膨脹到三十萬件。到了二〇〇〇年，美國的律師人數首次突破一百萬。

這對政治生態造成非常大影響。在二次大戰期間，華府只有五百名有註冊的遊說人士，今天則超過二萬五千人。《社團百科全書》（*The Encyclopaedia of Associations*）所收錄的利益團體數目從一九六八年時的一萬零三百個倍增為一九八八年的二萬零六百個。[30]律師加遊說人士的混合（所謂華府律師）在一九七〇年只有一萬人，今日則超過四萬五千人，而政治行動委員會④則從一百個增加到四千個。

同樣地，在一九四七年，美國國會的工作人員只有不到二千五百人，到了二〇〇〇年則多達一萬八千人。美國國會在過去會休一段長假，現在是全年都在開會；國會現在有幾十個委員會和超過二百個次級委員會，但過去連一個都沒有；現在的美國國會也不那麼強調資深制；所有會議現在都是公開舉行，但在一九四七年是閉門舉行，而且現在兩院的所有會議都有電視轉播。美國政治生態自二戰以來在各個面向的變化被形容為「沒有革命分子的革命，沒有革命意識形態，沒有革命宣言，沒有武裝起義。但它實質上是世界歷史上最獨特的革命……它是一場出於意外、誤算、人口變遷而累積起來的革命。它是一場出於良好善意卻失控的革命。」[31]

一九九四年五月六日星期五，英法海底隧道正式通車，英國在數萬年後再度和歐陸相連。布魯內爾（Isambard Kingdom Brunel）在維多利亞時代就開始倡議要興建，但毫無所成。一九一六年四月，福勒（James Fowler）在牛排俱樂部和莫里斯（Reginald Morris）對賭一英鎊，「賭他們有一天會從隧道通到法國」。到了一九六三年九月，英法兩國合作的調查認為，建造這條隧道在二十世紀是可行的。第二年二月，雙方簽約要修建鐵路隧道，一九六六年簽定細部計畫，但該計畫因為成本遽增而在一九七五年叫停。

一九八〇年，英國政府根據柴契爾主義的原則宣布，這條隧道可以由私營合資企業來興建，公家不會出錢。一九八七年十一月開始動工，隧道的法國端和英國端在一九九〇年十二月相連。這是一項驚人的工程，兩條隧道有三十英里長，直徑二十五英尺，位於海床底下一百三十英尺處。由於總工程支出高達一百二十億英鎊，英法合資的歐洲隧道公司直到一九九九年三月才宣布有獲利。

一九九五年三月十六日，柯林頓總統在白宮會見新芬黨領袖亞當斯（Gerry Adams），允許他在美國募款。此後，愛爾蘭共和軍／新芬黨宣布不再對北爾蘭的英國政府做武裝抗爭。恐怖主義在一九九〇年代大行其道，而且愈暴力愈有效果。在一九九〇到一九九六年間，全球共發生九十八件衝突，共造成五百五十萬人死亡（超過四分之三是平民），其中只有七件是發生在國與國之間。這和一九四五到一九九〇年這段期間死傷慘重的中國內戰、韓戰、越戰相比要和平得多，全世界也在一九九〇年代因為冷戰軍費開支縮減而享受到「和平紅利」。

「當武力有必要時，就要大膽、斷然和全力使用，」托洛茨基（Leon Trotsky）在一九三二年寫道，「但武力必須揉合手段，要打也要談。」一九九七年十一月十七日，伊斯蘭基本教義派恐怖組織在埃及路克索（Luxor）炸毀兩輛巴士，造成六十八名遊客死亡。愛爾蘭共和軍／新芬黨

---

④ 譯注：政治行動委員會是美國的一種組織，它將成員們的競選捐款匯集到一起用於捐贈給支持或反對候選人、提案或立法的選舉活動。

走的是托洛茨基和毛澤東發揚光大的路線，但新興的伊斯蘭恐怖組織並不是。托洛茨基和毛澤東的戰略是，先用恐怖手段來喚醒人民的政治意識，接著逼迫社會選邊站，再來揭穿國家暴力的真面目，然後孤立和摧毀「通敵者」，最後「揉合武力和手段」，用打來爭取談判和妥協。柯林頓政府沒有了解到，新興的伊斯蘭基本教義派本質上是法西斯和虛無主義者，他們根本不想談判，只想殺掉愈多異教徒愈好（且最好是英語民族），沒有其他目標。

托洛茨基和毛澤東的路線讓馬卡里奧斯總主教（Archbishop Makarios）在希臘掌權、讓阿拉法特當上巴勒斯坦總統、讓甘耶達（Jomo Kenyatta）統治肯亞，就連曼德拉也追隨此路線在一九六〇年三月創立「民族之矛」（Umkonto we Sizwe），作為非洲民族會議的游擊隊組織，並在一九六三年十月被判陰謀破壞罪。如果革命分子沒有犧牲老百姓生命的決心，辛巴威到現在還叫作羅德西亞，南越到現在也還是獨立國家。所謂「自由鬥士」就是最後成為贏家的恐怖分子。

一九九五年四月十九日上午九點零二分，奧克拉荷馬市的穆拉聯邦大樓發生炸彈爆炸，死亡人數高達一百六十八人，是美國本土在九一一事件之前最嚴重的恐怖攻擊。九十分鐘後，二十七歲的麥克維（Timothy McVeigh）在奧克拉荷馬州比靈斯（Billings）的日常路邊攔檢中被捕。麥克維表示，他是被西維尼亞州新納粹分子皮爾斯（William Pierce）所寫的《透納日記》（*The Turner Diaries*）啟發，立志要殺害那些無辜的民眾（其中許多是嬰兒，因為大樓裡有日間托嬰中心）。在二〇〇一年六月被處死之前，麥克維用威廉·亨利（W.E. Henley）的《打不倒的勇者》（*Invictus*）一詩作為遺言。《泰晤士報文學副刊》大為諷刺地說，此舉「為這起相當文學的事件畫下最後一筆」。[32]麥克維相信美國聯邦政府各機構都是邪惡的，甚至連托嬰中心都一樣，這種信念直接源自於水門案以來遍及美國社會的偏執狂文化。

歷史上每一個屠夫，諸如史達林、毛澤東、波布，都有英語世界的知識分子在幫腔。作家維達爾對《奧克拉荷馬報》說，麥克維這個人「非常聰明。這孩子很有正義感。」他後來又在書展上把麥克維比作美國革命英雄里維爾（Paul Revere）。這種在道德上等量齊觀的做法簡直到了無恥的地步。但就算是維達爾，也不敢要求柯林頓總統邀請麥克維到白宮並允許他募款。

好萊塢反英情緒

好萊塢是不斷在破壞英語民族團結和諧的當代超級強權。好萊塢在水門案後不斷灌輸對美國政治和軍事菁英的幻滅感，完全扭曲美國在越戰中的角色，還生產出大量強烈反英的電影。好萊塢描寫英國的過去和現在的手法，可說是一種系統性的種族主義。

亞歷山大・科達（Alexander Korda）在二戰期間所拍的都是親英宣傳電影，而今天的電影《豪情本色》（*Michael Collins*）、《赤膽豪情》（*Rob Roy*）、《決戰時刻》（*Patriot*）、《英雄本色》（*Braveheart*）等都是反英的。好萊塢的政治正確把大英帝國當成靶子，極盡謾罵扭曲。這些電影除了非常不符合史實之外，也影響到美國民眾對英國人和英國的看法。例如，梅爾・吉勃遜的《決戰時刻》是在講美國獨立戰爭時期馬里昂將軍（Francis Marion）以游擊戰對抗邪惡英國侵略者的故事。不過，該電影聘請的歷史學家發現馬里昂曾強暴女奴、把獵殺印第安人當成運動，主角的名字就被改為班傑明・馬丁。但有一點不變：電影中的壞蛋是永遠陰險、懦弱、邪惡、殘暴的英國人。

一九九六年十月，《豪情本色》上映，這是一部嚴重扭曲的關於愛爾蘭共和派領導人的傳記電影。在電影中，英國裝甲車對體育場觀眾開砲（此事從未發生），還出現了幾十年後才發明的汽車炸彈。電影中說英國人在一九二二年拷打和殺害一位線民布羅伊，但事實上這個人是在半個世紀後才在睡夢中過世，還領了很多年的英國國民年金。愛爾蘭歷史學家指出這部片有許多不合史實之處，本身是歷史系碩士的導演尼爾．喬丹（Neil Jordan）則回應說：「哈，去他的。」

一週後，《赤子雄心》（*Some Mother's Son*）上演。此片講述一九八一年愛爾蘭共和軍在梅茲監獄絕食抗議的事件，由泰瑞．喬治（Terry George）編導，此人曾在北愛爾蘭因持有槍械意圖傷人坐牢三年，絕非客觀公正之輩。此片於一九九六年在知名的漢普頓電影節（Hamptons Film Festival）放映，不少美國人看完後說：「混蛋英國人。我好恨他們」、「天哪，我恨柴契爾」、「他們的所作所為，我恨英國人」。在有意無意之間，好萊塢的反英情緒已嚴重傷害到英語民族對彼此的看法。

隔年三月，電影《致命突擊隊》（*The Devil's Own*）在美國上映，布萊德．彼特（Brad Pitt）在片中飾演的愛爾蘭共和軍恐怖分子是英雄，而冷血謀殺愛爾蘭人的英國情報官員史隆則是壞蛋，《泰晤士報》影評形容他是「被好萊塢裝扮成納粹的虐待狂」。[33]曼哈頓影評人梅德韋德（Michael Medved）寫道：「這部電影邪惡地合理化和歌頌最極端的政治暴力。」就連布萊德．彼特也譴責這部電影是「可以說是我所見過最不負責任的電影製作」，讓哥倫比亞電影公司大為尷尬。[34]《紐約郵報》形容這部電影「極力為冷血恐怖主義辯護」。愛爾蘭前外長奧布賴恩（Conor

Cruise O'Brien）這樣解釋為什麼這麼扭曲的電影會上映：「在美國電影產業中有許多親愛爾蘭共和軍的勢力。任何對愛爾蘭共和軍不友善的電影都會在票房上碰壁。」

英國影評人阿普爾亞德（Bryan Appleyard）認為，像《犁人午餐》（*The Ploughman's Lunch*）、《致命檔案》（*Hidden Agenda*）、《醜聞風暴》（*Defence of the Realm*）這些英國電影：

> 讓觀眾以為英國菁英階層是一種特殊且打從本質上腐敗的生物。後來的《以父之名》（*In the Name of the Father*）又刻意用扭曲到可笑的「伯明翰六人案」讓美國人認為……我們的法律體系從根本上就是帝國主義的邪惡奴僕。但事實是什麼並不重要，因為愛爾蘭裔美國人的市場遠比英國國內市場重要。[35]

在九一一事件之後，好萊塢已不再美化恐怖主義，但英國人仍舊是壞蛋。

把英國人描寫成壞蛋的電影不勝枚舉，洛杉磯郊區那些具有全球巨大影響力的一小撮人幾乎是在對英國宣戰。諸如《豪情本色》中的查爾斯・丹斯（Charles Dance）、《赤膽豪情》中的提姆・羅斯（Tim Roth）、《終極警探》（*Die Hard*）中的傑瑞米・艾朗（Jeremy Irons）和艾倫・瑞克曼（Alan Rickman）、《雷鳥神機隊》（*Thunderbirds*）中飾演邪惡「胡德」的班・金斯利（Ben Kingsley）、《沉默的羔羊》（*The Silence of the Lambs*）系列電影中飾演食人魔漢尼拔的安東尼・霍普金斯（Anthony Hopkins）等等，這些人不是講英國腔的英國人，就是為了扮演英國人故意講英國腔的美國人。背後的潛台詞很清楚：英國腔就等於壞蛋。克里斯多福・普拉瑪

（Christopher Plummer）、理查・格蘭特（Richard E. Grant）、布萊恩・考克斯（Brian Cox）、提姆・柯瑞（Tim Curry）、喬納森・普賴斯（Jonathan Pryce）、克里斯多福・李（Christopher Lee）和其他很多人的演藝事業都是因為他們能講英國腔。誠如一位影評人所指出，現在的演員「可以靠英國人專屬的傲慢、凶殘和變態在好萊塢混得風生水起。」[36]

在電影《甘地》（*Gandhi*）、《大地英豪》（*The Last of the Mohicans*）、《風中奇緣》（*Pocohontas*）中，那些自命不凡的英國人都是被嘲弄的對象，正如瑞克曼在《俠盜王子羅賓漢》（*Prince of Thieves*）中飾演的諾丁漢郡治安官。《鐵達尼號》（*Titanic*）中的英國官員故意把大眾艙的艙門封閉，讓艙內的愛爾蘭工人非死不可，但這根本是沒有的事。在蜜拉・喬娃維琪（Milla Jovovich）和達斯汀・霍夫曼（Dustin Hoffman）一九九九年主演的《聖女貞德》（*The Messenger: The Story of Joan of Arc*）中，因為歷史背景的關係，壞蛋也許非是英國人不可，但真的有必要安排一個英國人去強姦聖女貞德姐姐的屍體嗎？在政治正確的好萊塢，除了英國人之外沒有哪個族群被這樣詆毀有戀屍癖。

澳洲出身的男星梅爾・吉勃遜，因為在多部電影中詆毀英國人而在好萊塢功成名就。在一九八一年電影《加里波利》（*Gallipoli*）中，愚蠢又惡毒的英國軍官白白犧牲澳紐軍團的勇敢青年；《決戰時刻》虛構了一場英軍在教堂殘殺無辜的戲碼；《英雄本色》中的英國人跟納粹一樣壞；《終極警探》中的壞蛋經常是英國人；只有在聖經電影《受難記：最後的激情》（*The Passion of the Christ*）中，壞蛋彼拉多總督是講拉丁語，法利賽人是講阿拉姆語，而不是上流階級的英國腔。

英國作家安德魯・威爾遜（Andrew Norman Wilson）曾在小說《聽聲》（*Hearing Voices*）中

這樣描寫過一個人物：「他通常扮演不擇手段的騙徒或犯罪組織中的冷血『軍師』。因為他的英國腔，他的邪惡在觀眾眼中是顯而易見的。」即使是在迪士尼卡通如《獅子王》（*The Lion King*）中，奸詐殘忍的獅子「刀疤」也是由傑瑞米・艾朗配上上流階級的英國腔，《與森林共舞》（*The Jungle Book*）中的壞老虎「謝利」也是找喬治・桑德斯（George Sanders）配音。《風中奇緣》也是非常反英的電影。雖然《一〇一真狗》（*101 Dalmatians*）的「庫伊拉」和《彼得潘》（*Peter Pan*）的「虎克船長」在原著中都是英國人，但獅子和老虎顯然不是，而其他迪士尼電影中的動物壞蛋也都刻意設定為英國人。

歷史電影本來就會修飾或乾脆忽略史實、混淆事件、改變時序、更改角色、略去令人不悅的事實，甚至根本憑空捏造。正如一首克萊里休詩所說：

塞西爾・布朗特・地密爾⑤
不甘不願地被說服
不能把摩西
放進玫瑰戰爭

⑤ 地密爾（Cecil Blount DeMille）是一九五六年電影《十誡》（*The Ten Commandments*）的導演。

這樣的扭曲已經超過幾十年了。艾羅爾．弗林（Errol Flynn）一九四五年主演的《反攻緬甸》（*Objective Burma*），因為完全不提英國對緬甸戰役的貢獻，直到一九五二年才得以在英國上映；《搶救雷恩大兵》（*Saving Private Ryan*）略去英國人和加拿大人在諾曼第登陸時的角色；二〇〇〇年電影《獵殺U-571》（*U-571*）說是美國人奪取了德軍的密碼機，但事實上是皇家海軍奪取的。影評人菲利普．法蘭奇（Philip French）曾寫道：「沒有比大屠殺更能賺人熱淚。」一九八二年的電影《甘地》就有一場在阿姆利則屠殺印度人的戲碼。[37]這部由理查．艾登堡（Richard Attenborough）主演的電影，把英國統治者如印度總督艾文勳爵（Lord Irwin，由約翰．吉爾古德飾演）描寫成勢利眼的廢物和蠢蛋，但事實上，這些人在人數只占當地人口百分之一的情況下，在這片廣袤次大陸上成功殖民了二百年。艾文勳爵本人是萬靈學院教授，並兩度甘冒風險和甘地進行談判。

「以前的壞蛋都是德國人、日本人和俄國人，」《征服情海》（*Jerry Maguire*）製片賴瑞．馬克說（Larry Mark），「但他們會抗議。英國人卻對名聲不好無所謂。」說來奇怪的是，英國人幾乎把好萊塢把他們當成壞蛋看成是恭維，因為這表示英國人在世界上還是有分量，畢竟沒有人會刻意去醜化芬蘭人、挪威人或泰國人。但這種無休無止的醜化必然會影響到美國民眾對其最親近、也最靠得住的盟邦的看法。誠如影評人阿普爾亞德所說：「當然，這種醜化總會過去，以後會出現別種壞蛋，但問題並非如此簡單。壞蛋英國人的刻板印象等於是在破壞英美關係，雖然這個關係會比任何一部電影的生命都要長久。」

波士尼亞問題

一九九五年七月中，波士尼亞的塞爾維亞族無視荷蘭維和部隊，強行進入波士尼亞—赫塞哥維納（以下簡稱波赫）東部，被聯合國指定為「安全區」的穆斯林飛地斯雷布雷尼察（Srebrenica）。「聯合國官僚體系只能在事後授權進行針對性轟炸，」一位歷史學家說，「這根本毫無作用。」[38]幾萬名波士尼亞穆斯林婦女和兒童被趕到西北方的土茲拉（Tuzla），而留在斯雷布雷尼察的七千名波士尼亞穆斯林男子則被屠殺，屍體被丟進萬人塚。這是歐洲自二戰以來最嚴重的戰爭罪行，與一九四〇年的卡廷森林大屠殺相當，差別只在這次有被媒體廣泛報導。但梅傑政府不為所動，堅持認為這只是南斯拉夫內戰，不但繼續對波士尼亞禁運武器，還反對美軍介入。

丟臉的不只是荷蘭部隊，當地的英國空勤特遣隊也眼睜睜看著屠殺發生，被下令不准行動。[39]英國外交部多年來都認為北約若攻擊波士尼亞塞爾維亞族，只會讓斯雷布雷尼察失陷，所以軍事上不能有任何動作。但斯雷布雷尼察還是失陷了，死亡無數。事過十年後，二〇〇五年又發現新的萬人塚。波士尼亞現在有聯合國史上最大的駐軍，多達三萬九千九百二十二人的聯合國保護部隊（UNPROFOR）從一九九四年九月起駐守到現在。

斯雷布雷尼察陷落後三天，波士尼亞的塞爾維亞族在七月二十五日奪取另一個聯合國指定的「安全區」澤帕（Zepa），然後又攻打波赫西北方的比哈奇（Bihać），死傷慘重。這場危機終於讓美國參議院在七月二十六日通過法案，允許美國單方面解除對波士尼亞的武器禁運。八月一日，此法案在眾議院通過，終於讓波士尼亞有辦法對抗殘酷的塞爾維亞族。然而柯林頓總統在八月十一日否決此法案。八月二十八日，塞族部隊砲擊塞拉耶佛一個市場，造成三十七人死亡。然後北約飛機才開始攻擊波士尼亞的塞族據點，光九月十三日就出動八百架次。幾天後，波士尼亞塞爾維亞族開始撤退。

英語民族的領導人，尤其是柯林頓總統、梅傑首相和他們的對外政策顧問，要為歐陸發生如此大規模種族屠殺時沒有早點行動，負起很大的責任。更糟的是，他們一直不讓波士尼亞政府購買武器自衛。「道格拉斯，道格拉斯，」據聞柴契爾夫人曾對制定梅傑政府波士尼亞政策的外長赫德說，「張伯倫和你相比都成了好戰分子。」[40]

提到張伯倫確實一針見血。後來進入美國國安會的達爾德（Ivo Daalder）認為，「姑息塞爾維亞族嚴重傷害了英國形象。」一位評論家總結說，英國的立場是因為「政府中關鍵決策人士有深重的親塞爾維亞情懷。外交部被情緒以及關於狄托（Josip Tito）和二戰的虛假歷史所困……高漲的反美主義，還有把巴爾幹東方化的意識形態。」[41]這些東西混在一起成了毒藥。

柴契爾夫人一開始就主張用強硬軍事行動對付波士尼亞塞爾維亞族及其盟友。「我們本來可以阻止此事。」她在一九九二年十二月說：

> 我們現在還是可以……但我們西方陣營多數人都在姑息侵略者……我們曾多次公開表明我們不會軍事介入，這就讓貝爾格勒的將領們感到很放心。我們無視塞爾維亞族多次違反安理會的決議，讓他們自由地往兒童身上丟集束炸彈。

第二年四月，她形容波士尼亞已變成「我以為永遠不會在歐洲再出現的屠宰場」，這種局面「歐洲不能忍受，西方不能忍受，美國也不能忍受……這件事發生在歐洲的中心，但我們卻不出手阻止。這件事既在歐洲的勢力範圍，也在歐洲的良心範圍……我們等於是大屠殺的幫凶。」[42]

有一本討論一九九一到一九九八年歐洲在巴爾幹問題上所犯道德、政治、外交和軍事錯誤的最佳著作，書名就直指這是英國自戰後以來「最不光彩的時刻」。[43]《泰晤士報》中歐通訊員勒伯爾（Adam LeBor）指出：「假如空襲在一九九一年或一九九二年就開始，而不是一九九五年，那麼許多波士尼亞人，不管哪個族裔，可能到現在還活著。」[44]

雖然被倫敦拖延許久，但在美國堅持下，「風暴行動」和「慎重武力行動」終於對波士尼亞塞爾維亞族據點展開空襲。八月三十日，北約在頭十二個小時內出動飛機三百架次，到九月十三日已完成八百項任務。在空中火力掩護下，波士尼亞部隊得以在波赫西部和中部發動攻勢，把塞爾維亞族所占領的領土面積由四分之三減少到一半。這些聯合攻勢非常成功，很快就證明塞爾維亞族已非二戰時期作家麥克林和韋斯特（Rebecca West）所描寫的英勇戰士，而是面對空優火力就望風而逃的種族屠殺犯。十一月一日，各主要勢力在俄亥俄州代頓附近的萊特—派特森空軍基地進行和平談判，最後於十二月十四日在法國愛麗舍宮正式簽定協議。英國人拖延多年，但空襲只用了兩個月時間就逼塞爾維亞族上談判桌，三個月就簽下和平協議。空中火力再次證明其效力。

梅傑政府一直反對空襲，勸阻美軍不要直接介入，讓英美關係陷入蘇伊士危機以來的新低點。英國駐華府大使倫維克爵士（Sir Robert Renwick）就在其回憶錄《並肩作戰》（*Fighting with Allies*）中又提到蘇伊士，英國常駐聯合國安理會代表漢尼（David Hannay）也認為這是四十年來

「拖得最久、危害最大的分歧」（亦即自蘇伊士危機以來）。回顧起來，一位評論家說，英國居然會「如此盲目地為了姑息塞爾維亞而傷害與美國的特殊關係」，著實令人不可思議。[45]「此事傷害到西方的威信和盟國的團結，」梅傑的對外政策顧問柯利達爵士（Sir Percy Cradock）也說，「南斯拉夫是英國和歐洲在重大國際危機時攜手反對美國的首例……」倫敦和華府爭執南斯拉夫的代價非常高，造成英美特殊關係在梅傑政府後期大幅衰退。[46]

梅傑這邊的看法是如此，美國人看得更嚴重。在一九九五年促成代頓和平協議的美國助理國務卿郝爾布魯克（Richard Holbrooke）就認為，此事比蘇伊士危機還要嚴重，「因為蘇伊士危機發生在冷戰高峰期，當時的爭執還可以控制得住。而波士尼亞影響了歐洲和美國在後冷戰時期初期的關係，並嚴重傷害了英美關係。」親英的美國駐倫敦大使塞茨（Raymond Seitz）說，他「不時會聞到蘇伊士的味道」，自一九九三年擔任美國國家安全顧問的雷克（Anthony Lake）則說：「潛在的危機可能比蘇伊士更嚴重。」

西姆斯（Brendan Simms）在其著作《最不光彩的時刻》（*Unfinest Hour*）中猛烈批評說：

> 英國一直拒絕給予一個處境艱難的聯合國成員國軍事援助，還拚命妨礙想幫忙的其他國家，尤其是美國。英國堅持國際武器禁運，這等於是不讓塞拉耶佛政府自衛……更重要的是，英國的波士尼亞政策讓英國在聯合國安理會和北約內部與其最重要的盟邦美國不斷爭執……我們不知道這個錯誤政策要為幾萬人被屠殺、幾百萬人淪為難民負多大責任，但責任肯定很大。[47]

梅傑政府一直堅稱，為了保護英國人的生命安全，最好不要把西方的意志強加給波士尼亞塞爾維亞族，但這長達三年的避免衝突及人道主義策略，還是造成十八名英國軍人陣亡，而對波士尼亞塞爾維亞族開戰之後，反而沒有任何英國人犧牲。同樣地，美國也只有一名軍人在波士尼亞陣亡，而且不是在科索沃。[48]此外，一九九六年有五萬四千名國際部隊駐守在波士尼亞，二〇〇三年已降至一萬九千人，美國部隊則是從一九九六年的一萬六千五百人降至二〇〇三年的四千二百五十人。壓倒性的空中火力和直接介入的意志不但取得戰略成功，傷亡也非常低。

一九九五年十一月十三日星期天，沙烏地利雅德的美軍基地發生炸彈爆炸。這場伊斯蘭基本教義派的恐怖行動造成七人死亡，但英語民族還沒有意識到戰爭已來到眼前。

布萊爾上台

一九九七年五月一日星期二，布萊爾的工黨以四百一十八席對一百六十五席大勝梅傑的保守黨，自由黨則為四十六席。保守黨主導英國政壇十八年的局面（這是自拿破崙戰爭以來單一政黨連續執政最長的時間），以九十年來最大的選舉挫敗告終。貝爾福在一九〇六年還拿下百分之四十三點六的選票，而梅傑在一九九七年只拿到百分之三十點七。

儘管經濟蓬勃，人民不再需要社會福利立法和強大工會，過去兩年的失業率每個月都往下降，遠勝歐洲其他國家，但保守黨還是遭受選票懲罰。自從柴契爾夫人在一九九〇年十一月被黨內政變推翻後，梅傑的保守黨對歐盟問題的黨內分歧愈來愈大，而他有時軟弱、有時強硬的領導風格更是雪上加霜。在親歐派內閣重要成員壓力下，包括財政大臣克拉克（Kenneth Clarke）、副首相夏舜霆、外交大臣赫德，梅傑被迫贊成歐洲統合，讓保守黨內的少數派完全無法接受。

梅傑一方面對歐洲人說，英國可能在特定條件下加入單一貨幣，一方面又向國內支持者說，他實際上永遠不會這麼做。他被迫採取相互矛盾的立場和拐彎抹角的語言，怯懦又游移不定。例如在一九九七年一月二十三日達成協議時，梅傑這麼說：「根據我們現有的消息，我們認為那些不符合標準的國家，極不可能在一九九九年一月一日達到透明性和穩定性的要求以進入下一階段，但也不能說完全沒辦法。」這種說法實在很難在即將來臨的大選中激發群眾熱情。

結果是，梅傑在國家最重大議題上顯得軟弱和猶豫不決。這從他把其政策命名為「靜觀其變」（Wait and see）就可看出。不管他對教育或健保議題有多強硬，梅傑在這個許多英國人非常關心的議題上被質疑和不信任。他應該對付內閣中少數親歐派閣員，而不是和黨內許多人對抗。他的個性不夠強悍，而這正是英國人民在一九九七年大選中所需要的。

選民通常是健忘的，然而，英國在一九九二年九月十六日「黑色星期三」被踢出「歐洲匯率機制」事件，至今讓人記憶猶新。[6]因為不相信英國政府有辦法留在「歐洲匯率機制」，國際金融家索羅斯（George Soros）在一天之內就大賺十億英鎊。更嚴重的是，政府經濟戰略的核心支柱崩塌，利率一度拉高到百分之十五，但沒有任何大臣辭職或道歉。這對英國經濟來說並不算太嚴重，因為「歐洲匯率機制」已造成一百萬人失業和十萬家企業倒閉，但嚴重削弱了議會民主制度。親歐派的新任財長克拉克一派輕鬆地說有一天會再加入「歐洲匯率機制」，讓成千上萬因為這個機制失去住房的民眾大為憤怒。

在「黑色星期三」之後，政府的支持率從十八個月前波灣戰爭的百分之五十下跌到百分之三十，然後再也爬不起來，甚至一度掉到百分之二十三。民調當然未必準確，但連續四年的民調都波瀾不驚毫無起色，顯示英國人民已堅定不信任梅傑。

從柴契爾夫人在一九九〇年十一月下台後，英國政壇已進入一個後英雄主義的時代，但梅傑不適合當首相的程度可說前所未見。他的英語程度之差對一個沒受過多少正式教育的人來說不算什麼，但出自一位英國首相之口就令人感到悲哀。任何人能當七年首相必然有其魅力，但梅傑偏偏沒有。鮑德溫在一九二三年當上首相，寇松勳爵說他是「無足輕重的傢伙」。這話說得不對，因為鮑德溫看不見的實力相當強大，但用來形容梅傑卻是對的。

梅傑在柴契爾夫人下台後之所以能當上首相，是因為他既不是外交大臣赫德這種極端自由派，也不像夏舜霆對柴契爾發動政治暗殺。柴契爾夫人一路拉拔梅傑當上財政大臣，誤以為他能繼承其意識形態路線，但成功擁立梅傑後，柴契爾一派才發現犯了大錯。梅傑先是大談要讓英國成為「歐洲的核心」，沒有解釋這話是什麼意思。然後他被人錄音，在電話中大罵內閣中三位疑歐派閣員是「混蛋」，「我要他媽的吊死這些右派」，大損其好好先生形象。他可以在一句話中既詛咒又辱罵還做出辦不到的承諾。

⑥譯注：一九九二年九月十六日星期三，英國因為無法讓英鎊匯率維持在「歐洲匯率機制」所要求的標準之上，而被自動踢出「歐洲匯率機制」。著名投資經理人索羅斯透過大量做空英鎊而獲暴利。據英國財政部於一九九七年的估計，英國為此付出了三十四億美元的代價。

梅傑在入閣前是下議院的黨鞭，他的眼界只有「黨棍」層次，當其閣員瑞德伍德（John Redwood）在一九九五年夏天向他挑戰黨主席職位時，他連三分之二黨內議員的支持都拿不到。瑞德伍德提出的口號是「不改變就沒機會」，這對一九九七年大選確有先見之明。在有關公民憲章、設立熱線電話讓人投訴馬路不平、對「特定多數表決制」（qualified majority voting）讓步、歐盟工時法規，尤其是波士尼亞議題上，梅傑都是個悲情可笑的人物。

梅傑政府被醜聞重創，但梅傑個人被認為完全無辜。沒人能預料到，在二十二個月內，梅傑政府竟有多達十七名閣員因為性和金錢不當行為而辭職。梅傑對其好友梅勒（David Mellor）這個出軌政客袒護得太久，但梅傑自己算是走運。梅傑趁他夫人待在杭亭頓郡（Huntingdonshire）時和一名閣員埃德溫娜．柯里（Edwina Currie）有染，如果此事早點曝光，他一定會被嘲笑到下台。

一九九四年十一月，梅傑對八名反對歐盟的保守黨員施以黨紀處分，此舉大傷他的聲望，就連三〇年代的張伯倫都沒有對那些反對綏靖政策的人這麼做，一九五六年蘇伊士危機時也沒有。如此容不下那些一心只想保護英國主權的愛國者，證明他打心底就只是個保守黨政客，而不是一名托利政治家，根本不適合擔當大任，遑論是英國首相。

大英帝國終章

一四九六年三月五日，英王亨利七世頒布了一項憲章，授權一位名叫卡博特（John Cabot）的熱那亞裔威尼斯公民有權「在基督教徒迄今未知的海岸上懸掛英國國旗」。卡博特在全家移民布里斯托之前是遊歷四海的航海家。一四九七年六月二十四日聖約翰節，他駕著「馬修號」（Matthew）率領布里斯托人登陸紐芬蘭，無意間成為大英帝國的開路先鋒。五百年後，一九九七年六月三十日，查爾斯王子和最後的英國香港總督彭定康（Chris Patten）搭乘皇家遊艇「不列塔尼亞號」（Britannia）離開香港，為大英帝國寫下最終章。

北約擴張

一九九七年七月八日，北約馬德里高峰會正式邀請匈牙利、波蘭和捷克共和國在一九九九年加入北約。這從根本上改變了邱吉爾和史達林在一九四四年達成並經雅爾達會議確認的《比例協議》，把北約範圍往東推進數百英里，已經遠離北約這個組織在一九四九年命名的「北大西洋」。

歐洲在二〇〇一年後的反美風潮主要是被小布希總統的行為所刺激，而不是對這個世界最強大國家本來就存在的嫉妒之情。但早在一九九七年，美國就普遍被指責過於自大，北約東擴將挑起俄羅斯的復仇之心。法國外交部長韋德里納（Hubert Vedrine）批評美國「獨大」；美國維持死刑證明美國「文化低劣」；柯林頓政府拒簽禁止地雷條約也證明美國愛搞單邊主義。[49]和小布希與倫斯斐（Donald Rumsfeld）無關，早在一九九〇年代的柯林頓政府時期，德國《明鏡週刊》（*Der Spiegel*）就指出「美國人的作為完全不受任何限制，好似他們在自己的大麥克世界裡擁有空白授權。」（請注意，這是把平常對速食的嘲諷巧妙地用來批評美國的單邊主義。）這些反美人士總愛說他們不是「反美」，而是「反布希」，但仔細檢驗起來，他們早在第四十三任美國總統上台前就開始反美了。

黛安娜王妃去世

一九九七年八月三十一日星期天凌晨，威爾斯王妃黛安娜（Diana）在巴黎阿爾瑪橋地下道車禍喪生，此事引發鋪天蓋地的陰謀論，尤其是在網路上。黛安娜的司機保羅（Henri Paul）當天有喝酒又有嗑藥，黛安娜本人沒有繫安全帶，而車子超速是為了躲避追著要拍她和她男朋友法耶茲（Dodi Fayed）的八卦狗仔，但全世界無數在水門案後看好萊塢陰謀論電影長大的人，都不接受這就是車禍的原因。

對於向來拘謹、不過分表露情緒的英國人來說，一九九七年九月是值得研究的社會學現象，尤其是絕大多數人根本沒見過黛安娜本人。英國人總共花了二千五百萬英鎊買了一百三十萬束花，倫敦各地的王宮不到幾天就被大量花海包圍。一九九七年九月，世界各地的老百姓都如同提姆・賴斯（Tim Rice）的《艾薇塔》（*Evita*）歌詞所說的：「投入全部熱情到這場沉痛的哀悼中。」不過事實上，英國人這樣大表哀痛的前例有很多，例如納爾遜將軍的葬禮和威靈頓公爵及邱吉爾的告別式。

黛安娜王妃的傳記作家皮姆洛特（Ben Pimlott）睿智地指出，民眾對黛安娜之死的反應，「有力展現出王室這個概念依舊牢牢抓住人心。」如果過世的人是由選舉產生的英國領導人的前媳婦，很難想像全世界會有二十億人觀看她的喪禮，不管她生前有多迷人、多優雅和多有愛心。

王室能在黛安娜死後依然廣受愛戴，也絕不只是因為她的大兒子長得多俊美。因為在二〇〇二年四月九日星期二早上，有二十萬來自各階層的男女老幼，前往西敏寺大教堂瞻仰伊莉莎白女王的母后的遺容。

賓拉登再度逃脫

一九九八年五月，美國廣播公司電視台記者米勒（John C. Miller）在賓拉登位於阿富汗南部山區的營地對他專訪。米勒的提問彬彬有禮，像是「你有什麼話要對美國民眾傳達？」「你很像中東版的老羅斯福」，但從賓拉登的回答可看出他對國際關係的看法，尤其是他對美國缺乏意志力的看法。十年前，蘇聯經過八年半的占領從阿富汗撤軍。賓拉登相信伊斯蘭已經羞辱了一個超級大國，也將要摧毀另一個超級大國的意志。

「我們不在乎美國人怎麼想，」被列為全球頭號通緝要犯的賓拉登對米勒說，「我們只服侍阿拉。」他舉廣島和長崎為例說：「美國沒有宗教，沒辦法阻止美國滅亡全人類……我們不需要去區分軍人和平民。」他談到世貿中心炸彈客尤瑟夫說，「他此舉是基於狂熱」。他接著又說：「蘇聯在一九七九年十二月末進入阿富汗。十年後的十二月二十五日，蘇聯的旗幟被扯下丟進垃圾筒。蘇聯已經完蛋了。我們很確定，我們會在阿拉的保佑下戰勝美國人和猶太人。」

賓拉登預言美國將分裂成好幾個國家，沙烏地王室將被「剷除」。談到俄國在阿富汗失敗後：

超級大國不可戰勝的神話破滅了。我們的年輕人不再把美國看成超級大國……我們的年輕人對美國士兵（在索馬利亞）士氣低落的程度非常驚訝，他們發現美國士兵只是紙老虎。美國士兵沒辦法承受攻擊就逃跑了，所以美國應該停止自吹自擂……美國不敢再說自己是世界領袖和新世界秩序的主人，美國政客也知道他們配不上這種稱號。我當時人在蘇丹。我很高興美國遭受大敗。

事實上，美國在索馬利亞只戰死十八人，受傷七十一人，但柯林頓總統撤回美軍顯然讓蓋達組織士氣高漲。

威信在中東地區非常重要，大英帝國在一八八五年非為戈登將軍（Charles Gordon）報仇不可就是為此。雖然英國花了三年時間才在喀土穆戰爭完成復仇，但沒有人敢懷疑英國人絕對會以牙還牙。與此相較，柯林頓政府失去了在賓拉登離開蘇丹前就把他抓住的機會，浪費了十年的時間。

賓拉登在專訪中還說，除非美國人民能選出「關心人民利益而非猶太人利益的愛國政府」，蓋達組織「一定會把戰鬥帶進美國本土，如同尤瑟夫等人所為。」這個訊息再清楚不過，世貿中心一定會再度遭到攻擊。

一九九八年八月七日星期五，兩台貨車炸彈分別在肯亞奈洛比和坦尚尼亞三蘭港的美國大使館爆炸。這次伊斯蘭基本教義派恐怖活動造成三百三十一人死亡，但英語民族還是未被敲醒。以作家泰穆里安（Hazhir Teimourian）的話來說：「柯林頓繼續對危險視而不見，用巡弋飛彈攻擊兩個訓練營就敷衍了事。結果就是九一一事件。」

國際戰略研究中心高級研究員盧特瓦克（Edward Luttwak）則認為，美國將領和柯林頓政府的政治人物都要為沒有強硬回應負起部分責任。他寫道：

> 在一九九八年時，賓拉登和蓋達組織的訓練營被視為嚴重威脅，當時就有計畫要攻擊這些營地和賓拉登本人。阿富汗當時還沒有防空系統，任何飛機都可以隨意進出，阿富汗邊境也沒有地面巡邏部隊。美國有龐大的特種部隊，約有二萬九千人……但每次提出要行動時，參謀首長都要求非常詳盡的「可以行動」的情報，還有無窮無盡的可行性研究。他們的條件非常嚴苛，包括美軍不能有人喪命或受傷，因為他們非常擔心附帶傷害。[50]

再一次，英語民族根深柢固的寬容性格危害了他們的安全。

一九九九年二月，阿拉伯聯合大公國王室成員飛往卡漢達隆（Kahandaron）打獵度假，賓拉登的營區就在附近，他還去拜訪了王室。這本是殺掉或捉拿賓拉登的一個大好機會，但再度被錯失。攻擊營區的計畫被白宮反恐顧問克拉克（Richard Clarke）反對，因為他才剛造訪阿拉伯聯合大公國，對方承諾會充分合作。[51]（但克拉克竟然在五年後出了一本書，強烈批評小布希當年沒有對蓋達組織採取行動。）

一九九九年十二月二十日，中情局首長和美國情報機關首腦齊聚華府，討論另一項暗殺賓拉登的計畫。中情局負責官員「麥克」報告指出，賓拉登的住所靠近一座清真寺。根據伊朗作家暨情報專家塔赫里（Amir Taheri）的說法：「這個消息引起騷動，行動因此取消。」[52]「麥克」在九一一事件調查委員會作證時表示說，小組擔心「爆炸碎片會擊中清真寺，冒犯到穆斯林」，「這是我們在九一一之前最後一次有機會暗殺賓拉登。」[53]另外還有兩次暗殺賓拉登的計畫，一次是因為柯林頓總統擔心附帶傷害而取消，一次是因為一名阿拉伯聯合大公國的酋長正好去拜訪賓拉登。柯林頓政府一度拜託阿富汗聖戰士領袖馬蘇德（Ahmad Shah Massoud）活捉賓拉登，但要求在抓捕過程中不能傷害到賓拉登。[54]「你們這些傢伙簡直瘋了，」馬蘇德說，「你們永遠這副德性。」[55]

新芬黨和愛爾蘭共和軍投降

一九九八年耶穌受難節，新芬黨簽下協議，承諾將在二〇〇五年七月二十八日結束「武裝鬥爭」。新芬黨自一九六九年開始進行恐怖活動，試圖強迫北愛爾蘭的六個郡加入南愛爾蘭的二十六個郡，把整個愛爾蘭島統一為一個國家。新芬黨在加拿大將軍查斯特蘭（John de Chastelain）的監督下，在二〇〇五年秋天「放棄使用」其手中大量武器。（雖然新芬黨當初並不支持一九九八年的《耶穌受難節協議》，但後來卻宣稱自己才是該協議的倡議者，而不是阿爾斯特聯盟黨、社會民主黨和工黨。這是很高明的政治機會主義，並得到英國政府和愛爾蘭政府的加持。）

愛爾蘭共和軍在二〇〇五年七月下令部隊「放下武器」，改用「純粹政治和民主政見及完全和平的手段」來「統一」愛爾蘭。截至當時為止，北愛爾蘭問題已造成三千六百三十七人死亡、四萬五千人受傷。愛爾蘭共和軍及其附屬的議會政治組織，連同與其對抗的新教親英派政治組織，總共使用了一萬五千三百顆炸彈和三萬六千發子彈，發動了三萬件恐怖活動。在這三十年來，英軍部隊駐紮北愛爾蘭多達三十萬人，北愛爾蘭經濟損失超過一千億英鎊。[56]

愛爾蘭共和軍未達目的就終止武裝活動，這等於是承認失敗，但他們和英國政府都不明說。儘管愛爾蘭共和軍三十四年來殺害這麼多無辜民眾，英國人民（尤其是北愛爾蘭的親英派）還是堅持要由北愛爾蘭人民自己決定要屬於哪一個國家，而一次又一次選舉證明，多數人都希望留在英國。英國人民終於在堅守原則下走出一場漫長而血腥的反抗運動，但和平的代價是他們得按照協議，讓一些已經被定罪的謀殺犯（其中有好幾個是病態殺人狂），被從監獄釋放出來。

目前我們還很難說和平能否長久維繫，但如果可以，那就代表北愛爾蘭的統一派明確壓倒共和派。雖然共和派三十多年來用盡釘子炸彈、槍擊暗殺、酷刑、失蹤、斷腿折膝、「懲處式」毆打等手段，但伊莉莎白二世依然是北愛爾蘭島的女王，島上多數人以民主表達的意志堅定不移。

北愛爾蘭的長期恐怖動亂產生意想不到的效果，讓英國民眾能從容面對蓋達組織在二〇〇五年七月七日的恐攻。⑦假如他們沒有經歷過愛爾蘭共和軍那麼多年的攻擊，面對如此突然和暴力的攻擊必然會驚慌失措。他們在面對這種令人憤怒的事情時，淡然接受已習慣成自然。

⑦譯注：二〇〇五年七月七日早上交通尖峰時間，英國倫敦連環發生至少七起爆炸案，數個車站及數輛公車爆炸，共造成五十六人死亡，傷者逾百。

科索沃

梅傑政府在一九九七年選舉大敗，讓北約得以更積極處理米洛塞維奇（Slobodan Milosevic）搞出來的巴爾幹問題。一九九八年三月，米洛塞維奇派軍隊到科索沃南部省分屠殺了幾百名男女老幼，鎮壓當地阿爾巴尼亞裔多數族群長達九年的獨立自主運動。三月九日，北約和俄國給米洛塞維奇下最後通牒，限他在十天內撤軍，否則將加以經濟制裁。三月二十五日將期限再延長一個月。四月二十九日，各國凍結南斯拉夫的海外資產，但沒有效果。七月二十九日，在歷經四天戰鬥後，塞爾維亞軍隊擊潰科索沃解放軍，十萬名阿爾巴尼亞裔流離失所。

一九九九年五月，北約成功用轟炸把塞爾維亞人趕出科索沃，西方陣營無人傷亡。轟炸行動並未經聯合國安理會批准，但安理會在二〇〇三年也未批准入侵伊拉克。北約的「石墨炸彈」（BLU-114/B）癱瘓了塞爾維亞七成的輸電網絡。這種「軟性炸彈」爆炸後會產生大量的碳纖微絲覆蓋住電力設施，造成電力短路。這是極具殺傷力的高科技武器，塞爾維亞人根本無從抵抗。

在一九九九年，美國空軍有多達四千四百一十三架飛機，包括一百七十九架轟炸機和一千六百六十六架戰鬥機和攻擊機。二〇〇二年，美國又添購了每架造價十三億美元的波音B－2「幽靈」戰略轟炸機（B-2 Spirit），這是當時最先進的長程多功能轟炸機，其隱身能力能在全世界任何地方穿透敵方防空系統。洛克希德馬丁公司在一九九九年的全球銷售額高達二百五十五億美元，這些軍火公司製造的武器是英語民族致勝的法寶。

阿爾巴尼亞裔難民被允許返回家園，不像波士尼亞穆斯林被趕到巴尼亞盧卡（Banja Luka）、茲沃爾尼克（Zvornik）和斯雷布雷尼察。[57]現在輪到二十多萬塞爾維亞裔打包離開科索沃，其中有三分之一早在一九九八年七月初就已離開。透過科索沃戰爭，英國稍微挽回一九九〇年代初在波士尼亞丟掉的顏面和威信。科索沃戰爭的失敗終於導致米洛塞維奇在二〇〇〇年十月被推翻。這是英語民族的勝利，梅傑和赫德的「公平競爭」政策絕對辦不到這一點。米洛塞維奇最後死在獄中，無人惋惜。

一九九九年四月二十二日，布萊爾在芝加哥經濟俱樂部發表演說。當時因為科索沃的新聞太多，這場演說無人注意，但它其實值得全世界都好好研究（尤其是在巴格達），因為它提出了先制性干預其他主權國家內政的革命性觀點。布萊爾在芝加哥的演說是要把科索沃的案例，擴大成普遍性的干預權，不過要符合五個條件。英國外交部對演說內容甚為憂心（外交部已先看過），因為它沒有提到必須符合國際法和聯合國授權。國際法和聯合國都沒有辦法對付極權流氓國家，而這正是「布萊爾主義」想做的事。[58]

布萊爾在芝加哥點名伊拉克獨裁者海珊可能是下一位被推翻的領導人，這時離小布希進入白宮還有十八個月，離美國攻打伊拉克還有四年。硬要說布萊爾是美國人的忠狗是對英美特殊關係的嚴重誤解。

柯爾號驅逐艦爆炸

二〇〇〇年十月十二日星期四，幾名自殺炸彈客開著裝滿炸藥的小艇撞上停在雅典的美國軍艦「柯爾號」（Cole）。伊斯蘭基本教義派恐怖分子再度造成十七名水手當場死亡、七十人受傷，但英語民族仍未覺醒。誠如中東問題專家普萊斯—瓊斯所寫道：「在整個一九九〇年代，柯林頓總統和他的政府都沒有認真看待蓋達組織，只會對其造成的傷害和殺戮發射幾顆巡戈飛彈了事。」[59]

在其九百五十七頁的自傳中，柯林頓只用了兩個段落談到柯爾號被攻擊事件，他說：「我們認為是賓拉登和蓋達組織幹的，但我們無法確定。」雖然「我們本來要在十月對他進行飛彈攻擊」，但後來並沒有這麼做，「我很沮喪，我希望在我卸任前，我們能找出賓拉登的位置，對他發射飛彈。」[60]這番話相當不老實。賓拉登的「位置」早就被確認過多次，但柯林頓政府從未發動有效攻擊。

小布希當選總統

二〇〇〇年十一月七日美國總統大選，佛羅里達州的最終開票數字是小布希／錢尼獲得二百九十一萬二千七百九十票，高爾／李伯曼獲得二百九十一萬二千二百五十三票。[61]雙方得票極為接近，而由於高爾的選舉人票已達二百六十六張，小布希是二百四十六張，佛羅里達的二十五張選舉人票就成為關鍵。問題在於，在佛羅里達投出的將近六百萬票中，雙方差距這幾百張票「遠低於計票過程的誤差範圍」。[62]結果是長達五個星期的法律攻防戰。美國最高法院以五比四推翻了佛州最高法院要重新人工計票的裁決，讓小布希獲勝。當時那五個星期的爭執可說高潮迭起，在六個月內就出版了好幾本極具可讀性的書，包括詹姆斯·西瑟（James W. Caesar）及安德魯·布施（Andrew E. Busch）的《完美平局》（*The Perfect Tie*）、大衛·德雷爾（David von Drehle）的《僵局》（*Deadlock*）、《紐約時報》的《三十六天》（*Thirty-Six Days*）、尤金·迪翁（E.J. Dionne）和威廉·克里斯托（William Kristol）的《布希對高爾》（*Bush v Gore*）。

雖然有許多法學教授（通常是民主黨支持者）質疑最高法院的判決是基於黨派立場，這五位判給小布希的法官分別是：首席大法官倫奎斯特（William Rehnquist）、歐康納（Sandra Day O'Connor）、史卡利亞（Antonin Scalia）、甘迺迪（Anthony Kennedy）和湯瑪斯（Clarence Thomas）。但仔細分析起來，他們判決所根據的論點並沒有錯。誠如喬治梅森大學（George Mason University）法學院的伯科維茨教授（Peter Berkowitz）所說，最高法院認為：

> 佛州最高法院判決要對全州的廢票（被機器判定為沒有投給哪一位總統候選人的票）進行人工計票有許多問題，包括沒有一致標準去判定投票者的意向、任意排除掉重複投票（被機器判定為投給不只一位總統候選人的票）、任意納入某些郡部分或尚未完成的計票結果、用未受訓練和監督的人員進行人工計票。以上這些問題加總起來就違反了憲法第十四條修正

案的平等保護條款，必須停止。[63]

雖然小布希贏得選舉人票，但高爾的總得票數比較多。這雖然不常發生，但自一八二四年以來這是第五次了。

澳洲人拒絕成為共和國

一九九九年十一月六日，澳洲舉行是否改為共和制的公投，結果有百分之五十四點四的人反對。雖然澳洲共和派人士一直主張說，要強迫澳洲新來移民向「一位長期居住在波克郡的英國老婦人」宣誓效忠是在汙辱他們，但事實上，許多在希臘、義大利、越南出生的澳洲人不只樂於這麼做，還大舉投票要保留女王為國家元首，因為他們認為女王可以維持這個新家園的政治穩定。[64]

關於澳洲人的身分認同問題有相當激烈的爭辯。澳洲出生的歷史學家亞當森（John Adamson）認為，這個問題的答案「實在太過明顯，澳洲從根本上就是英國文化，但也受到非英裔的影響而形成綜合體。如果這一點大家都接受，就不會像運動比賽結果一樣成為全國性的話題。」[65]二〇〇四年，備受爭議的作家吉曼．基爾（Germaine Greer）出版了《白人兄弟奮起：追求國家身分的最快捷徑》（*Whitefella Jump Up: The Shortest Way to Nationhood*）一書，主張澳洲應放棄英國的遺產而採納原住民的語言、傳統和神話，因為「一個原住民共和國會迷人得多」。

基爾還主張澳洲應該變成「狩獵採食者社會」，但道德哲學家丹尼爾斯（Anthony Daniels）

反唇相譏說：「她根本沒具體說明五百萬雪梨市民要怎麼變成一群手拿弓箭，吃樹根，以幼蟲和獵物為生的人。當然，就和所有大型城市一樣，雪梨本來就有狩獵採食者，也就是小偷，但我想她不是指這個。」[66]

基爾認為，澳洲人需要重新發現她所說的「原住民性」（aboriginality），因為當她「坐在赤桉樹下」，正是原住民的靈性讓她「感受到被一種新的意識所包圍，在這種意識中，自我服從於萬物之間的相互交融：皮膚、土地、語言。」這當然是胡說八道，如同丹尼爾斯所指出，基爾沉溺於「一種道德表現癖，自以為比那些沒有坐在赤桉樹下和原住民祭司交流、在雪梨或墨爾本各自過生活的人高出一等。」丹尼爾還說，基爾這類知識分子鄙視澳洲，但澳洲根本不需要這些人，因為澳洲已經是「高度發展的現代化大型人類社會」。[67]

可以合理預測澳洲人絕不會採納基爾的建議，也不會：

> 宣布他們的國家和他們自己是原住民，把國旗改成象徵黑色天空、紅色土地和金色太陽的原住民旗……接受原住民性，就是拒絕英國王室兼併這塊大陸的合法性。從原住民的角度來看，英國人不過是在一小塊地方插上米字旗，此事微不足道……如果用這樣的敘事角度，那英國是有試圖殖民，但沒有成功。

本書的目的之一，就是要解釋英語民族的殖民（主要是在美國，還有加拿大、澳洲、紐西蘭以及加勒比海，但不包括文化認同非常不一樣的愛爾蘭），為何如此成功，為何這些國家能代表人類最後和最美好的希望。英語民族政治文化的傳播絕非「微不足道」，而是自發明火藥和印刷術以來最重大的歷史進步。

二〇〇一年一月，澳洲總理霍華德率領一個澳洲退休和在位政治人物的大型代表團（其中有四位前總理）造訪倫敦，慶祝澳大利亞聯邦成立一百週年。像澳洲和紐西蘭這樣跟母國關係如此和睦的前殖民地，在歷史上非常少見。這些殖民地能變成民主、穩定、經濟發達而幸福的國家並守護世界文明，英國功不可沒。每一個國家都既享有主權獨立，又得益於與從前「祖國」的深刻歷史、語言、文化及血緣關係。

第十七章

第四波攻擊：伊斯蘭恐怖主義及其盟友

二〇〇一年九月十一日至二〇〇五年十二月十五日

人們能忍受暴君很多年，但若前來拯救他們的人無法立刻創造美好盛世，他們便會恩將仇報。

——威爾遜總統在喬治・華盛頓號軍艦發表演說，一九一八年十二月

奉真主之命，我們呼籲每一個信仰真主並希望獲得獎賞的穆斯林遵守真主的命令，無論何時何地，只要有可能，就殺戮美國人並掠奪他們的財產。

——賓拉登，二〇〇一年[1]

目前的伊拉克政權是在中東地區散播暴力和混亂的專制力量。解放後的伊拉克則是

能改變這個重要地區的自由力量，把希望和進步帶給千百萬人。美國的安全利益和美國對自由的信仰都指向同一個方向：自由且和平的伊拉克。

——小布希總統在美國企業號航空母艦上的演說，二〇〇三年二月二十六日

我們必須確保它的工作是有成果的，它是一種現實而不是一種假象，它是一種行動力量而不僅只是語言的空談，它是一座真正的和平宮殿而不僅只是紛紛擾擾的巴別塔。

——邱吉爾在富爾頓演說中談到聯合國，一九四六年三月五日

意外經常發生，我們對意外還感到意外那才叫意外。

——伍夫維茲（Paul Wolfowitz），西點軍校開學演說，二〇〇一年六月二日

自殺炸彈客若是在牛津大街上殺害平民，我們會叫他「恐怖分子」；若是在台拉維

夫的公車站，我們會叫他「好戰民兵」；若是在巴格達，我們會叫他「叛亂分子」。歐威爾能來評評理嗎？

——《泰晤士報》文章，二〇〇四年十一月[2]

我們從來不是殖民帝國。任何一個為了繳稅卻沒有代表而起來革命的國家，都不會去統治別的國家而不讓人有代表。

——倫斯斐，二〇〇四年五月[3]

美國人像是頭戴鋼盔的和善又嚴厲的大叔。

——普丁，二〇〇四年十二月[4]

如果法國人可以不要那麼愛搞政治，他們會是世界上最受喜歡的民族。

——霍姆斯（Oliver Wendell Holmes）

蓋達組織攻擊美國本土

二〇〇一年九月十一日星期二早上八點四十六分和九點零三分，兩架被劫持的飛機撞上曼哈頓世貿中心的雙子星大樓。兩座大樓分別在九點五十九分和十點二十九分倒塌，造成二千七百四十九人死亡。與此同時，第三架被劫持的飛機撞擊在華府的五角大廈，造成一百八十人死亡。而在第四架飛機上，勇敢的乘客比默（Todd Beamer）、格利克（Jeremy Glick）、伯奈特（Thomas Burnett）、賓漢（Mark Bingham）試圖壓制劫機者，飛機墜毀在賓州，機上乘客全部身亡，但救了國會大樓或白宮。比默要衝進駕駛艙之前對同伴說：「大家準備好了嗎？咱們上！」這句話已成為英語民族最偉大的一句戰鬥口號。

在九月十一日那天，賓拉登的伊斯蘭基本教義派恐怖組織殺害了大約三千人，其中有六十七名英國人。這是現代史上最嚴重的恐怖攻擊。英語民族終於被喚醒。自珍珠港以來，美國領土還沒有遭受過這樣大規模的直接攻擊，而自一八一四年英國人火燒白宮以來，美國本土也未曾被這樣攻擊。[5]在那可怕的一天，美國人民沉痛地重新學習到，小羅斯福總統在一九四五年第四次就職演說中所說的教訓：「我們學習到我們必須像個人一樣活著，而不是像隻鴕鳥，更不能像條槽中之犬。」自柏林圍牆倒塌後十多年以來，歷任美國總統和中情局首長都忽略了伊斯蘭法西斯基本教義派恐怖主義，都不重視其潛在威脅。

布萊爾與美國「並肩作戰」

九一一事件並沒有改變世界，但在英語民族看來確實如此。正如倫斯斐二〇〇三年七月九日在參議院軍事委員會作證時所說：「我們從新的角度、以我們在九一一事件的經驗來審視既有的證據，並據此行動。」[6]事實上，伊斯蘭恐怖組織已經向美國宣戰了二十年，舉其大者就有一九八二年攻擊貝魯特的美國陸戰隊、一九九三年二月攻擊雙子星大樓、一九九三年十月攻擊摩加迪休的美軍、一九九五年十一月和一九九六年六月攻擊沙烏地阿拉伯的兩個美軍基地、一九九八年八月攻擊東非的美國大使館、二〇〇〇年十月攻擊美國軍艦柯爾號。有些人認為小布希和布萊爾進軍阿富汗和伊拉克，是誇大了伊斯蘭恐怖主義的威脅，但早在二〇〇三年之前，種種殘忍無情的戰爭行為就已經存在。反恐戰爭其實已延宕多時。假如早在一九九九年柯林頓總統時，就有蓋達恐怖活動和海珊妨礙聯合國檢查工作的確鑿證據，那麼早就該解決掉阿富汗和伊拉克。

雖然賓拉登早就宣布對美國宣戰，但在九一一事件之前，兩黨歷任政府都把恐怖攻擊當成是犯罪行為而非「不對稱作戰」的戰爭行為。在九一一事件之後，英語民族終於決定要正面迎戰，動用一切國家力量強力還擊。「我們了解到，這是一個非常老練、有耐心、有紀律、極其危險的敵人。」小布希總統設立的九一一事件調查委員會的報告說，「這個敵人懷抱政治上的不滿，在阿拉伯和穆斯林世界享有廣泛的支持，而它對我們和我的價值觀抱有無限敵意。它的目標是一個沒有宗教和政治多元主義，沒有人民和女性平權的世界。它對軍事目標和平民目標一視同仁，對

『附帶傷害』不屑一顧。」[7]

蓋達組織的動機及背景

賓拉登透過半島電視台（Al-Jazeera）對全世界發表公開聲明，他要在從巴基斯坦到西班牙南部這塊區域重建哈里發國，一律實行伊斯蘭教法，但沒有任何西方國家能夠接受他的無理要求。幸好蓋達組織沒有被姑息，否則西方國家（尤其是西歐）一定會有一幫人會如此主張。即便如此，還是有人怪罪英國參與入侵伊拉克，才讓蓋達分子在二〇〇五年七月於倫敦進行一連串爆炸攻擊，但事實上，蓋達組織早在伊拉克戰爭之前就已開始攻擊自由民主國家。本書前面已經提過，自從一九〇〇年以來，英語民族中總有一些人士隨時想姑息敵人、向敵人道歉，甚至讚賞和資助敵人。

九月十一日下午一點四十八分，布萊爾正在布萊頓的格蘭德大酒店（Grand Hotel）總統套房撰寫他要在全國工會代表大會的演講稿，助理跑來告訴他有一架飛機撞上世貿中心。他以為這是意外，繼續工作。當第二架飛機又撞上，他看著電視上的紐約現場。首相的反應和世界上大多數人一樣：「可怕又難以置信。」[8]英國時間下午二點四十三分，他又看到第三架飛機撞上五角大廈。他立刻趕到大會現場對各位代表說：「在過去幾小時，美國發生了最可怕、最令人震驚的事件。我們難以想像有多少無辜的人喪失生命。大規模恐怖主義是今天這個世界的新生邪惡。」他接受波士頓電視台訪問說：「有時候，政治上會發生某些重大災難事件，以異乎尋常的方式去除所有疑慮。從一開始，我就很堅定接下來要說什麼和做什麼。」他堅定不移，分別和法國總統席哈克（Jacques Chirac）、德國總理施若德（Gerhard Schröder）、俄羅斯總統普丁談話，他很高興三位領導人都「完全站在一起，從一開始就如此。」[9]

口頭表示支持和同情是一回事，英美兩國迅速果斷地採取行動，避免恐攻後發生瘋狂拋售美元的現象，則是另一回事。英格蘭銀行總裁默文．金（Mervyn King）與美國聯邦準備銀行副主席羅傑．弗格森（Roger Ferguson）本就相互敬重，他們九一一事件那天短暫交換意見，提出三百億美元的信用貸款來穩住英國的美元，避免由國安危機擴大為全球金融危機。這個例子證明，英國在美國面臨危難時本能地和美國「並肩作戰」。這樣的反應讓英國在華府決策過程中享有發言權，雖然並沒有否決權。正如季辛吉所說，英美關係「實在太過緊密，在心理上根本無法忽略英國人的看法。」

小布希總統頭一個通話的外國領導人就是布萊爾，時間是美國東岸時間九月十二日星期三上午七點三十分，這更證明英美特殊關係牢不可破。布萊爾覺得小布希「很冷靜」。他們討論到美國該如何回應。小布希說：「我們不想大聲嚷嚷說我們要做些什麼」，這是「當一個總統的任務」，並表示他終於學習到柯林頓時代所錯過的教訓。布萊爾手寫了一份五頁的備忘錄傳真給白宮，備忘錄的結論是：「癌細胞不只限於阿富汗或蓋達組織本身，必須要制定計畫對付任何資助、支持或贊助恐怖主義的人，不管他們身在世界何處。」[10]左派指控布萊爾是小布希的走狗，但這就和過去有人指控柴契爾夫人是雷根的走狗、麥克米倫是甘迺迪的走狗、邱吉爾是小羅斯福的走狗一樣離譜。

九月二十日，布萊爾飛往紐約參加罹難者告別式。英國大使當場宣讀女王的悼詞：「哀傷是我們為愛付出的代價。」然後布萊爾飛往華府。他站在遠眺華盛頓紀念碑的白宮藍廳窗邊，他很高興聽到小布希說，當晚小布希將在參眾兩院聯席會議發表演說，「你們若不和我們站一起，就是和恐怖分子站在一起。」

布萊爾在參議院旁觀席觀看這場演說。演說總共被掌聲打斷了三十一次。小布希說：「我很榮幸英國首相遠渡重洋來展現他和美國團結一致……謝謝你來，朋友。」雖然除了希斯和梅傑之外，戰後歷任英國首相都很重視英美特殊關係，但只有邱吉爾和柴契爾夫人才能做到布萊爾這種程度。布萊爾隨後又在工黨大會上對美國人說：「我們第一個和你們站在一起。我們會和你們一直站到最後。」他信守承諾。

美國在一九四一年加入二戰時是先攻打德國，這一點雖違反直覺，卻是冷靜計算的結果。美國的反恐戰爭也是如此。雖然海珊沒有涉入九一一事件攻擊，但伊拉克是世界上帶頭支持恐怖組織的國家，公開把英語民族當成敵人，而英語民族則率領聯盟在一九九〇至九一年挫敗海珊稱霸中東的野心。二〇〇三年一月二十一日，攻打伊拉克兩個月之前，布萊爾在下議院明確表示：「每當有人問我蓋達組織與伊拉克的關係時，我承認確實沒有情報顯示伊拉克和九一一事件有直接關係……我認為我們對伊拉克的作為必須和蓋達組織分開看待。」[11]重點在於，海珊有支持蓋達組織之外的恐怖活動。

正如小羅斯福和邱吉爾政府認為要先打敗希特勒，雖然日本才是直接攻擊美國的敵人，小布希和布萊爾政府也認為要先剷除中東地區的核心問題人物海珊，雖然直接攻擊美國的是蓋達組織。布萊爾在盟軍制定後九一一事件軍事戰略中所扮演的角色，讓人想到邱吉爾在一九四一年十二月也是鼓吹要以「德國優先」。這種做法在當時看來不合邏輯，但從更大的戰略角度來看就很清楚。雖然攻打阿富汗驅逐蓋達組織及其庇護者塔利班是主要目標，但如果英語民族及其聯盟不去處理中東地區的主要大敵，那是完全說不通的。

有些西方評論家認為，蓋達組織攻擊美國主要是因為美國支持以色列，假若歷屆美國政府有更努力解決以巴問題的話，這是可以避免的。這其實是完全不了解蓋達組織的性質。十九名劫機者沒有一個是巴勒斯坦人，賓拉登的主要目標是先把美國人趕出沙烏地阿拉伯，等到美國被逐出中東地區後，再來殲滅以色列。《泰晤士報》記者貝斯頓扼要地指出：「以為美國在中東地區的外交政策若有不同，九一一事件就不會發生，此乃無稽之談。」[12]美國支持以色列乃是對伊斯蘭反猶恐怖主義的正當回應，並不是造成恐怖主義的原因。

一般以為恐怖分子的動機都是因為貧窮、絕望和無知，但賓州大學薩吉曼醫生（Marc Sageman）對四百名蓋達組織成員的生命歷程做過詳細研究，結果顯示並非如此。其中有百分之十七點六來自上層社會，百分之五十四點九出身中產階級。在教育程度上，有百分之二十八點八受過部分大學教育，百分之三十三點三有大學文憑，百分之九有碩士文憑。殺害美國記者珀爾（Daniel Pearl）的英籍男子謝赫（Ahmed Omar Sheikh）還讀過倫敦政經學院。百分之九十點六的人受的是世俗教育，並沒有在伊斯蘭宗教學校被洗腦。就職業而言，百分之四十二點五是律師、教師、醫師等專業人士，只有百分之二十四點六從事非技術工作。在婚姻上，百分之七十三是已婚，大部分都有子女。[13]貧窮、疏離和無知絕非蓋達分子的主要動機。（珀爾被殺害開啟了蓋達組織的新殺人手法：一邊割斷人質的喉嚨或砍下其頭顱，一邊錄影。）

要分析九一一事件自殺飛行員和自殺炸彈客的心態，賀佛爾（Eric Hoffer）的一九五一年暢銷書《群眾運動聖經》（*The True Believer*）是最佳參考書。賀佛爾自學出身，當過紐約碼頭工人，他比較了幾種狂熱的群眾運動，包括西元一世紀的基督徒、十六世紀的新教徒、雅各賓分子、納粹分子、共產黨和伊斯蘭基本教義派，發現「他們對於獻身、信仰、追求權力、團結、自我犧牲具有高度一致性。」[14]

蓋達組織主張要建立哈里發國、把西方勢力趕出伊斯蘭世界、讓全世界信仰伊斯蘭和伊斯蘭教法，這些目標根本不可能實現，尤其是不可能用恐怖主義的手法來實現，但卻有強化追隨者狂熱心態的作用。正如以色列駐倫敦大使海菲茨（Zvi Heifetz）在二〇〇五年十月所指出：

> 「聖戰」（jihad）這個詞的字面翻譯是「奮鬥」。這一點很重要，因為在全球聖戰士的扭曲觀點看來，和西方作戰並不是達到目的的手段，而是目的本身。在奮鬥過程中若能達到政治目標是不錯，但在精神上或智識上並不是重點。[15]

不愛幻想、布爾喬亞、腳踏實地的英語民族不喜歡做夢，不好高騖遠，也不會追隨狂熱分子或煽動家。英語民族有自己的自由憲政、自由媒體、理性主義哲學和代議制度。他們從性格上就比其他民族更不受狂熱主義、高談闊論和波拿巴主義所影響。他們重視具體的東西，懷疑那些看不到摸不清的東西（至少在政治上）。賀佛爾早在蓋達組織出現之前就已發現，在狂熱主義運動中，「尚不存在的美好城市和花園，反而讓人更拚命為之奮鬥……夢想、未來和希望既是有力的武器，也是現實的工具。」

賀佛爾還指出，關於過去的想像（或至少非常理想化的想像）是狂熱主義運動不可或缺的政治武器，因為「它能建構出對遙遠光輝過去的鮮明印象……證明現在只是過去和未來之間的過渡階段」，而過去和未來都是光輝燦爛的。所以希特勒愛讚頌在西元九年打敗羅馬人的阿米尼烏斯（Arminius），雅各賓黨人愛提到「高貴野蠻人」（Noble Savage）的史前時代。假如過去不僅光輝燦爛，且距今為時不遠，那就更加有力。

對蓋達組織來說，統治鄂圖曼帝國四百七十年的鄂圖曼王室是不用想像的真實存在。這個帝國曾經涵蓋西班牙部分地區、北非沿岸、埃及、希臘、阿拉伯半島、美索不達米亞、敘利亞、黎巴嫩、東南歐大部分地區一直到維也納，當然還有土耳其。從大歷史和文明的任何標準來看，這個歷經三十六位蘇丹統治直到一九二二年的帝國，確實光輝耀眼。賓拉登在九一一事件後曾發布一段影片，談到哈里發國在一九二四年三月被廢（幹出這件事的是穆斯林教徒凱末爾），顯示蓋達組織對伊斯蘭世俗權力和影響力的衰落有多麼憤憤不平。

蓋達組織除了對穆斯林世界在一六八三年圍攻維也納①之後的衰落有強烈報復之心，也深深嫉恨當今的世界強權，不管這個強權是哪個國家或友不友善（一六八三年也正好發生暗殺英王查

①譯注：一六八三年，鄂圖曼帝國軍隊圍攻維也納城長達兩個月，最終被波蘭立陶宛聯邦與哈布斯堡帝國聯軍擊退。這場戰爭被視為鄂圖曼帝國向外擴張的句點。

理二世的「萊伊宮陰謀」，威廉．佩恩也在這一年公布《賓夕法尼亞施政大綱》）。美國縱然花了幾百億美元拯救非洲的愛滋病危機、亞洲的海嘯災難、為第三世界國家提供債務援助，卻無法改變在蓋達分子心目中的形象。

在反恐戰爭初期，英語民族也遭逢痛苦的失敗。緬因號被擊沉（不管原因為何）、波爾人進攻開普殖民地、一九一四年的蒙斯大撤退、敦克爾克大撤退、珍珠港事變、漢城淪陷、東京灣事件、史丹利港淪陷、科威特被入侵、九一一事件，所有這些都符合英語民族在過去一個世紀中每次戰爭都是逆轉勝的既定模式。更遠者尚有十九世紀的阿拉摩戰役、小大角戰役、伊散德爾瓦納戰役和麥萬德戰役。在每一場從逆境和失敗開始的戰爭中，除了越戰之外，英語民族總是能全力奮起奪得最終勝利。

此外，測試英語民族堅決意志的經常是小國而非大國。波爾人、菲律賓人、北韓人、埃及人、北越人、阿根廷和伊拉克人雖然都有大國在背後撐腰，但它們本身都不是強國。雖然它們無法和德意志帝國或日本帝國相比，但它們提出的挑戰都不可小覷。大國地位的終結經常來自於一連串小國的挑戰，例如塞爾維亞挑戰奧匈帝國、奠邊府戰役挑戰法國、蘇伊士危機挑戰英國、阿富汗挑戰蘇聯。在九一一事件後，美國絕不能任由阿富汗的塔利班和伊拉克的海珊繼續嘲弄。歷史上每當有國家想稱霸世界時，總是血流成河，美國必須讓所有覬覦者都清楚知道，美國絕對有能力教訓像海珊這種自以為是的挑釁之徒。

反美主義

九一一事件暴露反美主義的醜陋面貌。巴勒斯坦人在加薩街頭跳舞歡慶，中東地區許多人私下額手稱慶，法國哲學家布希亞（Jean Baudrillard）表示他自己和他的法國同胞「看到這個全球超強被打倒都開心不已」，這些恐怖分子「幹下了這件大事，而這也正是我們想要的」，「每一個人都夢想著」這種災難降臨在美國。[16]但不管布希亞多麼反美，美國很快就證明了它不但沒有被九一一事件「打倒」，反而像當年盧西塔尼亞號被擊沉和珍珠港事件一樣被激勵起來。

在英國，有波伊德（William Boyd）之類的知識分子批評英美特殊關係是「搖搖欲墜、華而不實、不平等的關係。」他在《泰晤士報文學副刊》上寫道：「從二次大戰以來，我們就活在邱吉爾英美特殊關係的神話當中，而且一直在付出代價。」（波伊德這篇文章充滿事實謬誤，但這無損於他的力道。）許多英國評論家（尤其是左派）或者批評英美特殊關係，或者質疑這種關係根本就不存在，希望英國能切斷與其最親密盟友的長久紐帶。

情報蒐集的侷限性

軍事情報從來就不是完全精確的科學。要從海珊那裡取得情報，不只要有人願意冒遭受酷刑和死亡的危險，還牽涉到他們的家人和同事。許多坐在搖椅上的情報專家說，關於伊拉克的情報不能只仰賴單一來源，但這已超出任何情報單位的能力。有一些海珊政權的叛逃者，向西方情報單位指出海珊擁有大規模殺傷性武器，而這是當時所有人都認為理所當然的。（例如，在二〇〇一年，伊拉克工程師海德里就說他曾經去過二十個有關化學、生物和核子武器的祕密基地。他還拿出伊拉克政府的外包合約為佐證，上面滿是各種技術規範。）[17]海珊曾經動用過大規模殺傷性武器，也曾在一九九五年承認擁有這些武器，而在這段時間中並沒有跡象顯示他曾銷毀掉這些武器。確實，一個完全靠恐嚇才能統治的獨裁者，為什麼要自願銷毀能恐嚇人的武器呢？在本書寫作的二〇〇六年一月，這個根本問題依舊沒有解答。

「伊拉克是全世界唯一在近年來動用過大規模殺傷性武器的國家。」馬侃（John McCain）在二〇〇四年十一月對我說，「伊拉克在一九九一年就擁有這些武器，而全世界每一個情報單位都相信現在還有。我們把伊拉克當成最大威脅。」[18]英語民族經歷過一九四一年的珍珠港事變、一九四二年的迪耶普港戰役、一九六八年的新春攻勢、一九八二年的福克蘭戰爭、一九九一年的波灣戰爭，這些案例都顯示情報往往不足，也不是最重要的東西。在一九〇〇年以來的英語民族歷史上，軍事情報再怎樣也只能拼拼湊湊，唯一例外是在一戰和二戰時破解了德軍密碼。西方領導人必須以手上可得的最佳分析來做決定，而這正是小布希和布萊爾在九一一事件後要對伊拉克做的事。在祕密情報的陰暗世界中，完美是不可能的。如同中情局局長泰內特（George Tenet）在二〇〇四年二月在喬治城大學所說：「就定義而言，情報就是在處理不清楚的、未知的和刻意隱瞞的東西。美國的敵人所否認的東西，正是我們想搞清楚的東西。在情報這一行，你永遠都不會完全正確，也不會完全錯誤。」但關於大規模殺傷性武器，泰內特大錯特錯了。

二〇〇三年二月五日，美國國務卿鮑威爾在聯合國安理會上拿出一瓶白色粉末，用來代表伊拉克的炭疽病毒。「各位同仁，」他說，「我今天所說的每一句話都有根據，有扎實的根據。我們不是在亂說。我們提供的是事實和有扎實情報根據的結論。」[19]作為前四星上將、參謀首長聯席會主席和國家安全顧問，鮑威爾講的話非常有分量。雖然他的評估是錯誤的，但他確實相信自己所講的話，因為美國及其盟國當時所能得到的最佳情報就是如此。情報錯誤是情報單位的問題，不是根據這些情報做決策的政治人物的問題。（除了中情局和軍情六處，俄國、以色列、德國、法國和中國的情報單位都認為海珊擁有大規模殺傷性武器。）

歷史上第一份有紀錄的軍事情報，是四千年前底比斯人的一份紙莎草紙，上面寫著：「我們發現有三十二個人和三頭驢子的蹤跡，顯示有盜匪或敵對勢力的哨兵。」從那以後，情報這一行已在技術上發展得非常複雜，但最有價值的還是「人因情報」（human Intelligence，縮寫為humint），這只有贏得敵人的信任才能取得。但這幾乎做不到，因為在九一一事件之前，蓋達組織高層都在對抗蘇聯。同樣地，海珊身邊的人都是從一九六八年政變以來就追隨他。英語民族的領導人只能就手上既有的軍事情報和海珊過去的作為來推論。他們得出了當時任何一個理性、聰明與客觀的人同樣會得出的結論：除非海珊下台，否則無法打贏反恐戰爭；若不推翻海珊政權，英語民族將承受太大的風險。

再進一步說，提供情報的不是只有中情局和軍情六處：在一九九五年四月，聯合國特別委員會（UNSCOM）的武器專家向聯合國安理會報告說：「伊拉克一直隱瞞其生物武器計畫，並且未能說明三噸生物製劑培育材料的來源。」在當年度一名高官叛逃後，伊拉克自己承認有用數千公升炭疽、肉毒桿菌和黃麴毒素製造武器裝在飛毛腿飛彈彈頭、航空炸彈和飛機上。二〇〇二年九月，聯合國特別委員會得出結論說：「伊拉克自己宣稱的生物製劑量其實遠比真實為低。伊拉克實際製造的量是其宣稱的兩倍到四倍，包括炭疽和肉毒桿菌。」

聯合國特別委員會也在二〇〇二年九月報告說：「伊拉克的會計帳及其目前的產能強烈顯示，伊拉克存有大量化學製劑，可能包括VX神經毒劑、沙林毒劑、環沙林毒劑、芥子毒劑等等。」此外，「伊拉克也沒有解釋幾百噸的化學前驅體以及幾萬噸的未填充火藥，包括飛毛腿飛彈彈頭」，更別說「至少還有一萬五千枚火箭彈，伊拉克過去最喜歡用火箭彈來發射神經毒劑。此外還有五百五十枚裝滿芥子毒劑的砲彈。」雖然我們今天已經知道海珊是在刻意誤導，但如果當時的英語民族領導人不把海珊過去的行為模式納入考慮，就是嚴重失職。聯合國的觀察員就說：「當時幾乎公認海珊擁有上萬公升的炭疽桿菌，可能就裝在油桶中。」中情局和軍情六處也同意這種看法，但卻因此被妖魔化。[20]

英國在二〇〇二年九月二十四日公布一份卷宗，裡面有很多關於海珊政權的實力和意圖的準確情報。但裡面也提到「某些大規模殺傷性武器」（無法斷定這些武器是短程或中程武器），可以在「命令下達後四十五分鐘內即可動用」。海珊當時並沒有可以打到賽普勒斯的彈道飛彈，這份卷宗或英國首相也沒有這麼說。軍情六處的情報來源是伊拉克防空部隊中校達巴格（al-Dabbagh），他曾告訴海珊的傳記作者、《星期日電訊報》的柯夫林（Con Coughlin）說：「我們能在半小時內發射這些武器。」但他也表示，這些武器只能打到伊拉克境內和科威特。

「四十五分鐘內即可動用」的說法在該卷宗主文的第十七頁僅出現過一次，不過在內部摘要中被提過兩次，在布萊爾的引言中也出現一次。首相把該份卷宗呈交給國會當天又再提到一次。《太陽報》以此為頭條，「英國離末日只有四十五分鐘！」有些報紙也列為頭條，但大部分報紙都沒有提到。關鍵之處在於，英國政府的公關專家（所謂政治化妝師）默許《太陽報》把這條含混的情報搞得這麼聳動（澄清錯誤的新聞既是政府的責任，也是政府有能力做到的事）。

「四十五分鐘內即可動用」的說法就這樣深植人心，直到六個月後戰爭開打。從該份卷宗公開到戰爭開打這段期間，國會中共有四萬五千條質詢，只有兩條有提到這一點。布萊爾在二〇〇三年三月的開戰演說中沒有提，也沒有任何人問他這個問題。因此，反戰團體後來聲稱英國政府用這一點當成開戰的主要理由，這是不正確的。[21]

伊拉克光是沒有大規模殺傷性武器是不夠的，聯合國還要求伊拉克必須證明它沒有，但海珊在一九九八年驅逐聯合國武器檢查員的做法讓他跳到黃河都很難洗清。位於道拉（Al-Dawrah）的「口足病疫苗研究所」是伊拉克兩個已知的一流生化隔離設施之一，有完善的空氣處理及過濾系統。伊拉克過去也承認過這裡有生化武器。二〇〇一年，伊拉克宣布這座工廠要更新，不需經過聯合國同意，目的是生產本來就可以透過聯合國進口的疫苗。任何了解伊拉克復興黨政權而且稍有頭腦的人都會認為，這個地方很快就會生產大規模殺傷性武器。

在水門案後三十年來對建制派菁英不信任的文化洗禮下，許多西方人士都相信政治人物和國安單位陰謀勾結，雖然明知伊拉克沒有大規模殺傷性武器，還是要把英語民族推向戰爭。儘管有兩位全英國最專業的人士，包括上訴法院法官赫頓（Brian Hutton）和前內閣祕書長巴特勒（Robin Butler）進行了非常深入的調查，但媒體還是視其為「粉飾太平」。事實絕非如此。這兩份調查對伊拉克戰爭爆發的脈絡做了很深入的探討，兩人都下結論說，英國政府是真心誠意認為非開戰不可，不是外界所批評那樣。

在後水門案時代，人們對公職人員的動機和誠信的病態質疑已積重難返，許多人真的相信美國政府和英國政府刻意誇大海珊的威脅程度，讓兩國的士兵戰死在伊拉克。但這種陰謀必須在政府、國安單位和軍方最高層中有大量無恥之徒一起配合才行。這是完全沒有事實根據的汙衊誹謗。儘管小布希和布萊爾經常被反戰團體和麥克・摩爾（Michael Moore）、艾爾・弗蘭肯（Al Franken）等幼稚的政治喜劇演員譴責是騙徒，民主黨和保守黨內的反對派有時也會這麼說，但從「說謊」這個字的定義來說，說出你當時真心相信的東西絕不能算是「說謊」，即便後來被證明是錯的。

「對於當時是真心誠意提供，但後來被證明錯誤的資訊。」布萊爾在二〇〇四年十月說，「我要道歉。」「真心誠意」是問題的核心，而澳洲、美國和英國的選民都必須在二〇〇四年十月到二〇〇五年五月間決定那些資訊是否是真心誠意提供的。這三個國家的領導人都以遠超半數獲得連任，這表示儘管有那麼多陰謀論者和反戰煽動家，大多數英語民族都認為這些資訊雖然錯誤，但提供時是真心誠意的。

有志者聯盟

海珊是自墨索里尼在阿比西尼亞之後唯一對伊朗人、沼澤阿拉伯人和庫德族動用生化武器的領導人，其手段之殘暴斑斑可考。此外，美國駐伊拉克「有志者聯盟」（Coalition of the Willing）總司令法蘭克斯將軍（Tommy Franks），也從約旦國王阿布杜拉和埃及總統穆巴拉克那裡獲悉，海珊曾告訴他們，他將使用大規模殺傷性武器來對付美國人。

在布萊爾公開道歉的同一個月，伊拉克調查小組領導人杜埃爾弗（Charles Duelfer）向眾議院提出關於大規模殺傷性武器的完整報告。這份報告因為不符合媒體的陰謀論氣氛，在當時很少被報導，但它指出海珊在一九九六到二〇〇三年間，用非法販賣石油的錢來非法購買軍火，每年多達五億美元。杜埃爾弗還進一步證明了，伊拉克一直維持著違反聯合國安理會一四四一號決議的武器生產計畫。他還推測，海珊有花大錢在賄賂中國、法國和俄國的決策高層，只要聯合國一結束制裁，他就會重啟生產大規模殺傷性武器，而這一點符合絕大多數客觀人士的看法。杜埃爾弗還發現一份伊拉克情報單位的報告，報告說已有法國政治人物向海珊書面保證，法國會否決聯合國接下來的決議案，而法國也真的在二〇〇三年三月威脅要這麼做。

自從放棄華盛頓告別演說的主張後，美國人民已經了解到美國的重大利益可能遠在國界之外。其他英語民族則比美國人更知道其利益遍布全球。反戰人士認為海珊並沒有對美國或英國士兵構成直接威脅，所以就不該推翻他，這種說法是不成立的。他威脅到西方在這個地區的朋友或盟國，窩藏殺害美國士兵和平民的凶手，伊拉克有時還對在禁航區（劃設於一九九一年）巡邏的英軍飛機和美軍飛機發射火箭。誠如邱吉爾在一九五八年伊拉克國王費瑟和首相賽義德被殺之後所言：

中東地區是世界中心的中心。這裡總是爭戰不斷，唯有當一個大國建立起穩固的勢力並展現堅定意志之後，這裡才會有和平。你必須全力支持你的朋友，如有必要，必須為他們報仇。武力，或者是武力再加上賄賂，才是唯一會被人尊重的。這令人難過，但我們最好認清這一點。現在我們的友誼沒人重視，我們的敵意也沒人害怕。[22]

我們不該把伊拉克戰爭看成是對中東地區新的軍事干預，它不過是要解決十二年前波灣戰爭沒有解決的事。英國政府和美國政府之所以出兵，除了大規模殺傷性武器之外，也是為了人道和解決恐怖主義。這些因素都是進攻伊拉克的正當理由，但因為反戰運動聲量太大，媒體又集中炒作大規模殺傷性武器的問題，它們都被淹沒掉了。但誠如聯合國伊拉克人權特別報告員范德斯托（Alex Van der Stoel）所言，伊拉克違反人道的情況「極為嚴重，自二戰後幾乎沒有案例可與之相比。」[23]

威信與現實政治

前面幾章已詳論過，威信在國際關係的「現實政治」中極端重要。如果英語民族在九一一事件之後容許海珊繼續小看英語民族的實力，海珊就會繼續向禁航區的美國和英國飛機開火，繼續一邊用「以油換糧」獲利，一邊讓兒童餓死，繼續獎賞每一個巴勒斯坦自殺炸彈客的家庭二萬五千美元，繼續威脅親西方的阿拉伯鄰國，繼續藐視聯合國九年來通過的十六項決議，繼續驅逐聯合國武器檢查員，凡此種種皆讓反恐戰爭非把推翻海珊當成目標不可。伊拉克情報單位曾在一九九三年，試圖以汽車炸彈暗殺老布希和科威特大公。伊拉克也庇護曾殺害美國士兵和平民的伊朗人民聖戰組織、巴勒斯坦解放陣線，庇護在「阿奇里勞洛號」（Achille Lauro）郵輪殺害美國公民克林霍夫（Leon Klinghoffer）的阿巴斯（Abu Abbas），庇護在二十個國家造成九百人死傷的阿布·尼達爾組織（Abu Nidal），庇護為一九九三年世貿攻擊調製化學配方的亞辛，還有許多惡名昭彰的恐怖分子。所以，就算不考慮大規模殺傷性武器或其國內迫害人權的紀錄，也有充足的理由推翻海珊。此外，英語民族的時間有限。海珊有兩個邪惡變態的兒子，其中一個被培養接班的烏代·海珊（Uday Hussein）是強暴犯和大規模殺人犯。

「想想看如果不做會怎樣是很重要的，」英國外交大臣史卓（Jack Straw）在二〇〇四年一月二十六日說，「如果我們撒手不管，海珊就會更大膽，擾亂整個中東地區。也會進一步破壞聯合國的威信和中東地區的安全。」史卓是二戰後最優秀的英國外交大臣之一，他還指出，雖然英軍對愛爾蘭共和軍滲透了三十多年，但英軍還是不知道他們把武器藏在哪裡，而北愛爾蘭的大小根本無法跟伊拉克相比。

到了二〇〇二年，伊拉克已幾乎違反了過去十年來聯合國安理會，為了保護中東其他國家不受海珊侵擾所做的每項決議。從一九九〇年十一月二十九日到一九九九年十二月十七日間，安理會共通過多達十六項決議，包括六七八號、六八六號、六八七號、六八八號、七〇七號、七一五號、九四九號、一〇五一號、一〇六〇號、一一一五號、一一三四號、一一三七號、一一五四號、一一九四號、一二〇五號及一二八四號。這些決議要求海珊必須「摧毀所有射程超過一百五十公里的彈道飛彈；停止支持恐怖主義，禁止恐怖組織在伊拉克境內活動；協尋失蹤的科威特人和其他人士；歸還竊取的科威特財產，承擔波灣戰爭造成的財務損失……停止壓迫伊拉克人民。」[24]但海珊一項都沒做到。雖然在一九九八年時海珊可能並沒有大規模殺傷性武器，但他表現得就像是有。

二〇〇二年十一月八日，安理會一致通過一四四一號決議，威脅若再有重大違反將招致「嚴重後果」，但左派人士幾十年來都主張聯合國的道德權威高於英語國家的政府，他們寧願讓安理會的決議一直受到嘲笑，也不願見到美國提出的開戰理由受到強化。

海珊本來可以遵守一四四一號決議，但這會大失臉面，他決心不理會。英國政府迫於工黨後排議員的壓力，執意要聯合國再通過一個明確授權開戰的決議，浪費了好幾個月寶貴時間。

不管伊拉克遵不遵守聯合國安理會多項決議，英語民族及其盟國都有足夠的道德理由攻打伊拉克。英語國家和北約的行動自由不該被聯合國限縮，因為聯合國的利益和他們根本不同，有時甚至是對立的。伊拉克戰爭產生一個嚴重後果，就是英語民族中有一大部分人，以為唯有經過聯合國明確授權的軍事行動，才具有合法性。

入侵阿富汗

戴爾特（Bruno Tertrais）在二〇〇一年之前，擔任法國國防部戰略事務主席特別助理，他完全不欣賞所謂「布希主義」，但他也在其近作《沒有目標的戰爭》（*War Without End*）中被迫承認：「全球反恐聯盟的確是史上最大的聯盟：有一百三十四個國家在九一一事件之後對美國伸出援手，九十個國家以各種方式參與了『持久自由行動』（其中二十七個國家進入到阿富汗）。」[25]參戰去打海珊的國家有二十一個，包括衣索比亞、波蘭，甚至還有蒙古。

在二〇〇三年十月派出地面部隊到伊拉克的國家非常多，說美國是「單邊行動」簡直是笑話。按字母排序，阿爾巴尼亞在伊拉克北部有維和部隊；亞塞拜然派兵保護宗教和歷史古蹟；英國派出七千四百人，還有更多士兵在路上；保加利亞負責巡邏伊拉克南部的卡巴拉；中美洲的多明尼加共和國派兵到伊拉克中南區；捷克派出憲兵；丹麥派出輕步兵；荷蘭派出陸戰隊；愛沙尼亞派出礦井潛水員和貨櫃裝卸員；喬治亞派出工兵和醫護兵；匈牙利派出運輸隊；義大利派出三千人；摩爾多瓦派出掃雷專家；紐西蘭和挪威派出陸軍工兵隊；菲律賓派出士兵和警察；波蘭派出二千四百人；葡萄牙派出警察；羅馬尼亞派出八百人；斯洛伐克派出工兵隊；南韓也有派兵；西班牙派出一千三百人；泰國派出人道救援團隊；烏克蘭派出一千六百名機械化部隊；還有來自薩爾瓦多、宏都拉斯、哈薩克、拉脫維亞、立陶宛、馬其頓和尼加拉瓜的部隊。這場戰爭絕非國內外反對派經常說的，只是美國「獨斷獨行」。

戴爾特進一步承認「小布希和布萊爾堅定不移的夥伴關係」，他說：

> 英國直接介入這場戰爭當然是有理由的：英國在這個地區的殖民歷史；英國在一九九一年和二〇〇三年是美國最可靠的反伊盟友；英國對抗恐怖主義的豐富經驗；以及英國對伊斯蘭主義在歐洲壯大的要負間接責任（因為英國長期是窩藏極端主義的天堂）。[26]

威爾遜在一次大戰後要推廣民族自決，這和小布希在九一一事件之後要推廣民主制度的最大不同之處在於，威爾遜要用來推廣的工具——國際聯盟，在美國不加入後就根本沒有力量，而小布希的「有志者聯盟」，主要是靠英語民族自身的軍事實力。除了美國和英國，加拿大也派兵參與解放阿富汗，澳洲派兵參與「持久自由行動」。「當全世界只能仰賴跛腳的國際組織如歐盟或聯合國時，」英國最大報（即《泰晤士報》）在諾曼第登陸六十週年的社論中說，「跨大西洋同盟是唯一能夠向遠方提供自由的力量。」不管在當時還是現在，跨大西洋同盟的軍事實力都令人望而生畏。[27]

小布希並不是首先提出「先制性攻擊」理論的人。當面臨嚴重利益威脅時，英語民族向來願意先發制人。一八〇一年，坎寧（George Canning）不待拿破崙動用丹麥海軍對付英國，就先下令帕克上將和副指揮官納爾遜中將進攻哥本哈根。[28]德國人在一九一四或一九三九年都沒有直接攻擊英語民族，但英國兩次都率先對德宣戰。一九一四年英國向鄂圖曼帝國宣戰前兩天，邱吉爾就先發制人轟炸達達尼爾海峽外圍堡壘。法國在一九四〇年六月中與德國停戰之前都是英國的盟友，停戰之後也沒有和英國交戰，但邱吉爾在七月初下令擊沉土倫港的法國艦隊。他認為應該先開火再來回答國會的質詢，而下議院一致為他鼓掌，讚賞他先發制人讓納粹雷德爾上將無法染指「黎希留號」（Richelieu）和「讓・巴爾號」（Jean Bart）兩艘法國主力艦。

在風雨飄搖的二十一世紀，英語民族的政治領袖不能再死守過時的戰略教條。自一六四八年《西發里亞條約》（Treaty of Westphalia）以來，民族國家成為國際體系的基本實體，但現代恐怖主義並不尊重國界。在今天，英語民族自身的安全比起在國際法上占據道德高點更為重要。

（《聯合國憲章》第五十一條也允許在特定條件下的先制性自衛權，這是根據一八三七年加拿大卡洛林號事件所確立的普通法準則。）基本自衛權是比所有國際法加起來都重要的根本原則，如果在柯林頓時期就對阿富汗蓋達組織先發制人，九一一事件就不會發生。正如英國政治人物鮑爾在福克蘭危機時所指出，自衛權乃是「我們與生俱來」，「早在聯合國被發明之前」就已存在。（事實上更早於國際法或《西發里亞條約》出現之前。）

國際法沒辦法嚇阻敵人不要攻擊珍珠港、南韓、福克蘭群島或科威特，這些規則只會綁住英語民族的手腳，卻綁不住不擇手段的敵人。早在一九九六年時，柴契爾夫人就警告美國及其盟國要「針對大規模殺傷性武器擴散發動先制攻擊」，她是對的。雖然海珊手上並沒有大規模殺傷性武器，但英語民族必須要百分百確定他永遠不會有。軍事將領常根據上一次戰爭的經驗來作戰，國際法也只能處理冷戰時期的案例，無法應付當前這種虛無主義的、高科技的、沒有國家的恐怖主義。

阿富汗的地理環境是出了名的難以治理，這一點在進攻阿富汗時就已人盡皆知。從西元前四世紀的亞歷山大大帝以來，外邦人就不斷嘗試過。「就連亞歷山大的統治也是轉瞬即逝。」歷史學家麥金泰爾（Ben McIntyre）指出，「馬其頓、蒙兀兒、波斯、俄羅斯、英國和蘇聯的軍隊都試圖要控制阿富汗的部族，但都功虧一簣。」[29]有這麼多失敗前例，那麼英語民族遠征軍（包括美國、英國、加拿大）的勝算何在呢？「在二十世紀統治阿富汗的多斯特．穆罕默德汗（Dost Mohammed Khan）的五位王室後裔中，」麥金泰爾指出，「有三人被刺殺，兩人被迫流亡。」最後一位是查希爾國王（Zahir Shah），他在一九三三年目睹其父被刺後繼承王位，時年十八歲。

（他的統治賢明，讓女性有言論自由和投票權，但一九七三年在義大利度假時被推翻。）

阿富汗出了名的政治動盪，權力鬥爭也一樣凶殘。當蘇聯在一九九〇年被美國支持的聖戰士趕出阿富汗時（造成五萬名俄羅斯人和一百萬阿富汗人死亡），蘇聯的傀儡統治者納吉布拉（Mohammad Najibullah）不智地留在喀布爾繼續作戰。當敵軍在一九九五年兵臨首都時，他躲進聯合國基地尋求庇護，他被活捉後閹割，屍體被卡車拖著在市區遊街，然後倒吊在喀布爾巴札大市場示眾。

美國的星條旗曾一度在阿富汗升起過。一八三九年，賓州切斯特郡出身的哈倫（Josiah Harlan）曾在此短暫進行個人統治。「憑著硬頸精神和鋼鐵般的自信」，這名貴格會冒險家不畏盜匪、流沙和十六英尺長的巨鱷，在阿富汗奪取一大塊領地。他把成功歸功於他的國家。「在主帳篷上方，離頂端幾英尺，」哈倫多年後回憶道：

> 美國國旗上的星星和條紋在絲絲微風中飄揚……在那片荒野中，美國國旗似乎是夢中才有的景象，但它象徵著進取之心，不畏距離、空間和時間，因為哥倫比亞女神的無畏子民是世界上首屈一指的冒險家，踏遍凡是有人類踏足之處。[30]

二〇〇一年進攻阿富汗相當成功，美國、英國和澳洲特種部隊在美軍空中火力和反塔利班的北方聯盟支援下，很快就推翻喀布爾政府，把蓋達組織趕出在阿富汗的恐怖活動基地和訓練營。[31]在這個全世界地形最險峻的地區，英語民族及其盟友取得重大勝利。然而，賓拉登還是逃跑了，極可能是逃往巴基斯坦北部，但沒有抓到他反而能讓西方人更清楚反恐戰爭遠未結束。二〇〇六年五月，英國中將理查茲（David Richards）接手指揮阿富汗的國際聯軍，許多美軍部隊都歸屬他麾下，打破了美國堅持要壟斷軍事指揮權的迷思。

歷史上第一個以自由選舉來更換政府的中東穆斯林國家是一九五〇年的土耳其。不幸的是，這也是最後一次。但在二〇〇五年九月十八日星期天，幾百萬阿富汗人不顧塔利班攻擊的威脅，在超過三十年沒舉行的國會選舉中投下選票。總統卡爾扎伊（Hamid Karzai）盛讚地方議會和喀布爾下議院的選舉，「我們為今天感到驕傲。我們為人民感到驕傲」，儘管投票結果讓反對黨勢力大增。

雖然塔利班在投票日前四十八小時內殺害了二十二個人，但投票率還是很高。《塔利班》（*Taliban*）一書作者拉希德（Ahmed Rashid）在第二天寫道：「這場選舉展現的英雄主義，就和阿富汗人和蘇聯及塔利班作戰時一樣令人感動。有幾千名婦女不顧傳統習俗，在男性主宰的環境中挺身參選。」[32]共有多達五千八百名女性參選下議院議員，其中有四分之一的席次是女性保留名額。阿富汗在三十年後回歸民主制度是英語民族的重大成就，讓阿富汗免於再被蓋達組織重新盤據。

二〇〇二年八月末，科威特和伊拉克邊界已有足夠的美軍進駐，隨時進攻伊拉克。但戰爭拖了七個月才開打，因為小布希政府決定要用各種管道給海珊投降的機會，希望他能離開伊拉克。這是為了要在政治上幫助布萊爾、安撫國際上的反戰聲浪或避免開戰，但美國的政策實際上讓和平運動進一步高漲，讓法國、德國和俄國有機會反對開戰，更讓海珊有時間擬定戰爭打輸後的暴動計畫。海珊在這幾個月囤積的金錢和軍火在後來相當有用。

聯合國不只和二戰前的國際聯盟一樣無力，更帶來妨礙，也和歷史上許多不用負責的官僚系統一樣腐敗。拉爾教授結論說：「在二〇〇三年初，為了先法國一步拿到喀麥隆在安理會的一票來通過伊拉克決議案，不得不在聯合國使盡各種骯髒手段。任何有尊嚴的強國都不可能忍受這種舊國際秩序的餘孽，強如美國當然更不可能。」

聯合國居然允許利比亞這種極權國家去主持其人權委員會，允許被聯合國特別委員會查禁的伊拉克去主持裁軍委員會，著實滑天下之大稽。英語民族不能再任由聯合國限制其外交和國防政策，也不能再讓喀麥隆和幾內亞這種不民主小國及其他獨裁和盜賊式國家，繼續在安理會妨礙伊拉克的民主進程。如同拉爾教授所指出，聯合國是「把各個國家擬人化，假設這些平等的世界公民的根本利益是和諧一致的」，但這種假設和國際關係的現實大相逕庭，所以聯合國在危機發生時總是顯得多餘無用，波士尼亞、盧安達、索馬利亞、科索沃和後來的達佛都是明證。[33]聯合國經常給人有所作為的印象，但實際上什麼都沒做，這樣反而更糟，因為這樣一來大國就沒有要作為的壓力。正如索爾茲伯里勳爵所言，看起來安全的陽台要比沒有陽台更危險。

「以油換糧」醜聞

聯合國除了給海珊寶貴的時間，其「以油換糧」計畫也讓他獲得大量西方貨幣。這個計畫從一九九六年開始到二〇〇三年戰爭後結束，安理會經手的金額高達六百四十億美元。送去給伊拉克人民的藥品和其他物品，經常被運出伊拉克到國際黑市上販售，另一頭復興黨政府卻把伊拉克人民的苦難怪罪給聯合國和美國制裁。伊拉克政府在這段期間獲取了一百八十億美元的非法收入，其中超過半數是藉著聯合國搞走私。[34]

因為聯合國內部的貪腐，海珊等於是利用聯合國作為巨大的洗錢工具。在「以油換糧」計畫停止很久以後，美國國會專責調查的審計部認為說，儘管該計畫是由聯合國官員執行，並受安理會下設的委員會監督，但海珊向參與該計畫的國際公司收取大量回扣。美國官員發現，伊拉克對聯合國該計畫項下出售的每一桶油，非法收取十到三十五美分的「附加費」。參與該計畫出售人道物資到伊拉克的公司也要繳百分之十的「售後服務費」。[35]

此外，聯合國本身也從該計畫直接收取了十一億美元的執行費用，安理會還批准收取一筆百分之二點二的佣金，這些錢完全未經審計程序。二〇〇四年四月，伊拉克臨時政府顧問漢克斯—德瑞斯馬（Claude Hankes-Drielsma）在眾議院政府改革委員會作證時指出，這筆錢是解開整件貪腐醜聞的「關鍵」，該計畫「提供海珊一個在國際上行賄的方便管道」。巴格達石油部的檔案有一些「理解備忘錄」顯示，海珊可以決定哪些聯合國官員可以來到伊拉克。而伊拉克這一頭的總負責人是海珊的外交部長阿齊茲（Tariq Aziz）。

伊拉克的供應商會把運進來的物資價格拉高，然後送回扣給伊拉克政權，讓海珊能拿到強勢貨幣（也就是美元）。「聯合國運來的食物有上千萬噸被發現是腐爛的，許多藥品也過期，尤其是來自俄國的藥品。」[36]負責官方調查的前聯邦準備銀行主席沃克（Paul Volcker）雖有安理會當靠山，卻無權強迫證人作證。他得依靠外國政府、聯合國人員和前海珊政權成員合作，但這些人未必願意。不過，沃克那份六百二十三頁的報告可謂證據確鑿。他發現在參與該計畫的四千七百五十八間公司中，有二千二百六十五間為人道援助物資繳了回扣，有一百四十八間繳了石油附加費。這簡直是大規模侵占。

海珊政權還送禮券給外國重要人士，讓他們可憑券購買伊拉克原油。這些禮券本身是可以買賣的。收到禮券的有前法國內政部長帕斯奎（Charles Pasqua）、俄國自由民主黨領袖季里諾夫斯基（Vladimir Zhironovsky）、幾名中東政治人物、俄國共產黨官員，甚至還有一名瑞士天主教神父，此人把收益存到梵蒂岡銀行帳戶。沃克的報告還指出，義大利倫巴底大區首長福米戈尼（Roberto Formigoni）拿到可買二千七百萬桶石油的禮券，理由是「義大利特別請託」。法國反戰分子也收到配額。「弊案無處不在，」《雪梨晨鋒報》在二〇〇五年十月沃克報告公布時報導說，「人道物資的回扣來自六十個國家的公司和個人，附加費則來自四十個國家的實體。」[37]

西方陣營確實在一九八〇年代給予伊拉克大批武器和援助，因為海珊當時可以抵擋伊朗的野心。自從《西發里亞條約》以來，國際關係的現實政治鐵則就是「敵人的敵人就是朋友」。就連極度反共的邱吉爾在希特勒於一九四一年進攻蘇聯後，也選擇和蘇聯站在一起。根據自然規律，所有生物都會隨著時間轉變、適應、發展、成熟、倒下、死亡，國際關係也沒什麼不同。「人類很容易陷入極端，對英格蘭的憎恨讓一些法國人產生極度自信。」華盛頓在一七七八年十一月寫信給大陸會議主席勞倫斯（Henry Laurens），「我衷心歡迎新盟友對我們的友誼，也在合理的程度上珍惜其他人的友誼，但人類的普遍經驗告誡我們，不要過分信任任何一個國家，任何謹慎的政治家或政治人物都不該背離這一點。」[38]華盛頓這番話和他的告別演說不同，到今天還是很重要，因為他講到了不變的原理。

在當時，何梅尼領導的伊朗是中東地區的主要敵人，支持何梅尼的死敵伊拉克是完全有道理的。當海珊從親西方轉而激烈反西方，那當然不能再支持他。卡特和雷根政府把刺針飛彈給阿富汗聖戰士以對抗蘇聯也是同樣的道理。「我們沒有永遠的盟友，也沒有長久的敵人，」帕默斯頓動爵於一八四八年三月在下議院說，「但我們的利益是長長久久的，遵循這些利益是我們的義務。」正如史達林在一九四五年是西方的盟友，一九四八年就變成敵人，海珊在一九九〇年入侵科威特之後也被歸為敵人。他和英語民族過去的敵人一樣，完全是自己選擇的。左派認為既然伊拉克曾經是英語民族的盟友，幾年後再對他進攻就沒有道理，但這種看法實在太過天真。

同樣天真的一種看法是，既然西方並沒有和緬甸、辛巴威和北韓的獨裁者開戰，那就不該去推翻海珊和塔利班。不過，雖然民主制度沒辦法在全世界都以武力扶植，但這並不表示不能在中東地區扶植出兩個民主國家，尤其是在九一一事件後，美國人民高度關注來自中東地區的威脅。正如布萊爾在二〇〇三年三月十三日對《泰晤士報》編輯史托哈德（Peter Stothard）所說：「讓我驚訝的是，好多人都寧願讓海珊繼續掌權。他們質疑說為什麼不推翻穆加比（辛巴威），為什麼不去緬甸？……我不做是因為我沒有能力，但如果你有能力，你就應該做。」[39]

二〇〇三年二月十五日，倫敦和全歐洲都出現大規模反戰示威，海珊一定相當開心。羅馬有三百萬人示威，被金氏世界紀錄認定是史上最大規模政治集會。這些遊行和演說等於是向海珊展現出西方陣營對軍事行動的深刻分歧，讓海珊更不可能在當晚十一點鐘舉白旗。歐洲人這種自戀式的良心大爆發反而更增加開戰的可能性。

韓戰和越戰時都有一些西方人士為北韓和北越政府辯護，一九九四年一月也有一位工黨議員蓋洛威（George Galloway）赴巴格達拜訪海珊，還在伊拉克電視上表示：「我向你的勇敢、你的力量、你的不屈不撓致上敬意，我要你知道我們和你站在一起。」然後又用阿拉伯語說：「直到勝利，直到勝利，直到耶路撒冷。」他還對「陛下」表示，有一個巴勒斯坦家庭「把剛出生的兒子命名為海珊」。[40]前面的章節已談過社會學家韋伯夫人、澳洲記者伯切特和女星珍芳達的例子，英語民族總有一些人為極權獨裁者擦脂抹粉。

在批准進攻伊拉克的那一刻，小布希總統極為慎重。倫斯斐的副手伍夫維茲在兩年後回憶說：

我想到有人說過，做決策通常是在不同的選項中挑出最不糟糕的選項。我真的很佩服像小布希總統這種有決心做決策的人。他簽署進攻伊拉克行政命令的那天，我也在橢圓形辦公室，我知道這有多痛苦。他跑到玫瑰園去獨處片刻。很難想像這有多麼煎熬。[41]

批判小布希的宣傳家如麥可．摩爾等人對美國所有戰爭都是冷嘲熱諷，從意識形態上抵制。他們不認為詹森升高越戰、尼克森轟炸柬埔寨或雷根進攻格瑞納達是不得已而為之，小布希進攻伊拉克也一樣。但真正愛護軍隊的總統，諸如詹森、尼克森、雷根、小布希都不願意送士兵上戰場。同樣地，愈是敬畏上帝的總統，就愈清楚自己要面對的最後審判遠比美國國會或歷史評價更為嚴重。

「政治家的義務，」十九世紀英國歷史學家克雷頓（Mandell Creighton）說，「乃是教育人民，而不是服從人民。」二〇〇三年三月十八日，布萊爾在下議院辯論軍事行動時表示，恐怖主義是「對我們生活方式的根本攻擊」。[42]他比較不是用人道理由來為開戰辯護，而是強調海珊屢次違反聯合國安理會決議。投票結果是三百九十六票對二百一十七票，在總數六百五十九席的下議院贏了一百七十九票，但有一百三十九位工黨議員投向反對修正案。這樣的多數讓美國人相信，當利益攸關、急需盟友來支持重要而危險的行動時，美國只能指望英語國家，尤其是英國和澳洲。

（有趣的是，二〇〇三年其實沒有對伊拉克正式宣戰，正如一九八二年也沒有對阿根廷宣戰、一九五六年沒有對埃及宣戰（一直被說成是「維持秩序行動」）、一九五〇年沒有對北韓宣戰。這是因為戰爭狀態會讓雙方都負上正式的義務。英國上一次宣戰是在一九四二年對日本的盟國暹羅王國宣戰。）

和波灣戰爭一樣也是不宣而戰，許多人預測這一次在開戰初始階段，聯軍會遭受重大傷亡。（也有人錯誤判斷說，在聯軍和塔利班游擊隊砲火夾擊下，會有幾十萬阿富汗平民死於二〇〇一到二〇〇二年的冬季。）英國記者費斯克認為巴格達的防線堪比當年的史達林格勒，但事實上是如《泰晤士報》記者貝斯頓所說：「伊拉克首都在第一支美軍裝甲師從機場開進市區就淪陷了。」伊拉克陸軍在戰場上被包圍了二十一天。在英語民族的歷史上，空優火力再度成為致勝關鍵。聯軍發動進攻後幾天之內，伊拉克就再也沒有一架飛機飛在空中。

法蘭克將軍欺敵行動

聯軍指揮官是美國的法蘭克斯將軍。他在自傳中提到戰略欺敵手段是致勝關鍵。就像諾曼第登陸前的「北部堡壘行動」和「南部堡壘行動」，目標是要敵人誤以為主力攻擊將發生在北方幾百英里之遠，騙他們把兵力部署在遠離真正要攻擊之處。欺敵計畫很成功。海珊被一名代號「四月愚人」的雙面諜所騙，以為聯軍「打算在科威特部署部分地面部隊，然後在伊拉克北部對提克里特（Tikrit）到基爾庫克（Kirkuk）北面的油田發動大規模空中攻擊，再用直升機空中攻擊部隊來增援地面傘兵。一旦奪下幾個機場，C－17運輸機就會運來戰車和布雷德利裝甲車加入戰場。」結果偵察圖片顯示，「儘管我們在南邊的科威特布下重兵，但海珊的共和衛隊和常規陸軍師卻沒有大量從北邊陣地往南移動——他們無疑是在等待一場永遠不會到來的攻擊。」[43]戰後對伊拉克人的審訊結果也證明如此。

英語民族的軍人向來尊重敵人，不管是蘇丹的哈登多亞戰士、波爾人、德國人到福克蘭戰爭時的阿根廷飛行員，法蘭克斯將軍也如此，他說賓拉登不只是「致命的對手」，而且是「傑出、大膽的指揮官，其部隊忠誠而能幹。」

海珊倒台後，由美國行政長官布雷默（Paul Bremer）負責治理伊拉克。他受到最大的批評是，他解散掉伊拉克陸軍，然後這些人都跑去參加叛軍民兵。然而，跟隨美國陸軍第六十四裝甲軍團第四營採訪的《紐約郵報》記者福爾曼（Jonathan Foreman）指出：

> 每一個二〇〇三年四月在那裡（不是只在旅館裡寫報導）的記者都可以告訴你，伊拉克陸軍不是布雷默解散的。伊拉克陸軍早就一哄而散。它已經不存在了……多數伊拉克士兵都在三月二十一日到四月十五日把制服脫掉跑回老家。當布雷默在五月二十三日下令解散舊伊拉克陸軍時，他只是確認既存事實而已。[44]

福爾曼還認為，如果讓伊拉克陸軍在受到解放的城市擔任警察工作，「將在各個層面造成災難」，因為叛軍大多數是由前復興黨軍官組成。「使用海珊的武裝部隊（該部隊曾殺害三十萬伊拉克平民）會立刻讓什葉派和庫德族離心離德……確實，如果你要用海珊那野蠻、殘忍的部隊來維持伊拉克的秩序，那當初又何必推翻這個政權？」在那個月，成千上萬因為海珊而失去至親的家屬開始在海珊政權設立的亂葬崗裡尋找親人。

海珊過去三十年來殺害的人都在這些地方，每隔一段時間就會新發現幾個亂葬崗，在本書寫作時依然如此。

找不到大規模殺傷性武器

雖然伊拉克政權被解散後發現了許多墳墓，但沒有發現大規模殺傷性武器。美軍歷史學家詢問海珊的高級將領、復興黨官員和顧問後，發現情況令人啼笑皆非。《經濟學人》（*Economist*）在二〇〇六年三月十八日報導說：

> 即使到了戰後，一些統治圈裡的人還是相信伊拉克擁有大規模殺傷性武器，唯有海珊心裡清楚沒有。他在開戰前不久在革命指揮會議中吐露實情，讓士氣低落不已。但他仍然不願把事實告訴外界，因為讓外界以為他有大規模殺傷性武器可以構成嚇阻。

當然，這種假象並未真的構成嚇阻，因為美國真心相信海珊擁有且會動用大規模殺傷性武器，而且還在製造更多更致命的東西，這讓美國決心要推翻海珊。

五月二日星期四，小布希總統以副駕駛身分乘坐海軍S－3B維京式反潛機，降落在美軍林肯號航空母艦。這架飛機以時速一百五十英里用尾勾攔截索降落，在不到四百英尺的距離完全煞停，再度展現美國航空科技毋庸置疑的優勢。總統在飛行途中一度接手操縱桿。這趟飛行必須開飛機，因為航空母艦位置太遠，用直升機到不了。

小布希背靠美國國旗，宣告主要戰鬥行動已告結束，「任務已經達成」。「用國旗做背景是海軍的點子，」海軍發言人康納德·春（Conrad Chun）表示，「它象徵該艦部署任務成功結束。」（林肯號在阿富汗和伊拉克戰爭期間出動了二百九十天，是有史以來核動力航母出動最久的一次。）

然而，雖然林肯號的任務完成，但小布希總統清楚表明他並不認為「有志者聯盟」的任務已經完成。他說：

> 我們在伊拉克還有困難的工作。我們要把秩序帶給這個危險重重的國家。我們正在尋找

舊政權的領導人，讓這些人為其罪行負責……我們要協助重建伊拉克，因為這個國家的獨裁者只會為自己蓋王宮，而不是蓋醫院和學校。我們要和伊拉克的新領導人站在一起，幫他們建立民有、民治、民享的政府。從獨裁到民主的轉型需要時間，但它值得盡一切努力。聯軍會留下來，直到工作完成為止。然後我們會離開，留下一個自由的伊拉克。

勇哉斯言，但前途多舛，因為各種反美和反民主的勢力已集結起來要搗亂，要干擾「自由伊拉克」的希望。

海珊被活捉

海珊在二〇〇三年十二月十三日被活捉，他被從戰敗後就一直躲藏其中的地洞中給拖出來。有些人預測他會像賓拉登那樣消失無蹤，他們錯了。而賓拉登雖然和克魯格及德皇威廉二世一樣逃過追捕（至少在本書寫作時），但他們皆被完全擊潰。

「如果我們真的是帝國，」副總統錢尼在二〇〇四年一月表示，「我們現在占據的地表會遠大於目前有的。但我們不是這種人。」小布希總統在該月的國情咨文演說中也表示：「我們沒有支配的欲求，沒有帝國的野心。」相反地，美國在當時已花了一千億美元重建伊拉克，如此龐大的數字展現出美國的慷慨和國際責任感，也證明唯有英語民族才有足夠的財富（和意志）把一些國家的暴君趕走。美國過去曾花大錢在胡佛總統暫停還債計畫、②《租借法案》、馬歇爾計畫、柏林空投、在贖罪日戰爭給以色列補給，以及美國許多昂貴的倡議，現在則是要在伊拉克建立代議民主制度。

美國在伊拉克戰爭的支出約為四百八十億美元，數目看來很龐大，但美國本來每年都要花一百三十億美元圍堵海珊，這只等於四年的花費而已。此外，小布希政府為阿富汗和伊拉克重建所撥的經費，只占美國GDP的百分之零點八。[45]這主要是因為美國的GDP很大。在二〇〇二年時，美國占全球產出的百分之三十一。美國經濟規模是日本的兩倍半、中國的八倍半、俄國的三十倍。

對英國來說，伊拉克戰爭是過去一個世紀以來花費最少的一次對外干預行動。到二〇〇五年九月末，整場戰爭只花了英國納稅人三十一億英鎊，不到英國二〇〇四年度國防預算的一成，而當時的國防支出已從冷戰時占GDP的百分之五降到百分之二點三。[46]英國在二〇〇四年的政府總預算是二千億英鎊，介入伊拉克只花了九點一億英鎊，不到總預算的百分之一。英國納稅人的錢很少花得這麼物超所值。

蓋達組織攻擊馬德里

二〇〇四年三月十一日，蓋達組織在馬德里進行炸彈攻擊，造成一百九十二人死亡、一千五百人受傷。無能的西班牙政府怪罪給巴斯克恐怖組織埃塔（ETA），導致在選舉中大敗。即將上台的社會黨政府宣稱將把西班牙部隊撤出伊拉克。蓋達組織對這種討好之舉的回應是，在馬德里到塞維爾的鐵路上再放一顆二十二磅的炸彈，幸好它那條四百三十英尺長的導火線在四月二日被發現。從蓋達組織對馬德里爆炸案的聲明中，可以看出這個組織的虛無主義世界觀：「你們想活，而我們想死。」

阿布格萊布與關達那摩

成堆的裸體囚犯擺出性行為的姿勢、戴頭罩的男子手臂上別著電極夾，而美軍在旁笑著圍觀，這些照片揭示了阿布格萊布監獄中的嚴重虐待行為，儘管其嚴重程度遠不如中東其他監獄中常見的殘殺和酷刑。官方對阿布格萊布監獄公布了四份調查報告，每份報告都結論說，這些憲兵的虐待行為既違反美國陸軍的行為準則，也不是來自上級下令。也就是說，他們違反了執行審訊的所有規定。如同政治評論家帕爾默（Alasdair Palmer）所說，這些報告引用各種官方文件之詳細，「高度展現了美國政府注重法律的本質和開放受公眾檢視的意願，這也證明了小布希政府，並不是某些歇斯底里的反對派人士所說的無法無天的獨裁政權。」

參議院少數黨黨鞭德賓（Richard J. Durbin）把某些美軍在阿布格萊布監獄的錯誤行為，比

---

②譯注：一九三一年，胡佛總統暫停德國履行一次大戰的賠款義務，並暫停償還美國在一九一七、一九一八年向盟國提供的戰爭貸款，旨在緩解持續的國際金融危機及幫助歐洲各國復甦。

擬成納粹、蘇聯的古拉格和柬埔寨強人波布的殺戮戰場。[47]一位法國部長公開指稱美國總統是「連續殺人犯」，一位德國部長把美國領導人比作希特勒。澳洲記者皮爾格（John Pilger）在二〇〇三年一月對英國《每日鏡報》說：「今日的美國菁英就是當代的第三帝國。」他還聲稱：「美國人把伊拉克人當成『次等人類』，希特勒在《我的奮鬥》就是這樣形容猶太人、羅馬尼亞人和斯拉夫人。」[48]曼德拉也譴責小布希總統「要在全世界進行大屠殺」。尤有甚者，英國演員雷德格瑞夫（Corin Redgrave）說小布希比希特勒更惡劣，因為「就連納粹都允許紅十字會去探望囚犯」。[49]（事實上，國際紅十字會可以隨時到關達那摩灣探望人犯，在那裡還有辦公室。而聯合國不但拒絕去訪視，反而公布一份報告說那裡有虐囚的情形，這是第一次有人把對絕食抗議的人犯強迫灌食說成是「虐囚」。）

阿布格萊布監獄之所以紀律崩壞，是因為戰後海珊黨人激烈抵抗造成長期人手不足，某些美國憲兵的素質也確實如同阿帕拉契山上的村夫，但整起事件無法和一九六八年三月的越南美萊村屠殺相提並論。資深美國記者赫許（Seymour M. Hersh）把事情怪罪給倫斯斐、錢尼或小布希總統，這也說不過去。在歷史上，沒有一場戰爭不曾發生虐囚事件。

二〇〇五年一月，阿布格萊布監獄虐囚事件的首惡格雷納（Charles Graner）被判刑十年，但沒有證據顯示他的行為是受到上級命令。負責管理該監獄的，是美國陸軍預備部隊卡平斯基將軍（Janis Karpinski）手下的憲兵隊，她因怠忽職守被降級，拔去指揮官職務。陰謀論者當然不會就此滿意，他們認為國防部和白宮高層都涉入此事，但也毫無證據。

美國把在阿富汗和伊拉克抓到的塔利班和蓋達組織嫌犯，未經審判就關在關達那摩灣的美國海軍基地，這讓左派人士有機會大搞虛偽的道德對等主義。例如，英國左派刊物《新政治家》就刊出一篇〈美國古拉格：小布希的祕密虐囚網絡〉的「獨家」報導文章，還配上有美國國旗豎立在蘇聯式集中營瞭望塔上，以及小布希身著蘇聯獄卒制服的圖片。[50]按照這類文章的慣例，AMERICA中的「R」一定會被翻過來和納粹類比（亦即AmeЯica）。這篇文章說：「如同索忍尼辛筆下的體制，美國的古拉格群島也是幾乎不為人知在祕密運作。」國際特赦組織祕書長艾琳·汗（Irene Khan）也說：「關達那摩就是當代的古拉格。」但如果這些說法是真實的，那反而證明了現在要比過去進步太多，因為蘇聯的古拉格造成六百萬人死亡，而關達那摩卻無一人被殺害。

在每一場現代戰爭中，美英盟軍都會捉拿和拘留敵方戰鬥人員。根據戰爭法，拘留國並不需要起訴敵方戰鬥人員，也不需要讓他們可以找律師。英語民族在一戰和二戰期間都沒有這樣做。根據美國法律，拘留敵方戰鬥人員完全和司法或刑事體系無關，純粹是總統依據憲法身為最高統帥的職權。蓋達組織是一個恐怖組織而不是一個國家，不受《日內瓦公約》保障，其成員並不具「戰犯」身分。而就算他們受《日內瓦公約》保障，他們仍然不能算是戰犯，因為他們沒有依公約第四條規定公開攜帶武器、穿制服、接受上級指揮或遵守戰爭法。

在關達那摩拘留的人犯有房住、有衣穿、能收發電子郵件、有一天三餐、有醫療，還有禱告用的唸珠、地毯和古蘭經。有超過二十位參議員、一百一十位眾議員、一百五十名國會助理和一千名美國及國際媒體記者參訪過這個監獄，而這在從前的戰爭中是不允許的。此外，在二〇〇六年二月前釋放的一百八十名拘留人犯中，至少有十二人又回到戰場對抗美國這個「大撒旦」。還在拘留的有三百人，他們都是敵方戰鬥人員、恐怖活動訓練人員、受招募人員、炸彈製造人員、未來的自殺炸彈客、恐怖活動資助者等等。美國把這些人拘留起來並沒有錯。

過去的美國總統在共和國受到攻擊時，都會用超越憲法的手段回應。一八六一年四月，林肯未經審判就逮捕馬里蘭州的分離主義分子，最高法院首席大法官托尼（Roger B. Taney）提醒這位最高行政首長要遵守「確保法律被忠實執行」的總統誓詞，警告他這種行為已違反人身保護令，將使「美國人民不再生活在法治之中」。但林肯根本不甩托尼，把支持南方邦聯的鑽探公司中尉梅里曼（John Merryman）等分離主義分子，關押在巴爾的摩港的麥克亨利堡（Fort McHenry）。[51]歷史原諒了林肯的行為。同樣地，在一九四二年二月十九日，身為自由派先鋒的小羅斯福下令拘留十二萬名日裔美國人，執行者正是後來的首席大法官華倫（Earl Warren）。相比之下，小布希並沒有在反恐戰爭中採取非法手段，儘管他受到的挑戰是最嚴重的。

伍夫維茲的證詞

發動伊拉克戰爭的美國新保守派並非完全不承認自己有錯。二〇〇四年九月十五日，前國防部副部長伍夫維茲就對作家鮑登（Mark Bowden）表示，他認為伊拉克臨時政府應該在「我們抵達巴格達那天」就建立起來，這樣就不會讓美國被貼上「占領當局」的標籤，半島電視台也不會將之類比為以色列在一九六七年後占領巴勒斯坦的領土。但當時是國務院反對國防部建議要承認一個臨時政府。

伍夫維茲也直率談到海珊的叛軍。「我認為大多數人都低估了這些混蛋的強悍程度……問題的核心在於，經過三十五年的強暴、謀殺和虐待，已經產生一個非常殘暴的死硬派隊伍，而民眾對他們是真的很害怕，很容易被恐嚇。」在開戰前的準備過程中，「我們收到一份又一份的報告，說有哪個伊拉克的旅或師的指揮官答應要帶部隊來投誠，但我認為根本一件都沒有發生。」

海珊堅稱自己仍是伊拉克總統，他的「親信」還能動用放在敘利亞、黎巴嫩和約旦銀行戶頭的大筆資金，伍夫維茲把這種情況和一九四五年類比，「正如納粹雖然戰敗，但還控制紐倫堡，在瑞士還有銀行戶頭和避難所，還有伊朗這些國家裡應外合。」當伍夫維茲被問到他是否相信海珊擁有大規模殺傷性武器時，他回答說：

> 我真正擔心的是生物武器，而我們知道他們有在製造。安理會一四四一號決議有給他們機會澄清。他們有不少事情被我們抓到說謊，主要是他們正在研發的飛彈和無人機。他們還阻礙檢查員和隱瞞不少事。這確實是個很危險的人物，他和恐怖分子來往，經常對我們和我們在波斯灣的盟友展現敵意，他也的確有能力製造這些武器。他本就非常危險，九一一事件之後看來又更加危險。九一一事件改變了思考方式。我認為對他坐視不管是不負責任的。52

二〇〇四年十月二十八日，伍夫維茲解釋，所謂美國應該在伊拉克大量駐軍是禁不起分析的說法。伍夫維茲指出，問題在於有沒有「可據之行動的情報」，而不是聯軍部隊的人數。波爾戰爭、加里波利戰役和越戰都被批評軍隊人數不足，但事實上軍隊人數非常多，真正的問題根本不在此。此外，伍夫維茲也承認：「如果你有更多部隊，就會產生新的問題。美國人愈多，就會讓愈多人離心離德。」歷史上沒有哪一場戰爭是打得完美的，美軍在伊拉克掃蕩叛軍並沒有打得比較差。美軍地面部隊的表現確實英勇非凡。

霍華德、小布希和布萊爾連任成功

在二〇〇四年十月的澳洲大選中，霍華德的自由黨—國民黨聯盟大勝雷珊（Mark Latham）領導的工黨，在下議院拿下八十六席，工黨則為六十席。雖然政府的強勁經濟表現是最重要的致勝因素，但伊拉克議題也很重要。雷珊誓言當選後，要在二〇〇四年聖誕節之前撤回澳洲部隊，霍華德則在其外長唐納（Alexander Downer）的有力輔佐下，為小布希和伊拉克戰爭大力辯護。這對小布希是一道即時雨，因為此時距離他自己的選舉只剩三個星期，如果有一個英語國家宣布要退出聯軍，對他影響相當大。英國記者摩爾（Charles Moore）寫到小布希、霍華德和布萊爾三人接連勝選時表示：「盎格魯—撒克遜的政治文化有足夠的自信，不會害怕戰爭時期的強人領導，而是把它看成強韌民主制度的必要元素。這是件好事。」

小布希在二〇〇四年十一月連任成功並不令人意外，因為不曾有現任美國總統在重大戰爭時連任失敗。在陣前換帥只會有利敵人，愛國的美國人民不會做這種事。但鑑於國內反對伊拉克戰爭的聲浪非常高，小布希勝選的幅度顯得相當驚人。這是美國歷史上首次所有南方各州都投給共和黨。小布希獲得六千二百零四萬票，比法國全部人口五千九百九十萬人還多，民主黨候選人凱瑞（John Kerry）則獲得五千九百零三萬票。小布希成為一九八八年以來首位普選得票率超過百分之五十的美國總統，總投票率也是一九六八年以來最高的百分之六十點三。

二〇〇五年五月五日星期四，英國工黨政府壓倒性地贏得第三次勝利。工黨和保守黨都支持戰爭，兩黨共拿下近百分之七十的選票。

蓋達組織攻擊倫敦

兩個月後，二〇〇五年七月七日星期四，四名自殺炸彈客在倫敦數個地鐵站和塔維斯托克廣場（Tavistock Square）的三十號公車引爆炸彈，造成五十二名無辜民眾死亡，四名炸彈客也身亡。「你們長期的目標是要摧毀我們的自由社會，但我現在可以告訴你們，你們一定會失敗。」這些話出自倫敦的左派市長文斯頓（Ken Livingstone）之口，但此人在反恐戰爭中並不是布萊爾的盟友。「在接下來的日子，你們可以去看看機場和港口，即使在你們懦夫般的攻擊後，你們還是會看到世界各地的人來這裡追求夢想。不管你們做什麼，不管你們殺了多少人，你們都將失敗。」英國群眾沒有恐慌。發動攻擊的恐怖分子自稱是「蓋達組織歐洲聖戰祕密小組」，他們吹噓說「英國現在陷入害怕和恐怖之中」。但任何當時有在倫敦的人都知道，這完全不是事實。這座經歷過納粹大轟炸和V型火箭的城市，這一次也只會心生憎恨和追悼亡者，絕不會低頭。

美國與英國的軍事損失

到二〇〇六年一月底，美國在伊拉克陣亡了二千二百三十七名士兵，不到韓戰或越戰時的百分之四。[53]英國陣亡了一百人，但其中超過四分之一是死於交通事故或訓練意外。「（英國士兵）在過去一年的死亡數是十二人，」《旁觀者》雜誌在二〇〇六年二月報導說，「比北愛爾蘭最平靜的一年還少得多。」此外，在二〇〇六年二月之前的十二個月當中，美軍死在阿富汗的人數要比美國本土死於機車事故的人還少。以歷史的角度觀之，這一次的陣亡人數確實少得驚人。光是一戰時的貝洛森林戰役或二戰時的塔拉瓦戰役，美軍陣亡人數都要超過整場伊拉克戰爭。

以美國的人口來說，只有百分之零點零零八死於二〇〇三到二〇〇五年這場為中東民主之戰。每一位美國人和英國人戰死都令人難過，但從更廣的角度來看，伊拉克戰爭應該被視為英語民族又一次戰勝法西斯的重大勝利。伊拉克戰死的人數推估在二萬五千到三萬人之間，但根據位在卡迪米亞（Kadhimiya）的伊拉克人權中心二〇〇四年的報告：「假如海珊還在位，那麼光是去年就會有七萬人死亡。」聯合國的資料顯示，在二十世紀下半葉的戰爭中，每場戰爭平均要死三萬人。所以不管媒體怎麼誇大其詞，直到二〇〇六年一月為止，伊拉克戰爭的死亡人數都還低於平均值。

蓋達組織從一九八三年的貝魯特和一九九三年的索馬利亞，得出美國無法承受在阿富汗和伊拉克有重大傷亡的結論，但這是錯誤的。誠如《美國政治年鑑》（*The Almanac of American*

Politics）作者巴羅尼（Michael Barone）所指出：「當美國人相信他們的領導人正帶國家走向勝利時，他們就能忍受非常高的軍事傷亡。他們在一九六五到一九六八年能忍受越戰，但當他們的領導人似乎不想打贏的時候，他們就不再忍受。有民調顯示，麥卡錫③在新罕布夏的支持者希望更積極打這場戰爭，而不是消極。」一八六四年和一九四四年是美國史上戰死人數最多的兩個年分，但當時的最高統帥都成功獲得連任。巴羅尼推斷說，這是因為「當雪曼戰車從亞特蘭大出發，美國大兵登陸諾曼第時，美國選民看到美軍正走向勝利。」

伊拉克舉行民主選舉

伊拉克在二〇〇五年十二月舉行大選，終於有了完整的民主，而不只是代議制度。上千萬伊拉克人不顧叛軍威脅去投票，投票率高達百分之七十。英語民族再一次把自由帶到被法西斯統治的地方，希望這不會是最後一次。二〇〇三年二月，布萊爾在工黨國會黨團中表示：「有人說你這麼做只是因為美國人叫你這麼做。我要告訴你不只如此，這是我的信念。」[54]

③編按：此處是指反越戰的 Eugene McCarthy，而非造成紅色恐慌的 Joseph McCarthy。

結語

我們可以成為既自由又偉大的民族。

——傑佛遜，一七七六年[1]

我在這裡告訴你們，無論你們的世界安全體系採取什麼形式，無論國家如何合縱連橫，無論為了更大的目標而要對國家主權做出怎樣的限制，如果沒有英美兩國人民的共同努力，沒有一件事會成功，也不會持久。如果我們站在一起，沒有什麼是不可能的。如果我們分裂，一切都會失敗。因此，我不斷宣揚我們兩國人民的兄弟之誼……這是為了為人類服務，為了榮耀那些有偉大理想的人。

——邱吉爾在哈佛大學的演說，一九四三年九月六日

今天的戰爭已經沒有道德，人類已墮落到最不堪的腐敗和壓迫。

——賓拉登，一九九八年五月

這些十七世紀共和國的後代子弟，這些大多是新教徒的海外英語民族，將永遠以特殊的眼光看待這個世界。

——詹金斯爵士（Sir Simon Jenkins），《泰晤士報》，二〇〇四年三月

九月十一日是敲響我們的警鐘。你們知道我覺得問題在哪嗎？問題是世上有許多人都醒過來一下，然後又翻身睡回去。

——布萊爾，二〇〇五年七月[2]

義大利人以凱撒為傲，他們謹慎保存和愛護羅馬帝國的記憶和遺跡。希臘人崇敬伯里克利時代的雅典，正如馬其頓人崇敬亞歷山大大帝。法國在拿破崙時代的榮耀至今依然被法國共和派人士歌頌，正如西班牙歌頌菲利普二世國王。彼得大帝和凱薩琳大帝的宮殿被俄羅斯人完整保留下來。埃及人也以新王國時期第十八、十九、二十王朝的法老王為傲。瑞典永遠不會忘記阿道夫國王，而烏茲別克的最高榮譽是「帖木兒勳章」，也就是西方人所知的「征服者帖木兒」。葡萄牙人崇敬航海家亨利王子，奧地利人崇拜哈布斯堡皇帝查理五世。而雖然官方禁止了幾十年，蒙古人到現在還是舉杯向成吉思汗致敬。事實上，世上沒有任何一個國家、民族或語言族群會對自己在世界歷史上的黃金時代感到羞恥，唯獨英語民族。

自工業革命之後，英國和美國的霸權相繼主導世界，有人把此視為深刻、明顯而恆久的原罪。自從一九六〇年代以來，英美兩國的學者、左派與自由派的知識分子、社會和政治菁英都把英語民族的帝國主義當成是罪惡。英國的霸權早就結束超過半個世紀，美國在很長的時間依然是世界最強，但今日的美國有一種過度畏縮的政治氛圍，各方勢力都要逼美國認錯。

史學家修昔底德率先把雅典和斯巴達在西元前四三一到四〇四年間，四場獨立但連續的戰爭綜合為一場大的「伯羅奔尼撒戰爭」（Peloponnesian War），這是他的經典敘事作品的主題。同樣地，英語民族歷經了帝制德國、軸心國家、蘇聯共產主義和伊斯蘭基本教義派等四波獨立但連續性的攻擊，我們可以把這四波攻擊看成是英語民族的民主多元主義，與無法容忍多元價值的法西斯主義長達一個世紀的鬥爭。

歷史學家一直爭辯，到底大英帝國是何時把世界領導權的棒子，交給另一支英語民族美利堅共和國，但此事一定是發生在一九四二年十一月的「火炬行動」到一九四四年六月的諾曼第登陸這段期間。當然，交棒並不是正式的，但珍珠港事件之前邱吉爾在自由世界的地位，三年後就由小羅斯福接手。這支棒子並不像接力賽那麼容易交棒，但也不像歷史上一個國家取代另一個國家時經常是以武力奪取。

一九五六年的蘇伊士危機象徵著已然發生的權力轉移，英國人至今還憤憤不平，但期待一個世界最強的強權，會因為語言相同或共同作戰的情誼就不顧自己的利益，這就太過天真。雖然事後回顧起來，如果美國當初讓英國和法國撲滅納瑟上校代表的阿拉伯民族主義，比較符合美國的長遠利益，但這在當時是不可能的。世界上有很多國家能取代英國的霸權，但對英國、澳洲、紐西蘭、西印度群島和愛爾蘭來說，由美國來取代其實是萬幸。美國在二戰後和蘇伊士危機時按照自己的國家利益來行動，這沒什麼好讓人驚訝的，因為任何一個世界強權都會這麼做。令人驚訝的反而是在過去一個世紀中，各英語民族的國家利益已趨於高度一致，在今天比過去尤甚。

「英語民族的合作沒有威脅到任何人，」邱吉爾在一九三八年寫道，「反而保護了所有人。」但他當然錯了，不管在當時還是現在，英語民族的合作曾經威脅到許多人，現在也一樣。他們曾經威脅到軸心國和蘇聯，今天也在各個層面威脅到中東的暴君、伊斯蘭基本教義派恐怖分子、流氓國家、想建立世界政府的全球單一主義者、中國的霸權主義者和歐洲的聯邦派。

讓英語民族得以偉大的諸般理念並不全是英語民族發明的：羅馬人發明了法律的概念、希臘人發明了每個自由人都有一票的民主制度、荷蘭人發明了現代資本主義、德意志人開創了新教、法國人開創了啟蒙運動（蘇格蘭人也有分）。但除了這些之外，英語民族創造出憲政君主制、政教分離、言論自由和權力分立等務實學說。他們能引用外國的思考模式為自己的社會謀福祉，把自己的天分用於科學、技術、節省人力和軍事發明。

英語民族的成功不是因為天生就比較優秀，而是他們能不斷改善其政府體制，盡量減少以權謀私、裙帶關係和貪汙腐敗，這又回過頭來讓他們得以發揮全部潛能，而地球上其他民族則深陷在威權主義、極權主義和系統性的強取豪奪。英語民族比較不浪漫和缺乏想像力，不像法國或俄國革命家喜歡夢想未來的烏托邦。他們把希望放在具體可測的東西。「我承認我非常尊重傳統，」邱吉爾在一九四四年三月在下議院說，「你能回顧得愈長，你就能展望得愈遠。」

英語民族許多關於政府的理論在一九〇〇年之前就已存在，例如美國憲法第一修正案保障言論自由，讓媒體得以揭露貪汙腐敗；諾斯考特—崔佛利恩改革①終結了英國文官制度的系統性腐敗。英語民族的特點是，美國人嚴格奉行一七七六年美國革命的根本理念，而其他大部分英語國家皆奉行一六八八年光榮革命所揭櫫的原則。這才是英語民族能占全球ＧＤＰ超過三分之一的根本原因，儘管其總人口三億三千五百七十萬人僅占全球人口的百分之七點五。[3]

英語民族在一九〇〇年後有兩次重大政治挫敗（並非軍事挫敗），亦即英國的蘇伊士危機和美國的越戰，但這兩次的初期軍事行動都是成功的。這兩個案例都是外國先挑釁：埃及在一九五六年七月把蘇伊士運河收歸國有，北越於一九六四年八月二日在東京灣攻擊美國馬多克斯號驅逐

①編按：一八五四年，英國國會提出《諾斯考特—崔佛利恩報告》（*Northcote-Trevelyan Report*），旨在建立以考試和客觀評鑑為進用標準的文官制度。

艦。綜觀史上各個案例，一八九八年西班牙對美國宣戰、一八九九年波爾人對英國宣戰、一九一四年德國取道比利時進攻法國、一九一七年的齊默曼電報對美國造成威脅、一九三九年希特勒入侵波蘭、一九四一年日本進攻珍珠港和香港、一九四八年柏林被封鎖、一九五〇年北韓進攻南韓、一九八二年阿根廷奪取福克蘭島、一九九〇年海珊入侵科威特，以及蓋達組織的九一一事件恐攻，這些案例可以歸納出一個模式：當愛好和平的英語民族，突然在未經挑釁的情況下被侵略成性的敵人攻擊時，為了維護榮譽和威信，一定會以武力還擊。

威信在國際關係中的重要性不是因為驕傲或自負，而是因為在國與國的現實政治中，威信是有形的貨幣。現代史上死傷最慘重的戰爭，都是因為搞不清楚誰才是老大，所以任何能讓狀況明確的東西都有助於安全和穩定。今天，英語民族占據了霸主地位，這對英語民族和世界上其他國家都是有好處的。

正如虔誠的英國首相索爾茲伯里勳爵所指出，國際事務不能按照《主禱文》或《山上寶訓》來處理。現實政治的殘酷事實是，如果你轉過臉給人打或原諒那些冒犯你的人，災難往往隨之而來。當各大國都清楚自己在國際秩序中站在哪個位置時，世界才會最和平。英語民族在九一一事件之後大打反恐戰爭，尤其是在二〇〇二和二〇〇三年推翻塔利班和復興黨政權，讓全世界都知道誰才是全球霸主。這也有助於避免「大國衝突」這種一九〇〇年以來史上最血腥的戰爭型態。

儘管伊拉克戰爭在某些圈子不受歡迎，但它提醒世界，儘管英語民族在過去十二年中受盡了海珊的無禮和蔑視，但他們不會一直被看扁下去。二〇〇三年三月，海珊的五十萬大軍不到三個星期就被人數少得多的聯軍打敗，清楚展示了什麼叫勇氣、專業和科技優勢。

聯軍留在伊拉克對付後海珊時期的騷亂，美國、澳洲和英國領導人也都獲得連任，向世界證明他們是認真要讓伊拉克人民三十多年來第一次決定自己的政府。上千萬伊拉克人民在二〇〇五年十二月大選中投票，百分之七十的投票率比大多數西方國家還要高，這顯示民主在中東雖然罕見，但也很受歡迎。美國、英國、澳洲和其他英語國家在九一一事件之後的對外政策，不但沒有違背其傳統，反而是其歷史傳統的主流。

第三世界國家對英語民族欠下龐大債務，左派和教會一直批判這點。《泰晤士報文學副刊》認為這種債務乃是「最新型態的帝國主義，是美國用來維持世界霸權的新手段，讓過去的殖民地大規模、永久且無可挽救地陷於負債，還要求要以強勢美元償還。與這種赤裸裸的強取豪奪相比，西班牙掠奪拉丁美洲的手法尚顯細緻。」[4]但實際上，美國從第三世界國家收取的債務利息只是其GDP的零頭，而且所有貸款都是自願借款，不是什麼帝國主義。借款的國家把錢浪費在貪汙腐敗和「白象工程」②不能怪美國。而且在大多數案例中，借錢的都是商業銀行而不是美國政府，反而是華府每年都以「重債窮國計畫」大量減免這些國家的債務，而華府並沒有義務要這麼做。最後，如果某國借的是美元（美元並不是永遠強勁，至少在本書寫作的二〇〇六年絕不是），當然就要以美元或其他可被借款者接受的貨幣來償還。這些對美國的批評儘管尖銳，但都禁不起仔細檢視。

反美人士經常批評美國國內的絕對貧窮人口和貧富差距，但事實上，美國的窮人要比世界上

②編按：white-elephant，意指昂貴又華而不實的建設。

絕大多數地方的窮人過得好。根據美國普查局的資料，四成六的美國窮人擁有自己的住房，七成二擁有洗衣機，六成有微波爐，九成二有彩色電視機，七成六有空調，六成六有一輛以上汽車。三分之二的貧窮家戶平均有兩個房間，每個窮人的平均生活空間比巴黎、倫敦、維也納或雅典的個人平均還要大。[5]美國窮人孩童的最大危險是肥胖，不是飢餓或營養不良，他們長得比二戰時登陸諾曼第的美國大兵還要高出一英寸、多出十磅重。根據《新共和》（*New Republic*）雜誌總編伊斯特布魯克（Gregg Easterbrook）所寫的《進步悖論》（*The Progress Paradox*）一書，如果剔除掉移民，那麼對於百分之九十土生土長的美國人來說，不平等其實正在縮小，部分原因是非裔美國人愈來愈富裕。

有一句老話說：「美國打噴嚏，全世界都感冒」，但這句話的另一面是，當美國好的時候，全世界也跟著受益。當美國醫生發現治療疾病的方法時（美國人發現得比任何國家都多），全世界都額手稱慶。美國人獲得諾貝爾獎的人數遠多於其他國家，從一九〇七到二〇〇四年共有二百七十人，這反映出英語民族對新知識的渴求。一九〇〇年時，全美國只有三百八十二人獲得博士學位，而在一九〇〇到一九五〇年間，在科學、醫藥和技術領域獲得博士學位的人數成長了十六點二倍，遠快於總人口的增加。[6]

盎格魯—撒克遜模式在高等教育的成功也反映出資本主義的成功。二〇〇六年一月，道瓊工業指數在九一一事件後首次重回一萬一千點，展現出美國資本主義驚人的復原能力。全球反恐戰爭並沒有澆熄美國人的樂觀主義太久。自由市場普羅米修斯式提供物質利益的能力讓全世界得以富裕。自一九四〇年代初以來，代議民主制度先是推向西歐和日本，再推向印度次大陸、巴基斯坦，再推向部分亞洲國家，再推向拉丁美洲，再推向東歐和俄羅斯，再推向非洲，最近再推向阿富汗和伊拉克，這都要歸功於美國人想把天賦人權推往全球的意志，儘管美國自身根本沒有受到威脅。

在冷戰中受到馬列主義的威脅時，美國不得不把穩定看得比民主重要，不得不容忍那些反共的獨裁者。現實政治的鐵律是「敵人的敵人就是朋友」，一九四一年的史達林是如此，一九七〇年代的海珊也是如此，因為當時的伊朗是更大的敵人。美國確實有一些盟友嚴重侵犯人權，例如冷戰時期的瓜地馬拉，但反美人士不能只怪美國而不怪瓜地馬拉。這些親美政權雖然違反人權，但取而代之的很可能是反美的馬列主義政權。撇開地緣戰略不談，這並不會改善當地的人權狀況，一九一七年以來死於共產政權的九千四百四十萬人就是明證。

英語民族積極推廣代議制度到世界各地，不是出於感情用事或天真的烏托邦理念，而是出於冷靜的自我利益考量。今天有所謂「新保守派」（neo-conservative），但十九世紀的英國政治家坎寧和帕默斯頓勳爵就積極輸出自由民主，正如皇家海軍從拿破崙戰爭以來就奉行「先制攻擊」，一九四〇年更摧毀土倫港的維琪艦隊。小布希並沒有發明新的作戰準則，只是把舊的準則運用在新的但同樣危險的情況。就這個意義來說，九一一事件恐攻沒有用到化學、生物或核子武器乃是上帝的旨意，它一方面警醒英語民族戰爭已經來臨，一方面又不致讓幾百英畝大的曼哈頓市中心變成充滿輻射線的廢墟。

當英語民族擺脫孤立主義之後，其內心深處就有把別人從獨裁者手中解放出來的強烈衝動。最早用武力來阻礙並廢除奴隸制的就是英語民族，可以說他們至今還在執行這項任務，阿富汗婦女和大多數伊拉克人都可以見證。但在那些過於封建、神權、部落主義或蒙昧，代議制度無法帶來真正多元社會的國家，我們也只能多等一些時間再追求民主，尤其是有些國家可能會選出強烈反西方的政府。有些人認為冷戰的穩定環境是黃金時期，但舊怨會以新的面貌製造新的仇恨。在未來的戰爭中，生化武器要比以前德國人使用的更可怕。戰爭也不會縮短，反而會指數型延長：一次大戰打了四年，二次大戰打了六年，越戰打了十一年，冷戰打了四十三年。沒人知道西方民主多元制度和伊斯蘭基本教義恐怖組織這場戰爭會打多久，但時間絕對不會短。美國國防部已準確地稱這場戰爭是一場「長期戰爭」。

自一九〇〇年以來，英語民族能如此成功輸出其政治文化，一個主要原因是他們不像法國、俄國、德國、日本和中國等主要地緣政治對手，有曾經被侵略而產生創傷、羞辱、恐懼的經驗。在一九四〇年那最黑暗的時刻，邱吉爾曾許諾未來的世代將生活在「廣闊、陽光普照的高地」，而英語民族也確實做到了。歐洲強國之間已經有六十年沒打仗，每一塊大陸（除了非洲以外）每十年就在物質生活上翻倍已超過半世紀，自由市場更將科學和技術發明的成果發揚光大。

誠如邱吉爾一九四三年在哈佛大學演講時所說：

> 法律、語言、文學，這些都是重要因素。對於什麼是正確和體面的共同看法，對公平的高度重視，尤其是對弱者和貧者的關心，對公平正義的堅定情感，最重要的是對個人自由的熱愛……這些都是大西洋兩岸英語民族共享的觀念。

這些東西把美國人、英國人、加拿大人、澳洲人、紐西蘭人、英屬西印度群島人（或多或少還可算上愛爾蘭人）連結在一起。他們沒有如少數人所鼓吹要和英語民族的共同遺產切斷關係，而是感到自豪，其國家認同反而更為強固。

自一九〇〇年以來，英語民族當然犯過一些罪過和錯誤，凡人皆不可免。他們的罪過和愚蠢行為有：在加里波利低估了土耳其人；在珍珠港事件前低估了日本人；在一九一九年沒有肢解德國；在一九一八至二〇年沒有採取更多手段將布爾什維克扼殺在襁褓中；威爾遜總統在一九一九年處理不好參議院，導致美國在一九二〇年拒絕加入國際聯盟；英國在一九二〇年代將法國而非德國視為更有可能的敵人；在一九三六年沒有反對希特勒重新武裝萊茵區；對想要逃離納粹德國的猶太人所發放的簽證太少；當真相大白後，沒有大肆宣傳大屠殺；在雅爾達會議後，將非蘇聯人民送交給史達林；在一九四七年搞砸了印度的權力交接；第二次世界大戰後，國務院一頭熱支持歐洲一體化；允許納瑟將蘇伊士運河收歸國有；在一九五六年鼓勵匈牙利人起義；誤導大英國協國家關於英國加入歐洲經濟共同體的真正後果；在林肯發表《解放奴隸宣言》後一個世紀才真正解放美國黑人；在越南只想打僵持戰；卡特政府在「低盪」早就過時之際還在搞「低盪」；在南斯拉夫解體後長期討好塞爾維亞人；波灣戰爭後沒有直接推翻海珊；鼓勵庫德人和什葉派起來對抗海珊，卻又允許伊拉克使用武裝直升機；相信聯合國會忠實執行「以油換糧」計畫；過度仰賴關於大規模殺傷性武器的情報來為伊拉克戰爭辯護；在進攻伊拉克之前花太多時間等待聯合國通過第二項決議，在海珊倒台後也沒有立即將行政管理權交給伊拉克臨時政府。這一長串錯誤都是短視近利和治國無方，但其他強國可能更糟糕。對政治來說，一個世紀是很長的時間，而其中絕大多數錯誤都是出於善意。

很多末日預言家喜歡說美利堅「帝國」將在二十一世紀衰落。他們提出許多無可避免的理由，這類作品合稱為「美國衰弱論」。知名史學家拉科爾（Walter Laqueur）在二〇〇三年二月的《泰晤士報文學副刊》評論了喬治城大學國際關係教授凱強（Charles A. Kupchan）的悲觀之作《美國時代的終結》（*The End of the American Era*），列出一長串美國必將衰落的因素：

> 一方面是單邊主義，驕傲自大，沒有耐心和盟國合作，另一方面是孤立主義，兩者加起來就沒有意願為帝國付出代價。美國經濟沒有強大到能當全球戰略守護者。作者還看到美國其他弱點：全球化的虛假願景；美國過於依賴外資；美國工業的脆弱；數位革命、國與國之間和社會內部社經條件不平等的破壞性後果。凱強不滿美國年輕人看太多電視和運動，也不滿美國道路上塞滿休旅車，一加侖汽油只能跑十三英里。他還批評美國治理機構的無效率和企業資金對政治的滲透。[7]

除了休旅車純屬個人好惡之外，這些因素都滿有道理，但如果美國時代要終結，一定要有另一個國家來取代。古羅馬也有「治理機構的無效率」，也有「社經條件不平等」，但在匈王阿提拉出現之前，羅馬霸權維持了六百年。

此外，這種現象我們早就見識過了。一九八〇年代也有一堆衰落論的著作，例如保羅·甘迺迪（Paul Kennedy）一九八八年的《霸權興衰史》（*Rise and Fall of the Great Powers*），就預言美國會因為帝國過度擴張以及和蘇聯過度軍備競賽而走向破產。凱強預言歐盟會取代美國的霸權地位，但拉科爾說：「總是有人喜歡從目前的經濟趨勢去推論長遠的政治結論，但我們應該拒絕這種念頭。國家的生命有些最重要的東西是無法被量化的，也無法在《美國統計摘要》（*Statistical Abstract of the United States*）和其他參考書中找到。」[8]樹長得再高也到不了天空。就算中國已在二〇〇六年取代英國成為世界GDP第四大國，二〇〇八年也將超越德國，但要威脅美國，中國仍有許多政治、社會和環境問題要克服。

儘管打反恐戰爭，美國經濟仍然是世界火車頭，超過四分之三個世紀都是如此。二〇〇三年，美國產業和工作者所創造的產品和服務要比二〇〇二年多出五千億美元。這表示美國經濟增加了一個巴西、印度或一個半俄羅斯的大小。全世界市值前十大企業有八個在美國（英國石油和滙豐則在英國）。在該年度，美國人買了一千六百萬輛汽車和輕卡車，以及二百萬台冰箱。華萊士總統在一九四二年說，這個世紀是「普通老百姓的世紀」，另有人說是「美國人的世紀」，但事實上這是英語民族的世紀，而且遠遠尚未結束。

「有時候要靠外國人來打開你的眼光。」一位《旁觀者》雜誌的作者寫道，「很久以前有一位挪威外交官告訴我，他在學校時老師就教過，是英國為世界帶來工業化、民主和足球，也就是英國人的經濟體制、政治體制和興趣。但英國孩子在學校學不到這些。」[9]英語民族確實處處讓人看到希望：光是劍橋大學岡維爾與凱斯學院（Gonville and Caius College）的諾貝爾獎得主就比全法國要多；地球上最有名的一個名字不是什麼獨裁者或政治理論家，而是沁心涼的飲料可口可樂；在二〇〇四年聖誕節那天，英國和美國之間有一百萬通電話在互打；七億五千萬人以英語為第二語言，比以英語為第一語言的人數還多；除了斐濟之外，加拿大是參加聯合國維和部隊最多次的國家，在二〇〇四年就有五十五次，而斐濟的國旗上還保留英國的米字旗。最棒的是，在九一一事件之後，大多數美國人已把華盛頓那篇孤立主義的告別演說視為過時的主張，就和美國開國元勳們對奴隸制的妥協一樣已完全跟不上時代。

然而，「盎格魯中心」（Anglo-centric）依然是個貶抑詞，至少在英語民族內部是如此。最近有一本書批評詹森博士的字典，譴責它「不僅塑造出一種主要屬於中產階級的英國人和英國文化的形象，而且是保守、盎格魯中心和以男性為主。」[10]但詹森博士的《詹森字典》（*A Dictionary of the English Language*）本來就是在編纂史料，所用的注釋都出自當時絕大多數為男性的作者，這部偉大的作品又怎麼可能有不同面貌？英語民族有許多人就像坎寧詩句中的雅各賓派一樣，是「堅決只愛世界的愛國者。愛每個國家，就是不愛自己的國家。」

一九九八年美國國慶日，英國親美左翼人士佛里德蘭（Jonathan Freedland）出版了《英國人如何實現美國夢？》（*How Britain Can Live the American Dream*）一書，他在書中自問自答道：

> 左派的反應一點都不令人驚訝。誰會羨慕一個大吃垃圾食物、還存在死刑、沒有信用卡就不能進醫院的國家？誰會想仿效一個宗教狂熱、到處是槍、政治體制充斥金錢而且對世上其他地方幾乎無知的國家？[11]

佛里德蘭回答得很好，美國實際上是「一個蓬勃的民主國家，一個繁忙的公民社會，依然執著於自我治理的夢想。這個夢想表現在志願服務、樂善好施和地方自治，其程度足以讓英國人感到羞愧。」但更有趣的問題是，當時是柯林頓總統時期，左派人士為何對美國如此不滿？「反美主義現在已深入歐洲人的心靈，」作家麥金斯特里（Leo McKinstry）相信，「這在崇尚種族平等的歐洲文化中是最後一種可被接受的種族偏見。」[12]

弔詭的是，共產主義的崩潰並沒有讓歐洲人對美國感恩戴德，反而讓歐洲人能夠很安全地反對美國。一位作家寫道：「在冷戰時期，來自共同敵人的威脅約制了反美情緒。但當共同敵人消失後，對於美國文化那種粗俗的物質主義、無根的普世主義、膚淺的樂觀主義，以及缺乏悲劇意識的厭惡之情又再度復歸。」[13]肯楠在一九四七年《外交事務》那篇著名文章就寫道，反美主義有時是平息不了的，正如愛爾蘭共和派無法接受凱斯門是喜歡濫交的同性戀者，對很多人來說，這些東西「本質上是神學性質的，最終是由信仰而非理性決定。」誠如史威夫特（Jonathan Swift）所言，要說服一個人放棄他並非靠道理而來的想法，是徒勞的。有些反美派的叫囂（尤其是在伊拉克戰爭後）更像是妥瑞氏症患者的肌肉抽動，而不是理性的批評。

美國人最常被嘲笑很少出國，只有百分十八的成年美國人手上有護照。但美國有極富多樣性的地理環境，美國人不必像歐洲人那樣要離開自己的大陸。美國有舊金山、五大湖、洛磯山脈、雪倫多亞河谷、費城、大峽谷、芝加哥、加州酒莊、新英格蘭村莊、尼加拉瀑布、阿帕拉契山脈、國會山莊、科羅拉多滑雪場、內華達沙漠、紐約市、夏威夷海灘、中西部大草原、南方沼澤、大沼澤地和河口、優勝美地國家公園、各種自然奇景和所有想得到的動植物、各種極端溫度和氣候、世界兩大洋的各種美景，美國人根本不像其他國家的人那麼需要護照。

密西西比河長達四千英里，每星期向墨西哥灣注入十億立方英尺的水。黃石公園的面積有英國最大郡約克郡的一半大，另一個美國國家公園內有六十條冰河。就算把整個英倫群島都塞進五大湖，剩餘空間還有九千平方英里。赫伯特・萊斯利・吉在一九四三年寫道：「廣袤的美國就是個現代世界。」西方文明最好的繪畫、音樂、雕像和文化都可以在美國的博物館、畫廊和音樂廳中找到。歐洲有盧森堡和列支敦斯登這種小國（伍迪・艾倫曾開玩笑說「用地毯就鋪得滿」），對許多歐洲人來說，跨境旅遊是絕對必須的，因為歐洲不像美國是大陸型國家。美國人比較少拿護照這件事不該被歐洲人當成笑柄。

資深廣播人阿斯提爾（Henri Astier）最近點出反美主義的內在矛盾：

> 我們喜歡嘲笑美國社會既高度物質主義，又極度宗教狂熱；既種族歧視，又強調政治正確；美國人既墨守成規，又非常個人主義；美國企業既無惡不做，又很遵守愚蠢的法規。此外，我們一面指責美國搞「單邊主義」，一面又罵美國不盡國際責任。我們譴責美國到處干預，又期待美國能拯救墨西哥的債務，保護台灣不受中國侵略，調解印度和巴基斯坦……促進南北韓對話。[14]

對於這種雙重標準，法國哲學家何維爾（Jean-François Revel）解釋得很正確：反美主義「只能用心態來解釋。反美言論讓社會免於看到自己的失敗，維護了集體自我。」於是乎，高度受監管的阿拉伯媒體會指控反恐戰爭箝制了美國的言論自由；非洲國家組織高喊要有「非洲馬歇爾計畫」，卻不提非洲四十年來已拿到四倍於馬歇爾計畫的援助；歐洲人怪罪美國霸權，「以此來解釋為何歐陸地位大幅滑落」，卻不怪自己為什麼在二十世紀三十年之內要兩度自相殘殺。[15]

只有英語民族才不會這樣自我沉溺。透過我們的特殊關係（其重要性在九一一事件之後更加無與倫比），我們共同組成霸權，讓阿拉伯人、非洲人和歐洲人無比嫉妒。不管英語民族各國對碳排放或鋼鐵業關稅的看法有什麼不同，在世界歷史的偉大奮鬥中，如同布萊爾所說，我們的共同利益決定了我們必須和這些兄弟、盟友和語言相同的人「肩並肩」站在一起。

邱吉爾在哈佛大學的演講中說得很正確：「如果我們站在一起，沒有什麼是不可能的。」在過去一個世紀中，英國的米字旗飄揚在聖母峰，美國的星條旗登上月球，英語民族在四大洲推翻了無數暴政，治好了一種又一種疾病，為億萬人帶來前所未有的富足，讓英語成為全球通用語言，獲得最多諾貝爾獎（不管是絕對數量或按平均人口計算），在激烈的大戰中平順地把全球領導權交棒給自己人。英語民族唯一的弱點是那種反覆出現、莫名其妙、不應該有的內心煎熬，讓他們懷疑自己的能力和道德價值。

回顧在一九〇〇年時，有不少對手可以奪走英語民族的霸權。大英帝國過度延伸，沒有可以誇口的陸軍能和其他大國相匹敵；美國也沒有強大的陸軍和海軍，其全球企圖心才剛開始萌芽。相較之下，經濟實力強大的德意志帝國正在中國、委內瑞拉和薩摩亞大搞「世界政治」，打造世界一流的「公海艦隊」；法國擁有龐大的全球帝國，渴望要向英國一雪三年前的法紹達之恥；俄羅斯成功進行工業化，整軍經武對英屬印度虎視眈眈；看來比較弱的鄂圖曼帝國、奧匈帝國、義大利、日本也不可小覷，尤其是日本。

經過一個多世紀，情況大大不同。德國在兩次瘋狂訴諸武力後成了和平主義的空殼；法國國力被重創；俄羅斯突然放棄了把共產主義推展到世界各地的長期鬥爭，現在處於一九〇五年革命以來最弱的時候。這些國家和奧匈帝國、義大利、日本都被入侵和占領過至少一次，有些甚至兩次，隨之而來的是混亂和士氣崩潰。

今天的英語民族則完全不同，不管在軍力、財富或威信上都無人可以匹敵。未來最可能的挑戰者是中國（中國在一九〇〇年時還沒競爭資格），但要取代英語民族還為時尚早。一些前鄂圖曼帝國遺留的狂熱不滿分子，攻擊了英語民族最大城市的市中心，但這些人的憤怒正是因為敵人過於強大，沒辦法造成多大威脅。就算恐怖分子再用化學、生物或核子武器攻擊英語民族的大城市，也無法改變這種優勢。如同喬治．威爾（George Will）所觀察：「蓋達組織沒有提出一套可以競爭的現代社會模式。蓋達組織只是在攻擊現代性這個概念。」[16]

在滑鐵盧戰役的最後階段，拿破崙皇帝的帝國衛隊對盎格魯聯軍最後一次大進攻慘遭失敗，威靈頓公爵舉起他的三角帽下令說：「勇往直前，完成勝利。」現在蘇聯共產主義已死，英語民族則仍有代議制度、自由企業、英語、軍事力量、法治等各項優勢，「勇往直前，完成勝利」正是該做的事。

每年一月二十六日，羅馬帝國都會在舊時的大城市阿爾巴隆伽（Alba Longa）慶祝拉丁節，紀念拉丁民族的起源（凱撒身為大祭司，在他被刺殺前七個星期主持了這場儀式）。英語民族臉皮太薄，不好意思這樣慶祝自己，但也許英語民族是應該慶祝，因為今天的英語民族是人類最後和最好的希望。凡事必有結束，「世上最驕傲的帝國會逝去」，英語民族的長期霸權也將有終結的一天。當他們最終向歷史提交其治理全球的成績單時，將會有許多值得誇耀的地方。唯有當另一個強權（例如中國）稱霸全球之時，人們才會懷念這個最正派、最實在、最慷慨、最公正和最會犧牲自己的大帝國。

謝詞

這本書顯然無意成為英語民族的綜合史，因為單靠一本書是無法寫出來的，就算寫得出來也可能相當乏味。這本書不是教科書，而是從二十世紀初以來英語民族的生活中隨意挑選出來的一系列片段和事件，而透過這些共同經歷，我相信某些共同主題會自然而然浮現出來。

依我的宗旨來說，英語民族是指那些大多數人以英語為母語的地方：美國、英國及其附屬地、加拿大、澳洲、紐西蘭、英屬西印度群島和愛爾蘭。英語當然還擴散得更遠，例如南非、羅德西亞（現在的辛巴威）、新加坡、香港等等，但我將自己限制在目前大多數人以英語為母語的地方。

在D日，英語民族為了文明世界團結合作，我要特別感謝「戰場巴士之旅」（Battlebus Tours）的保羅．伍達奇（Paul Woodadge），他帶我參觀了奧馬哈海灘、伯茲維爾、拉菲耶爾橋、猶他海灘、梅齊耶、聖瑪麗杜蒙、布雷維爾、安戈維爾、梅維爾砲台、希爾曼據點、寶劍海灘、飛馬橋、朱諾海灘、聖梅爾教會、濱海利翁、黃金海灘和克雷本等知名戰場，以及巴贊維爾的萊斯大英國協戰爭公墓和科萊維爾的諾曼第美國軍人公墓。保羅對一九四四年諾曼第的了解有如百科全書，有助我深入體會這場英語民族為自由事業所做的最大貢獻的戰役。

我還要感謝艾辛．奧克塔女士（Mrs Esin Oktar），她帶我參觀了加里波利戰役的幾個戰場和公墓，包括安扎克灣、V海灘、內克、孤松、普拉格斯高地和丘努克山，以及卡巴特佩博物館。

我對該戰役的理解也得益於與北安普敦大學的伊恩・貝克特（Ian Beckett）教授的交流，我也要對他表示感謝。

這本書得益於我與對該主題有興趣的人的討論，我特別想感謝以下人士的意見、觀點和幫助：Carol Adelman, Rupert Allason, Joan Bright Astley, Jed Babbin, John Barnes, Michael Barone, Prof. Ian Beckett, Alan Bell, James C. Bennett, Mrs Benazir Bhutto, Robin Birley, Lord Black, Geoffrey Blainey, Philip Bobbitt, John Bolton, Sen. George Brandeis, Jung Chang and Jon Halliday, Robert Conquest, Alistair Cooke, Sir Zelman Cowen, Peter Day, Prof. David Dilks, Prof. Clement H. Dodd, Alexander Downer, Douglas Feith, Prof. Niall Ferguson, Alan Forward, Sir Martin Gilbert, Hon. Newt Gingrich, Dean Godson, Michael Gove, Tom Gross, Katherine Harris, Simon Heffer, Prof. Peter Hennessy, Peter and Caroline Hopkins, Sir Alistair Horne, Prof. Sir Michael Howard, Colonel John Hughes-Wilson, General Sir Michael Jackson, Frank Johnson, Paul Johnson, General John K. Keane, Alan H. Kessel, Roger Kimball, Prof. Mervyn King, Dr Henry Kissinger, Irving Kristol, Lord Lambton, Lord Lamont, Richard Langworth, Bernard Lewis, Andrew Lownie, Hugh Lunghi, Kim McArthur, Sen. John McCain, John McCormack, Prof. Kenneth Minogue, John Montgomery, M. Ergün Olgun, John O'Sullivan, Allen Packwood, Stephen Parker, Hayden B. Peake, Richard Perle, Melanie Phillips, General Colin Powell, Lord Powell, David Pryce-Jones, James and Georgie Riley, Tony Ring, Patrick Robertson, Kenneth Rose, Donald Rumsfeld, Colin Russel, Mr Justice Antonin Scalia, Prof. Roger Scruton, Simon Sebag Montefiore, Victor Sebastyen, William Shawcross, James E. Shiele, Dr John Silber, Sen. Gordon

H. Smith, Anthony Staunton, Irwin and Cita Stelzer, David Tang, Lady Thatcher, Chang Tsong-zung, Patrick Tyler, Prof. Claudio Véliz, Prof. Donald Cameron Watt, Lord Weidenfeld, the late Caspar Weinberger, David Wills, Keith Windschuttle, James Woolsey and Sir Peregrine Worsthorne。

伊恩・賽耶（Ian Sayer）先生好心地讓我接觸他的第二次世界大戰檔案，該檔案包含六萬份未公開文件，是目前最大的私人收藏，我要謝謝他允許我加以引用。

本書必然需要在世界上一些偏遠地區進行大量檔案研究，我想特別感謝以下人士（不按特定順序）使過去四年如此愉快：英國國家檔案館的Darrah McElroy；奧克蘭戰爭紀念博物館圖書館的Martin Collett；美國國會圖書館手稿部的Jeff Flannery；墨爾本三一學院的Campbell Bairstow；紐約公共圖書館手稿部的John Stinson；劍橋邱吉爾檔案中心的主任Allen Packwood；倫敦圖書館和大英圖書館的工作人員；坎培拉澳洲國立圖書館的Fiona Kilby；皇家藝術學會圖書館的Lara Webb；布魯克斯俱樂部圖書館的Sheila Markham；紐約尼克博克俱樂部的圖書管理員；奧克蘭市圖書館的Jenny Whaley；倫敦內閣戰情室的主任Philip Reed；墨爾本大學的Geoffrey Browne；牛排俱樂部的祕書John Lucas-Tooth爵士；博德利圖書館現代手稿室的Colin Harris；基督城城市圖書館的Claire Scott；波士頓大學霍華德・戈特利布檔案研究中心的Sean Noel；蘭貝斯宮圖書館的Richard Palmer；劍橋大學圖書館手稿閱覽室的主管Godfrey Waller；墨爾本維多利亞省立圖書館的Janusz Janik；坎培拉澳洲國家檔案館的David Bell；James Guest為我帶來的維多利亞省議會參觀；Peter Tuziak為我帶來的新南威爾斯省議會參觀；Christina Young為我帶來的紐西蘭議會參觀；以及我在坎培拉的舊國會大樓和澳洲國會參觀的導遊們；北愛爾蘭議會大樓的Neil Porter；

華盛頓大都會俱樂部的圖書管理員；紐西蘭國立圖書館的亞歷山大・特恩布爾圖書館的Tim Lovell-Smith；新南威爾斯省立圖書館米契爾—狄克森大樓的Suzanne Mallon；基督城大學的Mark Francis教授，以及基督城紐西蘭檔案館的Heidi Kuglin。

我的姑姑和姑丈，大衛和蘇珊・羅蘭茲（David and Susan Rowlands），慷慨地在二〇〇五年夏天借給我位於多爾多涅的美麗農舍五個星期，我在這段時間內寫下本書許多內容。

許多人幫我看過草稿的部分內容並提供建議，我想感謝John Barnes, Prof. Paul Bew, Lord Black, Con Coughlin, Carlo D'Este, Jonathan Foreman, Susan Gilchrist, Dean Godson, Tom Gross, Frank Johnson, Lord Lamont, Patrick Maume, John McCormack, Simon Sebag Montefiore, Douglas Murray, Tim Newark, Lucy Pawle, David Pryce-Jones, William Shawcross, Andy Smith, Prof. Fred Smoler, Irwin Stelzer, Prof. Claudio Véliz, Lord Weidenfeld, David Wills, Keith Windschuttle, Paul Woodadge and Peter Wyllie. Eric Petersen, Roger Jenkin, Stephen Parker，以及我的父親西蒙（Simon Roberts），他們每個人都看完整份草稿，我想特別感謝他們的寶貴協助。

我的妻子蘇珊（Susan Gilchrist）以各種方式幫助這本書，最主要是不斷的鼓勵，我對她的感謝難以言喻。還有我的編輯艾恩・特魯伊（Ion Trewin）、文學經紀人喬治娜・卡佩爾（Georgina Capel）和文稿編輯琳達・奧斯班（Linda Osband），與他們合作真是親切愉快。

最後，我將本書獻給萊奧妮・弗里達（Leonie Frieda），紀念我們五年的特殊關係。

安德魯・羅伯茨，二〇〇六年一月

二十世紀以來歷任美國總統（1897-2009）

	任期	黨派
麥金利	1897.3.4－1901.9.14	共和黨
老羅斯福	1901.9.14－1909.3.4	共和黨
塔夫脫	1909.3.4－1913.3.4	共和黨
威爾遜	1913.3.4－1921.3.4	民主黨
哈定	1921.3.4－1923.8.2	共和黨
柯立芝	1923.8.2－1929.3.4	共和黨
胡佛	1929.3.4－1933.3.4	共和黨
小羅斯福	1933.3.4－1945.4.12	民主黨
杜魯門	1945.4.12－1953.1.20	民主黨
艾森豪	1953.1.20－1961.1.20	共和黨
甘迺迪	1961.1.20－1963.11.22	民主黨
詹森	1963.11.22－1969.1.20	民主黨
尼克森	1969.1.20－1974.8.9	共和黨
福特	1974.8.9－1977.1.20	共和黨
卡特	1977.1.20－1981.1.20	民主黨
雷根	1981.1.20－1989.1.20	共和黨
老布希	1989.1.20－1993.1.20	共和黨
柯林頓	1993.1.20－2001.1.20	民主黨
小布希	2001.1.20－2009.1.20	共和黨

① 編按：附錄由中文版編輯整理收錄。

附錄①

二十世紀以來歷任英國首相（1894-2007）

	任期	黨派
羅斯伯里	1894.3.5－1895.6.22	自由黨
索爾茲伯里	1895.6.25－1902.7.11	保守黨
貝爾福	1902.7.11－1905.12.5	保守黨
班納曼	1905.12.5－1908.4.7	自由黨
阿斯奎斯	1908.4.7－1916.12.5	自由黨
勞合・喬治	1916.12.6－1922.10.19	自由黨
博納・勞	1922.10.23－1923.5.20	保守黨
鮑德溫	1923.5.23－1924.1.16	保守黨
麥克唐納	1924.1.22－1924.11.4	工　黨
鮑德溫	1924.11.4－1929.6.5	保守黨
麥克唐納	1929.6.6－1935.6.7	工　黨
鮑德溫	1935.6.7－1937.5.28	保守黨
張伯倫	1937.5.28－1940.5.10	保守黨
邱吉爾	1940.5.10－1945.7.26	保守黨
艾德禮	1945.7.26－1951.10.26	工　黨
邱吉爾	1951.10.26－1955.4.7	保守黨
艾登	1955.4.7－1957.1.10	保守黨
麥克米倫	1957.1.10－1963.10.19	保守黨
荷姆	1963.10.19－1964.10.19	保守黨
威爾森	1964.10.16－1970.6.19	工　黨
希斯	1970.6.19－1974.3.4	保守黨
威爾森	1974.3.4－1976.4.5	工　黨
卡拉漢	1976.4.5－1979.5.4	工　黨
柴契爾	1979.5.4－1990.11.28	保守黨
梅傑	1990.11.28－1997.5.2	保守黨
布萊爾	1997.5.2－2007.6.27	工　黨

44 *New York Post*, 26 April 2004
45 *The Times*, 24 April 2004, p. 11
46 *Daily Telegraph*, 29 September 2005, p. 2
47 *Washington Times*, 21 November 2005, p. A6
48 John Pilger in the *Daily Mirror*, 29 January 2003
49 Brendon O'Neill in the *Spectator*, 21 January 2006, p. 23
50 *New Statesman*, 17 May 2004
51 Donald, *Lincoln*, p. 299
52 *Sunday Times* review, 19 June 2005, p. 9
53 By the time of writing in December 2005, 2,151 US servicemen had died in Iraq; the figures for earlier wars' dead are taken from Dupuy and Dupuy, *Encyclopaedia*, pp. 1083, 1309, 1365 and 1333
54 Riddell, *Hug Them Close*, p. 1

結語

1 McCullough, *John Adams*, p. 135
2 *The Times* T2, 27 July 2005, p. 2
3 Anthony Browne in the *Spectator*, 23 July 2005, p. 11; United Nations Population Division figures
4 Landeg White in the *TLS*, 26 October 2001, p. 11
5 www.heritage.org/research/welfare/bg1713.cfm
6 Murray, *Human Accomplishment*, p. 433
7 Walter Lacquer in the *TLS*, 21 February 2003, pp. 9–10
8 *Ibid.*
9 Anthony Browne in the *Spectator*, 23 July 2005, p. 10
10 Hitchings, *Dr Johnson's Dictionary*, p. 138
11 Jonathan Freedland in the *Spectator*, 7 August 2004, p. 14
12 *Sunday Telegraph*, 30 January 2005, p. 24
13 Ian Buruma in the *Financial Times* magazine, 20 August 2005, p. 24
14 Henri Astier in the *TLS*, 10 January 2003, p. 3
15 *Ibid.*
16 *Finest Hour*, winter 2005–6, no. 129, p. 22

13 *Spectator*, 2 April 2005, p. 15
14 Hoffer, *The True Believer*, p. ix
15 *Spectator*, 15 October 2005, p. 30
16 George Walden in the *Sunday Telegraph* review, 27 March 2005, p. 11; Henri Astier in the *TLS*, 10 January 2003, p. 3
17 White House Background Paper on Iraq, 12 September 2002
18 Senator John McCain in conversation with the author, 30 November 2004
19 *International Herald Tribune*, 16 November 2004, p. 8
20 Jack Straw, *Today programme*, 26 January 2004
21 Melanie Phillips in the *Spectator*, 27 September 2003, p. 18; George Tenet at Georgetown University, 5 February 2004; *The Times*, 7 February 2004, p. 2; *Hansard*, 24 September 2002, col. 4
22 Browne, *Long Sunset*, p. 166
23 *Spectator*, 24 April 2004
24 White House Background Paper on Iraq, 12 September 2002
25 Tertrais, *op. cit.*, p. 43
26 *Ibid.*, p. 44
27 *Daily Telegraph*, 6 June 2004
28 ed. Stelzer, *Neoconservatism*, pp. 271–2
29 McIntyre, *Josiah the Great*, p. 308
30 *Ibid.*, p. 73
31 Keegan, *The Iraq War*, p. 100
32 *Daily Telegraph*, 19 September 2005, p. 12
33 Lal, *In Defence of Empires*, p. 57
34 *The Times*, 22 April 2004, p. 5; *Sydney Morning Herald*, 29–30 October 2005, p. 17
35 *The Times, ibid.*
36 *Sunday Telegraph*, 25 April 2004, p. 24
37 *Sydney Morning Herald*, 29–30 October 2005, p. 17
38 Ellis, *His Excellency*, p. 123
39 Stothard, *Thirty Days*, p. 42
40 *Weekly Standard*, 17 November 2005, p. 17
41 *Sunday Times* review, 19 June 2005, p. 9
42 *Hansard*, 18 March 2003, col. 772
43 *Sunday Times*, 1 August 2004, p. 7; Franks, *American Soldier*, ch. 10, 'The Plan'

50 *Sunday Telegraph*, 28 March 2004
51 *Ibid.*
52 Amir Taheri in the *Sunday Telegraph* review, 22 August 2004, p. 11
53 *Ibid.*
54 *Ibid.*
55 Burke, *Al-Queda, passim*; Hazhir Teimourian in the *Literary Review*, September 2003, p. 36
56 *Daily Telegraph*, 29 July 2005, p. 1
57 Simms, *op. cit.*, p. 345
58 Seldon, *Blair*, p. 399
59 *Spectator*, 27 November 2004, p. 48
60 Clinton, *My Life*, p. 925
61 Florida State website
62 Peter Berkowitz in the *TLS*, 27 July 2001, p. 27
63 *Ibid.*
64 John Adamson in the *Sunday Telegraph* review, 25 July 2004
65 *Ibid.*
66 Anthony Daniels in the *Spectator*, 3 July 2004, p. 35
67 *Ibid.*

第十七章

1 *Washington Post*, 22 November 2005, p. A28
2 Letter from Robert Eschbach to *The Times*, 12 November 2004
3 *National Post*, 8 May 2004
4 *Washington Post*, 12 December 2004, p. A24
5 Steven Beller in the *TLS*, 15 March 2002, p. 14; Shawcross, *Allies*, p. 13
6 Tertrais, *War Without End*, p. 46
7 The 9/11 Commission, *Final Report...*, p. xvi
8 Seldon, *Blair*, p. 484
9 *Ibid.*
10 *Ibid.*, p. 491
11 Tyrie, 'Mr Blair's Poodle Goes to War', p. 9 n.9
12 Richard Beeston in the *Spectator*, 22 October 2005, p. 52

16 Law No. 94–665 of 4 August 1994 Relative to the Use of the French Language
17 Tom Ladner in *Global Network*, 10 December 1996, p. 2
18 Davidson, *Voltaire in Exile*, pp. 30n and 63n
19 *The Times*, 31 January 2005, p. 31
20 *Ibid.*
21 Claiborne, *The Life and Times of the English Language*, p. 289
22 *Ibid.*, p. viii
23 Bragg, *The Adventure of English*, pp. 297–312
24 *Ibid.*, p. 305
25 *Spectator*, 13 November 2004, p. 40
26 Diarmid Ó Muirithe in the *Literary Review*, February 2005, p. 42
27 Ostler, *Empires of the Word*, pp. 541–9
28 *Sunday Telegraph* review, 27 February 2005, p. 13
29 Alan Taylor in *The Author*, summer 2005, p. 79
30 G. Calvin Mackenzie in the *TLS*, 13 October 2000, p. 13
31 *Ibid.*, p. 14
32 *TLS*, 15 June 2001, p. 18
33 *The Times*, 27 March 1997
34 *Ibid.*
35 Bryan Appleyard, *Sunday Times*, 17 November 1996
36 *Ibid.*
37 *BBC History*, January 2005, pp. 36–9
38 Simms, *Unfinest Hour*, p. 316
39 *Ibid.*, p. 317
40 *Ibid.*, p. 50
41 James Pettifer in the *TLS*, 10 May 2002, p. 29
42 Simms, *op. cit.*, p. 50
43 *Ibid., passim*
44 James Pettifer in the *TLS*, 10 May 2002, p. 29
45 *Ibid.*
46 Cradock, *In Pursuit of British Interests*, p. 191
47 Simms, *op. cit.*, p. 52
48 Mark Mazower in the *TLS*, 14 February 2003, p. 6
49 Gedmin and Kennedy, 'Selling America – Short', p. 72

53 *Ibid.*, p. 118
54 Library of Congress, *The Iran-Contra Affair*, p. 25
55 Iran-Contra Affair Papers, item 02614
56 Library of Congress, *op. cit.*, p. 25
57 Stewart, *History of The Times*, p. 387
58 www.state.gov
59 *Daily Telegraph*, 28 January 2005, p. 23
60 *Ibid.*
61 *Spectator*, 3 December 2005, p. 36
62 David Pryce-Jones in the *Literary Review*, May 2002, p. 36
63 Pryce-Jones, *The War That Never Was*, p. 105
64 Robert Conquest in the *TLS*, 2 June 1995, P. 5
65 Sharansky, *The Case for Democracy*, pp. 137–8
66 *Daily Telegraph*, 25 February 2005, p. 16
67 Pryce-Jones, *op. cit.*, p. 161
68 *Sunday Telegraph* review, 7 May 1995, p. 9

第十六章

1 *Melbourne Age*, 24 October 2005, p. 13
2 Stewart, *History of The Times*, p. 386
3 *Atlantic Monthly*, September 1990
4 Schwarzkopf, *It Doesn't Take A Hero*, p. 316
5 Robert Harris in the *Daily Telegraph*, 10 May 2005
6 Dupuy and Dupuy, *Encyclopaedia*, pp. 1479–80
7 Justin Wintle in the *Literary Review*, November 2000, p. 30
8 *Washington Post*, 21 November 2005, P. A15
9 *Ibid.*
10 Carlton, *The West's Road to 9/11*, p. 230
11 *Ibid.*, p. 232
12 *Spectator*, 19 January 2002, p. 40
13 I.M. Lewis in the *TLS*, 8 June 2001, p. 4
14 *Ibid.*
15 Paul Johnson in the *Sunday Telegraph* review, 16 January 2005, p. 11

21 Partington, 'Australian Anglophobia', p. 14
22 Véliz, 'Bad History', p. 22
23 Partington, *op. cit.*
24 Peter Kelly letter to the *TLS*, 16 February 2001, p. 17
25 *TLS*, 16 February 2001, p. 17; 23 February 2001, p. 17; 9 March 2001, p. 17; 30 March 2001, p. 21; 10 August 2001, p. 15
26 Clark, *Meeting Soviet Man*, pp. 12 and 86
27 Wheatcroft, *The Strange Death of Tory England*, p. 169; Thatcher, *Downing Street Years*, p. 263
28 Cannon, *op. cit.*, p. 317
29 Volkogonov, *The Rise and Fall of the Soviet Empire*, p. 365
30 *Ibid.*, p. 366
31 Cannon, *op. cit.*, p. 440
32 *Washingon Post*, 22 November 2005, p. A28
33 Miller, *The Cold War*, p. 30
34 Reagan, *An American Life*, p. 547
35 Weinberger, *op. cit.*, p. 291
36 Thatcher, op. cit., p. 326
37 *Ibid.*, p. 329
38 *Ibid.*, p. 326
39 Cannon, *op. cit.*, p. 448
40 *Ibid.*, p. 449
41 Piers Brendan review in the *Sunday Telegraph* review, 12 June 2005, p. 11
42 *Ibid.*
43 *Spectator*, 5 November 2005, p. 61
44 Padraic Kenney in the *TLS*, 14 January 2005, p. 10
45 Keith Joseph Memorial Lecture to Centre for Policy Studies, 11 January 1996, p. 5
46 *Auckland Star*, 6 March 1985, p. A8
47 *New Zealand Herald*, 4 March 1985, p. 11
48 *Auckland Star*, 8 March 1985, p. A6
49 *New Zealand Herald*, 11 March 1985, p. 8
50 Volkogonov, *op. cit.*, p. 492
51 *Ibid.*, p. 449
52 Biggs, 'The Q-Man', pp. 117–18

39 Dickie, *The New Mandarins*, p. 86
40 Miller, *The Cold War*, p. 127
41 *Ibid.*, p. 366
42 Lind, *op. cit.*, p. 258
43 William Shawcross in correspondence with the author, 30 November 2005; Niall Ferguson in the *Sunday Telegraph*, 11 December 2005, p. 19
44 Frum, *op. cit.*, p. 308
45 Norman Stone in the *Literary Review*, December 2005, p. 16
46 Frum, *op. cit.*, p. 310
47 *Ibid.*

第十五章

1 Robert Skidelsky in the *Evening Standard*, 30 May 1995, p. 29
2 Federal Reserve website; Cannon, *President Reagan*, p. 275
3 *Guardian*, 11 June 2004
4 eds Skinner, Anderson and Anderson, *Reagan In His Own Hand, passim*
5 James Bowman in the *TLS*, 7 September 2001
6 eds Milner, O'Connor and Sandweiss, *The Oxford History of the American West*, p. 530
7 Freedman, *The Official History of the Falklands Campaign*, vol. I, pp. 3–32
8 Nott, *Here Today, Gone Tomorrow*, p. 257
9 Freedman, *op. cit.*, p. 209
10 Nott, *op. cit.*, p. 258
11 Lawrence Freedman in the *TLS*, 8 June 2001, p. 28
12 Weinberger, *Fighting for Peace*, p. 206
13 Conversation with Caspar Weinberger, 13 October 2005
14 Weinberger, *op. cit.*, p. 205
15 Freedman, *op. cit.*, 11, p. 381
16 *Ibid.*, pp. 383–4
17 *Ibid.*, p. 379
18 James Delingpole in the *Spectator*, 10 July 2004, p. 45
19 Ryan, 'Manning Clark', p. 22
20 *Ibid.*, p. 9

7 Kissinger, *American Foreign Policy*, p. 57
8 US Congress House Committee on Internal Security, Travel to Hostile Areas HR 16742, 19–25 September 1972, p. 761
9 *Wall Street Journal*, 2 August 1975
10 *The Times*, 2 April 2005, p. 41
11 *Conservative Weekly News Letter*, vol. 18, no. 37, 15 September 1962, p. 1
12 Tony Bennett in the *TLS*, 9 March 2001, p. 32
13 *The European Journal*, vol. 10, no. 7, May-June 2003, pp. 2–3
14 Leach, *Europe*, p. 223
15 Kissinger, *op cit.*, p. 74
16 Leach, *op. cit.*, p. 223
17 Lal, *In Praise of Empires*, p. 77
18 Bennett, *The Anglosphere Challenge*, p. 279
19 *Sunday Telegraph*, 28 November 2004, p. 12
20 Klaus Dodds in *BBC History*, December 2004, p. 46
21 *Guardian*, 8 November 2002
22 *Daily Telegraph*, 3 August 2004
23 Reeves, *President Nixon*, p. 606
24 Kissinger, *Years of Upheaval*, p. 538
25 *Daily Telegraph*, 26 November 2005, p. 24; *Weekly Standard*, 21 November 2005, p. 19
26 Butler and Butler, *British Political Facts*, pp. 68–9
27 Paul Johnson in the *Spectator*, 18 June 2005, p. 10
28 Walters, *The Mighty and the Meek*, p. 31
29 Johnson, *op. cit.*, p. 920
30 Reeves, *op. cit.*, p. 499
31 Johnson, *op. cit.*, p. 921
32 Nixon, *In the Arena*, p. 35
33 Carroll, *Australia's Governors-General*, p. 159
34 *Ibid.*, p. 162
35 Blainey, *A Shorter History of Australia*, p. 222
36 Foreman, *The Pocket Book of Patriotism*, p. 58
37 Kissinger, *Years of Renewal*, p. 541
38 *Spectator*, 21 November 1998, pp. 25–7

32 Gaddis, *We Now Know*, p. 63
33 Windschuttle, *op. cit.*, pp. 9–11
34 *Guardian*, 9 October 2004
35 Windschuttle, *The Killing of History*, p. 6
36 *Daily Telegraph*, 10 October 2004
37 *Daily Telegraph*, obituary of Derrida, 10 October 2004
38 Lind, *Vietnam*, pp. 254–5
39 *Wall Street Journal*, 3 August 1995
40 Roger Kimball in the *New Criterion*, November 2004, p. 6
41 *The Times*, 23 December 1854, p. 9
42 Michael Burleigh in the *Literary Review*, December 2005, p. 24
43 Frum, *How We Got Here*, p. 345
44 Fraser, *The Hollywood History of the World*, p. 244
45 Lind, *op. cit.*, p. 256
46 Dupuy and Dupuy, *Encyclopedia*, p. 1333
47 Johnson, *A History of the American People*, p. 896
48 Lind, *op. cit.*, p. 261
49 Blainey, *This Land is all Horizons*, p. 5 8
50 *Ibid.*
51 Sidney Mintz in the *TLS*, 14 September 2001, p. 7
52 *Sunday Star Times* (New Zealand), 30 October 2005, p. 2
53 Pagden, *Peoples and Empires*, p. 133
54 Sinclair McKay in the *Daily Telegraph* Arts, 30 April 2005, p. 6
55 Williams, *Chronology*, p. 662
56 *Literary Review*, September 2005, p. 35

第十四章

1 NA CAB 164/988
2 *Spectator*, 19 May 2001, p. 45
3 William H. Pritchard in the *TLS*, 14 January 2005, p. 19
4 Garrett, *Prisoner of War*, pp. 219–31
5 *Ibid.*, p. 224
6 Isaacson, *Henry Kissinger*, p. 256

第十三章

1 Kissinger, *American Foreign Policy*, p. 56
2 eds Milner, O'Connor and Sandweiss, *The Oxford History of the American West*, p. 491
3 *Ibid.*
4 Andrew Rotter in the *TLS*, 25 May 2001, p. 12
5 Freedman, *Kennedy's Wars*, pp. ix–xii, 415–19
6 Andrew Rotter in the *TLS*, 25 May 2001, p. 12
7 *Ibid.*
8 Caute, *The Dancer Defects*, p. 484
9 *Ibid.*, p. 485
10 *Ibid.*, p. 487
11 Dimbleby and Reynolds, *An Ocean Apart*, p. 238
12 *Ibid.*, p. 239
13 National Archives PREM 11 fol. 3665
14 www.digitalhistory.uh.edu
15 ed. Asmal, *Nelson Mandela*, pp. 12–13
16 Ramsey Papers, 66 ff. 222, 6 May 1964
17 Simon C. Smith in the *EHR*, cxix 480, (February 2004), p. 271
18 Philip Mandler in the *TLS*, 23 July 2004, p. 13
19 Beschloss, *Taking Charge*, p. 411 n.1
20 Bennett, *The Anglosphere Challenge*, p. 279
21 Perlstein, *Before the Storm, passim;* letters to the *TLS*, 28 June and 19 July 2002, p. 17
22 Browne, *Long Sunset*, p. 327
23 Douglas Johnson in the *TLS*, 24 December 2001
24 Miller, *The Cold War*, p. 386
25 *The Times*, 8 March and 9 March 1966, p. 10
26 *The Times*, 27 April 2004, p. 36
27 Sugden, *Nelson*, p. 3
28 *The Times*, 27 April 2004, p. 36
29 John A. Barnes in the *Opinion Journal, Wall Street Journal*, 24 August 2005
30 Chang and Halliday, *Mao*, p. 537
31 Windschuttle, 'Mao and the Maoists', p. 9

29 ed. Boyle, *The Eden-Eisenhower Correspondence 1955–1957*, pp. 155–6
30 *Ibid.*
31 *Ibid.*
32 Clark Papers, 160 fol. 2
33 Thorpe, *Eden, passim*
34 Martin, *Australian Prime Ministers*, p. 200
35 James, *op. cit.*, p. 557
36 *Spectator*, 13 October 2001, p. 40
37 Diane Kunz in the *Spectator*, 3 November 1990, pp. 25–6
38 *TheTimes*, 22 November 2004
39 Gerald Frost in the *New Criterion*, November 2004, p. 74
40 John Ramsden in the *TLS*, 10 May 2002, p. 13
41 *Ibid.*
42 Goldsworthy, *Losing the Blanket, passim*
43 Carl Bridge in the *TLS*, 21 February 2003, p. 31
44 *Canadian Historical Review*, vol. 86, no. 1, March 2005, pp. 142–4
45 *International Herald Tribune*, 1 November 2005, p. 6
46 Roberts, *The Holy Fox*, p. 72
47 Kosek, 'Richard Gregg, Mohandas Gandhi and the Strategy of Nonviolence', pp. 1318–22
48 *Ibid.*, p. 1336
49 ed. Coleman, *A History of Georgia*, pp. 362–3
50 *Ibid.*, p. 362
51 Lunghi and Conquest, *Soviet Imperialism*, p. 39
52 Martin Luther King Papers, Howard Gotlieb Research Center, Boston University
53 *Ibid.*
54 *Ibid.*
55 G. Calvin Mackenzie in the *TLS*, 13 October 2000, p. 13
56 Michael Burleigh in the *Literary Review*, December 2005, p. 24
57 Davies, *Mission to Moscow*, pp. 222–30
58 Aitken, *Richard Nixon*, pp. 259–60
59 de Botton, *Status Anxiety*, p. 33
60 Aitken, *op. cit.*, p. 261
61 de Botton, *op. cit.*, p. 34
62 ed. Trevor-Roper, *Hitler's Table Talk*, p. 22

43 Leach, *Europe*, p. 223
44 Grondana, *Commonwealth Stocktaking*, p. xii
45 Gedmin and Kennedy, 'Selling America – Short', p. 71

第十二章

1 Frank Johnson in the *Spectator*, 13 October 2001, p. 40
2 Donovan, *Tumultuous Years*, pp. 307–10
3 Attlee Papers, Mss Dep. 114 fol. 149
4 *Ibid.*, fol. 153
5 Garrett, *Prisoner of War*, p. 207
6 *Ibid.*, p. 211
7 *Ibid.*, p. 218
8 *New York Times*, 16 November 1998; Weathersby, 'Deceiving the Deceivers', *passim*
9 Simpson, *Human Rights and the End of Empire*, pp. 728–9
10 Bernard Porter in the *TLS*, 8 February 2002, p. 12
11 *TLS*, 18 April 2004, p. 19
12 Saunders, *Who Paid the Piper, passim*
13 Simon Heffer in the *Literary Review*, September 2003, p. 37
14 Murray, *Human Accomplishment*, p. 262
15 Conquest, *The Dragons of Expectation*, p. 158
16 Simon Heffer in the *Literary Review*, September 2003, p. 38
17 William D. Rubinstein in the *TLS*, 26 October 2001, p. 13
18 Deedes, *Brief Lives*, p. 114
19 Torsten Meissner in the *TLS*, 28 June 2002, p. 11
20 Robinson, *The Man Who Deciphered Linear* B, p. 16
21 *Ibid.*, pp. 102–3
22 ed. Willams, *Chronology*, p. 342
23 British Movietone News, 18 April 1955
24 Gaddis, *The Cold War, passim*
25 *Ibid.*, fol. 2
26 Moran, *Winston Churchill*, p. 237
27 James, *Anthony Eden*, p. 453
28 ed. Williams, *The Diary of Hugh Gaitskell 1945–1956*, pp. 551–2

10 Rohwer and Monakov, *Stalin's Ocean-Going Fleet, passim*
11 *BBC History*, January 2005, p. 7
12 Lewis, *Changing Direction*, p. 179
13 *Ibid.*, p. 229
14 *Ibid.*, p. 232
15 Ramsey Papers, 37 ff. 364–70, 15 July 1963
16 British Movietone Newsreel, 15 October 1945
17 Williams, *Hutchinson*, p. 355
18 ed. Pottle, *Champion Redoubtable*, p. 291
19 Dobson, *US Wartime Aid to Britain 1940–1946*, p. 224
20 Bullock, *Ernest Bevin*, pp. 443 and 464 n.2
21 *Ibid.*, p. 476
22 Penney, 'John Douglas Cockcroft 1897–1967', p. 175
23 Reynolds, *Australia's Bid for the Atomic Bomb, passim*
24 ed. James, *Churchill Speaks*, p. 909
25 *Spectator*, 5 November 2005, p. 61
26 Roberts, *Eminent Churchillians*, pp. 126–31
27 Attlee Papers, Mss Eng c.4793 fol. 66
28 Gupta, *Delhi Between Two Empires 1803–1931*, p. 179
29 Attlee Papers, Mss Eng c.4793 fol. 59
30 Graham Macklin in *BBC History*, January 2005, p. 8
31 Isaacson and Thomas, *The Wise Men*, p. 455
32 *Ibid.*, p. 458
33 C.V. Glines on www.indianamilitary.org
34 Tanenhaus, *Whittaker Chambers*, p. 218
35 Herman, *Joseph McCarthy*, pp. 84ff
36 *Ibid.*, pp. 84ff
37 ed. Swan, *Alger Hiss, Whittaker Chambers, and the Schism in the American Soul*, pp. 306–7
38 Tanenhaus, *op. cit.*, p. 169
39 *Ibid.*, pp. 518–20
40 Reeves, *The Life and Times of Joe McCarthy*, p. 674
41 *Ibid.*
42 David Caute in the *Spectator*, 28 October 2000, p. 65

48 Attlee Papers, Mss Eng c.4793 fol. 32
49 *Ibid.*, fol. 12
50 Fry, 'A Reconsideration of the British General Election of 1935 and the Electoral Revolution of 1945', *passim*
51 *Military Illustrated*, no. 200, January 2005, p. 25
52 ed. Bowman, *Chronicle of the Twentieth Century*, p. 134
53 *Financial Times* magazine, 6–7 August 2005, p. 27
54 Bourke, *The Second World War*, p. 223
55 Kagan, 'Why America Dropped the Bomb', pp. 17–23
56 Murray Sayle in the *New Yorker*, 31 July 1995; Hiroshima Special Report, *Newsweek*, 24 July 1995
57 *TLS*, 3 May 2002, p. 17
58 Kagan, *op. cit.*, p. 19
59 ed. Parrish, *Encyclopaedia*, p. 458
60 Kagan, *op. cit.*, p. 21
61 Ibid., p. 22
62 Allan Massie, *Daily Telegraph* books review, 19 February 2005, p. 11
63 ed. Parrish, *op. cit.*, p. 632
64 Maddox, *Weapons for Victory, passim*
65 Kagan, *op. cit.*, p. 23
66 *Daily Telegraph* books review, 19 February 2005, p. 11
67 DeGroot, *The Bomb*, p. 99

第十一章

1 Browne, *Long Sunset*, p. 41
2 Williams, *Chronology*, p. 597
3 John Home in the *TLS*, 6 February 2004, p. 4
4 Andrew Kenny in the *Spectator*, 13 August 2005, p. 29
5 Jeffrey Hart in the *New Criterion*, November 2005, p. 29
6 Lind, *Vietnam*, p. 222; *The Times*, 26 January 2006, p. 43
7 ed. Hardy, *Isaiah Berlin*, p. 622
8 Henri Astier in the *TLS*, 10 January 2003, p. 3
9 Donald Cameron Watt in the *TLS*, 17 May 2002

15 Hastings, *Overlord*, pp. 109–10
16 Percy, *A Bearskin's Crimea*, p. 199
17 Gilbert, *op. cit.*, pp. 40–1
18 *Ibid.*, pp. 178–9
19 Interview with Paul Woodadge, 22–23 July 2005
20 Hastings, *Armageddon*, p. 105
21 Marshall Papers, reel 9, p. 252
22 *Ibid.*
23 *Ibid.*, p. 304
24 Overy, *Why the Allies Won*, p. 225
25 Hughes-Wilson, *Military Intelligence Blunders*, pp. 2–3
26 Gilbert, *Churchill*, p. 796
27 NA FO 800/302
28 Gunther, *Inside USA*, chart
29 *Ibid.*
30 *Ibid.*
31 ed. Butler, *My Dear Mr Stalin*, p. xiii
32 ed. Hardy, *Isaiah Berlin*, p. 546
33 Doenecke and Stoler, *Debating Franklin D. Roosevelt's Foreign Policies*, pp. 214–15
34 Martin Gilbert's speech to International Churchill Conference, Lansdowne, Virginia, October 2002
35 Taylor, *Dresden*, Appendix B
36 *Ibid.*, p. 405
37 Joanna Bourke in the *TLS*, 8 June 2001, p. 28
38 Taylor, *op. cit.*, p. 413
39 *Ibid.*, Appendix B
40 Ian Sayer Papers
41 Max Hastings in the *Mail on Sunday*, 9 January 2005, p. 73
42 Ben Fenton in the *Daily Telegraph*, 28 February 2005
43 *Ibid.*
44 Justin Wintle in the *Literary Review*, November 2000, p. 30
45 Dwyer, *De Valera*, p. 283
46 Ørvik, *The Decline of Neutrality*, p. 271
47 Astley, *The Inner Circle*, p. 206

43 Joanna Bourke in the *TLS*, 8 June 2001, p. 8
44 Noble Frankland letter to the *TLS*, 6 June 2001, p. 17
45 Royle, *Patton*, pp. 17–18
46 *Ibid.*, p. 23
47 *Ibid.*, p. 34
48 Reynolds, *Monty and Patton*, p. 285
49 *Ibid.*, p. 146
50 Whiting, *The Field Marshal's Revenge*, pp. 217–19
51 eds Eberle and Uhl, *The Hitler Book*, p. 175n
52 ed. James, *Churchill Speaks 1897-1963*, pp. 815–17
53 Black, *op. cit.*, p. 881
54 Williams, *Hutchinson*, pp. 328–61
55 Drea, *MacArthur's ULTRA*, p. 226
56 From conversations with James Woolsey of the CIA, Sir John Scarlett of the JIC, Sir Stephen Lander of MI5 and another Intelligence chief
57 Drea, *op. cit.*, pp. 227–8
58 ed. Hardy, *Isaiah Berlin*, p. 486

第十章

1 Gilbert, *D-Day*, p. 127
2 *Ibid.*, p. 57
3 Small, *The Forgotten Dead, passim*
4 Lacouture, *De Gaulle*, pp. 520–7
5 *Ibid.*, p. 521
6 *Ibid.*, p. 523
7 *Ibid.*, pp. 525–6
8 Gilbert, *op. cit.*, p. 61n
9 Interview with Paul Woodadge, 22–23 July 2005
10 D'Este, *Eisenhower*, p. 527
11 Interview with Paul Woodadge, 22–23 July 2005
12 Gilbert, *op. cit.*, p. 86
13 Interview with Paul Woodadge, 22–23 July 2005
14 *Ibid.*

11 Hasluck, *The Evolution of Australian Foreign Policy 1938–1965*, p. 39
12 *Sydney Morning Herald*, 29 December 1941, p. 6; *Canberra Times*, 29 December 1941, p. 2
13 Black, *Franklin Delano Roosevelt*, p. 712
14 Dupuy and Dupuy, *Encyclopedia*, p. 1309
15 Black, *op. cit.*, p. 1063
16 Sumiko Higashi in the *TLS*, 2 April 2004
17 Mankiw, *Principles of Economics*, p. 746
18 Nicholas, 'Overlord, Over-Ruled and Over There', p. 46
19 Roseman, *The Villa, the Lake, the Meeting, passim*
20 Zoe Waxman in the *English Historical Review*, cxix, 484, November 2004, p. 1466
21 Davis, *Late Victorian Holocausts, passim;* David Arnold in the *TLS*, 23 March 2001, p. 30
22 Simplich, 'Behind the News in Singapore', pp. 83
23 Bayly and Harper, *Forgotten Armies*, pp. 106–55
24 Anthony Milner in the *TLS*, 7 January 2005, p. 8
25 Birks Papers, MS 1413/56
26 www.naa.gov.au
27 Curtin Papers, RC00810 no. 7/1/2
28 Curtin Papers, A5954/69
29 Fraser Papers, series 1, file 8
30 Heiferman, *World War* II, p. 208
31 Keegan, *Intelligence in War*, pp. 240–8
32 eds Danchev and Todman, *op. cit.*, pp. 335–6
33 Klimmer, 'Everyday Life in Wartime England', p. 522
34 Gary Sheffield in the *TLS*, 31 March 2003, p. 31
35 eds Heiber and Glantz, *Hitler and His Generals*, pp. 615–16
36 Noble Frankland in the *Spectator*, 17 July 2004, p. 33
37 Jackson, *The British Empire in the Second World War, passim*
38 Christopher Lee in the *Literary Review*, September 2004, p. 11
39 *Hansard*, vol. 386
40 *Evening Standard*, 8 February 1943
41 Hinchingbrooke, *Full Speed Ahead!*, p. 22
42 Butler and Butler, *British Political Facts*, p. 287

47 Colton, 'Aviation in Commerce and Defence', p. 685
48 ed. Parrish, *Encyclopaedia*, pp. 362–3
49 Goodhart Papers, Eng Mss c.2925
50 Norman Longmate in the *Literary Review*, October 2005, p. 36
51 *Ibid.*
52 Klimmer, 'Everyday Life in Wartime England', p. 497
53 *Ibid.*, p. 533
54 Mortimer, *The Longest Night, passim*
55 Fraser Papers, series 1, file 8
56 Fraser Papers, series 1, file 3
57 ed. Butler, *My Dear Mr Stalin*, p. 4
58 Beevor, *Berlin, passim*
59 Lindbergh Papers, Container 36
60 Montagu Curzon in the *Spectator*, 20 August 2005, p. 42
61 Ross, *The Last Hero, p.* 312–13
62 Black, *Franklin Delano Roosevelt*, pp. 687–8
63 ed. Weinberg, *Hitler's Second Book, passim*
64 ed. Trevor-Roper, *Hitler's Table Talk 1941–1944*, p. 196
65 eds Eberle and Uhl, *The Hitler Book*, p. 79
66 *Ibid.*

第九章

1 In conversation with the author in September 1989
2 Gilbert, *Churchill and America, passim*
3 Addison, *Churchill*, p. 199
4 ed. Parrish, *Encyclopaedia*, p. 393
5 eds Danchev and Todman, *War Diaries 1939–1945*, pp. 281–2
6 *Ibid., passim*
7 *Ibid.*, p. 650
8 *Ibid.*, p. 249
9 *Ibid.*, p. 473
10 David Dilks, 'The Role of Sir Winston Churchill and the Contribution made by the Commonwealth Countries to the Second World War', p. 24

13 Hull, *The Memoirs of Cordell Hull*, vol. I, p. 697
14 Horne, *The Terrible Year*, p. 101
15 Attlee Papers, Mss Eng c.4793 fol. 16
16 Coward, *The Lyrics of Noël Coward*, pp. 269–70
17 Morley, *A Talent to Amuse*, p. 222
18 Wheatcroft, *The Strange Death of Tory England*, p. 144
19 Hull, *Irish Secrets*, p. 60
20 *Ibid.*, p. 134
21 *Documents on German Foreign Policy*, vol. 8, no. 473
22 Colm Tóibín in the *TLS*, 30 September 1999, p. 38
23 Hull, *op. cit.*, pp. 36 and 190–1
24 *Ibid.*, p. 192
25 ed. Pottle, *Daring to Hope*, pp. 317–18
26 Savage Papers, box 1361 fol. 1B
27 Christopher York Papers, 12 October 1943
28 Edwards, 'R.G. Menzies's Appeals to the United States May-June 1940', p. 66
29 Lukacs, *Churchill*, p. 173
30 Collins and Lapierre, *Freedom at Midnight*, p. 58
31 *Ibid.*
32 Churchill Papers, 20/13
33 Burns, *The History of the British West Indies*, pp. 702–3
34 Stewart, *Burying Cæsar*, p. 430
35 Acton, *Memoirs of an Aesthete*, p. 369
36 Ousby, *Occupation*, p. 109
37 Dannreuther, *Somerville's Force H*, p. 31
38 ed. Hardy, *Isaiah Berlin*, p. 337
39 ed. Parrish, *Encyclopaedia*, p. 155
40 Roberts, *Eminent Churchillians*, p. 177
41 ed. Hardy, *op. cit.*, p. 326
42 Lang Papers, 176 ff. 348
43 Ian Sayers Papers, 5 March 1961
44 *Ibid.*, 6 March 1961
45 Barker, *Children of the Benares*, p. 114
46 *National Geographic*, vol. lxxviii, no. 6, December 1940, p. 822

66 *Ibid.*, p. 261
67 Hogg, *The Left Whs Never Right*, p. 200
68 National Archives of Australia, A 981/4, CZE 18 part I, part II, and A2937 185CZE
69 *Ibid.*, AA 1972/341/2, 7 October 1938
70 Wodehouse, *The Code of the Woosters*, p. 143
71 Jones, Mosley, p. 90
72 *Ibid.*, p. 93
73 *The Press*, 7 May 1938, p. 8
74 Jonathan Mirsky in the *Spectator*, 8 October 2005, p. 47
75 My thanks to Michael Barone, 12 December 2005
76 Butler and Butler, *British Political Facts 1900–1994*, p. 157
77 *Ibid.*, p. 157
78 ed. Norwich, *op. cit.*, p. 260
79 *The Press*, 1 October 1938, p. 16
80 Mantoux, *The Carthaginian Peace*, p. 7
81 Christopher York Papers, 29 March 1939
82 Eden, *Portrait of Churchill*, p. 11

第八章

1 Attlee Papers, Mss Dep. 25 fol. 9
2 Menzies, *Afternoon Light*, p. 16
3 *Ibid.*
4 *The Press*, 4 September 1939, p. 8
5 Savage Papers, box 1361, fol. 1B
6 Dwyer, *De Valera*, p. 234
7 O'Halpin essay in ed. Wylie, *European Neutrals and Non-Belligerents during the Second World War;* Geoffrey Best in the *TLS*, 17 May 2002, p. 30
8 Richard Woods in the *Sunday Times*, 28 April 1996
9 Ó Drisceoil, *Censorship in Ireland 1939–1945, passim*
10 *Hansard*, 4 February 1938
11 Inglis, *Neutrality*, pp. 216–17
12 ed. Parrish, *The Simon and Schuster Encylopaedia of World War II* (hereafter *Encyclopaedia*), p. 362

33 Lycett, *Rudyard Kipling*, pp. 584–5
34 ed. Ramsden, *op. cit.*, pp. 98–9
35 ed. Eberle, *The Hitler Book*, pp. 17–18
36 McCallum, *Public Opinion and the Last Peace*, p. 166
37 *Ibid.*
38 Williams, *The People's King, passim*
39 ed. Self, *The Neville Chamberlain Diary Letters*, p. 226
40 Elliott, *A Dictionary of Politics*, p. 237
41 Will, 'Insurrection and the Development of Political Institutions', p. 10
42 *Ibid.*, p. 75, n.5
43 *Ibid.*, p. 12
44 *Ibid.*, p. 17
45 *Ibid.*
46 Williams, *Chronology*, pp. 561 and 567
47 Lord Mountbatten speech to Winston S. Churchill, Society of Edmonton, Alberta, in 1966, *Finest Hour*, no. 127, summer 2005, p. 18
48 ed. Self, *op. cit.*, p. 348
49 *Ibid.*, 17 December 1937, p. 294
50 Parker, *Churchill and Appeasement, passim*
51 Stewart, *Burying Caesar*, p. 4
52 Ian Sayer Papers, 28 March 1938
53 Attlee Papers, Mss Eng c.4792 fol. 85
54 *Ibid., fol.* 88
55 Zaluski, *The Third Estate*, p. 97
56 A. J. Sherman in the *TLS*, 6 July 2001, p. 29
57 Herman, *To Rule the Waves, passim*
58 ed. Smart, *The Diaries and Letters of Robert Bernays 1932–1939*, p. 219
59 *American Historical Review*, vol. 110, no. 1, February 2005
60 Sarna, *American Judaism, passim*
61 Geoffrey Wheatcroft in the *Spectator*, 22 May 2004, p. 48
62 Murray, *Human Accomplishment*, p. 283
63 ed. Pickersgill, *The Mackenzie King Record, vol. 1 1939–1944*, pp. 238–9
64 *The Press*, 17 September 1938
65 ed. Norwich, *The Duff Cooper Diaries*, p. 260

第七章

1 ed. Ramsden, *Lyttelton*, p. 87
2 Montefiore, *Stalin*, pp. 218–26
3 *Ibid.*, p. 23
4 *Ibid.*, pp. 32–7
5 Niall Ferguson in the *Sunday Telegraph*, 11 December 2005, p. 19
6 *New Criterion*, March 2005, p. 60
7 *Tourists of the Revolution, The People's Flag*, First Circle Films, 14 December 1999
8 Amis, *Koba the Dread*, p. 21n
9 Webb and Webb, *Soviet Communism*, pp. 431, 432, 433, 435
10 Alexander Papers, 5/1/3
11 Steffens, *The Autobiography of Lincoln Steffens*, p. 799
12 *Ibid.*, p. 797
13 *Tribune*, 19 November 1937
14 *Tourists of the Revolution, The People's Flag, op. cit.*
15 Amis, *op. cit., passim*
16 Keith Windschuttle in the *New Criterion*, May 2003, pp. 1–10
17 Farrell, *Mussolini*, p. 225
18 ed. Ramsden, *op. cit.*, p. 72
19 Attlee Papers, Mss Eng c.4792 fol. 60
20 *Ibid.*, fol. 65
21 Howard Gotlieb Archives, Boston University
22 Steiner, *The Lights That Failed*, p. 692
23 *TLS*, 9 November 2001, p. 10
24 Powell, *FDR's Folly, passim*
25 Black, *Franklin Delano Roosevelt*, p. 352
26 Bork, *Coercing Virtue*, p. 3
27 Jenkins, *Franklin Delano Roosevelt*, p. 94
28 Cadbury, *Seven Wonders of the Industrial World*, p. 329
29 *Ibid.*, p. 294
30 *Ibid.*, p. 297
31 G. Calvin Mackenzie in the *TLS*, 13 October 2000, p. 13
32 Juliet Townsend in the *Spectator*, 18/25 December 2004, p. 90

2 Bergreen, *Capone*, p. 20
3 J. Castellar-Gassol, *Dali, passim*
4 ed. Ramsden, *George Lyttelton's Commonplace Book* (hereafter *Lytteltorn*), p. 71
5 *Ibid.*
6 *Daily Telegraph*, 9 September 2005
7 Mary Kenny in the *Literary Review*, March 2005, p. 12
8 *The Times*, 4 August 1998, p. 16
9 James Bowman in the *New Criterion*, November 2005, pp. 54–5
10 Micklethwait and Wooldridge, *The Right Nation*, p. 310
11 Conway, *All the World's*, p. 137
12 *Quarterly Review*, vol. 112, October 1862, p. 535
13 Williams, *Chronology*, p. 523
14 Meltzer, *A History of the Federal Reserve*, vol. I, p. 271
15 Barone, *Hard America, Soft America*, p. 28
16 Meltzer, *op. cit.*
17 *Ibid.*, vol. I, p. x
18 Friedman and Friedman, *Free to Choose*, p. 71
19 *Ibid.*
20 *Ibid.*, p. 74
21 *Ibid.*, p. 81
22 Lipset and Marks, *It Didn't Happen Here, passim*
23 Felipe Fernandez-Armesto in the *Literary Review*, August 2000, p. 19
24 Williams, *Chronology*, p. 535
25 Caplan, 'The Failure of Canadian Socialism', p. 93
26 *Ibid.*
27 *Ibid.*
28 Niall Ferguson in the *Literary Review*, September 2000, p. 24
29 *Ibid.*
30 Martin Filler in the *TLS*, 30 March 2001, P. 3
31 *Ibid.*
32 Williamson, *Stanley Baldwin*, p. 41
33 Jenkins, *Baldwin*, p. 119
34 Chisholm and Davie, *Beaverbrook*, p. 305

22 *Ibid.*, p. 27
23 *Ibid.*, p. 30
24 Vincent Crapanzano in the *TLS*, 15 June 2001, p. 11
25 see Foner, *From Ellis Island to JFK*, for these and many more statistics
26 *TLS*, 24 December 2004, p. 9
27 *Ibid.*
28 Murray, *Human Accomplishment*, p. 282
29 Library of Congress, *Index to the Calvin Coolidge Papers*, p.v
30 Coolidge Papers, series 1, box 295
31 Egremont, *Balfour*, p. 333
32 *Hansard*, vol. 65, col. 286
33 Baldwin Papers, box 129, f.17
34 Donald Cameron Watt letter to the *TLS*, 12 December 2003
35 Pilpel, *Churchill in America*, pp. 34–56
36 Gilbert and Churchill, *Winston S. Churchill*, vol.I, pp. 434–5
37 *Ibid.*, vol.V, p. 301
38 *Ibid.*, p. 308
39 Jeremy Noakes in the *TLS*, 5 December 2005, p. 23
40 ed. Weinberg, *Hitler's Second Book*, p. 107
41 *Ibid.*
42 *Ibid.*, p. 113
43 Ackermann, *Cool Comfort, passim*
44 Andrew Ballantyne in the *TLS*, 24 January 2003, p. 36
45 Alexander Masters in the *TLS*, 10 January 2003, p. 6
46 Kamm and Baird, *John Logie Baird, passim*
47 Anthony Browne in the *Spectator*, 23 July 2005, p. 11
48 *Ibid.*
49 Richard Cavendish in *History Today*, March 2005, p. 59
50 DNB 1951–60, p. 361
51 *Ibid.*, p. 362

第六章

1 Hayek, *The Constitution of Liberty*, p. 520 n.1

39 *Congressional Record*, vol. 59, part 3, pp. 2696ff
40 Millin, *General Smuts*, vol. II, p. 174
41 Mantoux, *op. cit.*, p. 3
42 Keynes, *The Economic Consequences of the Peace*, p. 59
43 Lloyd George, *The Truth about the Peace Treaties*, vol. I, p. 223
44 Mantoux, *op. cit.*, p. 11
45 Wilson Papers, series 7B, reel 480
46 Bryce Papers, USA 7, fol. 192ff.
47 *Ibid.*, fol. 169ff
48 *Ibid.*, fol. 193ff

第五章

1 Kissinger, in *American Foreign Policy in Washington DC*, 1969, p. 93
2 *New Statesman*, 1 July 1939
3 Hart, 'The Protestant Experience of Partition in Southern Ireland', pp. 81–99
4 Wheatcroft, *The Strange Death of Tory England*, p. 140
5 Harold Perkin in the *TLS*, 9 July 2004, p. 10
6 ed. Cross, *A Century of Icons, passim*
7 Perkin, *op. cit.*
8 Williams, *Chronology*, p. 483
9 ed. Soames, *Speaking for Themselves*, p. 229
10 *News of the World*, 15 May 1938
11 G. Calvin Mackenzie in the *TLS*, 13 October 2000, p. 13
12 Figes, *A People's Tragedy*, p. 646
13 Sol Sanders letter to the *TLS*, 6 July 2001
14 ed. Pottle, *Champion Redoubtable, Daring to Hope, passim*
15 Roberts, 'Northern Territory Colonization Schemes', p. 420
16 *News of the World*, 22 May 1938
17 Kershaw, *Hitler: Hubris*, pp. 248–9
18 Toland, *Adolf Hitler*, p. 199; Kershaw, *ibid.*, p. 677 n.148 and n.149
19 Mackinder, 'The Round World and the Winning of the Peace', pp. 595–605
20 Walton, 'Feeling for the Jugular', p. 32
21 *Ibid.*, p. 22

7 *Ibid.*, p. 1083

8 Lovat, *March Past*, p. 55

9 McKinstry, *Rosebery*, p. 523

10 Bigelow Papers, 34A, 9 March 1927 and 18 October 1927

11 Macmillan, *Peacemakers*, p. 500

12 *The Times*, 27 December 1918

13 *Royalty Digest*, summer 2004, p. 57

14 Mitchell, 'Woodrow Wilson as "World Saviour"', pp. 8–9

15 *The Times*, 15 February 1929, p. 15

16 Fromkin, *Europe's Last Summer*, p. 278

17 Clark, *The Tories*, p. 3

18 Powell and Maude, *Biography of a Nation*, p. 183

19 Root Papers, box 92

20 Nicolson, *Peacemaking 1919*, p. 207

21 Theodore Roosevelt Papers, series 2, reel 412, 28 December 1918

22 Bond, 'Amritsar 1919', p. 666

23 *Ibid.*, p. 667–9

24 Collet, *The Butcher of Amritsar*, p. 283

25 Bond, *op. cit.*, p. 669

26 Denis Judd in *BBC History*, May 2005, p. 54; Nicholas Fearn in the *Independent on Sunday*, 11 May 2005, p. 31; Tony Gould in the *Spectator*, 16 April 2005, p. 45; Frank Fairfield in the *Literary Review*, April 2005, p. 16

27 Bond, *op. cit.*, p. 676

28 Herman, *To Rule the Waves*, p. 517

29 Toye, *For What We Have Received*, p. 196

30 Knight, *The Pursuit of Victory*, p. 520

31 T.G. Otte in the *TLS*, 26 October 2001, p. 8

32 *Daily Telegraph*, 1 September 2005, p. 16

33 McCormick, *op. cit.*, p. 314

34 *Ibid.*, 12 January 2005, p. 13

35 Churchill, *The Aftermath*, p. 206

36 Wilson Papers, series 6, reel 462

37 Mantoux, *The Carthaginian Peace*, p. 5

38 *Ibid.*

71 Black, *The British Seaborne Empire*, p. 269
72 Wills Papers, 27 December 1902
73 Tuchman, *The Zimmermann Telegram*, p. 10
74 James, 'Room 40', p. 50; Jones, 'Alfred Ewing and "Room 40"', p. 66
75 Ewing, *The Man of Room 40*, p. 175
76 *Ibid.*
77 Beesley, *Room 40*, p. 171
78 Andrew, 'Codebreakers at King's', p. 2
79 Jones, *op. cit.*, p. 87; Andrew, *ibid.*
80 Jones, *ibid.*, p. 88
81 *Ibid.*, p. 72
82 James, *op. cit.*, p. 51
83 Toye, *For What We Have Received, passim*
84 Jones, *op. cit.*, pp. 86–7
85 James *op. cit.*, p. 87
86 Tansill, *America Goes to War*, p. 635
87 Wills Papers, May-July 1979, *passim*
88 *Ibid.*, July 1979, *passim;* Jones, *op. cit.*, pp. 86–7
89 Williams, *Pétain*, pp. 158–9
90 Rose, *King George V*, p. 174
91 Pipes, *Three Whys of the Russian Revolution*, p. 43
92 Kinross, *Atatürk*, p. 118
93 Dictionary of New Zealand Biography website: www.dnzb.nz also www.nzedge.com
94 John Campbell in *ibid.*

第四章

1 McCormick, *The Mask ofMerlin*, p. 144
2 *Ibid.*
3 Robert Blatchford in the *Illustrated Sunday Herald*, 13 October 1918
4 McCormick, *op. cit.*, pp. 146–7
5 *Sunday Telegraph* review, 27 March 2005, p. 15
6 Dupuy and Dupuy, *The Collins Encyclopedia of Military History from 3,500BC to the Present* (hereafter *Encyclopedia*), p. 1075

40 *Ibid.*, p. 38
41 Beckett, *A Nation in Arms*, pp. 13–14
42 Howe, *op. cit.*, pp. 100–1
43 *EHR*, cxix 480 (February 2004), p. 254
44 Elton, *Imperial Commonwealth*, p. 475. For a different view, see Ferguson, *The Pity of War*, pp. 143–73
45 Gliddon, *The Aristocracy and the Great War*, p. ix
46 *Ibid.*, p. xvii
47 *Salisbury Review*, Autumn 2004, p. 44
48 Roy Foster in the *TLS*, 21 October 2005, p. 3
49 McCormack, *Roger Casement in Death, passim;* Keith Jeffrey in the *TLS*, 15 November 2002, p. 24
50 Roy Foster in the *TLS*, 21 October 2005, p. 4
51 Harrison, *Ireland and the British Empire*, p. 26
52 Ørvik, *The Decline of Neutrality*, p. 43
53 Ludendorff, *Ludendorff's Memoirs 1914–1918*, pp. 102–3
54 Pershing, *op. cit.*, p. 7
55 *Ibid.*, pp. 8–9
56 Coleman, *The Last Exquisite*, p. 2
57 Todman, *The Great War*, p. 105
58 Neillands, *The Great War Generals of the Western Front 1914–1918, passim*
59 Holmes, *Tommy, passim*
60 Corrigan, *Mud, Blood and Poppycock*, p. 10
61 Gee, *American England*, p. 163
62 Cecil, *Lansdowne*, p. 26
63 Lloyd George, *War Memoirs of David Lloyd George*, vol. I, p. 515
64 *Ibid.*, p. 519
65 eds Sheffield and Bourne, *Douglas Haig: War Diaries and Letters 1914–1918*, p. 259
66 Lloyd George, *op. cit.*, p. 521
67 Cecil, *op. cit.*, p. 27
68 Grigg, *Lloyd George*, p. 14
69 Pershing, *op. cit.*, p. 8
70 John Vincent in the *Spectator*, 15 June 2002; Charles Wheeler in the *Literary Review*, May 2000, p. 4

6 John Horne in the *TLS*, 6 February 2004, p. 4
7 Pershing *My Experiences in the World War*, vol. I, pp. 7–8
8 Raymond Carr in the *Spectator*, 9 June 2001
9 *The Times*, 25 August 1914, p. 7
10 *Ibid.*
11 Gregory, *op. cit.*, p. 80
12 James, *Imperial Warrior*, p. 71
13 ed. Seymour, *The Intimate Papers of Colonel House*, vol. I, p. 383
14 Knight, 'Fighting on the Beaches', p. 28
15 *RUSI Journal*, 1901, p. 1322
16 ed. Gilbert, *The Straits of War*, p. 27
17 *Ibid.*, p. 10
18 *Ibid.*, p. 136
19 Knight, *op. cit.*, p. 30; Chasseaud and Doyle, *Grasping Gallipoli*, pp. 265–9
20 Alexander Turnbull Library, NLNZ MS-5583-3
21 Blainey, *A Shorter History of Australia*, p. 155
22 Burton, 'Spy Fever', pp. 37–9
23 ed. Norwich, *The Duff Cooper Diaries*, pp. 8–10
24 *Ibid.*, pp. 8–9
25 Charmley, *Duff Cooper*, pp. 23–4
26 ed. Seymour, *op. cit.*, pp. 448–51
27 Pollock, *The League of Nations*, pp. 71–3
28 Ellis, *The Social History of the Machine Gun*, pp. 113–14
29 Woodward, *Great Britain and the War of 1914–18*, p. 35 n.2
30 Ellis, *op. cit.*, p. 130
31 *Ibid.*, p. 86
32 Jackson, *Private 12768*, p. 7
33 *Ibid.*, p. 8
34 NA CO 137/709/25738
35 Howe, *Race, War and Nationalism*, p. 41
36 Burns, *The History of the British West Indies*, p. 701
37 NA CO 551/81/48100
38 Howe, *op. cit.*, pp. 30–1
39 *Ibid.*, p. 34

20 Beefsteak Club betting book
21 King, 'The Institutions of Monetary Policy', p. 2
22 eds Gere and Sparrow, *Geoffrey Madan's Notebooks*, p. 87
23 Zimmermann, *First Great Triumph*, p. 7
24 Conway, *Conway's All the World's Fighting Ships* (hereafter *All the World's*), p. 137
25 Zimmermann, *op. cit.*, p. 6
26 Judd, *The Quest for C, passim*
27 *Ibid.*
28 *New Statesman*, 6 June 2005, p. 40
29 Diane Atkinson in the *New Statesman*, 6 June 2005, pp. 38–41
30 Grunberger, *A Social History of the Third Reich*, p. 321
31 Richard Overy in the *TLS*, 11 December 1998, p. 6
32 Williams, *The Hutchinson Chronology of World History*, vol. IV (hereafter *Hutchinson*), p. 332
33 Hendrik, *The Life and Letters of Walter Hines Page*, vol. I, p. 144
34 *Ibid.*, pp. 282–3
35 Ian Buruma in *The Times*, 3 August 2004, p. 16
36 Lownie, *John Buchan*, p. 120
37 Fromkin, *op. cit.*, p. 295
38 *Ibid.*, p. 296
39 John Keegan in the *TLS*, 12 April 2002, p. 25
40 Elton, *Imperial Commonwealth*, p. 473
41 *Hansard*, vol. 65, cols 1808–27
42 *Ibid.*
43 *Ibid.*, col. 1827

第三章

1 eds Gere and Sparrow, *Geoffrey Madan's Notebooks*, p. 116
2 Gregory, 'War Enthusiasm in 1914', p. 69
3 *Ibid.*, p. 72
4 Burleigh, *Earthly Powers*, p. 448
5 John Keegan in the *TLS*, 12 April 2002, p. 25; Horne and Kramer, *German Atrocities, passim*

63 Bull, 'The Formation of the United Irish League', pp. 404–5
64 *Ibid.*, p. 410
65 McGarry, *Eion O'Duffy*, p. 29
66 McLaughlin, 'The British in the Air', p. 80
67 Mackinder, *The Scope and Methods of Geography and the Geographical Pivot of History*, pp. 3–9
68 *Ibid.*, p. 10
69 Landes, *The Wealth and Poverty of Nations*, p. 311
70 Colm Tóibín in the *TLS*, 30 September 1999, p. 37
71 Keogh, *Jews in Twentieth-Century Ireland*, p. 51

第二章

1 Morris, 'The Murder of H. St G. Galt', pp. 1–15
2 *Ibid.*, p. 6
3 Forward, *You Have Been Allocated Uganda*, p. 47
4 David Blair in the *Daily Telegraph*, 30 April 2005, p. 18
5 Richard Beeston in *The Times*, 3 August 2004, p. 14
6 Cocker, *Rivers of Blood, Rivers of Gold*, pp. 345–6
7 Anderson, *Histories of the Hanged*, and Elkins, *Britain's Gulag*
8 Owen, *Lord Cromer*, p. 394
9 M.E. Yapp in the *TLS*, 26 January 2001, p. 9
10 Fromkin, *Europe's Last Summer*, p. 296
11 Zuber, *Inventing the Schlieffen Plan, passim*
12 Raymond Carr in the *Spectator*, 9 June 2001, p. 39
13 Donald Cameron Watt in the *TLS*, 17 May 2002
14 Williams, *Chronology*, p. 405
15 ed. Smart, *The Diaries and Letters of Robert Bernays*, p. 214
16 Richard Hamblyn in the *Sunday Times* review, 9 October 2005, p. 50; Eugen Weber in the *TLS*, 17 February 2006, p. 12
17 Winchester, *A Crack in the Edge of the World, passim;* and Fradkin, *The Great Earthquake and Firestorms of 1906, passim*
18 Segar, 'The Struggle for Foreign Trade', pp. 523–4
19 *Ibid.*

29 Judd and Surridge, *The Boer War*, pp. 229–32
30 ed. Maurice, *The History of the War in South Africa 1899–1902*, vol. IV, p. 64
31 Judd and Surridge, *op. cit.*, p. 195
32 Wilson, *Attitudes*, pp. 113–15
33 Dimbleby and Reynolds, *An Ocean Apart*, p. 48
34 Ferguson, *American Diplomacy and the Boer War*, p. 208
35 Mulanax, *The Boer War and American Politics and Diplomacy*, p. 83
36 Anthony Browne in the *Spectator*, 23 July 2005, p. 10
37 Penlington, *Canada and Imperialism 1896–1899*, p. 217
38 ed. Lycett, *Rudyard Kipling: Selected Poems*, p. 85
39 eds Omissi and Thompson, *The Impact of the South African War*, pp. 233–50
40 Penlington, *op. cit.*, pp. 3off
41 *Ibid.*, p. 45
42 *Ibid.*, p. 53
43 eds Omissi and Thompson, *op. cit.*, p. 234
44 Micklethwait and Wooldridge, *The Company*, p. 2
45 *Ibid.*
46 *Ibid.*, p. 9
47 Williams, *Chronology*, p. 409
48 *Annual Register*, 1901, II, p. 5
49 Strouse, *Morgan*, p. 4
50 eds Milner, O'Connor and Sandweiss, *The Oxford History of the American West*, p. 491
51 *Ibid.*, p. 495
52 *The Argus*, 4 January 1901, p. 4
53 *Sunday Telegraph* review, 25 July 2004, p. 12
54 eds Omissi and Thompson, *op. cit.*, P. 257
55 Knightley, *Australia*, pp. 50–1
56 *Ibid.*, p. 54
57 Grimshaw, 'Federation as a Turning Point in Australian History', p. 26
58 Jason Groves letter to *The Times*, 12 June 2004
59 Barton Papers, A6/1 1901/364
60 Knightley, *op. cit.*, p. 48
61 *Ibid.*, p. 46
62 *Sunday Star Times*, 30 October 2005, p. 2

21 Pašeta, 'Nationalist Responses to Two Royal Visits to Ireland, 1900 and 1903', pp. 488–504

第一章

1 Belfield, *The Boer War*, p. xxiii
2 Morris, *Theodore Rex*, p. 313
3 Brands, *T.R.: The Last Romantic*, p. 84
4 *Ibid.*, p. 73
5 O'Gara, *Theodore Roosevelt and the Rise of the Modern Navy*, pp. 3–12
6 Edmund Morris letter to the *TLS*, 8 March 2002, p. 17
7 John Vincent in the *Spectator*, 15 June 2002, p. 39
8 Edmund Morris letter to the *TLS*, 8 March 2002, p. 17
9 Francisco E. Gonzalez letter to the *TLS*, 19 April 2002, p. 17
10 Ernest R. May in the *TLS*, 1 February 2002, p. 9
11 Charles Wheeler in the *Literary Review*, March 2002, p. 11
12 ed. Wilson, *The International Impact of the Boer War*, pp. 107–22
13 Beard and Beard, *The Rise of American Civilisation*, vol. 2, p. 373
14 Reyes, *A Legislative History of America's Economic Policy Toward the Philippines*, p. 192
15 Ellis, *His Excellency*, p. 235
16 Adler, *The Isolationist Impulse*, pp. 25–6
17 Nelson, *The Philippines*, pp. 48ff
18 Fernández, *The Philippine Republic*, pp. 173–4
19 Keesing, *The Philippines*, p. 43
20 Beard and Beard, *op. cit.*, p. 485
21 Blount, *The American Occupation of the Philippines*, p. 456
22 Keesing, *op. cit.*, pp. 43ff
23 McKinley Papers, series 1, reel 14, 17 January 1901
24 Taft Papers, series 3, reel 72
25 Forbes, *The Philippine Islands*, pp. 72–3
26 Day, *The Philippines*, p. 108
27 eds Brown and Lewis, *The Oxford History of the British Empire*, vol. IV, p. 232
28 Rosenthal, *Stars and Stripes in Africa*, p. 142

注釋

EHR refers to *English Historical Review*
NA refers to the British National Archives at Kew
TLS refers to *The Times Literary Supplement*

導言

1 NA CAB 195/2
2 Lal, *In Praise of Empires*, p. 45
3 *Daily Telegraph*, 1 January 2000, p. 7
4 Gordon-Duff, *It Was Different Then*, p. 1
5 Winston Churchill in the *News of the World*, 22 May 1938
6 *The Times*, 1 January 1901
7 Roberts, *Salisbury*, p. 810
8 Pagden, *Peoples and Empires*, p. 159
9 *The Times*, 1 January 1901
10 Roberts, *op. cit.*, p. 50
11 Beard and Beard, *The Rise of American Civilisation*, p. 377
12 *The Times*, 14 May 1901
13 Ronaldshay, *The Life of Lord Curzon*, vol. 1, p. 254
14 Williams, *Chronology of the Modern World 1763–1992* (hereafter *Chronology*), p. 396
15 Charles Wheeler in the *Literary Reviews*, March 2002, p. 11
16 Pagden, *op. cit.*, p. 28
17 Alfred Lee Papers, Federation ephemera album
18 Seddon Papers, series 1, file 3
19 Powell, *My American Journey*, p. 22
20 *United Irishman*, 31 March 1900

in New Zealand', *Journal of Imperial and Commonwealth History*, vol. 33, no. 1, January 2005

Report of the Presidential Commission of Inquiry on the Intelligence Capabilities of the United States regarding Weapons of Mass Destruction, 2004

Roberts, Stephen H., 'Northern Territory Colonization Schemes', *Australasian Association for the Advancement of Science*, August 1924

Ryan, Peter, 'Manning Clark', *Quadrant*, September 1993

Segar, H.W., 'The Struggle for Foreign Trade', *Transactions of the New Zealand Institute*, vol. 40, 1907

Shawcross, William, 'The Cynicism of the Defeatists', *Spectator*, 24 April 2004

Simplich, Frederick, 'Behind the News in Singapore', *National Geographic*, vol. lxxviii, no. 1, July 1940

Tyrie, Andrew, 'Mr Blair's Poodle Goes to War: The House of Commons, Congress and Iraq', *Centre for Policy Studies*, 2004

Véliz, Claudio, 'Bad History', *Quadrant*, May 1982

Walton, R.D., 'Feeling for the Jugular: Japanese Espionage at Newcastle 1919–1926', *The Australian Journal of Politics and History*, vol. 32, no.1, 1986

Weathersby, Kathryn, 'Deceiving the Deceivers: Moscow, Beijing, Pyongyang and the Allegations of Bacteriological Weapons Use in Korea', *Cold War International History Project*, Woodrow Wilson Center, Washington

Will, W. Marvin, 'Insurrection and the Development of Political Institutions: The 1937 Rebellion and the Birth of Labour Parties and Labour Unions in Barbados', *Journal of the Barbados Museum and Historical Society*, vol. 39, 1991

Windschuttle, Keith, 'The Hypocrisy of Noam Chomsky', *New Criterion*, May 2003

Windschuttle, Keith, 'The Journalism of War', *New Criterion*, June 2005

Windschuttle, Keith, 'Mao and the Maoists', *New Criterion*, October 2005

Windsor, Philip, 'The Occupation of Germany', *History Today*, February 1963

Wright, Sir Paul, 'The Festival of Britain: Some Memories', *RSA Journal*, vol. 143, no. 5459, May 1995

Zuber, Terence, 'The Schlieffen Plan: Fantasy or Catastrophe?', *History Today*, September 2002

London, vol. 34, no.1, July 1979

Kagan, Robert, 'Why America Dropped the Bomb', *Commentary*, vol. 100, no. 3, September 1995

Keegan, Sir John, 'The Self-Made Scot', *New Criterion*, vol. 23, no. 2, October 2004

King, Prof. Mervyn, 'The Institutions of Monetary Policy', Richard T. Ely Lecture, *The American Economic Review*, vol. 94, no. 2, May 2004

Klimmer, Harvey, 'Everyday Life in Wartime England', *National Geographic*, vol. lxxix, no. 4, April 1941

Knight, Ian, 'Fighting on the Beaches', *Military Illustrated*, no. 193

Kosek, Joseph Kip, 'Richard Gregg, Mohandas Gandhi, and the Strategy of Nonviolence', *The Journal of American History*, vol. 91, no. 4, March 2005

Mackinder, Sir Halford, 'The Round World and the Winning of the Peace', *Foreign Affairs*, no. 21, 1943

Mansfield, Harvey, 'The Manliness of Theodore Roosevelt', *New Criterion*, vol. 23, no. 7, March 2005

McLaughlin, Terence, 'The British in the Air', *History Today*, February 1978

Mitchell, David, 'Woodrow Wilson as "World Saviour": Peacemaking in 1919', *History Today*, January 1976

Morris, H.E., 'The Murder of H. St G. Gait', *The Uganda Journal*, vol. 24, no. 1, March 1960

Nasson, Bill, 'Delville Wood and South African Great War Commemoration', *English Historical Review*, February 2004

Nicholas, David, 'Overlord, Over-Ruled and Over There', *History Today*, April 2005

Packer, Richard, 'The Good is Oft Interred', *The Salisbury Review*, autumn 2004

Partington, Geoffrey, 'Australian Anglophobia: Manning Clark at Oxford', *The Salisbury Review*, autumn 2004

Pašeta, Senia, 'Nationalist Responses to Two Royal Visits to Ireland, 1900 and 1903', *Irish Historical Studies*, no. 31, 1998–9

Penney, Lord, 'John Douglas Cockcroft 1897–1967', *Biographical Memoirs of the Fellows of the Royal Society*, vol. 14, November 1968

Penney, Lord, 'The Nuclear Explosive Yields at Hiroshima and Nagasaki', *Philosophical Transactions of the Royal Society of London*, vol. 266, no. 1177, 11 June 1970

Pickles, Katie, 'A link in "The Great Chain of Empire friendship": The Victoria League

Caplan, Gerald L., 'The Failure of Canadian Socialism: The Ontario Experience 1932–1945', *The Canadian Historical Review*, vol. 44, 1963

Cecil, Hugh, 'Lord Lansdowne: From the Entente Cordiale of 1904 to the "Peace Letter" of 1917: A European Statesman Assessed', Foreign & Commonwealth Office, 2004

Chomsky, Noam, 'The Carter Administration: Myth and Reality', *The Australian Quarterly*, vol. 50, no. 1, April 1978

Colton, F. Barrows, 'Aviation in Commerce and Defence', *National Geographic*, vol. Lxxviii, no. 6, December 1940

Dilks, David, 'Collective Security, 1919 and Now', University of Hull, 1993

Dilks, David, 'Great Britain, The Commonwealth and the Wider World 1939–45', University of Hull, 1998

Dilks, David, 'The Solitary Pilgrimage": Churchill and the Russians 1951–1955', Churchill Society for the Advancement of Parliamentary Democracy, 1999

Dilks, David, 'The Role of Sir Winston Churchill and the Contribution made by Commonwealth Countries to the Second World War', Royal Borough of Kensington and Chelsea, November 2005

Edwards, P.J., 'R.G. Menzies's Appeals to the United States May-June 1940', *Australian Outlook*, vol. 28, no. 1, April 1974

Fry, Geoffrey, 'A Reconsideration of the British General Election of 1935 and the Electoral Revolution of 1945', *History Today*, February 1991

Gedmin, Jeffrey, and Kennedy, Craig, 'Selling America – Short', *The National Interest*, winter 2003/4

Gowing, Margaret, 'The Origins of Britain's Status as a Nuclear Power', Oxford Project for Peace Studies Paper, no. 11, 4 November 1987

Gregory, Adrian, 'British War Enthusiasm in 1914: A Reassessment', in ed. Braybon, Gail, *Evidence, History and the Great War*, 2003

Grimshaw, Patricia, 'Federation as a Turning Point in Australian History', *Australian Historical Studies*, vol. 33, no. 118, 2002

Hart, Peter, 'The Protestant Experience of Partition in Southern Ireland', in eds English, Richard, and Walker, Graham, *Unionism in Modern Ireland*, 1996

James, Sir William, 'Room 40', *University of Edinburgh Journal*, vol. xxii, no. 1, spring 1965

Jones, R.V., 'Alfred Ewing and "Room 40"', *Notes and Records of the Royal Society of*

of 1906, 2005

Windschuttle, Keith, *The Killing of History: How Literary Critics and Social Theorists are Murdering Our Past*, 1996

Wodehouse, P.G., *The Code of the Woosters*, 2000

Woodcock, George, *Canada and the Canadians*, 1973

Woodman, Richard, *The Real Cruel Sea: The Merchant Navy in the Battle of the Atlantic* 1939–1943, 2004

Woodward, Bob, *Plan of Attack*, 2004

Woodward, Sir Llewellyn, *Great Britain and the War of 1914–18*, 1967

Woodward, Sir Llewellyn, *British Foreign Policy in the Second War*, 5 vols, 1970–6

ed. Wylie, Neville, *European Neutrals and Non-Belligerents during the Second World War*, 2001

Zakaria, Fareed, *From Wealth to Power: The Unusual Origins of America's World Role*, 1998

Zaluski, Andrzej, *The Third Estate*, 2003

Zimmermann, Warren, *First Great Triumph: How Five Americans Made Their Country a Great Power*, (New York) 2002

Zuber, Terence, *Inventing the Schlieffen Plan: German War Planning 1871–1914*, 2002

Zuckerman, Larry, *The Rape of Belgium: The Untold Story of World War* I, 2004

文章

Anderson, Stuart, 'Racial Anglo-Saxonism and the American Response to the Boer War', *Diplomatic History*, vol. 2, no. 3, summer 1978

Andrew, Christopher, 'Codebreakers at King's', *King's Parade magazine*, King's College, Cambridge (undated)

Bellamy, Christopher, 'Jean de Bloch', *RUSI Journal*, April 1992

Black, Conrad, 'Britain's Final Choice: Europe or America?', *Centre for Policy Studies*, 1998

Bond, Brian, 'Amritsar 1919', *History Today*, October 1963

Briggs, Joe Bob, 'The Q-Man' *The National Interest*, no. 74, winter 2003/4

Bull, Philip, 'The Formation of the United Irish League, 1898–1900: The Dynamics of Irish Agrarian Agitation', *Irish Historical Studies*, vol. 33, no. 132, November 2003

Burton, Sarah, 'Spy Fever', *BBC History*, May 2005

Century, 1971

Walters, Vernon A., *The Mighty and the Meek: Dispatches from the Front Line of Diplomacy*, 2001

Ward, Stuart, *Australia and the British Embrace*, (Melbourne) 2002

Watson, Peter, *A Terrible Beauty: A History of the People and Ideas that Shaped the Modern Mind*, 2001

Webb, Sidney, and Webb, Beatrice, *Soviet Communism: A New Civilisation?*, 1935

ed. Weinberg, Gerhard L., *Hitler's Second Book: The Unpublished Sequel to Mein Kampf*, 2003

Weinberger, Caspar W., *Fighting for Peace*, 1990

eds Weinreb, Ben, and Hibbert, Christopher, *The London Encyclopaedia*, 1983

Weinstein, Allen, *Perjury: The Hiss-Chambers Case*, (New York) 1978

Welsh, Frank, *Great Southern Land: A New History of Australia*, 2004

Wheatcroft, Geoffrey, *The Strange Death of Tory England*, 2005

Whiting, Charles, *The Field Marshal's Revenge: The Breakdown of a Special Relationship*, 2004

Whittle, Sir Frank, *Jet*, 1953

Wilcox, Craig, *Australia's Boer War*, 2002

Will, Henry A., *Constitutional Change in the British West Indies 1880–1903*, 1970

Williams, Andrew, *D-Day to Berlin*, 2004

Williams, Charles, *Pétain*, 2005

Williams, Hywel, *Cassell's Chronology of World History*, 2005

Williams, Neville, *Chronology of the Modern World 1763–1992*, 1994

Williams, Neville, *The Hutchinson Chronology of World History*, vol. VI, 1999

ed. Williams, Philip M., *The Diary of Hugh Gaitskell 1945–1956*, 1983

Williams, Susan, *The People's King: The True Story of the Abdication*, 2003

Williamson, Philip, *Stanley Baldwin*, 1999

Wilson, A.C., *New Zealand and the Soviet Union: A Brittle Relationship*, (Wellington) 2004

Wilson, A.N., *After the Victorians* 2005

ed. Wilson, Keith, *The International Impact of the Boer War*, 2001

Winchester, Simon, *Outposts: Journeys to the Surviving Relics of the British Empire*, 2003

Winchester, Simon, *A Crack in the Edge of the World: The Great American Earthquake* ed. Talbott, Strobe, *Khruschcev Remembers*, 1970

Tamarkin, M., *Cecil Rhodes and the Cape Afrikaners*, 1996

Tanenhaus, Sam, *Whittaker Chambers*, 1997

Tanner, Stephen, *The Wars of the Bushes*, 2004

Tansill, Charles Callin, *America Goes to War*, (Boston) 1938

Taylor, Frederick, *Dresden: Tuesday 13 February 1945*, 2004

Tertrais, Bruno, *War Without End*, 2005

Thatcher, Margaret, *The Downing Street Years*, 1993

The 9/11 Commission, *Final Report of the National Commission on Terrorist Attacks Upon the United States*, 2002

Thorne, Christopher, *Allies of a Kind: The United States, Britain, and the War Against Japan*, 1978

Thorpe, D.R., *Eden: The Life and Times of Anthony Eden, First Earl of Avon, 1897–1977*, 2003

Todman, Dan, *The Great War: Myth and Memory*, 2005

Toland, John, *Adolf Hitler*, 1976

Tolstoy, Nikolai, *Victims of Yalta*, 1977

Tolstoy, Nikolai, *Stalin's Secret War*, 1981

Tolstoy, Nikolai, *The Minister and the Massacres*, 1986

Tombs, Robert, and Tombs, Isabelle, *That Sweet Enemy: The French and the British from the Sun King to the Present*, 2006

Townshend, Charles, *Easter 1916: The Irish Rebellion*, 2005

Toye, Francis, *For What We Have Received*, (New York) 1948

ed. Trevor-Roper, Hugh, *Hitler's Table Talk 1941–1944*, 2000

Truman, Harry S., *Year of Decisions*, 1955

Truman, Harry S., *Years of Trial and Hope*, 1956

Tuchman, Barbara, *The Zimmerman Telegram*, 1971

ed. Twiston Davies, David, *The Daily Telegraph Book of Naval Obituaries*, 2004

Urban, Mark, *Ten British Commanders Who Shaped the World*, 2005

Vat, Dale Van Der, *Grand Scuttle*, 1982

Véliz, Claudio, *The New World Order of the Gothic Fox*, (California) 1994

Vile, M.J.C., *Politics in the USA*, 1976

Volkogonov, Dmitri, *The Rise and Fall of the Soviet Empire*, 1998

ed. Waites, Neville H., *Troubled Neighbours: Franco-British Relations in the Twentieth*

Hand, 2001

Small, Ken, *The Forgotten Dead: Why 946 American Servicemen Died off the Coast of Devon in 1944*, 1989

ed. Smart, Nick, *The Diaries and Letters of Robert Bernays 1932–1939*, 1996

Snowman, Daniel, *The Hitler Émigrés: The Cultural Impact on Britain of Refugees from Nazism*, 2002

ed. Soames, Mary, *Speaking for Themselves: The Personal Letters of Winston and Clementine Churchill*, 1998

Solow, Barbara Lewis, *The Land Question and the Irish Economy 1870–1903*, (Harvard) 1971

Somerville, Christopher, *Our War: How the British Commonwealth Fought the Second World War*, 1998

Soto, Hernando de, *The Mystery of Capital: Why Capitalism Triumphs in the West and Fails Everywhere Else*, 2000

Sprout, Harold, and Sprout, Margaret, *The Rise of American Naval Power 1776–1918*, (Princeton) 1966

Stacey, C.P., *Canada in the Age of Conflict: A History of Canadian External Politics, vol. II 1921–1948*, (Toronto) 1981

Stafford, David, *Churchill and the Secret Service*, 1997

Steffens, Lincoln, *The Autobiography of Lincoln Steffens*, (New York) 1931

Steiner, Zara, *The Lights That Failed: European International History 1919–1933*, 2005

ed. Stelzer, Irwin, *Neoconservatism*, 2004

Stephan, Alexander, *'Communazis': FBI Surveillance of German Émigré Writers*, 2000

Stevenson, David, *1914–1918: The History of the First World War*, 2004

Stewart, Graham, *Burying Caesar: Churchill, Chamberlain and the Battle for the Tory Party*, 1999

Stewart, Graham, *The History of The Times: The Murdoch Years*, 2005

Stothard, Peter, *Thirty Days: A Month at the Heart of Blair's War*, 2003

Strachan, Hew, *The First World War*, 2003

Strong, Kenneth, *Intelligence at the Top*, 1968

Strouse, Jean, *Morgan: American Financier, 1999*

Sugden, John, *Nelson: A Dream of Glory*, 2004

ed. Swan, Patrick, *Alger Hiss, Whittaker Chambers, and the Schism in the American Soul*, (Delaware) 2003

Sarna, Jonathan *D., American Judaism: A History*, (Yale) 2004

Saroop, Narindar, *The Last Indian*, 2004

Saunders, Frances Stonor, *Who Paid the Piper? The CIA and the Cultural Cold War*, 1999

Sayer, Ian, and Botting, Douglas, *Nazi Gold*, 1998

Schmitz, Oscar, *The Land Without Music*, (undated)

Schneer, Jonathan, *London 1900: The Imperial Metropolis*, 1999

Scholefield, G.H., *New Zealand in Evolution*, 1909

Schwarzkopf, General H. Norman, *It Doesn't Take A Hero*, 1992

Searle, G.R., *A New England?: Peace and War 1886–1918*, 2004

Seldon, Anthony, *Blair*, 2004

ed. Self, Robert, *The Neville Chamberlain Diary Letters: The Downing Street Years 1934–1940*, 2005

Seth, Ronald, *The Sleeping Truth: The Hiss-Chambers Affair*, 1968

ed. Seymour, Charles, *The Intimate Papers of Colonel House*, 4 vols, 1926

Sharansky, Natan, *The Case for Democracy*, 2004.

Shawcross, William, *Allies: The United States, Britain, Europe and the War in Iraq*, 2003

eds Sheffield, Gary, and Bourne, John, *Douglas Haig: War Diaries and Letters 1914–1918*, 2005

Sherman, A.J., *Island Refuge: Britain and Refugees from the Third Reich 1933–39*, 1973

Shiletto, Carl, *Devils and Eagles in Normandy 1944: American, British and Canadian Airborne Forces in Normandy*, 2004

Simms, Brendan, *Unfinest Hour: Britain and the Destruction of Bosnia*, 2001

Simpson, A.W. Brian, *Human Rights and the End of Empire: Britain and the Genesis of the European Convention*, 2001

Simpson, John, *The Wars Against Saddam*, 2004

Sinclair, Keith, *William Pember Reeves: New Zealand Fabian*, 1965

Sinclair, Keith, *A Destiny Apart: New Zealand's Search for National Identity*, (Wellington) 1986

Skidelsky, Robert, *John Maynard Keynes: Hopes Betrayed 1883–1920*, 1983

Skidelsky, Robert, *John Maynard Keynes: Fighting for Britain 1937–1946*, 2000

eds Skinner, Kiron K., Anderson, Annelise, and Anderson, Martin, *Reagan In His Own*

Reynolds, Michael, *Monty and Patton: Two Paths to Victory*, 2005
Reynolds, P.A., *British Foreign Policy in the Inter-War Years*, 1954
Reynolds, Wayne, *Australia's Bid for the Atomic Bomb*, (Melbourne) 2000
Riddell, Peter, *Hug Them Close: Blair, Clinton, Bush and the 'Special Relationship'*, 2003
Ring, Jim, *How the English Made the Alps*, 2000
Ritter, Gerhard, *The Schlieffen Plan*, 1958
Roberts, Andrew, *The Holy Fox: A Life of Lord Halifax*, 1991
Roberts, Andrew, *Eminent Churchillians*, 1994
Roberts, Andrew, *Salisbury: Victorian Titan*, 1999
Robertson, Patrick, *Shell Book of Firsts*, 1974
Robinson, Andrew, *The Man Who Deciphered Linear B: The Story of Michael Ventris*, 2002
Rodger, N.A.M., *The Safeguard of the Sea*, 1997
Roger, Philippe, *The American Enemy: The History of French Anti-Americanism*, 2005
Rohwer, Jürgen, andMonakov, Mikhail S., *Stalin's Ocean-Going Fleet: Soviet Naval Strategy and Shipbuilding 1935–1953*, 2002
Rolo, P.J.V., *The Entente Cordiale*, 1969
Ronaldshay, Earl of, *The Life of Lord Curzon*, 2 vols, 1927
Rose, Kenneth, *Superior Person: A Portrait of Curzon and his Circle in Late Victorian England*, 1969
Rose, Kenneth, *King George V*, 1983
Rose, Norman, *The Cliveden Set: Portrait of an Exclusive Fraternity*, 2000
Roseman, Mark, *The Villa, the Lake, the Meeting: Wannsee and the Final Solution*, 2002
Rosenthal, Eric, *Stars and Stripes in Africa*, (Cape Town) 1968
Roskill, Stephen, *Hankey: Man of Secrets*, vol. 2, 1972
Ross, Angus, *New Zealand's Record in the Pacific Islands in the Twentieth Century*, (Auckland) 1969
Ross, Walter Sanford, *The Last Hero: Charles A. Lindbergh*, 1976
Roth, Joseph, *Hotel Savoy*, 2000
Rovere, Richard H., *Senator Joe McCarthy*, 1959
Royle, Trevor, *Patton: Old Blood and Guts*, 2005
Sainsbury, Keith, *Churchill and Roosevelt at War*, 1994

Pilpel, Robert H., *Churchill in America 1895–1961*, 1976

Pipes, Richard, *Three Whys of the Russian Revolution*, (Toronto) 1995

Pollock, Frederick, *The League of Nations*, 1920

Pollock, John, *Kitchener*, 1998

Ponsonby, Sir Frederick, *Recollections of Three Reigns*, 1957

Porch, Douglas, *Hitler's Mediterranean Gamble*, 2004

ed. Pottle, Mark, *Champion Redoubtable: The Diaries and Letters of Violet Bonham Carter 1944–45*, 1998

ed. Pottle, Mark, *Daring to Hope: The Diaries and Letters of Violet Bonham Carter 1946–1969*, 2000

Powell, Colin, *My American Journey*, 1995

Powell, J. Enoch, and Maude, Angus, *Biography of a Nation*, 1955

Powell, Jim, *FDR's Folly: How Roosevelt and his New Deal Prolonged the Great Depression*, 2004

Prados, John, *Hoodwinked: The Documents that Reveal how Bush Sold Us a War*, 2004

Prochaska, Frank, *The Republic of Britain:* 1760–2000

Pugsley, Christopher, *The Anzac Experience: New Zealand, Australia and the Empire in the First World War*, (Auckland) 2004

Pryce-Jones, David, *The War That Never Was: The Fall of the Soviet Empire 1985–1991*, 1995

ed. Ramsden, James, *George Lyttelton's Commonplace Book*, 2002

Read, David Herbert, *Lincoln*, 1995

Reagan, Ronald, *An American Life*, 1990

Rees, Laurence, *The Nazis: A Warning from History*, 1997

Rees, Laurence, *Auschwitz: The Nazis and the 'Final Solution'*, 2005

Reeves, Richard, *President Nixon: Alone in the White House*, 2002

Reeves, Thomas. C., *The Life and Times of Joe McCarthy*, 1982

Reeves, William Pember, *The Long White Cloud*, 1924

Reid, T.R., *The United States of Europe: The New Superpower and the End of American Supremacy*, (New York) 2004

Rennell, Tony, *Last Days of Glory: The Death of Queen Victoria*, 2000

Renwick, Robin, *Fighting with Allies: America and Britain in Peace and War*, 1996

Reyes, A.M. José S., *A Legislative History of America's Economic Policy Toward the Philippines*, (New York) 1923

O'Halpin, Eunan, *The Decline of the Union: British Government in Ireland 1892–1920*, 1981
O'Hegarty, Patrick, *A History of Ireland under the Union 1801–1922*, 1952
Oliver, W.H., *The Story of New Zealand*, 1960
ed. Oliver, W.H., and Williams, B.R., *The Oxford History of New Zealand*, 1981
eds Omissi, David, and Thompson, Andrew S., *The Impact of the South African War*, 2002
Ørvik, Nils, *The Decline of Neutrality 1914–1945*, 1953
Oshinsky, David, *Polio: An American Story*, 2005
Ostler, Nicholas, *Empires of the Word: A Language History of the World*, 2005
Ousby, Ian, *Occupation: The Ordeal of France 1940–1944*, 1997
Overy, Richard, *Why the Allies Won*, 1995
Overy, Richard, *Bomber Command 1939–1945*, 1997
Overy, Richard, *Interrogation: The Nazi Elite in Allied Hands, 1945*, 2001
Owen, Roger, *Lord Cromer: Victorian Imperialist, Edwardian Proconsul*, 2004
Ozment, Steven, *A Mighty Fortress: A New History of the German People*, 2004
Packer, Herbert L., *Ex-Communist Witnesses: Four Studies in Fact Finding*, 1962
Pagden, Anthony, *Peoples and Empires*, 2001
Page, Max, *The Creative Destruction of Manhattan 1900–1940*, (Chicago) 2001
Parker, R.A.C., *Churchill and Appeasement*, 1995
Parker, R.A.C., *The Second World War*, 2001
ed. Parrish, Thomas, *The Simon and Schuster Encyclopaedia of World War II*, (New York) 1978
Paxman, Jeremy, *The English: A Portrait of a People*, 2002
Pelling, H., *America and the British Left*, 1956
Penlington, Norman, *Canada and Imperialism 1896–1899*, (Toronto) 1965
Percy, Algernon, *A Bearskin's Crimea*, 2005
Perkins, Bradford, *The Great Rapprochement: US.-British 1895–1914*, (New York) 1968
Perle, Richard, and Frum, David, *An End to Evil*, 2004
Perlstein, Rick, *Before the Storm: Barry Goldwater and the Unmaking of the American Consensus*, 2002
Pershing, John J., *My Experiences in the World War*, 2 vols, 1931
ed. Pickersgill, J.W., *The Mackenzie King Record, vol. 1 1939–1944*, (Toronto) 1960

Montague Browne, Sir Anthony, *Long Sunset*, 1995

Montefiore, Simon Sebag, *Stalin: The Court of the Red Tsar*, 2003

Moore, Sara, *How Hitler Came to Power*, 2006

Moran, Lord, *Winston Churchill: The Struggle for Survival 1940–1965*, 1966

Morefield, Jean, *Covenants Without Swords: Idealist Liberalism and the Spirit of Empire*, 2004

Morley, Sheridan, *A Talent to Amuse: A Biography of Noël Coward*, 1986

Morris, Edmund, *Theodore Rex*, 2002

Morrison, S.A., *Middle East Survey*, 1954

Mortimer, Gavin, *The Longest Night: Voices from the London Blitz*, 2005

Mulanax, Richard B., *The Boer War and American Politics and Diplomacy*, (Maryland) 1994

Munro, Dana G., *Intervention and Dollar Diplomacy in the Caribbean*, (Princeton) 1964

Murphy, James H., *Abject Loyalty: Nationalism and Monarchy during the Reign of Queen Victoria*, (Cork) 2001

Murray, Charles, *Human Accomplishment: The Pursuit of Excellence in the Arts and Sciences 800 BC to 1950*, 2003

Murray, Douglas, *Neoconservatism: Why We Need It*, 2005

Naughtie, James, *The Accidental American: Tony Blair and the Presidency*, 2004

Neillands, Robin, *A Fighting Retreat: The British Empire 1947–97*, 1996

Neillands, Robin, *The Great War Generals of the Western Front 1914–1918*, 1998

Nelson, Raymond, *The Philippines*, 1968

Nicolson, Harold, *Peacemaking 1919*, 1933

Nicolson, Nigel, *Long Life*, 1997

Nixon, Richard, *In the Arena: A Memoir of Victory, Defeat and Renewal*, 1990

ed. Norwich, John Julius, *The Duff Cooper Diaries*, 2005

Nott, John, *Here Today, Gone Tomorrow: Recollections of an Errant Politician*, 2002

ed. O'Day, Alan, *Reactions to Irish Nationalism*, 1987

Ó Drisceoil, Donal, *Censorship in Ireland 1939–1945*, 1996

Odo, Franklin, *No Sword to Bury: Japanese Americans in Hawai'i during World War II*, (Philadelphia) 2004

O'Gara, Gordon C, *Theodore Roosevelt and the Rise of the Modern Navy*, (Princeton) 1943

McCallum, Ronald, *Public Opinion and the Last Peace*, 1944

McConville, Michael, *Ascendancy to Oblivion: The Story of the Anglo-Irish*, 1986

McCormack, W.J., *Roger Casement in Death, or Haunting the Free State*, (Dublin) 2002

McCormick, Donald, *The Mask of Merlin: A Critical Study of David Lloyd George*, 1963

McCullough, David, *John Adams*, 2001

McGarry, Fearghal, *Eion O'Duffy: A Self-Made Hero*, 2005

ed. McGibbon, Ian, *The Oxford Companion to New Zealand Military History*, 2000

McGrath, John, *Prisoner of War: Six Years in Hanoi*, 1975

McIntyre, Ben, *Josiah the Great*, 2004

McKercher, Brian C.J., *The Second Baldwin Government and the United States 1924–1929): Attitudes and Diplomacy*, 1984

McKinstry, Leo, *Rosebery: Statesman in Turmoil*, 2005

Meacham, John, *Franklin and Winston: A Portrait of a Friendship*, 2004

Mead, Gary, *The Doughboys: America and the Great War*, 2000

Medawar, Jean, and Pyke, David, *Hitler's Gift: Scientists Who Fled Nazi Germany*, 2001

Meikle, Louis S., *The Confederation of the British West Indies versus Annexation to the United States of America*, 1912

Meltzer, Allan H., *A History of the Federal Reserve, vol. 1 1913–1951*, 2003

Menzies, Sir Robert, *Afternoon Light*, 1967

Meredith, Martin, *The State of Africa: A History of Fifty Years of Independence*, 2005

Messenger, Charles, *Call To Arms: The British Army 1914–18*, 2005

Micklethwait, John, and Wooldridge, Adrian, *The Company: A Short History of a Revolutionary Idea*, 2003

Micklethwait, John, and Wooldridge, Adrian, *The Right Nation: Why America is Different*, 2004

Miller, David, *The Cold War: A Military History*, 1998

Miller, Nathan, *The United States Navy*, 1977

Millin, S.G., *General Smuts*, 2 vols, 1936

eds Milner, Clyde A., O'Connor, Carol A., and Sandweiss, Martha A., *The Oxford History of the American West*, 1994

Mombauer, Annika, *Helmuth von Moltke and the Origins of the First World War*, 2001

Industry 1939–1945, 2005
ed. Louis, William Roger, *Yet More Adventures with Britannia: Personalities, Politics and Culture in Britain*, 2005
Lovat, Lord, *March Past*, 1978
Lownie, Andrew, *John Buchan: The Presbyterian Cavalier*, 1995
Ludendorff, General, *Ludendorff's Memoirs 1914–1918*, 1933
Lukacs, John, *Churchill: Visionary, Statesman, Historian*, 2002
Lukacs, John, *Remembered Past*, (Delaware) 2005
Lukacs, John, *Democracy and Populism: Fear and Hatred*, 2005
Lunghi, Hugh, and Conquest, Robert, *Soviet Imperialism*, 1962
'L.W.', *Fascism: Its History and Significance*, 1924
Lycett, Andrew, *Rudyard Kipling*, 1999
ed. Lycett, Andrew, *Rudyard Kipling: Selected Poems*, 2004
Lyons, F. S.L., *The Irish Parliamentary Party 1890–1910*, vol. 4, 1951
MacArthur, Brian, *Surviving the Sword: Prisoners of the Japanese 1942–45*, 2005
eds MacDonagh, Oliver, and Mandle, I.W.F., *Ireland and Irish-Australia*, 1986
MacDonald, Robert, *The Fifth Wind: New Zealand and the Legacy of a Turbulent Past*, 1989
Mackinder, Sir Halford J., *Democratic Ideals and Reality*, 1919
Mackinder, Sir Halford J., *The Scope and Methods of Geography and the Geographical Pivot of History*, 1951
Macmillan, Margaret, *Peacemakers: The Paris Conference of 1919*, 2001
Maddox, Robert, *Weapons for Victory: The Hiroshima Decision Fifty Years Later*, (Missouri) 1995
Major, John, *The Autobiography*, 1999
Mankiw, N. Gregory, *Principles of Economics*, (New York) 2003
Mann, Jessica, *Out of Harm's Way: The Wartime Evacuation of Children from Britain*, 2005
Mantoux, Étienne, *The Carthaginian Peace, or The Economic Consequences of Mr Keynes*, 1952
Márai, Sándor, *Embers*, 2003
Martin, Allan, *Australian Prime Ministers*, 2000
ed. Maurice, Frederick, *The History of the War in South Africa 1899–1902*, 4 vols, 1908
M'Carthy, Michael J.F., *Five Years in India 1895–1900*, 1901

Kissinger, Henry A., *Ending the Vietnam War*, 2003
Klimmer, Harvey, *They'll Never Quit*, 1941
eds Knight, Franklin W., and Palmer, Colin A., *The Modern Caribbean*, 1989
Knight, Roger, *The Pursuit of Victory: The Life and Achievement of Horatio Nelson*, 2005
Knightley, Phillip, *Australia: A Biography of a Nation*, 2000
Kristol, Irving, *Neo-Conservatism: Selected Essays 1949–1995*, 1995
Kupchan, Charles A., *The End of the American Era: US Foreign Policy and the Geopolitics of the Twenty-First Century*, (New York) 2005
Lacour-Guyet, *A History of South Africa*, 1977
Lacouture, Jean, *De Gaulle: The Rebel 1890–1944*, 1990
Lal, Deepak, *In Praise of Empires: Globalization and Order*, 2004
Lamb, Richard, *Mussolini and the British*, 1997
Landes, David S., The *Wealth and Poverty of Nations*, 1998
eds Lane, Ann, and Temperley, Harold, *The Rise and Fall of the Grand Alliance 1941–45*, 1995
Leach, Rodney, *Europe*, 2004
Lee, John, *The Warlords: Hindenburg and Ludendorff*, 2005
Lefever, Dr Robert, *The Diary of a Private Doctor*, 1988
Leitz, Christian, *Nazi Germany and Neutral Europe During the Second World War*, 2000
Lentin, Antony, *Lloyd George and the Lost Peace: From Versailles to Hitler 1919–1940*, 2001
Le Queux, William, *Britain's Deadly Peril, 1915*
Levin, Bernard, *The Pendulum Years*, 1970
Lewis, Bernard, *The Crisis of Islam*, 2003
Lewis, Julian, *Changing Direction: British Military Planning for Post-War Strategic Defence 1942–1947*, 1988
Lind, Michael, *Vietnam: The Necessary War*, 1999
Lipset, Martin, and Marks, Gary, *It Didn't Happen Here: Why Socialism Failed in the United States*, 2000
Lloyd George, David, *War Memoirs of David Lloyd George*, 2 vols, 1938
Lloyd George, David, *The Truth About the Peace Treaties*, vol. I, 1938
Longden, Sean, *Hitler's British Slaves: British and Commonwealth PoWs in German*

Kampfner, John, *Blair's Wars*, 2003

Karabell, Zachary, *Parting the Desert: The Creation of the Suez Canal*, 2003

Kavanagh, Dennis, and Seldon, Anthony, *The Powers Behind the Prime Minister: The Hidden Influence of Number Ten*, 1999

Keegan, John, *Intelligence in War: Knowledge of the Enemy from Napoleon to Al-Qaeda*, 2003

Keegan, John, *The Iraq War*, 2004

Keesing, Felix M., *The Philippines: A Nation in the Making*, 1937

Kemp, Paul, *The Admiralty Regrets: British Warship Losses of the Twentieth Century*, 1999

Kennan, George, *Memoirs 1925–50*, (New York) 1988

Kennedy, Paul, *The Rise and Fall of the Great Powers*, 1988

Kennedy, Robert F., *Thirteen Days: The Cuban Missile Crisis 1962*, 1968

Keogh, Dermot, *Jews in Twentieth-Century Ireland: Refugees, Anti-Semitism and the Holocaust*, (Cork) 1999

Kershaw, Ian, *Hitler: Hubris 1889–1936*, 1998

Kershaw, Ian, *Hitler: Nemesis 1936–1945*, 2000

Keynes, John Maynard, *The Economic Consequences of the Peace*, 1920

Kinne, Derek, *The Wooden Boxes*, 1955

Kinross, Patrick, *Atatürk: The Rebirth of Ra Nation*, 1993

Kissinger, Henry A., *Nuclear Weapons and Foreign Policy*, 1957

Kissinger, Henry A., *A World Restored: Castlereagh, Metternich and the Restoration of Peace 1812–1822*, 1957

Kissinger, Henry A., *The Troubled Partnership: A Reappraisal of the Atlantic Alliance*, 1965

Kissinger, Henry A., *American Foreign Policy: Three Essays*, 1969

Kissinger, Henry A., *The White House Years*, 1979

Kissinger, Henry A., *Years of Upheaval 1973–77*, 1982

Kissinger, Henry A., *United States Policy in Central America*, 1984

Kissinger, Henry A., *Diplomacy: The History of Diplomacy and the Balance of Power*, 1994

Kissinger, Henry A., *Years of Renewal*, 1999

Kissinger, Henry A., *Does America Need a Foreign Policy?: Towards a Diplomacy for the 21st Century*, 2001

Ignatieff, Michael, *Human Rights as Politics and Idolatry*, (Princeton) 2001
Inglis, Brian, *The Story of Ireland*, 1965
Isaacson, Walter, *Henry Kissinger*, 1992
Isaacson, Walter, *Benjamin Franklin: An American Life*, 2003
Isaacson, Walter, and Thomas, Evan, *The Wise Men: Six Friends and the World They Made*, 1986
Iwan-Müller, E.B., *Lord Milner and South Africa*, 1902
Jackson, Ashley, *The British Empire and the Second World War*, 2006
Jackson, John, *Private 12768: Memoir of a Tommy*, 2004
Jackson, Julian, *Charles De Gaulle*, 2003
Jackson, Keith, and Harré, John, *New Zealand*, 1969
James, C.L.R., *The Case for West Indian Self-Government*, 1933
James, Lawrence, *Imperial Warrior: The Life and Times of Field Marshal Viscount Allenby 1861–1936*, 1993
James, Lawrence, *Warrior Race: A History of the British at War*, 2002
James, Robert Rhodes, *Anthony Eden*, 1986
ed. James, Robert Rhodes, *Churchill Speaks 1897–1963: Collected Speeches in Peace and War*, 1981
ed. Jane, Fred T., *Fighting Ships, 1914*
Jenkins, Roy, *Baldwin*, 1987
Jenkins, Roy, *Churchill*, 2001
Jenkins, Roy, *Franklin Delano Roosevelt*, 2003
ed. Johnson, Frank, *Conversations with Hugh Trevor-Roper*, (unpublished) 2005
Johnson, Paul, *A History of the American People*, 2000
Johnston, Mark, and Stanley, Peter, *Alamein: The Australian Story*, 2002
Jones, Nigel, *Rupert Brooke: Life, Death & Myth*, 1999
Jones, Nigel, *Mosley*, 2004
Judd, Alan, *The Quest for C: Sir Mansfield Cumming and the Founding of the British Secret Service*, 1999
Judd, Denis, and Surridge, Keith, *The Boer War*, 2002
Kagan, Robert, *Paradise and Power*, 2003
Kamm, Antony, and Baird, Malcolm, *John Logie Baird*, 2002
Kamm, Oliver, *Anti-Totalitarianism: The Left-Wing Case for a Neoconservative Foreign Policy*, 2005

eds Heiber, Helmut, and Glantz, David M., *Hitler and His Generals: Military Conferences 1942–1945*, 2002
Heiferman, Ronald, *World War 11*, 1973
Hendrik, Burton J., *The Life and Letters of Walter Hines Page*, 3 vols, 1922
Hennessy, Peter, *The British Prime Minister*, 2000
Herman, Arthur, *Joseph McCarthy*, 2000
Herman, Arther, *To Rule the Waves: How the British Navy Shaped the Modern World*, (New York) 2004
Hersh, Seymour, *Chain of Command: The Road from 9/11 to Abu Ghraib*, 2004
Hinchingbrooke, Viscount, *Full Speed Ahead! Essays in Tory Reform*, 1943
Hirst, John, *The Sentimental Nation: The Making of the Australian Commonwealth*, 2002
Hitchens, Christopher, *The Trial of Henry Kissinger*, 2001
Hitchens, Peter, *The Abolition of Liberty*, 2004
Hitchings, Henry, *Dr Johnson's Dictionary*, 2005
Hoffer, Eric, *The True Believer*, (New York) 1966
Hogg, Quintin, *The Left Was Never Right*, 1945
Holland, Richard, *Augustus: Godfather of Europe*, 2004
Holmes, Richard, *Tommy: The British Soldier on the Western Front 1914–1918*, 2005
Holmes, Richard, *In the Footsteps of Churchill*, 2005
Holt, Thaddeus, *The Deceivers: Allied Military Deception in the Second World War*, 2004
Horne, Alistair, *The Terrible Year: The Paris Commune 1871*, 2004
Horne, John, and Kramer, Alan, *German Atrocities, 1914*, 2000
Howarth, David, *The Dreadnoughts*, 1980
Howe, Glenford Deroy, *Race, War and Nationalism: A Social History of West Indians in the First World War*, 2002
Hughes-Wilson, John, *Military Intelligence Blunders*, 1999
Hull, Cordell, *The Memoirs of Cordell Hull*, 2 vols, 1948
Hull, Mark M., *Irish Secrets: German Espionage in Wartime Ireland 1939–1945*, 2003
Huntingdon, Samuel P., *Who Are We?: America's Great Debate*, 2004
Hurd, Douglas, *Memoirs*, 2003
Hyam, Ronald, and Henshaw, Peter, *The Lion and the Springbok: Britain and South Africa since the Boer War*, 2003

War II a Necessity or a Crime?, 2006

Greer, Germaine, *Whitefella Jump Up*, 2004

Griffin, David Ray, *The New Pearl Harbor: Disturbing Questions about the Bush Administration and 9/11*, 2004

Griffiths, Sir Percival, *Empire Into Commonwealth*, 1969

Griffiths, Richard, *Patriotism Perverted: Captain Ramsay, the Right Club and British Anti-Semitism 1939–40*, 1998

Grigg, John, *Lloyd George: War Leader 1916–1918*, 2002

Grondana, L. St Clare, *Commonwealth Stocktaking*, 1953

Groot, Gerard De, *The Bomb: A Life*, 2004

Griunberger, Richard, *A Social History of the Third Reich*, 2005

Gullace, Nicoletta F., '*The Blood of our Sons': Men, Women and the Renegotiation of British Citizenship During the Great War*, 2002

Gunther, John, *Inside USA*, 1948

Gupta, Narayani, *Delhi Between Two Empires 1803–1931: Society, Government and Urban Growth*, 1981

Halevy, Efraim, *Man in the Shadows: Inside the Middle East Crisis With a Man Who Led the Mossad*, 2006

Hamshere, Cyril, *The British in the Caribbean*, 1972

Hanson, Victor Davis, *Why the West Has Won: Carnage and Culture from Salamis to Vietnam*, 2002

ed. Hardy, Henry, *Isaiah Berlin: Flourishing, Letters 1928–1946*, 2005

Harris, Kenneth, *Attlee*, 1995

Harrison, Henry, *Ireland and the British Empire*, 1937

Harrison, Ian, *The Book of Firsts: The Stories Behind the Amazing Breakthroughs of the Modern World*, 2003

Hart, Robert A., *The Great White Fleet*, (Boston) 1965

Hasluck, P., *The Evolution of Australian Foreign Policy 1938–1965*, (Canberra) 1970

Hastings, Max, *Overlord: D-Day and the Battle for Normandy*, 1984

Hastings, Max, *The Korean War*, 1988

Hastings, Max, *Armageddon: The Battle for Germany 1944–45*, 2004

Hawke, G.R., *The Making of New Zealand: An Economic History*, 1985

Hayek, F.A., *The Constitution of Liberty*, 1999

Hays, Constance, *Pop: Truth and Power at the Coca-Cola Company*, 2004

Fromkin, David, *Europe's Last Summer: Why the World Went to War in 1914*, 2004
Frum, David, *How We Got Here: The Seventies*, 2000
Frum, David, *The Right Man: The Surprise Presidency of George W. Bush*, 2003
Fuller, J.F.C., *Empire Unity and Defence*, 1934
Fussell, Paul, *The Boys' Crusade: American GIs in Europe*, 2004
Gaddis, John Lewis, *We Now Know: Rethinking Cold War History*, 1997
Gaddis, John Lewis, *The Cold War*, 2006
Garraty, John A., *The American Nation: A History of the United States*, (New York) 1991
Garrett, Richard, *Prisoner of War: The Uncivil Face of War*, 1981
Gaskin, M.J., *Blitz: The Story of 29th December 1940*, 2005
Gee, H.L., *American England*, 1943
eds Gere, J.A., and Sparrow, John, *Geoffrey Madan's Notebooks*, 1981
Gerolymatos, André, *The Balkan Wars*, 2005
Gilbert, Sir Martin, *Churchill: A Life*, 1991
Gilbert, Sir Martin, *D-Day*, 2004
Gilbert, Sir Martin, *Churchill and America*, 2005
Gilbert, Sir Martin, and Churchill, Randolph, *Winston S. Churchill*, 8 vols, 1966–88
ed. Gilbert, Sir Martin, *The Straits of War: Gallipoli Remembered*, 2000
Gilmour, David, *The Long Recessional: The Imperial Life of Rudyard Kipling*, 2002
Gilmour, David, *The Ruling Caste: Imperial Lives in the Victorian Raj*, 2005
Glazebrook, G.P. de T., *A Short History of Canada*, 1950
Glees, Anthony, and Davies, Philip H., *Spinning the Spies: Intelligence, Open Government and the Hutton Inquiry*, 2004
Gliddon, Gerald, *The Aristocracy and the Great War*, (privately published) 2002
Goldsworthy, David, *Losing the Blanket: Australia and the End of Britain's Empire*, (Melbourne) 2002
Gombrich, E.H., *A Little History of the World*, 2005
Gordon-Duff, John, *It Was Different Then*, (privately published) 1976
Granatstein, J.L., *Twentieth-Century Canada*, (Toronto) 1986
Graubard, Stephen, *The Presidents: The Transformation of the American Presidency from Theodore Roosevelt to George W. Bush*, 2005
Gray, Herbert Branston, and Turner, Samuel, *Eclipse or Empire?*, 1916
Grayling, A.C., *Among the Dead Cities: Was the Allied Bombing of Civilians in World*

Ferguson, Niall, *Colossus: The Rise and Fall of the American Empire*, 2004

Fernández, Leandrotti, *The Philippine Republic*, 1926

Fernández-Armesto, Felipe, *The Americas: The History of a Hemisphere*, 2003

Fischer, Fritz, *Germany's Aims in the First World War*, 1967

Fishman, Jack, *If I Lived My Life Again*, 1974

Fisk, Robert, *The Great War for Civilisation*, 2005

ed. Fleming, Laurence, *Last Children of the Raj: British Childhoods in India 1919–1950*, 2 vols, 2004

Fleming, Thomas, *The Illusion of Victory: America in World War One*, (New York) 2003

Foner, Nancy, *From Ellis Island to JFK: New York's Two Great Waves of Immigration*, (New York) 2001

Forbes, W. Cameron, *The Philippine Islands*, (Harvard) 1945

Foreman, Jonathan, *The Pocket Book of Patriotism*, 2005

Forward, Alan, *You Have Been Allocated Uganda, 1999*

Foster, R.F., *Modern Ireland 1600–1972*, 1988

Fox, Annette Baker, *Freedom and Welfare in the Caribbean: A Colonial Dilemma*, (New York) 1949

Fradkin, Philip L., *The Great Earthquake and Firestorms of 1906*, (Berkeley) 2006

Franken, Al, *Lies and the Lying Liars Who Tell Them*, 2003

Franks, General Tommy, *American Soldier*, 2004

Fraser, General Sir David, *Alanbrooke*, 1982

Fraser, George Macdonald, *The Hollywood History of the World*, 1988

Fraser, George Macdonald, *Quartered Safe Out Here*, 2000

Fraser, Steve, *Wall Street: A Cultural History*, 2005

Freedland, Jonathan, *Bring Home the Revolution: How Britain Can Live the American Dream*, 1998

Freedman, Lawrence, *Kennedy's Wars*, 2001

Freedman, Lawrence, *The Official History of the Falklands Campaign*, 2 vols, 2005

French, Patrick, *Liberty or Death: India's Journey to Independence and Division*, 1997

Freytag-Loringhoven, Baron von, *Deductions from the World War*, 1918

Friedman, Milton, and Friedman, Rose, *Free to Choose*, 1979

Friedman, Walter A., *Birth of a Salesman: The Transformation of Selling in America*, (Harvard) 2004

Douglas, Sir Arthur P., *The Dominion of New Zealand*, 1909

Dow, Mark, *American Gulag: Inside US Immigration Prisons*, (California) 2004

Drea, Edward J., *MacArthur's ULTRA: Codebreaking and the War against Japan 1942–45*, (University of Kansas) 1992

Drehle, David von, *Deadlock: The Inside Story of America's Closest Election*, 2001

Drummond, J., *The Life and Times of Richard John Seddon*, (Christchurch, *NZ*) 1906

Duggan, John P., *Neutral Ireland and the Third Reich*, (Dublin) 1989

Dupuy, R. Ernest, and Dupuy, Trevor N., *The Collins Encyclopaedia of Military History from 3,500BC to the Present*, 1993

Dutton, David, *Anthony Eden: A Life and Reputation*, 1997

Dwyer, T. Ryle, *Irish Neutrality and the USA*, 1977

Dwyer, T. Ryle, *De Valera: The Man and the Myths, 1995*

eds Eberle, Henrik, and Uhl, Matthias, *The Hitler Book: The Secret Dossier Prepared for Stalin*, 2005

Eden, Guy, *Portrait of Churchill*, (undated)

Egremont, Max, *Balfour: A Life of Arthur James Balfour*, 1980

Egremont, Max, *Under Two Flags: The Life of Major General Sir Edward Spears*, 1997

Elkins, Caroline, *Britain's Gulag: The Brutal End of Empire in Kenya*, 2005

Elliott, Florence, *A Dictionary of Politics*, 1973

Ellis, John, *The Social History of the Machine Gun*, 1987

Ellis, Joseph *J., Founding Brothers*, 2000

Ellis, Joseph *J., His Excellency: George Washington*, 2004

Elton, Lord, *Imperial Commonwealth*, 1945

Emmott, Bill, *20:21 Vision: The Lessons of the Twentieth Century for the 21st*, 2003

Evans, E.W., *The British Yoke: Reflections on the Colonial Empire*, 1949

Evans, Harold, *Men in the Tropics: A Colonial Anthology*, 1949

Evans, Harold, *The American Century*, 1998

Evans, Harold, *They Made America*, 2004

Evans, Luther Harris, *The Virgin Islands: From Naval Base to New Deal*, (Ann Arbor) 1945

Ewing, A.W., *The Man of Room 40: The Life of Sir Alfred Ewing*, 1939

Farrell, Nicholas, *Mussolini: A New Life*, 2003

Ferguson, John H., *American Diplomacy and the Boer War*, (Philadelphia) 1939

Ferguson, Niall, *The Pity of War*, 1998

Davis, Mike, *Late Victorian Holocausts: El Nino Famines and the Making of the Third World*, 2000

Dawson, Robert MacGregor, *The Development of Dominion Status 1900–1936*, 1937

Day, Beth, *The Philippines: Shattered Showcase of Democracy in Asia*, (New York) 1974

Day, David, *Menzies and Churchill at War*, 1986

Dean, John, *Worse Than Watergate*, 2004

de Botton, Alain, *Status Anxiety*, 2004

DeConde, Alexander, *The American Secretary of State: An Interpretation*, 1962

Deedes, William, *Brief Lives*, 2004

DeGroot, Gerard, *The Bomb: A History of Hell on Earth*, 2004

Dell, Edmund, *A Strange Eventful History: Democratic Socialism in Britain*, 2000

Denton, J.A., *When Hell Was in Session*, 1976

D'Este, Carlos, *Eisenhower: Allied Supreme Commander*, 2002

Dickie, John, *The New Mandarins: How British Foreign Policy Works*, 2004

Dilks, David, *The Great Dominion: Winston Churchill in Canada 1900–1954*, 2005

Dimbleby, David, and Reynolds, David, *An Ocean Apart: The Relationship between Britain and America in the Twentieth Century*, 1988

Dionne, E.J., and Kristol, William, *Bush v Gore: The Court Cases and the Commentary*, (Washington DC) 2001

Dobson, Alan P., *US Wartime Aid to Britain 1940–1946*, 1986

Dodd, Clement H., *Discord on Cyprus: The UN Plan and After*, 2004

Dodson, Alan P., *US Wartime Aid to Britain 1940–1946*, 1986

Doenecke, Justus D., *Storm on the Horizon: The Challenge to American Intervention 1939–19 41*, (New York) 2000

Doenecke, Justus D., and Stoler, Mark A., *Debating Franklin D. Roosevelt's Foreign Policies 1933–1945*, 2005

ed. Doenecke, Justus D., *In Danger Undaunted: The Anti-Interventionist Movement of 1940–41 as Revealed in the Papers of the America First Committee*, (Stanford) 1990

Donald, David Herbert, *Lincoln*, 1995

Donovan, Robert J., *Conflict and Crisis: The Presidency of Harry S. Truman 1945–48*, 1977

Donovan, Robert J., *Tumultuous Years: The Presidency of Harry S. Truman 1949–53*, 1982

Conquest, Robert, *Reflections on a Ravaged Century*, 1999
Conquest, Robert, *The Dragons of Expectation*, 2005
Conway Maritime Press, *Conway's All the World's Fighting Ships 1860–1905*, 1979
Coogan, Tim Pat, *De Valera: Long Fellow, Long Shadow*, 1996
Corbin, Jane, *The Base: In Search of Al-Queda*, 2002
Cornwell, John, *Hitler's Scientists: Science, War and the Devil's Pact*, 2003
Correspondents of the *New York Times, Thirty-Six Days: The Complete Chronicle of the 2000 Presidential Election Crisis*, (New York) 2001
Corrigan, Gordon, *Mud, Blood and Poppycock: Britain and the Great War*, 2004
Corrigan, Gordon, *Blood, Sweat and Arrogance and the Myths of Churchill's War*, 2006
Coughlin, Con, *Saddam: The Secret Life*, 2005
Coward, Noël, *The Lyrics of Noël Coward*, 1983
ed. Cowley, Robert, *The Great War: Perspectives on the First World War*, 2004
Cradock, Sir Percy, *In Pursuit of British Interests: Reflections on Foreign Policy under Margaret Thatcher and John Major*, 1997
Cray, Ed, *General of the Army: George C. Marshall*, 1990
Critchell, J.T., and Raymond, J., *History of the Frozen Meat Industry*, 1912
ed. Cross, Mary, *A Century of Icons: 100 Products and Slogans from the Twentieth Century Consumer Culture*, (Westport, CT) 2004
Crouch, Tom, and Jakab, Peter, *The Wright Brothers and the Invention of the Aerial Age*, (New York) 2003
Crystal, David, *English as a Global Language*, 2003
Dallas, Gregor, *1918: War and Peace*, 2000
Danchev, Alex, *On Specialness: Essays in Anglo-American Relations*, 2000
eds Danchev, Alex, and Todman, Daniel, *War Diairies 1939–1945: Field Marshal Lord Alanbrooke*, 2001
Danner, Mark, *Torture and Truth: Abu Ghraib and America in Iraq*, 2005
Dannreuther, Raymond, *Somerville's Force H: The Royal Navy's Gibraltar-based Fleet, June 1940 to March 1942*, 2005
Davidson, Ian, *Voltaire in Exile: The Last Years 1753–78*, 2004
Davie, Michael, *Anglo-Australian Attitudes*, 2000
Davies, David Twiston, *The Daily Telegraph Book of Military Obituaries*, 2003
Davies, Joseph E., *Mission to Moscow*, 1942
Davis, Kenneth Sydney, *FDR: The War President 1940–1943*, 2001

Cecil, Algernon, *Queen Victoria and her Prime Ministers*, 1953
Chambers, James, *Palmerston*, 2004
ed. Chambers, John Whiteclay, *The Oxford Companion to American Military History*, 1999
Chambers, Whittaker, *Witness*, 1953
Chang, Jung, and Halliday, Jon, *Mao: The Untold Story*, 2005
Charmley, John, *Duff Cooper*, 1986
Chasseaud, Peter, and Doyle, Peter, *Grasping Gallipoli*, 2005
Chaudhuri, Nirad, *Thy Hand, Great Anarch!*, 1987
Chisholm, Anne, and Davie, Michael, *Beaverbrook*, 1992
Churchill, Winston, *The Aftermath*, 1929
Churchill, Winston, *A History of the English-Speaking Peoples*, vol. 4, 2002
Claiborne, Robert, *The Life and Times of the English Language*, 1990
Clark, Alan, *The Tories: Conservatives and the Nation State 1922–97*, 1999
Clark, Charles Manning, *Meeting Soviet Man*, 1960
Clark, Charles Manning, *The Quest for Grace*, 1991
Clark, Jonathan, *Our Shadowed Present: Modernism, Postmodernism and History*, 2003
Clarke, Richard A., *Against All Enemies: Inside America's War Against Terror*, 2004
Clinton, Bill, *My Life*, 2004
ed. Clowes, William Laird, *The Royal Navy: A History*, vol. VII, 1901
ed. Coates, Tim, *War in the Falklands 1982*, 2001
Cocker, Mark, *Rivers of Blood, Rivers of Gold: Europe's Conflict with Tribal Peoples*, 1998
ed. Coleman, Kenneth, *A History of Georgia*, 1991
Coleman, Verna, *The Last Exquisite: A Portrait of Frederic Manning*, (Melbourne) 1990
Collett, Nigel, *The Butcher of Amritsar: General Reginald Dyer*, 2005
Collins, Larry, and Lapierre, Dominique, *Freedom at Midnight*, 1976
Colvin, John, *Twice Around the World*, 1991
Condiliffe, J.B., *New Zealand in the Making*, 1930
Condiliffe, J.B., and Willis, T.G. Airey, *A Short History of New Zealand*, 1935
Connelly, Mark, *Reaching for the Stars: A New History of Bomber Command in World War Two*, 2001
Conquest, Robert, *The Great Terror*, 1968

Buchanan, Patrick J., *A Republic, Not an Empire: Reclaiming America's Destiny*, 1999

Bullock, Alan, *Hitler and Stalin: Parallel Lives*, 1991

Bullock, Alan, *Ernest Bevin: A Biography*, 2002

Bunting, Sir John, *R. G. Menzies: A Portrait*, 1988

Burdon, R.M., *The New Dominion: A Social and Political History of New Zealand 1918–1939*, 1965

Burgess, Simon, *Stafford Cripps: A Political Life*, 1999

Burke, Jason, *Al-Queda: Casting a Shadow of Terror*, 2003

Burleigh, Michael, *Earthly Powers: Religion and Politics from the Enlightenment to the Great* War, 2005

Burns, Sir Alan, *The History of the British West Indies*, 1965

ed. Busch, Briton C., *Canada and the Great War*, (Montreal) 2003

Butler, David, and Butler, Gareth, *British Political Facts 1900–1994*, 1994

ed. Butler, Susan, *Mr Dear Mr Stalin: The Complete Correspondence of Franklin D. Roosevelt and Joseph V. Stalin*, (New York) 2005

Butow, Robert J.C., *Japan's Decision to Surrender*, (Stanford) 1954

Cadbury, Deborah, *Seven Wonders of the Industrial World*, 2004

Caesar, James W., and Busch, Andrew E., *The Perfect Tie: The True Story of the 2000 Presidential Election*, 2001

Cameron Watt, Donald, *Succeeding John Bull*, 1984

Campbell, Charles S., *From Revolution to Rapprochement: The United States and Great Britain 1783–1900*, (New York) 1974

Campbell, John, *Edward Heath*, 1993

Cannon, Lou, *President Reagan: The Role of a Lifetime*, 1991

ed. Careless, J.M.S., *The Canadians 1867–1967*, 1968

Carlton, David, *The West's Road to 9/11: Resisting, Appeasing and Encouraging Terrorism Since 1970*, 2005

Carroll, Brian, *Australia's Governors-General: From Hopetoun to Jeffery*, (Sydney) 2004

Castellar-Gassol, J., *Dali: A Perverse Life*, 1984

Catchpole, Brian, *The Korean War: 1950–53*, 2000

Caute, David, *The Dancer Defects: The Struggle for Cultural Supremacy During the Cold War*, 2003

Cecil, Algernon, *British Foreign Secretaries*, 1927

Bigelow, Poultney, *Seventy Summers*, 1925

Black, Conrad, *Franklin Delano Roosevelt: Champion of Freedom*, 2003

Black, Jeremy, *The British Seaborne Empire*, 2004

Blainey, Geoffrey, *The Tyranny of Distance*, 1968

Blainey, Geoffrey, A *Shorter History of Australia*, 2000

Blainey, Geoffrey, *This Land is all Horizons: Australian Fears and Visions*, (Sydney) 2001

Blount, James H., *The American Occupation of the Philippines 1898–1912*, 1912

Booker, Christopher, *A Looking-Glass Tragedy: The Controversy over the Repatriations from Austria in 1945*, 1997

Bork, Robert H., *Coercing Virtue: The Worldwide Rule of Judges*, (Canada) 2002

Bourke, Joanna, *The Second World War: A People's History*, 2001

ed. Bowman, John S., *Chronicle of the Twentieth Century*, 2004

ed. Boyer, Paul S., *The Oxford Companion to United States History*, 2001

ed. Boyle, Peter G., *The Eden-Eisenhower Correspondence 1955–1957*, (North Carolina) 2005

Bozo, Frédéric, *Two Strategies for Europe: De Gaulle, the United States and the Atlantic Alliance*, 2001

Bradley, James, *Flags of Our Fathers*, 2000

Bragg, Melvyn, *The Adventure of English: The Biography of a Language*, 2003

Braithwaite, Rodric, *Across the Moscow River: The World Turned Upside Down*, 2002

Brands, H.W., *T.R.: The Last Romantic*, 1997

ed. Braybon, Gail, *Evidence, History and the Great War: Historians and the Impact of 1914–18*, 2003

Brendan, Piers, *Ike: The Life and Times of Dwight D. Eisenhower*, 1987

Brogan, Hugh, *The Penguin History of the United States of America*, 1999

eds Brown, Judith, and Louis, William Roger, *The Oxford History of the British Empire*, vol. IV, 1999

Brown, Kevin, *Alexander Fleming and the Antibiotics Revolution*, 2004

Browne, Anthony, *The Sleep of Reason*, 2005

Browning, Christopher R., *Ordinary Men: Reserve Police Battalion 101 and the Final Solution in Poland*, 1998

ed. Bruce, Lawrence, *Messages to the World: The Statements of Osama bin Laden*, 2005

Buchan, John, *The Thirty-Nine Steps*, 2000

War, 1963

Barnett, Correlli, *The Audit of War*, 1986

Barnett, Correlli, *The Lost Victory*, 1995

Barnett, Correlli, *The Verdict of Peace*, 2001

Barone, Michael, *Hard America Soft America*, (New York) 2004

Barone, Michael, and Cohen, Richard, *The Almanac of American Politics*, (Chicago) 2004

Bartholomew, James, *The Welfare State We're In*, 2004

Bayly, Christopher, and Harper, Tim, *Forgotten Armies: The Fall of British Asia 1941–1945*, 2004

Beale, Howard K., *Theodore Roosevelt and the Rise of America to World Power*, (Baltimore) 1956

Beard, Charles A., and Beard, Mary R., *The Rise of American Civilisation*, vol. 2, 1930

Beckett, Ian F.W., *A Nation in Arms*, 1985

Beesley, Patrick, *Room 40: British Naval Intelligence 1914–18*, 1982

Beevor, Antony, *Stalingrad*, 1998

Beevor, Antony, *Berlin: The Downfall*, 2002

Belfield, Eversley, *The Boer War*, 1975

Belich, James, *Paradise Reforged: A History of the New Zealanders from the 1880s to the Year 2000*, 2002

Bell, David V., *The Roots of Disunity: A Study of Canadian Political Culture*, (Toronto) 1992

Bennett, James C, *The Anglosphere Challenge*, 2004

Bercuson, David, *One Christmas in Washington: Roosevelt and Churchill Forge the Grand Alliance*, 2005

Bergreen, Laurence, *Capone: The Man and His Era*, (New York) 1994

Bernhardi, F. von, *Germany and the Next War*, 1911

Bernstein, George L., *The Myth of Decline: The Rise of Britain Since 1945*, 2004

Beschloss, Michael R., *Taking Charge: The Fohnson White House Tapes 1963–64*, (New York) 1998

Best, Geoffrey, *Churchill: A Study in Greatness*, 2001

Best, Geoffrey, *Churchill and War*, 2005

Bhagwati, Jagdish, *In Defence of Globalisation*, 2004

Bigelow, Poultney, *Prussian Memories 1864–1914*, 1916

Washington Times
Weekly Standard

書籍

Ackerman, Marsha E., *Cool Comfort: America's Romance with Air-Conditioning*, (Washington DC) 2002
Adams, R.J.Q., *Bonar Law*, 1999
Addison, Paul, *Churchill: The Unexpected Hero*, 2005
Adler, Selig, *The Isolationist Impulse: Its Twentieth Century Reaction*, 1957
Aitken, Jonathan, *Richard Nixon*, 1993
Alperovitz, Gar, *Atomic Diplomacy: Hiroshima and Potsdam*, 1965
Amis, Martin, *Koba the Dread*, 2002
Anderson, David, *Histories of the Hanged: Britain's Dirty War and the End of the Empire*, 2005
Andrew, Christopher, *Théophile Delcassé and the Making of the Entente Cordiale*, 1968
Andrew, Christopher, and Mitrokhin, Vasili, *The Mitrokhin Archive: The KGB in Europe and the West*, 1999
Angier, F.R., and others, *The Making of the West Indies*, 1961
The Annual Register, 1901
Armitage, David, *The Ideological Origins of the British Empire*, 2001
Askin, *Gallipoli: A Turning Point*, (undated)
ed. Asmal, Kader, *Nelson Mandela: In His Own Words*, 2004
Astley, Joan Bright, *The Inner Circle: A View of War at the Top*, 1971
Atkinson, Neill, *Adventures in Democracy: A History of the Vote in New Zealand*, (Dunedin) 2003
Ayearst, Morley, *The British West Indies: The Search for Self-Government*, 1960
Babbin, Jed, *Inside the Asylum: Why the United Nations and Old Europe are Worse Than You Think*, (Washington DC) 2004
Baker, Anne Pimlott, *The Pilgrims Society of Great Britain: A Centennial History*, 2002
Balfour, Patrick, *Society Racket*, 1933
Baly, Lindsay, *Horsemen, Pass By: The Australian Light Horse in World War I*, 2004
Barker, Ralph, *Children of the Benares*, 1987
Barnett, Correlli, *The Swordbearers: Studies in Supreme Command in the First World*

Literary Review
Melbourne Herald-Standard
National Post (Toronto)
New York City Round
New Yorker
National Geographic
National Interest
The National Observer (Australia)
New Criterion
New York Review of Books
New York Times
New Zealand Herald
New Zealand Institute
New Zealand Journal of History
The Observer
Picture Post
Proceedings of the American Philosophical Society
Quadrant (Australia)
Quarterly Review
Royalty Digest
Royal United Services Institute Journal
Salisbury Review
South China Morning Post
Spectator
Star Times (New Zealand)
Stand To!: The Journal of the Western Front Association
Sydney Morning Herald
The Press (New Zealand)
The Times
Times Higher Educational Supplement
Times Literary Supplement
Uganda Journal
Wall Street Journal
Washington Post

報紙或報刊

The Age (Melbourne)
The American Historical Review
The American Spectator
The Argus (Australia)
Atlantic Monthly *Auckland Star*
The Australian
Australian Association for the Advancement of Science
Australian Historical Studies
Australian Journal of Politics and History
Australian Outlook
Australian Quarterly
BBC History Magazine
Barbados Museum and Historical Society Journal
Canadian Historical Review
Canberra Times
Chronicles
Commentary
Contemporary British History
Daily Telegraph
Dominion Post (New Zealand)
Economist
Encounter
The European Journal
Finest Hour
Foreign Affairs
History Today
International Affairs
Irish Historical Studies
Journal of American History
Journal of Imperial and Commonwealth History
Quadrant
Quarterly Journal of Military History

Alan Lennon-Boyd (Bodleian Library, Oxford)
Charles A. Lindbergh (Manuscript Division, Library of Congress)
Lord Lloyd (Churchill Archives Centre)
Vito Marcantonio (New York Public Library)
George C. Marshall (Manuscript Division, Library of Congress)
H.E. McVeagh (Auckland War Memorial Museum Library)
William McKinley (Manuscript Division, Library of Congress)
Sir Robert Menzies (National Archives of Australia, Canberra)
Joseph Molloy (Auckland War Memorial Museum Library)
Walter Nash (Alexander Turnbull Library, National Library of New Zealand)
John J. Pershing (Manuscript Division, Library of Congress)
Archbishop Arthur Michael Ramsey (Lambeth Palace Library)
Sir George Houston Reid (National Archives of Australia, Canberra)
Theodore Roosevelt (Manuscript Division, Library of Congress, and Boston University Library)
Elihu Root (Manuscript Division, Library of Congress)
Cameron Sadler (Auckland War Memorial Museum Library)
Joseph Savage (Alexander Turnbull Library, National Library of New Zealand)
Ian Sayer (by kind permission of Mr Ian Sayer)
Lady Schonland (Cambridge University Library)
Sir George Schuster (Bodleian Library, Oxford)
Richard Seddon (Archives of New Zealand)
Sir Louis Spears (Churchill Archives Centre, Cambridge)
William Howard Taft (Manuscript Division, Library of Congress)
Archbishop William Temple (Lambeth Palace Library)
Viscount Templewood (Cambridge University Library)
Lord Vansittart (Churchill Archives Centre)
John Wallace (Auckland War Memorial Museum Library)
John Christian Watson (National Archives of Australia, Canberra)
Sir Frank Whittle (Churchill Archives Centre)
Stuart Wilson (Auckland War Memorial Museum Library)
Woodrow Wilson (Manuscript Division, Library of Congress)
Christoper York (private possession)
Sir Alfred Zimmern (Bodleian Library)

Ashley T. Cole (New York Public Library)
Sir Joseph Cook (National Archives of Australia, Canberra)
Sir Winston Churchill (Churchill Archives Centre, Cambridge)
William Clark (Bodleian Library, Oxford)
Gordon Coates (Alexander Turnbull Library, National Library of New Zealand)
William Bourke Cochran (New York Public Library)
Calvin Coolidge (Manuscript Division, Library of Congress)
John Curtin (National Archives of Australia, Canberra)
D.H. Davis (Auckland War Memorial Museum Library)
Alfred Deakin (National Archives of Australia, Canberra)
The Marquess of Crewe (Cambridge University Library)
Archbishop Randall Thomas Davidson (Lambeth Palace Library)
Sir Alfred Ewing (by kind permission of Mr David Wills)
Lord Fisher (Churchill Archives Centre, Cambridge)
Archbishop Geoffrey Fisher (Lambeth Palace Library)
George William Forbes (Alexander Turnbull Library, National Library of New Zealand)
Henry Atherton Forster (New York Public Library)
Peter Fraser (Archives of New Zealand)
William Gerhardie (Cambridge University Library)
Charles Goodell (New York Public Library)
Arthur Lehman Goodhart (Bodleian Library, Oxford)
Lord Gore-Booth (Bodleian Library, Oxford)
William Hall-Jones (Alexander Turnbull Library, National Library of New Zealand)
Lord Hankey (Churchill Archives Centre)
Warren G. Harding (Manuscript Division, Library of Congress)
Gertrude Heyman (New York Public Library)
Sidney Holland (Alexander Turnbull Library, National Library of New Zealand)
Keith Holyoake (Alexander Turnbull Library, National Library of New Zealand)
Sir Archibald Hurd (Churchill Archives Centre)
Harold L. Ickes (Manuscript Division, Library of Congress)
Iran-Contra Affair (Manuscript Division, Library of Congress)
Martin Luther King (Boston University Library)
Archbishop Cosmo Gordon Lang (Lambeth Palace Library)
Alfred Lee (New South Wales State Library, Sydney)

參考書目

要嘗試為二十世紀英語民族史如此龐大的主題，建立全盤的參考書目是很荒謬的，所以我僅列出我曾造訪過的檔案館，以及我在文本中引用、參考或使用過的書籍、報刊和學術文章。除非特別說明，所有書籍均在倫敦出版。此外由於微縮底片和網路的普及，幾個手稿收藏可以從不同機構訪問取得，但我只列出我造訪過的。

檔案及手稿收藏

George Bliss Agnew (New York Public Library)
A.V. Alexander (Churchill Archives Centre, Cambridge)
Robert Jackson Alexander (New York Public Library)
Dean Alfange (New York Public Library)
H.H. Asquith (Bodleian Library, Oxford)
Clement Attlee (Bodleian Library, Oxford)
Newton Diehl Baker (New York Public Library)
Stanley Baldwin (Cambridge University Library)
Sir Edmund Barton (National Archives of Australia, Canberra)
The Beefsteak Club (by kind permission of the Club Secretary)
Professor J.D. Bernal (Cambridge University Library)
Poultney Bigelow (New York Public Library)
Thomas Lawrence Birks (Auckland War Memorial Museum Library)
Sol Bloom (New York Public Library)
Lord Brand (Bodleian Library, Oxford)
Brooks's Club (by kind permission of the Club Secretary
Viscount Bryce (Bodleian Library, Oxford)
Lord Cadogan (Churchill Archives Centre, Cambridge)

另眼看歷史 Another History 46

1900年以來的英語民族史

A History of the English-Speaking Peoples Since 1900

作者　安德魯．羅伯茨（Andrew Roberts）
譯者　黎曉東
編輯　邱建智
校對　陳建安、魏秋綢
排版　張彩梅
封面設計　許晉維

副總編輯　邱建智
行銷總監　蔡慧華
出版　八旗文化／遠足文化事業股份有限公司
發行　遠足文化事業股份有限公司（讀書共和國出版集團）
地址　新北市新店區民權路108-2號9樓
電話　02-22181417
傳真　02-22188057
客服專線　0800-221029
信箱　gusa0601@gmail.com
Facebook　facebook.com/gusapublishing
Blog　gusapublishing.blogspot.com
法律顧問　華洋法律事務所／蘇文生律師

印　刷　前進彩藝有限公司
定　價　1260元（上、下冊套書不分售）
初版一刷　2025年2月
ISBN　978-626-7509-26-5（紙本）、978-626-7509-24-1（PDF）、978-626-7509-25-8（EPUB）

國家圖書館出版品預行編目（CIP）資料

1900年以來的英語民族史／安德魯．羅伯茨（Andrew Roberts）著；黎曉東譯. -- 初版. -- 新北市：八旗文化, 遠足文化事業股份有限公司, 2025.02
面；　公分. --（另眼看歷史 Another History；46）
譯自：A history of the English-speaking peoples since 1900.
ISBN 978-626-7509-26-5（平裝）

1. CST: 民族史　2. CST: 二十世紀　3. CST: 英國

741.39　　113019101